在民法慈母般的眼神下，每一个公民就是整个国家。

——孟德斯鸠《论法的精神》

民法实务与理论研究

Practice and Theoretical Research of Civil Law

董新中 ⊙ 著

中国政法大学出版社

2021·北京

声　明	1. 版权所有，侵权必究。
	2. 如有缺页、倒装问题，由出版社负责退换。

图书在版编目（CIP）数据

民法实务与理论研究/董新中著．—北京：中国政法大学出版社，2021.10
ISBN 978-7-5620-9851-5

Ⅰ.①民… Ⅱ.①董… Ⅲ.①民法－中国－文集 Ⅳ.①D923.04-53

中国版本图书馆CIP数据核字(2021)第020310号

出　版　者	中国政法大学出版社
地　　　址	北京市海淀区西土城路 25 号
邮寄地址	北京 100088 信箱 8034 分箱　邮编 100088
网　　　址	http://www.cuplpress.com（网络实名：中国政法大学出版社）
电　　　话	010-58908289(编辑部) 58908334(邮购部)
承　　　印	固安华明印业有限公司
开　　　本	720mm×960mm　1/16
印　　　张	27.75
字　　　数	460 千字
版　　　次	2021 年 10 月第 1 版
印　　　次	2021 年 10 月第 1 次印刷
定　　　价	99.00 元

前 言
PREFACE

我们的《民法典》终于颁布了，本书也能最终定稿了。美国联邦最高法院大法官、著名法学家霍姆斯有一句名言："法律的生命不在于逻辑，而在于经验。"法律的生命在于经验，经验是来自于实践。中国革命时期的"马锡五审判方式"至今仍为我们所称颂的原因就在于它来自于社会的实践，是社会实践经验的总结。习近平总书记也指出：民法典颁布实施，并不意味着一劳永逸解决了民事法治建设的所有问题，仍然有许多问题需要在实践中检验、探索，还需要不断配套、补充、细化。要坚持问题导向，在新的实践基础上推动民法典不断完善和发展。[1]因此，我们的《民法典》虽然颁布了，但是更需要将其付诸实践，并在实践中发现问题，进一步完善我们的《民法典》。

笔者于1994年本科毕业于中国政法大学法律系，之后就开始从事教学活动，并担任兼职律师，后又担任仲裁员。20多年来笔者一直从事着法学教学、科研及法律的实践活动，既有一定的理论功底，也有着较为丰富的实践经验。本书写作目的之一就是将笔者在20余年的教学和司法实践中所领悟到的一些方法和技能与大家分享。同时，笔者还想对正在学习法律的学生们说：我们所学的法律，不应当仅仅是教科书上的法律，也不应当仅仅是法条中的法律，而应当是与社会生活紧密结合的法律，学习法律的最终目的是真正实现学能所用。

笔者从2016年开始写作本书，于2019年年底完成，鉴于我国2020年出台《民法典》，为使本书与《民法典》相统一，就等待《民法典》通过后再最后定稿。期间又遇到新冠肺炎疫情，《民法典》的通过被推迟，本书也就随

---

[1] 习近平：《充分认识颁布实施民法典重大意义 依法更好保障人民合法权益》，载《求是》2020年第12期。

之推迟完稿。在写作过程中，特别感谢我的学生李卓璇同学。她是我们太原师范学院法律系2016级本科生，于2018年8月作为交换生到美国纽约州立大学奥尔巴尼分校学习，现于美国州立大学奥尔巴尼分校刑事司法学院攻读硕士学位。本书的校对主要由李卓璇同学完成。虽然李卓璇同学在校对本书时是一位本科生，但是其已经具备了一定的法学理论特别是民法理论的基础，该同学也善于思考，因此在校对中能够提出一些自己独特的观点，对本书写作的最终完成有着重要意义，在此特别感谢！

CONTENTS 目录

前　言 / 001

绪　论
　　——法、民法、法律人 / 001

第一章　案件性质识别 / 011
　　第一节　民事纠纷与刑事犯罪的区别 / 011
　　第二节　民事纠纷与行政争议的区别 / 033
　　第三节　民事纠纷与不属于人民法院主管的纠纷的区分 / 050
　　第四节　一般民事案件与特殊民事纠纷区分 / 063

第二章　民事案件的管辖与主管 / 078

第三章　请求权基础分析思维方法在司法实践中的运用 / 099

第四章　民法体系、民事法律关系在司法实践中的运用 / 115
　　第一节　民法体系在司法实践中的作用 / 115
　　第二节　民事法律关系在司法实践中的作用 / 120

第五章　民法基本原则在司法实务中的运用 / 131
　　第一节　概　述 / 131
　　第二节　平等原则 / 134

第三节 意思自治原则 / 143
第四节 公平原则 / 149
第五节 诚实信用原则 / 161
第六节 公序良俗原则 / 171
第七节 禁止权利滥用原则 / 182

第六章 民事政策、民俗习惯在民事案件中的适用 / 191
第一节 民事政策在民事案件中的适用 / 191
第二节 民俗习惯在民事案件中的适用 / 198

第七章 民事纠纷案件中的当事人确定 / 210
第一节 概 述 / 210
第二节 民事诉讼中原告的确定 / 214
第三节 民事诉讼中被告主体的确定 / 226
第四节 民事诉讼中第三人的确定 / 238

第八章 民事法律关系客体 / 250

第九章 民事诉讼中诉讼请求的依据
　　　　——民事权利、民事利益和义务 / 260
第一节 民事权利与民事利益 / 260
第二节 民事责任 / 265
第三节 民事法律关系的发生、变更与消灭 / 313
第四节 意思表示 / 317
第五节 民事法律行为 / 330
第六节 名与实的民事法律行为效力——以以物抵债为例 / 374

第十章 代 理 / 383

第十一章 诉讼时效与除斥期间 / 410
第一节 时 效 / 410
第二节 除斥期间 / 431

绪 论
——法、民法、法律人

一、法律的终极目的

纵观现今世界，世界各国无不存在着庞大的国内法律、法规体系；除国内法外，还有大量的国际法的存在。与法律息息相关，关于法的理论更是多如牛毛，无可胜数。为研究法律，世界各国还有着数不胜数的法律校、院、系及数量庞大的教师、学生；为执行法律，人类社会的组织机构中还存在着大量的侦查机关、检察院、法院及警察、检察官、法官等法律执行者；另外还有大量提供法律服务的律师群体。

我们再回首看看人类的历史发展，人类文明的发展史中一直包括人类法律的发展史，从远古时期的习惯法到奴隶制时期的奴隶制法，再到中世纪的封建法、教会法，再到近代的资本主义法律、现代的社会主义法律。

从上述客观现象中我们可以看出，法律与每个人的生活都息息相关，甚至达到了须臾不可离开的地步，现代任何一个国家、社会都不可能没有法律。为什么现今世界上有如此众多的法律规范？为什么有如此众多的学者在研究法律？为什么有如此众多的学生在学习法律？为什么还有如此众多的法律执行者？人们不禁会问：法律的终极目的到底是什么？

我们认为，现代法律作为人之行为准则，是约束人们行为之社会规范，其终极目的就是规范人们的行为，建立一个和谐、公平、公正、正义的社会秩序。

现代法律如何实现其终极目的？其途径有二：一是在制定法律规范时，取得国民的普遍同意，或绝大多数人的同意，大多数人自愿遵守；二是当法律被制定出来以后，对违反者予以制裁，通过威慑来规范国民行为。通过上述两条途径实现社会秩序和谐之目的，这就是法律的终极目的。

在法律终极目的的实现过程中，一方面要制定法律，另一方面要实施法律，法律的制定与实施是对真实社会生活的反映，而这种反映又是通过法学理论研究的途径完成。因此法学作为一门学科，其存在与发展必须建立在实践和理论的完美结合的基础上，不能缺少任何一项。民法作为法学学科的一个分支同样如此，甚至相较于其他法律分支更甚，这也是本书名称《民法实务与理论研究》的来源。

二、民法的精神

> 在民法慈母般的眼神下，每一个公民就是整个国家。
>
> ——孟德斯鸠《论法的精神》

孟德斯鸠的这句名言可说是民法精神的最好概括。其意思是，民法上人和人是平等的，人（包括自然人、法人）和国家也是平等的，民法对待每一个人跟对待国家没区别。民法如慈母一般地看待每一个人，每一位国民都是民法的孩子，民法为所有个人都提供温暖的怀抱，促使其幸福而有尊严地生活，追求效用水平的最大化、实现社会资源配置的最优化。作为民法灵魂的民法精神，潜藏于生活的每个角落，个人的幸福生活、市场经济的正常发展与和谐社会的真正构建，都在民法精神的指引下繁荣昌盛。

三、民法与社会生活的关系及自身表现出的特点

一提到民法，很多著作、文章中常用一个词来形容：博大精深。何谓"博大精深"？出处：明·姜世昌《〈逸周书〉序》："迄今读书，若揭日月而行千载，其博大精深之旨，非晚世学者所及。"博：广博，渊博，博学（学问广博）；大：指面积、体积、容量、数量、强度、力量超过一般或超过所比较的对象，与"小"相对；精：细密的，与"粗"相对，精密，精细；深：从表面到底或从外面到里面距离大，与"浅"相对。

如果说哪部法律与人们的社会生活结合得最为紧密，毫无疑问那一定是民法。世界法律体系中，都有共同的分类，那就是将法律分为民法、刑法、行政法、诉讼法等。相比较各类公法而言，民法在法律体系中有着举足轻重的地位。民法的基本内涵就是：调整自然人、法人及其他非法人组织等平等民事主体之间人身关系和财产关系的法律规范的总称，是法律体系中的一个独立的法律部门。我们现在所说的民法是实质意义上的广义的民法，即全部

的私法。民法之所以在法律体系中处于核心地位，主要的原因就只有一个——那就是民法调整的社会关系涵盖了我们日常生活的方方面面。

广义的民法由许多具体的法律组成，如劳动法、合同法、婚姻法、侵权法、物权法、知识产权法等。这些法律的制定都指向着我们社会生活的某一个方面，或工作，或家庭，或社会生活。这些法律可以说时刻在发挥着作用。然而，行政法、刑法这类公法，都仅仅在某一个领域起着特定的作用，比如：行政法主要是对行政机关和公务人员进行约束，并通过对行政机关及公务人员的权力约束来保障公民在民法上的私权；刑法只对触犯我国刑法的犯罪分子进行制裁，对普通公民仅仅起着警示的作用，只要公民不违反刑法，就不受刑法的管制。进而言之，刑法的威慑，对于一般普通公民的人身和财产这些民法上的私权也起到间接保护作用。由此不难看出，民法在公民日常生活中的适用范围更为广泛，与公民之间的联系更为紧密。

如果说以刑法为代表的公法是调整特殊法律关系的，那么以民法为代表的私法就是调整人与人之间的普通法律关系的。而普通相较于特殊一般都是多数，在法律关系中也确实是多数。具体地说，民法在我们日常生活中无处不在。我们每天吃、穿、用一般都是通过买卖来获得的；我们出门打车、坐公交车的时候也会形成一个临时性的交易合同；我们在工作的时候，与公司形成雇工与雇主的民事法律关系……可以说，我们的日常生活就是由各种各样不同的民事法律关系构成的。

再说人类生活的另一方面——家庭：家庭是社会的最基本单位，人除了生活在社会中外，剩余的时间绝大多数生活在家庭中。家庭生活也需要法律调整，与法律也有着割不断的联系。婚姻家庭法、继承法、收养法等法律正是调整家庭生活、家庭财产等方面的法律。

《礼记·大学》中云："古之欲明明德于天下者，先治其国；欲治其国者先齐其家；欲齐其家者，先修其身；欲修其身者，先正其心；欲正其心者，先诚其意；欲诚其意者，先致其知，致知在格物。物格而后知至，知至而后意诚，意诚而后心正，心正而后身修，身修而后家齐，家齐而后国治，国治而后天下平。"

"格物、致知、诚意、正心、修身、齐家、治国、平天下"是中国古代儒者基本信念。齐家是治国和平天下的基石，而在民法中恰恰有着调节婚姻家庭关系的婚姻家庭法。

现代社会更是一个充斥着商品交换的市场经济社会。市场经济意味着除了一般民众生活的普通商品交换外，国家、社会的基本运行也离不开各种各样国内外商品的交换：有形的货物生产、流通，无形的服务贸易，知识产品的交换。这些商品的生产、流通、交换更离不开市场准则的调整，这些规则绝大多数属于大民法的范畴。这就是民法的"博大"！

在民法中，我们不仅会一直遇到"主体""客体""法律关系""法律行为""诚实信用""人格""法人""债""物权""占有"等概念和术语，这些术语有着其与我们日常表述不一样的丰富内涵；我们还会看到"民法保护平等主体之间法律关系""债是一把法锁，履行是打开这把法锁唯一的钥匙""物权具有排他性、债权不具有排他性""契约先于法律"等理论。这就是民法的"精深"！

从历史的角度来看，我们可以发现也可以推断出一个显而易见的结论，那就是自人类社会出现简单的交易或者说交换的时候，人类之间就有了最原始的民事法律关系，即使那时候还没有法律的产生。同时，从人类的历史发展看，无论何朝何代，也无论古今中外，更无论什么性质社会类型，调整民事法律关系的规范、法律都是一个国家制度不可或缺的重要内容。进入近代社会以来，这种重要性更加突出。由此可以看出，民法的历史源远流长。

四、法律人及其能力

我们经常自诩为法律人。何为法律人？法律人即具备以下三种能力的人：[1]

（1）具有法律知识。明了基本的法理，掌握现行的法律体系、基本法律内容、各种权利义务关系及救济程序。

（2）具备法律思维。依循法律逻辑，以价值取向的思考、合理的论证，解释适用法律。

（3）具有解决争议的能力。依照法律规定，做合乎事理的规划，预防争议发生于先，处理已发生的争议于后，协助建立、维护一个公平和谐的社会秩序。此之所谓"争议"，系从广义，除个案争讼外，尚包括契约、章程的订定，法令、规章的制定等。

我们是否是一名真正的法律人，又或者我们正在努力成为法律人？如果

---

[1] 王泽鉴：《民法思维——请求权基础理论体系》，北京大学出版社2009年版，第1页。

绪 论

我们已经迈入法律人的殿堂，我们现在处于什么层级？我们的目标又是哪个层级？这些都是值得我们深入思考的问题。

五、法律人的思维

法律人的思维与常人有何不同？先看一个故事：

讲逻辑学的老师到法学院给学生上课，上课时老师提了一个问题，老师说："树上有10只鸟，有人开枪打死了1只，还剩下几只？"这个老师的问题是想考考法学院的学生智商是不是很高。

学生站起来回答问题时说："老师这是无声手枪还是有声手枪？"老师说："是一般的手枪。"学生又问："枪声有多大？"老师说："大概80到100分贝。"学生问："鸟有没有聋子，是不是都听得见？"老师说："没有聋子。""在这个城市里打鸟犯不犯法？"老师说："不犯法。"

学生再问："你肯定这只鸟被打死了吗？""确定真的被打死了，你回答我树上还有几只鸟。"学生说："那不行，鸟有没有被关在笼子里面？树上有10只鸟，前提没有嘛，是不是还有笼子里的鸟。"老师说："没有。"学生又问："有没有鸟怀孕？""没有。"

学生问："旁边还有没有别的树？别的树上还有没有鸟？"老师说："没有，你回答我的问题好不好？"学生还不管，说："有没有饿得飞不动的鸟？""没有。""有没有残疾的鸟？"老师说："没有。"学生说："打鸟的这个人的眼睛是不是绝对准确，树上就只有10只鸟，没有数错吧？""没有。"学生又问："有没有傻得不怕死的鸟？"老师说："没有。""会不会一枪打死两只鸟？""没有。""最后，还有一个问题，鸟都会自由活动吗？""是的，你请回答问题。"

学生说："可以，如果你回答的问题没有骗人的话，打死的一只鸟挂在树上，树上还有一只鸟。如果打死的一只鸟掉下来的话，树上就没有鸟。"最后老师晕倒。

为什么这则笑话一定要讲是法学院的学生呢？因为对于法科学生来讲，世间万物都没有标准答案。任何一个因素的增减变化都可能使得结论发生变化。对于法科学生来讲，在考虑周全每一种因素后才能得出最终结论。大家想想在将来从事法律实务过程中，所有的事情是不是要这样考虑？

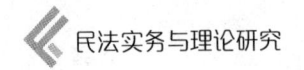

六、本书的写作目的

（一）与大家特别是刚刚参加工作的法律职业者分享自己的司法实践经验以及基于其上的思考

在人类社会最早时期，并没有法律。法律是当人类社会进化到一定阶段后，随着人、氏族、部落相互之间不断发生争议，在争议的解决过程中才逐渐形成的。换言之，法律产生于纠纷，法律产生于实践，法律最重要的目的之一是解决纠纷，同时通过纠纷解决的过程和结果来规范人们的日常行为。

总而言之，民法是一门理论性非常强的课程，但是它又不是完全形而上学的理论，而是一门与现实生活紧密结合的学科，是一门形而下的学科。因此我们学习民法，应紧密结合我们的生活实践，从法律特别是民法的角度来思考并解决生活中的问题，绝不能从书本到书本、从法条到法条刻板地进行学习。我们就以在校大学生在食堂吃饭这一最基本的生活现象为例，在这一生活现象之下，存在着学校为学生长期供应一日三餐的合同关系，学校与食堂承包者之间的承包合同关系，食堂承包者为学校供应学生一日三餐的法律关系，学生用饭卡打饭这一现象还表明学校与银行之间存在着银行为学校提供金融服务的法律关系等。由此可以看出，最常见的学生在食堂吃饭这一生活现象之下就存在着如此众多的法律关系，而且这些法律关系基本上都属于民事法律关系，可见民法与我们的社会生活的联系有多么紧密。本书就是关于如何以法律的思维，特别是民法的思维来思考我们生活中所遇到的问题，如何用法律的思维来解决生活中遇到的问题。这是我们培养法律人最重要的目标。

（二）为参加法律职业资格考试的人提供一点经验

要想成为一个合格的法律人，前提必须是参加法律职业资格考试（前身为司法资格考试，更早的是律师资格考试），取得法律职业资格。从以往的司法考试内容看，其很多题目其实就是现实生活案例的概括和总结。本书中也将涉及很多法律职业资格考试内容，结合民法理论、司法审判实践中的真实案例展开。

例如，2017年司法考试卷三第1题：甲乙二人同村，宅基地毗邻。甲的宅基地倚山、地势较低，乙的宅基地在上将其环绕。乙因琐事与甲多次争吵而郁闷难解，便沿二人宅基地的边界线靠己方一侧，建起高5米围墙，使甲在自家院内却有身处监牢之感。乙的行为违背民法的下列哪一基本原则？A. 自愿原则；B. 公平原则；C. 平等原则；D. 诚信原则。答案是 D。这虽然是司法考试题，但是这种现象在我国农村确实是存在的。这种纠纷出现后如何解决，我们很多人可能觉得没有法律上的依据。但是如果真正理解了民法，理解了民法的基本原理，这个问题也就解决了。因此，民法的实践其实就是法理在法律上的运用。

参加过司法考试的人对于卷三中的问题经常有这样一种感觉："一看就会，但是一做基本不对。"还有人说："刚刚走出布局，转眼又落入陷阱。"这其实是实践中民事法律关系的复杂性造成的，在法律职业资格考试题中主要表现为两个方面：

第一，某一法律事实或法律行为产生的民事法律关系往往不是单一的，而很有可能是竞合、交叉的。

民事法律关系竞合是指同一法律事实或法律行为引起多重法律关系。如某消费者在超市购买了超期变质的食品中毒，生命垂危而住院，花费了 20 万元。问：消费者可以主张哪些权利？这实际上也是我们日常生活常见的案例。在此，消费者可以基于其与超市之间是一种买卖合同关系，因超市违反了不得出售超期变质食品的法定义务而主张合同违约，要求退还购物款，并赔偿损失及医疗费。同时消费者也可以因超市销售超期变质食物造成其人身损害要求其承担侵权责任。如果消费者主张侵权责任，还可以按照《中华人民共和国消费者权益保护法》第 55 条第 1 款的规定，要求其承担购买商品的价款费用的 3 倍的赔偿金；还可以要求其按照上述法条第 55 条第 2 款的规定，承担造成消费者健康严重损害所受损失 2 倍以下的惩罚性赔偿。同时还可以根据《中华人民共和国食品安全法》第 148 条的规定，要求其支付价款 10 倍或者损失 3 倍的赔偿金。

再如某甲 15 周岁，受网络不良影响，在网络上以感冒药粉冒充海洛因进行销售。某乙在不知情的情况下花了 1 万元购买上述"海洛因"，准备自己吸食。首先，我们必须确定，甲的行为是否构成犯罪？依据《中华人民共和国刑法》（以下简称《刑法》）第 17 条第 2 款规定，已满 14 周岁不满 16 周岁的人，犯故意杀人、故意伤害致人重伤或者死亡、强奸、抢劫、贩卖毒品、放火、爆炸、投放危险物质罪的，应负刑事责任。本案中某甲以感冒药粉冒充海洛因，不构成贩卖毒品的实行行为，又因其属于限制刑事责任人，故而不构成犯罪。在不构成犯罪的情况下，该合同的效力从民法角度而言就存在着效力待定（行为人为限制民事行为能力人）、可撤销（欺诈）、无效（违法）等多种结果。但我们必须清楚，在实践中我们要明白此类案件正确的处理方法，否则就会出现笑话。此案中，如果某乙主观上是想购买毒品自己吸食，其是一种违法行为，其支付的1万元不得主张返还，而应当予以没收。如果某乙准备购买的毒品进行贩卖，那他可能构成贩卖毒品罪（未遂），该1万元更应当作为赃款予以没收。

民事责任的交叉是指同一法律事实或多个法律事实引起多重法律关系。如甲拾得一头牛，在多方寻找失主无果的情况下自己饲养，后该牛生下一头小牛。此时牛主人乙出现，产生甲返还牛及牛犊的责任、乙支付管理费的责任（不当得利与无因管理的交叉）。再如，甲在遛狗，顽童乙不顾甲劝阻，挑逗狗，被咬伤，甲和乙的父母均应承担责任。又如，占有改定，动产物权转让，双方约定由出卖人继续占有该动产，买受人为物权人，出卖人为物的占有人。除此之外，买卖合同、保管合同、租赁合同、借用合同等都可能存在法律关系的交叉。

第二，试题中的民事法律关系经常会发生变化。法律职业资格考试题的多变性实际上也是民事司法实践的一大特点，实践中的民事法律关系甚至比法律职业资格考试题中的更复杂。

民事法律关系变动是指某一法律事实的出现使得新的法律关系产生，或使得原有的法律关系变更或消灭。如婴儿出生就会引起父母与其监护与被监护的法律关系的产生；成年人甲患精神病就会引起其与配偶、成年子女或父母的监护法律关系的产生；合同被解除以后，除原合同关系消灭之外，还会发生双方各自返还、有过错者赔偿无过错者的损失等法律关系；除斥期间的届满就使得形成权消灭等。

解决法律职业资格考试中难题的方法：

第一步：法律关系识别。

第二步：请求权确认与比较。

第三步：选择最有利于主体的请求权为案例分析出发点，进而确定当事人之间权利义务关系，得出正确的法律适用结果。

我们以下面这则案例来进行说明。

绪 论

案例 1

甲于 2016 年 8 月 1 日将房产卖给乙并办理了过户登记，8 月 5 日又将该房产卖给了不知情的丙，丙全额支付了房款，并入住该房屋。

问题：关于甲丙之间的买卖合同说法正确的是？

A. 效力待定；B. 有效合同；C. 无效合同；D. 可变更、可撤销合同。

第一步：法律关系分析。

第一重法律关系：甲乙之间已经签订买卖合同，且已过户，乙为房屋所有权人；

第二重法律关系：甲丙之间买卖合同关系，根据《中华人民共和国合同法》（已失效，以下简称《合同法》）第 51 条的规定，甲是无权处分人，合同效力待定；但根据 2012 年《最高人民法院关于审理买卖合同纠纷案件适用法律问题的解释》（已被修改）规定，该合同有效；从丙的角度看，由于存在欺诈，属于可撤销、可变更合同。

答案：ABD。

如果进一步问：丙的权利如何保护？我们就应分析哪个请求权对丙最有利。

（1）基于合同有效，可以请求其继续履行，但房屋所有权人是乙，显然这一请求权无法实现。

（2）合同不能履行，可以要求其承担违约责任，返还房款，赔偿损失。

（3）基于效力待定，需要乙追认，显然也无法实现。

（4）基于可撤销，请求撤销合同，双方各自返还，缔约过失者应承担赔偿责任。

基于（2）和（4）都可以请求返还房款，都可以赔偿，但是赔偿的范围是否一样？

根据《合同法》的规定，违约的赔偿范围包括实际损失及可得利益损失。对于缔约过失，我国大多数学者认为，一般只应赔偿信赖利益。信赖利益一般指的是直接损失，不包括间接损失。所谓直接损失，指的是因为信赖合同成立和生效所支出的各种费用，包括与对方联系、赴实地考察以及检查标的物等支出的各种合理费用、为缔约做各种准备工作所支出的各种合理费用、为谈判所支出的各项费用以及为支出上述费用所失去的利息。间接损失指的是因交易机会丧失而造成的损失。根据上述对比,按照当事人利益最大化原则,上述案例中应当选择违约赔偿。《中华人民共和国民法典》(以下简称《民法典》)合同编的规定与《合同法》的规定基本一致,但是还应注意一点,《民法典》第157条规定,民事法律行为无效、被撤销或者确定不发生效力后,行为人因该行为取得的财产,应当予以返还;不能返还或者没有必要返还的,应当折价补偿。有过错的一方应当赔偿对方由此所受到的损失;各方都有过错的,应当各自承担相应的责任。法律另有规定的,依照其规定。在司法审判实践中,大多数法院判决赔偿损失,包括买受人因信赖合同有效而错过与其他开发商签订合同所造成的房屋价格上涨带来的损失,这类损失属于信赖利益损失。因此就上述案例而言,依司法审判实践,选择违约赔偿还是信赖利益损失赔偿并没有实质差别。但在司法审判实践中,除了2003年《最高人民法院关于审理商品房买卖合同纠纷案件适用法律若干问题的解释》(已被修改)第9条规定,商品房买卖合同情形中的缔约过失赔偿范围包括因交易机会丧失而造成的损失外,很少支持其他类型缔约过失中因交易机会丧失而造成的损失。《民法典》实施后,其第157条规定统一了缔约过失的赔偿责任,这一问题有望得以解决。

第一章
案件性质识别

在司法实务中，法律人特别是案件代理律师，或公司、企事业单位法务人员一般都要对首次接触的案件进行性质界定，在界定清楚案件性质后，再进一步考虑如何解决问题。如果属于刑事案件，那么就应当向公安机关等司法机关报案或向人民法院提起刑事自诉；如果属于行政案件，那就应当向行政复议机关提起行政复议或向人民法院提起行政诉讼；如果属于民事案件，那么就应当向人民法院提起民事诉讼或向仲裁机构提出仲裁申请。因此准确识别案件性质是解决法律问题的前提和基础。

基于我们以前所学的法律知识，民法调整的范围与其他法律调整的范围之间的界线似乎很明确，但是这些理论上似乎很明确的问题，在司法实践中却时常很难区分。在司法实践中，刑事案件被告人主张无罪、辩护人进行无罪辩护的一个常见理由就是案件属经济纠纷（民事纠纷）；在行政诉讼案件中，被告一方也经常会提出所涉案件不属于行政案件范畴，而是一种民事纠纷，应当以民事诉讼形式解决。在民事案件中我们也经常会遇到一方当事人特别是被告或第三人提出该案是刑事案件或行政纠纷，应当提起行政诉讼或交由公安机关等司法机关通过刑事程序解决。即便在民事案件中也会产生究竟依照哪一部法律进行具体调整的问题，如一方当事人会提起一般民事侵权纠纷诉讼，但最终却以知识产权侵权纠纷结案；还有一些案件，究竟属于票据纠纷还是一般民事纠纷案件也是一个常见的争议点。因此，本章首先要让大家通过一些案例，来了解民法与其他法律以及民法内部不同的法律之间调整范围的不同。

第一节 民事纠纷与刑事犯罪的区别

一、概述

犯罪与民事纠纷历来是两个不同的概念。按照法律的规定，犯罪是指严重危害社会的、触犯刑法的、应受刑罚处罚的行为；而民事纠纷则是指民事主体之间的有关权利义务的争议，也即发生在公民之间、法人之间以及他们相互之间财产权益和人身权益的争议。当然，某些严重的民事违法行为也可能进一步发展为犯罪行为，但在没有发展成为犯罪行为之前，它们仍然是民事违法行为，不应受刑法的调整。所以，区分犯罪与民事违法行为的界限，实际上就是要判定两个方面的问题：一是案件中所展示的法律纠纷本质上是民事纠纷还是刑事犯罪；二是如果是民事违法行为，则是否已经达到了构成犯罪的程度。

在我国的司法实践中，犯罪与民事违法行为的界限，常常表现在两类问题上：一类是划清犯罪与侵权行为的界限，另一类是划清利用合同进行诈骗犯罪与因违反合同义务行为引起的经济合同纠纷的界限。

二、侵权行为与犯罪的区别

案例 1

中央电视台《今日说法》栏目曾经探讨一著名案例。某甲从一高楼下经过，被楼上扔下的一烟缸砸成重伤。由于公安机关始终无法查找出犯罪嫌疑人，某甲遂将二层以上住户告上法庭，要求上述被告共同赔偿其各种损失共计 30 万元。

（一）对本案的评析

该栏目嘉宾认为，原告的诉讼请求，人民法院应予支持。其理论依据在于：第一，从法律关系上分析，某甲与该楼二层以上住户系人身损害赔偿纠纷，某甲是受害人，二层以上住户均有侵权嫌疑。第二，从举证责任上分析，某甲的受伤系二层以上住户中的一人侵权所致，二层以上住户均有侵权嫌疑，在无法确认犯罪嫌疑人的情况下，该行为应当视为二层以上住户的共同危险行为。某甲就共同危险行为提起诉讼，应当适用《最高人民法院关于民事诉讼证据的若干规定》，举证责任倒置，即应由二层以上住户证明自己与某甲的重伤并无因果关系，不应承担赔偿责任，如果二层以上住户举证不能，就应当承担共同赔偿责任。第三，从公平角度出发，民事活动应当遵循公平的原则，人民法院审理案件也应当保障社会公平。本案中某甲无故受到侵害，没有过错，作为弱者不应独自承担损害结果，二层以上住户在不能证明自己无过错的情形下，应当平等地承担赔偿责任。

该案例发生时《中华人民共和国侵权责任法》（已失效，以下简称《侵权责任法》）尚未颁布。后来颁布的《侵权责任法》第87条规定，从建筑物中抛弃物品或者从建筑物上坠落的物品造成他人损害，难以确定具体侵权人的，除能够证明自己不是侵权人的外，由可能加害的建筑物的使用人给予补偿。这一规定基本上是按照上述专家意见进行的立法。

但是我们认为，本案是刑事犯罪，而非民事纠纷，二者不能混为一谈，人民法院应当驳回原告的诉讼请求。就本案而言，该侵权行为造成了重伤的后果，构成故意伤害罪或过失致人重伤罪，应当适用刑事法律规范，即便是轻微伤也属于治安案件，而不应当适用民事法律规范调整。刑事犯罪及治安处罚与民事纠纷之界限就在于行为人的行为是否触犯了刑法或行政法，是否符合犯罪或治安案件构成要件。若行为人的行为已经触犯了刑法或行政法，该行为就是刑事犯罪或行政违法，就应当受到国家司法机关的追究。由于司法机关无法侦破案件，无法确定犯罪人，从而致使受害人不能向犯罪实行人要求赔偿，此时国家应当主动承担救助责任，即社会救助部门负有不可推卸的救助义务，此义务不能无理由地转移给其他公民。而且在实践中，我国有些地方已经制定了相应的措施。最高人民法院、最高人民检察院对此也是肯定的。[1]

---

[1] 如2004年2月，山东省淄博市政法委、淄博市中级人民法院出台了《关于建立犯罪被害人经济困难救济制度的实施意见》，这是我国最早对刑事被害人实施国家救助的实践探索。2004年11月，青岛市中级人民法院会同有关单位制定《青岛市刑事案件受害人生活困难救济金管理办法》，建立了刑事被害人救济金制度。2006年8月，浙江省台州市委政法委牵头成立了司法救助工作委员会，由地方政府设立专项救助资金，帮助那些因为案件未破或者犯罪嫌疑人、被告人缺乏经济赔偿能力而陷入生活严重困难的被害人家庭。2006年10月，福州市中级人民法院制定《关于对刑事案件被害人实施司法救助的若干规定》，遭到犯罪行为侵害但又无法通过刑事附带民事诉讼获得赔偿、生活困难的刑事案件被害人及其家属，可以向法院申请经济救济。2007年5月28日，四川省蒲江县人民检察院会同县工会、共青团蒲江县委、妇联、民政局、教育局、残联等部门草签了《关于建立刑事被害人救助机制的意见（试行）》，开展对刑事被害人救助更为有益的探索。2007年11月，江阴市人民检察院公布了《特困被害人专项救助金发放管理办法》，规定因他人犯罪行为遭受重大人身伤害或重大财产损失，并且无法及时得到赔偿和其他社会救助，导致生活陷入困境的被害人或其近亲属，在家庭生活困难、不符合其他社会保险救助、无力支付必要的紧急救助费用，可向检察院申请专项救助金。2007年1月7日，最高人民法院提出，要完善司法救助制度，彰显司法人文关怀，把"研究建立刑事被害人国家救助制度"当成一项重要任务。2007年1月，最高人民检察院也提出："有条件的地方可以试点建立刑事被害人补偿机制。"

对于栏目嘉宾提出的三个理由，我们认为都不能成立：第一，从法律关系上分析，客观事实是某甲与该楼二层以上住户中的某一人存在人身损害赔偿纠纷，并非与二层以上住户均有人身损害赔偿法律关系；第二，所谓共同危险行为是指众多主体主动共同从事了可能危害他人的行为，比如，数十人共同向王某扔砖头，有一块砖头砸伤了王某，但不知是谁砸伤的。本案中，除了扔烟灰缸的人外，其他人在家中并未实施任何危害他人的行为，甚至有些人根本不在家，故而不构成共同危险行为，因而也就不存在所谓的举证倒置；第三，公平责任适用的前提是双方之间发生了法律事实，如无民事行为能力人、限制民事行为能力人致人损害，监护人已尽监护责任的；紧急避险造成损害，危险是由自然原因引起，且避险人采取的措施又无不当的；行为人见义勇为而遭受损害的；当事人对造成损害均无过错，但一方是在为对方的利益或共同利益进行活动的过程中受到损害的等。这些适用公平责任的情形的共同前提是当事人之间发生了某些客观的法律事实。本案中，客观上除扔烟灰缸者外，其他人与受害人之间没有任何客观法律事实发生，因此也不存在适用公平责任的条件。

对此问题，《民法典》的规定与《侵权责任法》的规定有如下三个方面的不同[1]：

（1）首先确立了侵权人承担侵权责任这一基本规则。高空抛物造成他人人身、财产损害侵权人必须承担责任，这是一项最基本的法律规则，原先《侵权责任法》没有明确规定这一点，造成的后果就是在司法实践中遇到类似案件就直接把二层以上住户全部起诉，不去寻找真正的侵权人，这虽然对受害人而言其损失更容易获得补偿，但是也使得真正的侵权人逃避了制裁，逃避了责任。《民法典》的这一规定目的在于实现真正的公平。

（2）增加了建筑物管理人的安全保障义务责任。即负有安全保障义务的物业服务企业等建筑物管理人没有尽到安全保障义务的，要承担侵权责任。

---

[1]《民法典》第1254规定，禁止从建筑物中抛掷物品。从建筑物中抛掷物品或者从建筑物上坠落的物品造成他人损害的，由侵权人依法承担侵权责任；经调查难以确定具体侵权人的，除能够证明自己不是侵权人的外，由可能加害的建筑物使用人给予补偿。可能加害的建筑物使用人补偿后，有权向侵权人追偿。物业服务企业等建筑物管理人应当采取必要的安全保障措施防止前款规定情形的发生；未采取必要的安全保障措施的，应当依法承担未履行安全保障义务的侵权责任。发生本条第1款规定的情形的，公安等机关应当依法及时调查，查清责任人。

（3）规定了公安机关的调查义务。如前所述，高空抛物无论造成何种后果都属于公安机关应当调查的范围。本次民法典将公安机关依法进行调查写了进去，也解决了受害人无法找到真正侵权人的难题。

应该说《民法典》的规定相较于《侵权责任法》已经有了很大的改进，但是我们仍然认为，该条款中所保留的"由可能加害的建筑物使用人给予补偿"仍然有缺憾，不应把国家应当承担的救助义务转嫁给公民个人。

（二）划分犯罪与侵权行为的标准

1. 违法性质不同

侵权行为是违反民事法律规范的行为，它违反的是民事义务，侵犯的是某一特定主体的民事权利；犯罪则是违反刑事法律规范的行为，它不一定都直接侵犯特定人的特定民事权利。

2. 行为对社会的危害程度不同

这是侵权行为与犯罪行为最本质的区别所在。

（1）要看行为对受害人造成的损害后果是否严重。如盗窃财物的价值必须达到一定的数额，损害他人财物的价值要达到法定标准，交通事故要达到法定的受伤或死亡人数，故意伤害罪必须达到轻伤标准，过失致人伤害必须造成重伤或死亡等，这些都属于损害后果严重的情形。

（2）要结合当时当地环境条件看行为的情节是否恶劣。情节恶劣指的是犯罪数额虽未达到法定标准，但该犯罪行为危险性较大，如两年内盗窃3次以上的为多次盗窃，构成犯罪；《中华人民共和国刑法修正案（八）》规定，入户盗窃，不论次数、不论盗窃价值的多少，一律追究刑事责任。

（3）要看行为主体是否适格。我国《刑法》规定，已满14周岁不满16周岁的人，犯故意杀人、故意伤害致人重伤或者死亡、强奸、抢劫、贩卖毒品、放火、爆炸、投放危险物质罪的，应当负刑事责任。反言之，如果行为人未达到法定年龄，该类犯罪行为只能按照民事侵权处理，由监护人承担民事责任。

（4）要看行为人主观上有无过错，是出于故意还是过失，以及有无恶劣的犯罪动机等。主观过失行为只有在法律明确规定构成犯罪的前提下，结合其他法定要件才有可能认定为犯罪。例如，过失致人伤害须达到致人重伤或死亡的程度才构成犯罪。

因此我们必须综合这些情况，以法律规定为准绳，才能作出恰当的估计

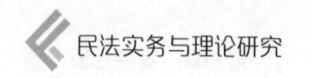

和评价,从而断定该行为构成犯罪抑或只是侵权行为。当然,这样的工作是很细致的,需要进行艰苦的调查、研究和取证,稍有不慎,就可能出现错误,以致出民入罪。

三、诈骗罪与民事欺诈纠纷的区别

案例 2

2008 年 9 月 1 日,嫌疑人徐某某代表其私营企业甲公司与乙矿业有限公司(以下简称"乙公司")王某某签订了《乙公司转让协议》,双方商定乙公司整体转让给甲公司,转让总额 5700 万元。2008 年 8 月 21 日,徐某某在澳门与王某武、田某某签订共同投资五台县乙公司及矿山的《合作协议》并收取了王某武 1150 元港币。在此协议未履行的情况下,2009 年 5 月 15 日,徐某某与报案人亢某某、叶某签订了《合作协议》,商定三方共同投资合作经营乙公司,约定亢某某出资 1560 万元,叶某出资 550 万元。但最终亢某某出资 1080 万元,叶某未出资。之后,三人就对乙公司进行经营管理,修建工棚和道路,做开矿的前期准备工作。2010 年 2 月,双方因经营产生矛盾。2010 年 12 月 6 日,嫌疑人徐某某为解决纠纷向法院提出民事诉讼。2011 年 4 月 6 日,某市人民法院作出一审判决准许解除《合作协议》,徐某某返还亢某某 1000 万元及 2 倍同期贷款利息。然而,2011 年 5 月 23 日,公安局却以合同诈骗将徐某、王某某抓捕拘留,并移送某人民检察院起诉。

起诉书指控:徐某某 2009 年 5 月 15 日以同一标的物(即乙公司及矿山)又与亢某某、叶某签订了共同投资合作经营乙公司及矿山的协议,在签订协议时,徐某某隐瞒了已经与王某武、田某某签订共同投资五台县乙公司及矿山的《合作协议》,隐瞒了乙公司只占有矿山股权 51% 的事实真相,在其无资金保障及履行合同能力的情况下,徐某某和王某旺分别制作了虚假的工商营业执照和虚假的采矿权使用费和价款专用票据,编造了已经支付乙公司 2950 万元购矿款的虚假事实,骗取了亢某某的信任,致使被害人亢某某转给徐某某投资款 1195 万元。徐某某收到 1195 万元后,只是支付给王某旺 350 万元,130 万元归还王某武,20 万元归还山西某公司个人借款,其余资金用于提现消费,后亢某某要求退款,徐某某退还115万元。

（一）对本案的评析

但事实上本案不属于刑事案件，而是一起典型的民事纠纷，其理由如下：

1. 徐某某虽然有弄虚作假的行为，但是只构成民事欺诈，而不构成诈骗

徐某某的民事欺诈行为表现在：

（1）徐某某隐瞒了已经与王某武、田某某签订共同投资乙公司及矿山的《合作协议》。但是在其与亢某某、叶某签订合作协议之前，已经与王某武、田某某签订了解除《合作协议》的协议，并约定由徐某某退还王某武、田某某的投资款，由徐某某自己经营乙公司及矿山。虽然款项未退还完毕，但双方之间已经解除了合作关系。

（2）伪造营业执照。徐某某伪造营业执照，把营业执照上的法定代表人变更为徐某某，然而真实的法定代表人仍然是王某旺的哥哥王某某。原因是亢某某在自己资金本身不到位的情况下，采取种种逼迫手段，逼徐某某办理矿山过户手续，在这种无奈情况下，被告人为了稳住亢某某，花了150元钱，做了假营业执照稳住亢某某，其行为目的是要求亢某某继续履行合同，而非意在非法占有亢某某财物的诈骗行为，其目的并不是要骗取亢某某钱财据为己有，而是尽快投资开矿。需要特别强调的一点是，该假营业执照是在亢某某已经投入1080万元之后做的，而非在双方合作之初做的。

（3）出具虚假承诺书。该承诺书内容如下："关于我公司转让一事，我公司收到转让款2950万元，徐某某提供全所有法人有关证件时，我公司将在10个工作日内把法人代表过户到徐某某名下，如我公司违约将承担由此带来的一切经济损失。"落款时间是2009年5月15日，承诺人是乙公司王某某。

该承诺书的对象是徐某某，但承诺的前提条件也很清楚，就是必须是收到2950万元之后，才能在10个工作日内将法定代表人过户到徐某某名下，并非已经将该公司的法定代表人过户到徐某某名下。该承诺书是真实的，而不是虚假的，更不存在以此进行诈骗的犯罪意图。

（4）虚构2950万元采矿权价款。针对本案中的矿山，乙公司缴纳了80万元采矿许可费后办理了采矿权许可证。徐某某向亢某某出具了2950万元的虚假发票。但是，无论采矿许可费是80万元还是2950万元，该矿山是真实存在的，采矿权也确实办到了乙公司名下，而且双方也实实在在以该采矿权

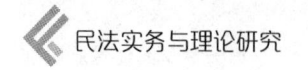

为基础进行了合作。

(5) 徐某某隐瞒了乙公司只占有矿山股权51%的事实真相。徐某某与刘某曾经签订了协议，约定刘某投资部分款项，占矿山开采权的49%。这一行为属于民事法律关系中的无权处分行为，还有待于刘某的进一步追认，即便不追认，合同仍然有效，无法履行时，徐某某应承担违约责任，并不构成刑事犯罪。

2. 徐某某没有非法占有亢某某投资款的主观故意

(1) 亢某某的投资款项全部用于购矿或建设矿山。亢某某投资的1080万元，其中745万元汇入乙公司，汇入徐某某个人账户内335万元，徐某某退回亢某某215万元，徐某某手中仅剩余120万元，但徐某某支付的实际矿山建设花费是270余万元，这些事实足以证明，徐某某没有诈骗行为。合同诈骗罪是指以非法占有为目的，在签订、履行合同过程中，采取虚构事实或者隐瞒真相等欺骗手段，骗取对方当事人财物数额较大的行为。对于亢某某投资的款项，徐某某并没有占有，全部为实现合同目的投于矿山，徐某某没有虚构事实隐瞒真相，矿山至案发时依然实际控制在徐某某手中，只待融资后继续开矿。

(2) 当双方合作不成时，徐某某明确表示退还亢某某的投资款。徐某某先于2010年10月30日向某市中级人民法院提起诉讼，要求解除合同，赔偿损失，请求法院作出裁决。法院判决合同解除，徐某某退还亢某某全部投资款。亢某某不服，提起上诉。刑事案件案发时，该民事案件还处于二审期间。

综上，虽然被告人徐某某在与亢某某合作过程中有民事欺诈行为，但是其仅仅是想以小博大，获得更大的经济利益，主观上并没有将亢某某的投资款非法据为己有的犯罪故意，客观上也没有将亢某某的投资款非法据为己有，而是全部投入到双方合作的矿山中。特别是在双方合作不成的情况下，徐某某已经通过民事诉讼程序要求解除合同，退还亢某某的投资款，但一审判决没有满足亢某某巨额赔偿损失的要求。因此本案完全是民事纠纷，而非刑事案件。

(二) 区分诈骗罪和欺诈民事纠纷的关键：行为人有无非法占有他人财物的目的

根据我国《刑法》第266条规定，以非法占有为目的，用虚构事实或者隐瞒真相的方法，骗取数额较大的公私财物的行为构成诈骗罪。依据该规定，该罪必须同时具备非法占有他人财物的主观目的以及虚构事实或隐瞒真相的客观欺骗行为两个要件，二者缺一不可。如果行为人主观上有非法占有他人财物的目的，在获取财物时又采取了欺骗的手段，则构成诈骗罪；如果行为人主观上没有非法占有他人财物的目的，即使在取得财物时使用了欺骗的手段，也不构成本罪。因此，以非法占有为目的是构成诈骗罪的前提，是区分罪与非罪的关键。行为人的非法占有目的，较之于诈骗手段本身，因没有明确、具体的判定标准，而成为此类案件审理认定中的难点。

一般而言，对于以欺骗手段取得财物已经归还的，因归还行为本身已能说明行为人不具有非法占有他人财物的目的，因而不能认定行为人构成诈骗罪。但是先有诈骗故意后悔过、及时归还这种特殊情况除外。如果已经确定以欺骗手段取得财物后有能力归还而拒不归还的，也明显构成诈骗罪。上述几种情况在司法实践中都比较容易判断。然而，对于以欺骗手段取得财物后无法归还的，因客观情况比较复杂，判定行为人是否具有非法占有他人财物的目的则有一定的难度。对此，我们应具体情况具体分析，坚持主客观相一致的原则，既要避免单纯根据损失结果客观归罪，认定行为人主观上具有非法占有的目的；也不能仅凭被告人自己的供述，认定其主观上不具有非法占有的目的。我们应在对行为人取得财物的手段、签订合同时的资信情况、财物的用途及去向、无法归还的原因等相关客观事实进行综合分析的基础上，来断定行为人是否具有非法占有的目的。

具体而言，我们应如何鉴别行为人主观上有无非法占有他人财物的目的？最高人民法院印发的《全国法院审理金融犯罪案件工作座谈会纪要》在总结司法实践经验的基础上，对于金融诈骗犯罪中非法占有目的的认定提出了明确的意见：对于行为人通过诈骗的方法非法获取资金，造成数额较大不能归还，并具有下列情形之一的，可以认定为具有非法占有的目的：

（1）明知没有归还能力而大量骗取资金的。
（2）非法获取资金后逃跑的。
（3）肆意挥霍骗取资金的。
（4）使用骗取的资金进行违法犯罪活动的。
（5）抽逃、转移资金、隐匿财产，以逃避返还资金的。
（6）隐匿、销毁账目，或者搞假破产、假倒闭，以逃避返还资金的。
（7）其他非法占有资金、拒不返还的行为。

同时该纪要还强调，在处理具体案件时，对于有证据证明行为人不具有非法占有目的的,不能单纯依据财产不能归还就按金融诈骗罪处罚。

根据上述法律规定,在区分民事欺诈纠纷与诈骗型犯罪时可从以下几方面进行考察:

(1) 考察行为人有无欺骗行为。

(2) 考察行为人有无履行合同的实际行动。

(3) 考察行为人有无履行合同的实际能力和担保。

(4) 考察行为人违约后的态度。一般而言,在违约之后,如果行为人表示承担违约责任并积极采取措施补偿对方所受损失的,说明行为人签订合同的目的不是为了骗取他人的财物,故应视为经济合同纠纷。

四、民刑交叉案件的处理类型

所谓民刑交叉案件,是指因同一法律事实分别引起刑事诉讼法律关系和民事诉讼法律关系的产生,或不同法律事实分别引起民事诉讼法律关系和刑事诉讼法律关系的产生,而两种法律事实之间存在一定牵连关系的案件。[1] 即某一个法律事实的出现可能产生民事纠纷,也可能同时构成刑事犯罪,或者不同的法律事实分别产生民事纠纷和刑事案件,但两者之间彼此牵连、相互影响。对于此种情形,在司法实践中根据不同情况会产生以下几种处理方式:

第一,某一法律事实的出现只产生单纯的民事纠纷。此种情况的实质是该纠纷只是民事纠纷,而不构成犯罪,只能作为民事纠纷案件处理。如前述的徐某诈骗案。

第二,某一法律事实的发生实质上是刑事案件,但因不符合《刑法》规定的特殊要件,故而不做犯罪处理,对其产生的后果作民事处理。如不满16周岁的人实施的诈骗案件,由于其未达到刑事责任年龄,故而不构成犯罪,但其取得的财物应当返还。如果受害人及其监护人不返还,受害人向人民法院提起返还财物的诉讼就属于民事诉讼。

第三,某一法律事实的发生,只产生刑事案件的法律后果,只能通过刑事案件中的追缴、退赔或国家赔偿方式获得赔偿,不得提起民事诉讼。

---

[1] 李蓉:《民刑交叉案件中管辖权异议制度探析》,载《政治与法律》2010年第6期,第90页。

2021年《最高人民法院关于适用〈中华人民共和国刑事诉讼法〉的解释》（以下简称《刑事诉讼法司法解释》）第176条规定，被告人非法占有、处置被害人财产的，应当依法予以追缴或者责令退赔。被害人提起附带民事诉讼的，人民法院不予受理。追缴、退赔的情况，可以作为量刑情节考虑。第177条规定，国家机关工作人员在行使职权时，侵犯他人人身、财产权利构成犯罪，被害人或者其法定代理人、近亲属提起附带民事诉讼的，人民法院不予受理，但应当告知其可以依法申请国家赔偿。

《最高人民法院关于适用刑法第六十四条有关问题的批复》（法〔2013〕229号）规定，被告人非法占有、处置被害人财产的，应当依法予以追缴或者责令退赔。据此，追缴或者责令退赔的具体内容，应当在判决主文中写明；其中，判决前已经发还被害人的财产，应当注明。被害人提起附带民事诉讼，或者另行提起民事诉讼请求返还被非法占有、处置的财产的，人民法院不予受理。

2020年《最高人民法院关于审理民间借贷案件适用法律若干问题的规定》（以下简称《民间借贷司法解释》）第5条第1款规定，人民法院立案后，发现民间借贷行为本身涉嫌非法集资等犯罪的，应当裁定驳回起诉，并将涉嫌非法集资等犯罪的线索、材料移送公安或者检察机关。

根据上述规定，法律、司法解释规定的情形只能作为刑事案件处理，不得提起民事诉讼。但是，司法实践中仍存在着两种没有明确规定的情况，一是法院在刑事判决或裁定中遗漏了追赃退赔事项，二是经过追缴或退赔仍不能弥补损失。在这两种情形下，被害人向人民法院另行提起民事诉讼，人民法院是否应当受理？

关于第一种情形，从《刑事诉讼法司法解释》的相关规定来看，此种情况只能通过刑事再审程序纠正刑事判决中遗漏的追赃退赔事项。有人主张，此种情况仍应通过刑事程序弥补和解决，不宜通过民事程序解决。然而，刑事再审程序十分复杂且严格，受害人很难启动刑事再审程序。若刑事裁决中遗漏的追赃退赔事项只能通过再审程序予以弥补，则将会给受害人造成严重诉累，也浪费司法资源。因此，我们认为，基于保护受害人利益原则，此种情况应作为一种特殊例外情况，受害人既可通过刑事再审程序弥补这一疏漏，也可另行提起民事诉讼以弥补刑事案件裁判的疏漏。

关于第二种情形，即对于经追赃、退赔后仍不能获得足额赔偿问题，存在两种情况：其一，赃物已无法追缴，被告人也无退赔能力。对此，由于刑事判决已经生效，受害人不可就相同事项重复起诉，但可依据刑事判决，继续追缴或者退赔。任何时候，只要发现被告人有财产，司法机关均可依法追缴或者强制执行。其二，原物已经全部追缴，本金已经全部退赔，但被害人的损失仍未得到弥补，如已经追回的原物被损坏、贬值、本金退回但利息未支付等。此时，被害人的损失仍是直接的物质损失。已经废止的《最高人民法院关于刑事附带民事诉讼范围问题的规定》第 5 条第 2 款规定，经过追缴或者退赔仍不能弥补损失，被害人向人民法院民事审判庭另行提起民事诉讼的，人民法院可以受理。2020 年《最高人民法院关于在审理经济纠纷案件中涉及经济犯罪嫌疑若干问题的规定》（以下简称《经济纠纷案件犯罪问题规定》），第 8 条规定："根据《中华人民共和国刑事诉讼法》第一百零一条第一款的规定，被害人或其法定代理人、近亲属对本规定第二条因单位犯罪行为造成经济损失的，对第四条、第五条第一款、第六条应当承担刑事责任的被告人未能返还财物而遭受经济损失提起附带民事诉讼的，受理刑事案件的人民法院应当依法一并审理。被害人或其法定代理人、近亲属因被害人遭受经济损失也有权对单位另行提起民事诉讼。若被害人或其法定代理人、近亲属另行提起民事诉讼的，有管辖权的人民法院应当依法受理。"但是，2021 年《刑事诉讼法司法解释》并未对上述情况进行规定。上述《最高人民法院关于适用刑法第六十四条有关问题的批复》也明确：被害人另行提起民事诉讼请求返还被非法占有、处置的财产的，人民法院不予受理。因此，我们认为，通过刑事追赃、退赔不能弥补被害人全部损失的情况下，基于保护受害人原则，被害人有另行提起民事诉讼的权利。以下两份裁定均体现了这一观点。[1]

最高人民法院（2017）最高法民申 4094 号民事裁定书中的理由是：刑事判决主文并未写明追缴或者责令退赔的具体内容，亦未明确刑事判决前是否存在已经发还被害人财产的问题，李晶通过刑事判决追缴或者退赔的数额不明确、不具体。……在通过刑事追赃、退赔不能弥补李晶

---

[1] 最高人民法院（2017）最高法民申 4094 号民事裁定书，最高人民法院（2017）最高法民申 1914 号民事裁定书。

全部损失的情况下,赋予被害人李晶向人民法院另行提起民事诉讼的权利,有利于最大限度地保护被害人的合法权益,刑事判决与民事判决对于保护被害人的合法权益是相互补充的,并未加重温颜擎等人的赔偿责任,人民法院受理李晶提起的民事诉讼并无不当。

最高人民法院(2017)最高法民申1914号民事裁定书中的理由是:刑事案件与民事案件在价值取向、保护法益、责任形式、证明标准、举证责任承担等方面均存在不同。因同一法律事实分别产生刑事法律关系和民事法律关系的,构成刑事责任和民事责任的聚合,刑事责任的承担并不能否定民事责任的承担。刑事案件没有执行终结也并不影响民事案件的受理和审理。为避免民事权利人(同时为刑事被害人)双重受偿,可在执行中对于刑事追赃与民事责任,依据实体责任的认定进行综合处理。因此,刑事案件未执行终结并不意味着民事案件不能受理。……在刑事判决明确进行追赃,民事判决判决责任人承担民事责任的情形下,应对追赃与民事责任的认定和执行进行协调。在民事案件审理过程中,追赃款应从民事责任人赔偿范围内进行扣减。在执行过程中,执行法院应结合民事责任、刑事责任的认定,确定民事责任人应承担的民事责任范围和赃款的退还对象,避免民事权利人(刑事被害人)双重受偿。在民事案件已经执行完毕、刑事被害人的民事权益得到全部救济的情形下,因罪犯是民事责任的最终责任人,民事案件的责任人承担完民事责任后有权向罪犯追偿,因此,赃款应退还给民事责任人。

第四,某一法律事实的发生,既产生刑事案件,也产生民事纠纷。就程序而言,该种情况即可提起刑事附带民事诉讼,也可单独提起民事诉讼。2018年《中华人民共和国刑事诉讼法》第101条规定,被害人由于被告人的犯罪行为而遭受物质损失的,在刑事诉讼过程中,有权提起附带民事诉讼。被害人死亡或者丧失行为能力的,被害人的法定代理人、近亲属有权提起附带民事诉讼。如果是国家财产、集体财产遭受损失的,人民检察院在提起公诉的时候,可以提起附带民事诉讼。《刑事诉讼法司法解释》第175条第1款规定,被害人因人身权利受到犯罪侵犯或者财物被犯罪分子毁坏而遭受物质损失的,有权在刑事诉讼过程中提起附带民事诉讼;被害人死亡或者丧失行为能力的,其法定代理人、近亲属有权提起附带民事诉讼。第200条规定,被害人或者其法定代理人、近亲属在刑事诉讼过程中未提起附带民事诉讼，另行提起民事诉讼的，人民法院可以进行调解，或者根据本解释第 192 条第 2 款、第 3 款的规定作出判决。

五、民刑交叉案件中的"先刑后民"

在长期的司法实践中，一直有一种"先刑后民"的观念，即审理民刑交叉案件时，只要民商事纠纷案件涉及刑事犯罪嫌疑，就应该将民商事案件驳回起诉，全部移送刑事案件侦查部门；或者中止审理民商事案件，将涉嫌犯罪部分移送，待刑事案件审理终结后再审理民商事案件。然而，这一观念并没有法律依据，而且法理上也讲不通。《民间借贷司法解释》就民刑交叉案件明确规定了要根据个案的具体不同情形进行处理的原则。另外，《中华人民共和国民事诉讼法》（以下简称《民事诉讼法》）、《中华人民共和国刑事诉讼法》中也有相关规定。

（一）基于不同法律事实分别产生的刑事案件和民事案件应当分开审理

《经济纠纷案件犯罪问题规定》第 1 条规定，同一自然人、法人或非法人组织因不同的法律事实，分别涉及经济纠纷和经济犯罪嫌疑的，经济纠纷案件和经济犯罪嫌疑案件应当分开审理。第 10 条还规定，人民法院在审理经济纠纷案件中，发现与本案有牵连，但与本案不是同一法律关系的经济犯罪嫌疑线索、材料，应将犯罪嫌疑线索、材料移送有关公安机关或检察机关查处，经济纠纷案件继续审理。《民间借贷司法解释》第 6 条规定，人民法院立案后，发现与民间借贷纠纷案件虽有关联但不是同一事实的涉嫌非法集资等犯罪的线索、材料的，人民法院应当继续审理民间借贷纠纷案件，并将涉嫌非法集资等犯罪的线索、材料移送公安或者检察机关。第 8 条规定，借款人涉嫌犯罪或者生效判决认定其有罪，出借人起诉请求担保人承担民事责任的，人民法院应予受理。第 12 条规定，借款人或者出借人的借贷行为涉嫌犯罪，或者已经生效的裁判认定构成犯罪，当事人提起民事诉讼的，民间借贷合同并不当然无效。人民法院应当依据《民法典》第 144 条、第 146 条、第 153 条、第 154 条以及《经济纠纷案件犯罪问题规定》第 13 条之规定，认定民间借贷合同的效力。担保人以借款人或者出借人的借贷行为涉嫌犯罪或者已经生效的裁判认定构成犯罪为由，主张不承担民事责任的，人民法院应当依据民间借贷合同与担保合同的效力、当事人的过错程度，依法确定担保人的民事责任。

对此，最高人民法院2019年11月8日发布的《全国法院民商事审判工作会议纪要》（以下简称《九民纪要》）明确指出：同一当事人因不同事实分别发生民商事纠纷和涉嫌刑事犯罪，民商事案件与刑事案件应当分别审理，主要有下列情形：①主合同的债务人涉嫌刑事犯罪或者刑事裁判认定其构成犯罪，债权人请求担保人承担民事责任的；②行为人以法人、非法人组织或者他人名义订立合同的行为涉嫌刑事犯罪或者刑事裁判认定其构成犯罪，合同相对人请求该法人、非法人组织或者他人承担民事责任的；③法人或者非法人组织的法定代表人、负责人或者其他工作人员的职务行为涉嫌刑事犯罪或者刑事裁判认定其构成犯罪，受害人请求该法人或者非法人组织承担民事责任的；④侵权行为人涉嫌刑事犯罪或者刑事裁判认定其构成犯罪，被保险人、受益人或者其他赔偿权利人请求保险人支付保险金的；⑤受害人请求涉嫌刑事犯罪的行为人之外的其他主体承担民事责任的。

《九民纪要》还特别强调了，在上述情形下，有的人民法院仍然以民商事案件涉嫌刑事犯罪为由不予受理，已经受理的，裁定驳回起诉。对此，应予纠正。

（二）某一法律事实所产生的后果是刑事案件的，驳回起诉

《经济纠纷案件犯罪问题规定》第11条规定，人民法院作为经济纠纷受理的案件，经审理认为不属经济纠纷案件而有经济犯罪嫌疑的，应当裁定驳回起诉，将有关材料移送公安机关或检察机关。第12条还规定，人民法院已立案审理的经济纠纷案件，公安机关或检察机关认为有经济犯罪嫌疑，并说明理由附有关材料函告受理该案的人民法院的，有关人民法院应当认真审查。经过审查，认为确有经济犯罪嫌疑的，应当将案件移送公安机关或检察机关，并书面通知当事人，退还案件受理费；如认为确属经济纠纷案件的，应当依法继续审理，并将结果函告有关公安机关或检察机关。《民间借贷司法解释》第5条第1款规定，人民法院立案后，发现民间借贷行为本身涉嫌非法集资犯罪的，应当裁定驳回起诉，并将涉嫌非法集资犯罪的线索、材料移送公安或者检察机关。

《九民纪要》也明确指出：涉嫌集资诈骗、非法吸收公众存款等涉众型经济犯罪，所涉人数众多、当事人分布地域广、标的额特别巨大、影响范围广，严重影响社会稳定，对于受害人就同一事实提起的以犯罪嫌疑人或者刑事被

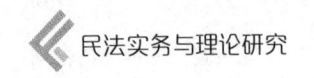

告人为被告的民事诉讼，人民法院应当裁定不予受理，并将有关材料移送侦查机关、检察机关或者正在审理该刑事案件的人民法院。受害人的民事权利保护应当通过刑事追赃、退赔的方式解决。正在审理民商事案件的人民法院发现有上述涉众型经济犯罪线索的，应当及时将犯罪线索和有关材料移送侦查机关。侦查机关作出立案决定前，人民法院应当中止审理；作出立案决定后，应当裁定驳回起诉；侦查机关未及时立案的，人民法院必要时可以将案件报请党委政法委协调处理。

（三）一案必须以另一案审理结果为依据，必须中止本案

《民事诉讼法》第150条第1款第5项规定，本案必须以另一案的审理结果为依据，而另一案尚未审结的，应当中止诉讼。《民间借贷司法解释》第7条规定，民间借贷的基本案件事实必须以刑事案件审理结果为依据，而该刑事案件尚未审结的，人民法院应当裁定中止诉讼。

《九民纪要》中也明确要求：人民法院在审理民商事案件时，如果民商事案件必须以相关刑事案件的审理结果为依据，而刑事案件尚未审结的，应当根据《民事诉讼法》第150条第1款第5项的规定裁定中止诉讼。待刑事案件审结后，再恢复民商事案件的审理。如果民商事案件不是必须以相关的刑事案件的审理结果为依据，则民商事案件应当继续审理。

在司法实践中既存在着民事案件的审理必须以刑事案件的审理结果为依据的情形，也存在着刑事案件的审理必须以民事案件的判决结果为依据的情形，并不存在绝对的"先刑后民"或"先民后刑"。

六、犯罪过程中形成的民商事合同的效力

案例3

甲向乙借款，乙将自己的信用卡拿到甲所在公司通过POS机刷了100万元，双方签订借款合同，约定借期一年，利息为年24%。一年后甲归还了110万元，但乙认为甲归还的110万元中包括24万元利息和86万元本金，尚欠14万元本金和相应利息未归还，诉至法院。法院经审理认为，原告涉嫌高利转贷罪，被告涉嫌非法经营罪，裁定驳回起诉，案件移送公安机关。

问题：本案中，甲乙签订的借款合同是否有效？

(一) 原则上，犯罪过程中形成的民商事合同无效，也不得提起民事诉讼

民刑交叉案件中，会出现犯罪过程中形成的民商事合同，换言之，民商事合同本身就是犯罪的手段。如在诈骗犯罪过程中双方会签订经济合同，在非法集资案件中双方会签订借款合同等。关于在此情形下该合同是否有效的问题，司法实践中有四种观点：①属于以合法形式掩盖非法目的，故合同无效；②刑事的诈骗，在民事上应认定为欺诈，该合同可撤销，以受欺诈方是否行使撤销权，来认定主合同是否有效；③以合同相对人或其工作人员参与犯罪与否为标准进行划分。合同相对人或其工作人员参与犯罪、构成犯罪的，该合同应当认定无效；合同相对人或其工作人员没有参与犯罪的，该合同认定有效；④权利人先行向公安机关报案，则认定相对方涉嫌诈骗罪，在刑事追赃不足以弥补损失后另行提起民事诉讼的，不能认定基于诈骗行为而签订的民商事合同有效。若权利人未报案，而是直接提起民事诉讼，则若其不行使撤销权，可认定基于诈骗行为而签订的合同有效。[1]

我们认为，根据《刑事诉讼法司法解释》第176条、《最高人民法院关于适用刑法第六十四条有关问题的批复》、《民间借贷司法解释》第5条的规定，只要属于被告人非法占有、处置被害人财产的，应以追缴和退赔的方式解决受害人损失问题，受害人不能提起附带民事诉讼的，更不能单独提起民事诉讼。诈骗犯罪、非法集资犯罪中，被告人都是非法占有、处置被害人财产，因而不能提起民事诉讼。从这个角度而言，我们认为此类合同应当属无效合同。

(二) 例外情况

有一般情况，就有例外情况。司法实践中主要存在有三种例外情况：①合同一方当事人是法人，但具体承办该合同的该单位工作人员涉嫌犯罪；②一方行为构成犯罪，合同相对方不知道也不应当知道其行为构成犯罪；③对主合同设定担保合同，主合同无效，担保合同的效力认定问题。

对于第一种情况，根据《经济纠纷案件犯罪问题规定》第3条、第4条、第5条第2款、第6条等规定，一方当事人是单位，但是具体承办合同事项个人涉嫌犯罪，另一方当事人不知道也不应当知道该行为涉嫌犯罪的，该单位

---

[1] 宋晓明、张雪楳：《最高院关于民刑交叉案件的4个重要疑难问题的司法观点（2014）》，载 http://blog.sina.com.cn/s/blog_7a32d45d0102v41b.html，最后访问日期：2020年7月25日。

对行为人因签订、履行该合同造成的后果，依法应当承担民事责任。此种情形属于有权代理或表见代理，合同对于单位和相对人而言，仍然是有效的。

对于第二种情况，《民间借贷司法解释》第13条第1项等规定，套取金融机构贷款转贷的，且借款人事先知道或者应当知道的，人民法院应当认定民间借贷合同无效。反言之，如果借款人不知道也不应当知道出借人的行为是高利转贷行为，该合同是有效的。

对于第三种情况，主合同如果有效，除自身有瑕疵此外，担保合同当然有效。但是如果主合同无效，担保合同并不必然无效。《民法典》第682条第1款规定，主债权债务合同无效的，保证合同无效，但是法律另有规定的除外。《民间借贷司法解释》第8条规定，借款人涉嫌犯罪或者生效判决认定其有罪，出借人起诉请求担保人承担民事责任的，人民法院应予受理。因此，除非担保合同自身存在无效的因素外，一般而言，担保合同仍然有效。

根据上述分析，我们认为前述案例中，因甲明知乙涉嫌高利转贷，故而该合同无效，乙不能获得双方之间所约定的利息，其起诉应当被法院依法驳回。当然甲提供POS机套现，也可能涉嫌非法经营罪。人民法院的裁决是正确的。

七、民刑交叉案件中的民事责任承担

案例4

原告：张某某。

被告：某银行。

1998年初，张某某持四张分别加盖有某银行现金收讫章和工作人员私章的总金额为61万元的集资款现金收款单，要求某银行兑付本息。张某某称上述款项是其亲自或通过熟人交给罗某某的，由于罗某某系某银行出纳，现金收款单上又加盖了某银行现金收讫章，他有理由认为此系某银行从事的集资活动，故要求某银行承担还本付息的责任。某银行则以该款系其工作人员罗某某集资诈骗为由拒绝兑付，由此引起纠纷。

罗某某系某银行出纳科工作人员。本案所涉及的集资款均被罗某某占有、使用。罗某某已经被法院的生效判决认定犯集资诈骗罪，被判处有期徒刑8年。

某银行答辩称：其行对内对外均未进行过任何集资活动，也未收到张某某的任何款项，其与张某某之间不存在集资事实，也无债权债务关系。张某某的集资活动，系罗某某进行的集资诈骗行为，与其无关。罗某某已被司法机关追究刑事责任，张某某所受损失，应向罗某某追索。请求判决驳回张某某的诉讼请求。

一审法院审理认为：罗某某作为某银行的职员，擅自使用盖有某银行印鉴的现金交款单，以某银行的名义进行活动，给人以假象，使张某某完全有理由相信其有代理权。这种实际没有得到真正授权的行为，在民法上称为表见代理，表见代理产生的法律后果，首先应由罗某某承担。但罗某某现已被依法追究刑事责任，无法承担民事法律后果，应由某银行承担管理不严的过错责任，即支付给张某某款项61万元。嗣后，某银行有权向罗某某追偿。对某银行认为其不应承担本案责任的主张，不予支持。本案某银行的集资事实并不存在，系罗某某诈骗行为，故对张某某要求某银行支付利息的诉讼请求不予支持。依照《中华人民共和国民法通则》第一百零六条第二款之规定，该院判决：①某银行在判决发生法律效力之日起10日内支付张某某61万元。②驳回张某某的其余诉讼请求。

某银行不服此判决，向二审法院提出上诉。

二审法院审理认为：罗某某以某银行的名义从事非法集资活动，已被法院生效的刑事判决书认定为个人集资诈骗，构成集资诈骗罪，某银行对罗某某擅自使用单位内部印章从事诈骗活动并无明显过错。由于国务院发布的《关于坚决制止乱集资和加强债券发行管理的通知》《关于清理有偿集资活动坚决制止乱集资问题的通知》以及《中华人民共和国商业银行法》，早就明文禁止未经中国人民银行批准并由企业依照法定程序从事的债券发行活动，禁止国家机关、事业单位、社会团体向内部职工或向社会公众进行有偿集资活动，禁止商业银行未经中国人民银行批准发行金融债券。根据这些政策和法律的规定，张某某明知或应当知道某银行不可能从事非法集资活动，却为追求高额红利，轻信他人谣传，参与集资，导致罗某某诈骗得逞。因此，张某某具有重大过错。张某某认为罗某某代表某银行进行集资活动，是其轻信的结果，而不是根据政策、法律规定和各种表象得出的合理结论。因此，罗某某的行为不符合表见代理的法律特征，该行为的民事法律后果不应由某银行承担。某银行所述罗某某的行为不构成表见代理，该行为无明显过错，不应承担民事责任的上诉理由成立。依照《中华人民共和国民事诉讼法》第一百五十三条第一款第二项的规定，故判决如下：①撤销法院一审民事判决。②驳回张某某的诉讼请求。

(一) 对本案的评析

本案一审、二审结果之所以大相径庭，主要有两个原因：一是在对表见代理法律特征的认识上发生分歧，二是在对本案是否应当适用1998年《经济纠纷案件犯罪问题规定》（已被修改）中有关单位对其工作人员涉及经济犯罪应承担责任的规定的理解上发生分歧。关于表见代理我们后文有专章介绍，此处不再评论，下面我们来理解上述《经济纠纷案件犯罪问题规定》中的相关问题。

关于行为人使用单位公章进行犯罪活动，单位对行为人的行为如何承担民事责任的问题，上述《经济纠纷案件犯罪问题规定》中有比较详细的规定。就本案而言，对上述《经济纠纷案件犯罪问题规定》第3条、第5条第2款的正确理解，是正确认定某银行对罗某某的犯罪行为是否应当承担责任的基础。

上述《经济纠纷案件犯罪问题规定》第3条规定，单位直接负责的主管人员和其他直接责任人员，以该单位的名义对外签订经济合同，将取得的财物部分或全部占为己有构成犯罪的，除依法追究行为人的刑事责任外，该单位对行为人因签订、履行该经济合同造成的后果，依法应当承担民事责任。

第4条规定，个人借用单位的业务介绍信、合同专用章或者盖有公章的空白合同书，以出借单位名义签订经济合同，骗取财物归个人占有、使用、处分或者进行其他犯罪活动，给对方造成经济损失构成犯罪的，除依法追究借用人的刑事责任外，出借业务介绍信、合同专用章或者盖有公章的空白合同书的单位，依法应当承担赔偿责任。但是，有证据证明被害人明知签订合同对方当事人是借用行为，仍与之签订合同的除外。

第5条规定，行为人盗窃、盗用单位的公章、业务介绍信、盖有公章的空白合同书，或者私刻单位的公章签订经济合同，骗取财物归个人占有、使用、处分或者进行其他犯罪活动构成犯罪的，单位对行为人该犯罪行为所造成的经济损失不承担民事责任。

行为人私刻单位公章或者擅自使用单位公章、业务介绍信、盖有公章的空白合同书以签订经济合同的方法进行的犯罪行为，单位有明显过错，且该过错行为与被害人的经济损失之间具有因果关系的，单位对该犯罪行为所造成的经济损失，依法应当承担赔偿责任。

上述《经济纠纷案件犯罪问题规定》第3条规定虽未明确单位直接负责的主管人员和其他责任人员使用单位公章是否属合法使用，但对非法使用、借用、盗用、擅自使用等情况，在其后的第4条、第5条第2款中作了单独规定，因此，从该《经济纠纷案件犯罪问题规定》的立法逻辑看，第3条不应包括盗用、借用、擅自使用等非法使用单位公章的情况。因本案罗某某并非从事单位其责之范围内事项，而且擅自使用或盗用单位现金收讫章，故本案不能直接适用上述《经济纠纷案件犯罪问题规定》中的第3条，不能依据该条判某银行承担民事责任。

上述《经济纠纷案件犯罪问题规定》第5条第2款规定，行为人私刻单位公章或者擅自使用单位公章以签订合同的方法进行的犯罪行为，单位有明显过错，且该过错与被害人的经济损失之间有因果关系的，单位对该犯罪行为所造成的经济损失，依法应当承担赔偿责任。本案中，罗某某系使用的现金收讫章不同于银行公章、财务专用章和经济合同专用章，它只是银行储蓄业务中表明收到现金的证明章，而不是作为银行主体身份和成立法律关系所用的证明章。对罗某某使用该章，某银行无论采取何种措施也无法完全避免，故某银行并无过错，更无明显过错。因此，本案亦不适用《经济纠纷案件犯罪问题规定》第5条第2款判某银行承担赔偿责任。

本案客观事实最符合上述《经济纠纷案件犯罪问题规定》第5条第1款规定的情况，即罗某某属于盗用单位的公章，骗取财物归个人占有、使用、处分，某银行对罗某某犯罪行为所造成的损失不承担民事责任。

综上所述，本案无论从表见代理（表见代理要求对方当事人没有过错，而本案张某某明知或应知银行不得进行高利吸储，其主观上有过错）的角度，还是单位对行为人使用单位公章进行经济犯罪活动应承担责任的角度，某银行均不应对其工作人员罗某某的集资诈骗行为承担责任。二审人民法院的判决是正确的。

(二) 民刑交叉案件中的责任承担类型

根据上述案例的分析，我们认为，民刑案件交叉中的责任承担有如下几

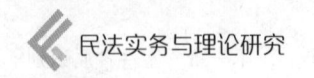

种情形：

1. 刑事被告人独自承担

根据《经济纠纷案件犯罪问题规定》及《民间借贷司法解释》，下列情形由刑事被告人独自承担民事责任，程序是在刑事案件诉讼中追赃、退赔：

（1）被害人明知签订合同对方当事人是借用单位业务介绍信、合同专用章、盖有公章的空白合同，仍与之签订合同。

（2）被告人盗窃、盗用单位的公章、业务介绍信、盖有公章的空白合同书，或者私刻单位的公章签订经济合同，骗取财物归个人占有、使用、处分或者进行其他犯罪活动构成犯罪的。

（3）原承包人、承租人利用擅自保留的公章、业务介绍信、盖有公章的空白合同书以原承包、租赁企业的名义签订经济合同，骗取财物占为己有构成犯罪的。

（4）民间借贷行为本身涉嫌非法集资犯罪的。

2. 刑事被告人的行为构成有权代理或代表行为，由被代理人或被代表的单位独自承担

《经济纠纷案件犯罪问题规定》第3条规定，单位直接负责的主管人员和其他直接责任人员，以该单位的名义对外签订经济合同，将取得的财物部分或全部占为己有构成犯罪的，除依法追究行为人的刑事责任外，该单位对行为人因签订、履行该经济合同造成的后果，依法应当承担民事责任。该条规定实际上是指刑事被告人作为单位的授权代理人与相对人签订合同，但是在合同履行过程中利用职务之便将单位应当获得的合同标的据为己有构成犯罪。此种情况对合同相对人而言，刑事被告人是有权代理，合同有效，被代理人当然应当承担民事责任。

另外《经济纠纷案件犯罪问题规定》第7条的但书之后的情形也属此类。即单位直接负责的主管人员和其他直接责任人员，将单位进行走私或其他犯罪活动所得财物以签订合同的方法予以销售，如果买方不知该合同的标的物是犯罪行为所得财物而购买的，卖方对买方所造成的损失应当承担民事责任。

3. 刑事被告人和有过错的被代理人共同承担

《经济纠纷案件犯罪问题规定》第4条、第5条第2款、第6条规定，被代理人单位有过错造成合同相对人有理由相信刑事被告人有代理权，且相对人无过错的，此时刑事被告人的行为构成表见代理，被代理人单位应当承担

赔偿责任。虽然该司法解释规定的是"赔偿责任",但就实务而言,法院一般都会以构成表见代理为由,认定合同有效,判令单位承担全部民事责任。然而,我们必须考虑到,人民法院也会在刑事判决中对刑事被告人追赃或判决其退赔。如果受害人(也是合同相对人)在刑事案件中通过追赃、退赔获得全部赔偿,则不能再向被代理人单位主张民事责任;如果受害人没有在刑事案件中获得赔偿,或只获得部分赔偿,则有权向被代理人单位主张相应的权利。此种情形下,刑事被告人和被代理单位应构成民法上的不真正连带债务,合同相对人对债务追偿应当享有选择权。

第二节 民事纠纷与行政争议的区别

案例 5

李姐、李妹系双胞胎姐妹。李妹与王某结婚登记时,因丢失身份证而持李姐的身份证到婚姻登记机关办理结婚登记。因是双胞胎,长相十分相似,婚姻登记机关工作人员没有发现,便进行婚姻登记。婚姻登记后李妹与王某共同生活了三年。而在李妹登记之前,李姐持自己身份证已经与周某登记结婚。因李妹与王某感情不和,起诉与王某离婚。在诉讼中,李妹撤回起诉由李姐提起行政诉讼,要求撤销其与王某的婚姻登记,法院支持了李姐的诉讼请求。之后,李妹向法院提起解除其与王某非法同居关系,解决了分割财产和抚养子女问题。

我们再看另外一个案例,此案的解决,颇有争议。

案例 6

2006 年原告刘某与被告赵某相识并建立恋爱关系,因刘某未婚先育但没有达到婚龄,便借用其姐姐刘姐身份证,用自己照片与赵某办理了结婚登记。四年之后,刘某凭结婚证补开了女儿赵某某的《出生医学证明》,该证明上登记的赵某某父亲为赵某,母亲为"刘姐"。再一年,原告起诉要求与赵某离婚,子女由本人抚养,并要求法院向民政部门发司法建议,建议民政部门撤销其婚姻登记。诉讼中,通过法院释明,原告变更诉讼请求为：请求法院确认刘某与赵某存在婚姻关系，刘姐与赵某不存在婚姻关系，并确认刘某与赵某的婚姻成立有效；判决刘某与赵某离婚；女儿赵某某由刘某负责监护。法院经审理认为，原告刘某因未达法定婚龄，借用其姐姐刘姐的身份证与被告赵某办理结婚登记，后又为其子女办理出生证明，其行为是错误的。但原告与被告具有共同结婚的合意和行为，且双方以夫妻身份共同生活；刘姐与赵某没有结婚的合意，也没有以夫妻身份共同生活的事实。因此，刘某与被告的婚姻关系成立，刘姐与赵某的婚姻关系不成立。现原告刘某与被告赵某均已达法定婚龄，其婚姻无效的情形已经消失，应当认定其婚姻成立有效。对原告的离婚请求予以支持。法院作出如下判决：①原告刘某与被告赵某的婚姻成立有效；刘姐与赵某的婚姻关系不成立。②原告刘某与被告赵某离婚。③赵某某由原告刘某负责监护。[1]

"婚姻登记瑕疵"不是一个法律概念。从目前使用的特定语境看，所谓"婚姻登记瑕疵"，就是在婚姻登记中存在程序违法或欠缺必要形式要件等缺陷。因而，它不属于《中华人民共和国婚姻法》（已失效，以下简称《婚姻法》）第10条（即《民法典》第1051条）规定的无效婚姻（又称绝对无效婚姻）和第11条（即《民法典》第1052条）规定的可撤销婚姻（又称相对无效婚姻）。"婚姻登记瑕疵"的范围很广，包括他人代理或冒名顶替进行婚姻登记、借用他人名义或身份证登记结婚、使用虚假户口或虚假姓名登记结婚、因疏忽婚姻姓名登记错误、隐瞒真实身份等欺诈结婚、使用虚假证明材料登记结婚、结婚登记手续不完善或证件不齐全、越权管辖婚姻登记，等等。凡是无效婚姻（包括相对无效婚姻）之外的程序违法或欠缺必要形式要件等缺陷，都属于"婚姻登记瑕疵"。上述两案均属于婚姻瑕疵问题，而不是无效婚姻或可撤销婚姻。

最高人民法院民一庭意见认为，当事人以法定无效婚姻四种情形（重婚、有禁止结婚的亲属关系、婚前患有医学上认为不应当结婚的疾病且婚后尚未治愈以及未达到法定婚龄）以外的理由申请宣告婚姻无效的，应当判决驳回

---

[1] 王礼仁、罗红军：《全国首例运用婚姻成立与不成立之诉解决假身份证结婚案法理分析》，载法律图书馆，http://www.law-lib.com/lw/lw_view.asp? no=11707。

当事人申请宣告婚姻无效的诉讼请求，告知其可以依照《中华人民共和国行政复议法》及《中华人民共和国行政诉讼法》（以下简称《行政诉讼法》）规定的程序办理。因此，瑕疵婚姻应通过行政复议、诉讼程序解决，而无效和可撤销婚姻则应通过民事诉讼程序解决。

上述案例6法院判决的程序和法律适用均有不当。刘姐与赵某之间有婚姻登记，因不是本人真实意思表示，且本人未到婚姻登记机关登记，该婚姻无效，这个问题刘姐应通过行政程序或行政诉讼来解决；但妹妹刘某与赵某之间不存在婚姻登记关系，只能认定为非法同居关系，不能判决婚姻有效，也不能判决婚姻无效，只能解除非法同居，判决财产分割和子女抚养问题。上述案例5的判决和程序是正确的。

一、民行案件交叉产生的原因

现代社会生活中，行政管理已经渗入到人们生活的各个方面。很多民事权利的产生、设立、变更都需经过行政机关的登记、授权、批准。如自然人的婚姻登记、户口登记，房屋、土地的不动产登记与变更、注销，公司法人的股权登记与变更，商标的注册、专利的授权，等等。由于民事权利的产生、设立、变更中行政行为的介入，民事法律关系中的当事人之间发生纠纷的时候，很有可能涉及行政行为的效力问题。这便是民行交叉问题产生的原因。

二、行政争议与民事纠纷的区分

（一）行政争议的特点

依据《行政诉讼法》及相关司法解释的规定，行政争议必须同时满足以下三个条件：

（1）行政争议主体中有一方必须是行政机关。

（2）行政争议的对象是行政机关作出的行政行为。

（3）行政争议必须以行政机关因其作为或不作为的行政行为与公民、法人或其他组织形成行政法上的法律关系为前提。

（二）行政争议与民事诉讼的区分

行政争议与民事纠纷最主要的区别在于争议双方主体的地位及争议对象。

1. 行政争议中争议主体在双方所建立的行政法律关系中的地位具有不平等性

行政争议产生的前提是行政性对人与行政机关之间存在一种行政上的法律关系，即行政相对人申请行政机关履行职责、申请登记，或行政机关依法履行相关行政职责管理某项事务等。在这些法律关系中，行政机关处于优势地位，行政相对人有服从行政管理的义务，双方之间的地位具有服从与被服从、管理与被管理的不平等性。如果在双方当事人之间的法律关系中不具有这样的不平等性而产生纠纷，一般来讲就不属于行政争议。我们看一个案例：

案例 7

原告罗某某世居于被告某村民小组。原告曾经农转非但几年后户口又迁回被告村民小组。因城市建设需要，被告村民小组的土地被陆续征用，由此被告获得相应的征地补偿费。被告将征地补偿费分配给部分村民，未把原告列入分配名单中。经原告多次与被告协商，要求给付与其他村民一样数额的征地款，被告只同意支付部分款项，原告不同意，遂诉至法院。

法院受理后对案件性质发生争议，一种意见认为分配土地补偿款的村民小组行使的是对村民事务的管理权，类似于行政机关行使行政权，故该案属于行政纠纷；另一种意见认为，村民委员会、村民小组不是行政机关，其在管理村民事务中与村民之间仍然是一种平等主体之间的关系，因此本案应当是民事纠纷。

对此问题，最高人民法院发布过五个答复。

第一，1994 年 12 月 30 日《最高人民法院关于王翠兰等六人与庐山区十里乡黄土岭村六组土地征用费分配纠纷一案的复函》，具体内容是：《中华人民共和国土地管理法》（以下简称《土地管理法》）明确规定，征用土地的补偿、安置补助费，除被征用土地上属于个人的附着物和青苗的补偿费付给个人外，其余由被征地单位用于发展生产和安排就业等事业。现双方当事人为土地征用费的处理发生争议，不属于法院受理案件的范围，应向有关机关申请解决。

第二，2001 年 7 月 9 日《最高人民法院研究室关于人民法院对农村集体经济所得收益分配纠纷是否受理问题的答复》,具体内容是:农村集体经济组织与其成员之间因收益分配产生的纠纷,属平等民事主体之间的纠纷。当事人就该纠纷起诉到人民法院,只要符合《民事诉讼法》第 108 条的规定,人民法院就应当受理。

第三,2001 年 12 月 31 日《最高人民法院研究室关于村民因土地补偿费、安置补助费问题与村民委员会发生纠纷人民法院应否受理问题的答复》,具体内容是:农村村民因土地补偿费、补助费、安置费与村民委员会发生纠纷,人民法院的受理问题参照对广东省高级人民法院答复的法研〔2001〕51 号答复办理。

第四,2002 年 8 月 19 日《最高人民法院关于徐志君等十一人诉龙泉市龙渊镇第八村村委会土地征用补偿费分配纠纷一案的批复》,具体内容是:根据《土地管理法》第 47 条第 2 款、《中华人民共和国土地管理法实施条例》第 25 条、第 26 条及我院有关司法解释的规定,国家征用农民耕地的补偿费包括土地补偿费、安置补助费以及地上附着物和青苗的补偿费。土地补偿费归农村集体经济组织所有,只能用于发展生产和安排就业,不能挪用和私分。农村集体经济组织成员与农村集体经济组织因土地补偿费发生的争议,不属于平等主体之间的民事法律关系,不属于人民法院受理民事诉讼的范围。对此类争议,人民法院依法不予受理,应由有关行政部门协调解决。

至于因安置补助费发生的争议应否由人民法院受理,则应具体分析。需要安置的人员由农村集体经济组织安置的,安置补偿费支付给农村集体经济组织,由农村集体经济组织管理和使用。因此发生的争议,也不属于人民法院受理民事诉讼的范围,人民法院不应作为民事案件受理。对于不需要由农村集体经济组织安置的人员,安置补偿费应直接支付给有关人员。因此发生的纠纷,属于平等主体之间的民事权利义务争议,人民法院应作为民事案件受理。

地上附着物与青苗补偿费应归地上附着物及青苗的所有者所有。地上附着物与青苗的所有者因该项补偿费与集体经济组织发生的争议属于平等主体之间的民事权利义务争议,属于人民法院受理民事案件的范围,此类争议人民法院应当作为民事案件受理。

第五,2004 年 10 月 12 日《最高人民法院关于村民请求分配征地补偿款纠纷法院应否受理的请求的答复》,具体内容是:根据《中华人民共和国土地管理法实施条例》第 26 条的规定，土地补偿费归农村集体经济组织所有；地上附着物及青苗补偿归地上附着物及青苗的所有者所有。农村集体经济组织与其成员之间因土地补偿费分配产生的纠纷，当事人就该纠纷起诉到人民法院的，人民法院可不予受理。

村民请求分配征地补偿款纠纷是否属于民事纠纷，最高人民法院的上述五个答复并没有给出确定的答案。经研究，我们发现，最主要的问题还是在于最高人民法院对于村民委员会或村民小组与村民之间涉及的土地征收补偿款纠纷中，双方之间是否属于平等主体的问题认识不一。我们认为，在我国农村，村民委员会或村民小组承担着经营、管理该集体经济相关事务的职能，但其并非一级政府，该经营管理职能不是行使行政权力，而类似于公司法人对本公司事务的管理，是一种平等主体之间的法律关系，属于民事行为而非行政行为。另外，从法律上讲，土地征收补偿款是源于农村集体所有的土地权利对价，依法属于全体集体组织成员，每个成员的权利是平等的，对集体土地等的收益享有可分割的特定份额。如果土地已经承包，那么依据《中华人民共和国农村土地承包法》（以下简称《农村土地承包法》）、《民法典》物权编等规定，土地承包人享有土地承包经营权这一物权。当国家将土地征收款划拨给村委会或村民小组的时候，依照法律规定，土地承包者也应当享有相应的利益分配权。由于土地征用补偿费用分配权是一项法定的财产性民事权利，如果村民委员会或村民小组不分配或不足额分配，都是对村民民事权利的一种侵犯，人民法院应当将这类案件作为民事案件进行处理。

《最高人民法院关于审理涉及农村土地承包纠纷案件适用法律问题的解释》第 1 条第 1 款第 6 项规定，承包地征收补偿费用分配纠纷，人民法院应当依法受理。上述司法解释第 22 条还规定，农村集体经济组织或者村民委员会、村民小组，可以依照法律规定的民主议定程序，决定在本集体经济组织内部分配已经收到的土地补偿费。征地补偿安置方案确定时已经具有本集体经济组织成员资格的人，请求支付相应份额的，应予支持。该司法解释最终明确了涉及承包地征收补偿费用分配的纠纷属于平等主体之间的民事纠纷，而非行政争议。

2. 行政争议的对象是行政机关的行政行为的合法性与适当性

民事纠纷双方当事人争议的对象是民事主体之间的权利的有无或义务的多少等，而行政争议的对象是行政机关的行政行为的合法性与适当性。因此，在判断某个案件是民事纠纷还是行政争议时,要看双方所争议的对象是民事主体之间的权利义务还是行政行为的合法性、适当性问题。我们以最高人民法院发布的《关于审理公司登记行政案件若干问题的座谈会纪要》的相关内容为例来进行分析。

(1) 该纪要第1条规定,因申请人隐瞒有关情况或者提供虚假材料导致登记错误的,登记机关可以在诉讼中依法予以更正。登记机关依法予以更正且在登记时已尽到审慎审查义务,原告不申请撤诉的,人民法院应当驳回其诉讼请求。原告对错误登记无过错的,应当退还其预交的案件受理费。登记机关拒不更正的,人民法院可以根据具体情况判决撤销登记行为、确认登记行为违法或者判决登记机关履行更正职责。公司法定代表人、股东等以申请材料不是其本人签字或者盖章为由,请求确认登记行为违法或者撤销登记行为的,人民法院原则上应按照本条第1款规定处理,但能够证明原告此前已明知该情况却未提出异议,并在此基础上从事过相关管理和经营活动的,人民法院对原告的诉讼请求一般不予支持。

上述规定中,明确了在行政诉讼中根据争议的行政行为是否具有合法性和适当性而作出不同的裁决:

第一,如果登记错误的原因是申请人隐瞒有关情况或提供虚假材料,行政机关可以主动纠正。在行政机关纠正后,行政机关的行政行为就不存在合法性和适当性问题了,此时,原告仍不撤诉的,法院驳回其诉讼请求。

第二,虽然登记错误的原因是申请人隐瞒有关情况或提供虚假材料,但登记机关如果在已经知道的情况下拒不更正,也即行政机关明知错误而拒不更正,该行政行为就不具有合法性和适当性了。因此,法院应当判决登记机关撤销登记、确认登记违法或令其更正。

第三,如果原告此前已明知申请人隐瞒有关情况或者提供虚假材料导致登记错误,却未提出异议,并在此基础上从事过相关管理和经营活动,可以视作原告已经同意了申请人的登记或事后默认了申请人的登记行为。此种情形下,登记机关的行政行为也不存在合法性问题了,因此应当驳回原告诉讼请求。

(2) 该纪要第3条是关于公司登记涉及民事法律关系的问题。纪要指出:利害关系人以作为公司登记行为之基础的民事行为无效或者应当撤销为由,对登记行为提起行政诉讼的,人民法院经审查可以作出如下处理:对于民事

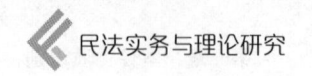

行为的真实性问题，可以根据有效证据在行政诉讼中予以认定；对于涉及真实性以外的民事争议，可以告知通过民事诉讼等方式解决。

根据上述纪要规定，如果原告所提出的行政争议是以民事行为的无效或可撤销为基础，那么只有在民事行为真实性有争议时才能作为行政案件进行诉讼，因为民事行为真实性是一个能够用证据证明的客观事实，不涉及其他民事法律关系。如果现有证据能够证明民事行为不具有真实性，那么行政行为就失去了客观事实这一依据，当然应当被撤销，如前述的一方当事人伪造材料进行登记，此时，当事人提起的行政诉讼仍是对行政行为的合法性的争议。如果民事行为的有效性不是有无客观证据证明的问题，而是因为违反了法律法规强制性、禁止性规定等，此时，争议的对象就不是行政行为本身的合法性、合理性问题，而是民事行为的效力问题，就应当通过民事诉讼解决。当然，根据2017年修正后的《行政诉讼法》及相关司法解释，在涉及行政登记等的行政诉讼中，当事人申请一并解决相关民事争议的，人民法院可以一并审。这个问题我们将在后文详述。

(3) 该纪要第4条是关于备案行为的受理问题。纪要指出：备案申请人或者备案事项涉及的董事、监事、经理、分公司和清算组等备案关系人，认为登记机关公开的备案信息与申请备案事项内容不一致，要求登记机关予以更正，登记机关拒绝更正或者不予答复，因此提起行政诉讼的，人民法院应予受理。备案申请人以外的人对登记机关的备案事项与备案申请人之间存在争议，要求登记机关变更备案内容，登记机关不予变更，因此提起行政诉讼的，人民法院不予受理，可以告知通过民事诉讼等方式解决。

根据上述纪要规定，如果是因为登记机关在备案时自身的失误或错误导致备案事项记载有误，那么争议的对象仅涉及行政行为的合法性问题，属于行政争议；但是备案申请人以外的人对登记机关的备案事项与备案申请人之间存在权利归属等争议的情况下，行政备案的错误是基于双方当事人之间的民事争议，只有先解决民事争议，才能纠正行政备案的错误，所以此时应当先解决民事争议，先提起民事诉讼。

综上，我们认为，区分民事纠纷与行政争议的最主要的标准就是争议主体之间是否平等以及争议内容是否是行政机关行政行为的合法性及适当性。

三、民行交叉案件处理模式

行政争议中有些情况属于单纯的行政诉讼问题,有些则是行政和民事纠纷交叉的问题,即一个问题的解决需要以另一个问题的解决为先决条件。如果是单纯的行政问题,则只能通过行政复议或行政诉讼程序解决,如果属于民行交叉问题,则需要具体问题具体分析。

(一) 原则上分案审理

《民事诉讼法》第150条第1款第5项规定,一案须以另一案的审理结果为依据,而另一案尚未审结的,中止诉讼;《最高人民法院关于适用〈中华人民共和国行政诉讼法〉的解释》第87条第1款第6项也规定,案件的审判必须以相关民事、刑事或其他行政案件的审理结果为依据,而相关案件尚未审结的,中止诉讼。这些法律规定正是相交织的行政纠纷与民事纠纷可以分案审理的法律依据。

(二) 例外

1. 在行政案件审理中一并解决民事争议

《行政诉讼法》第61规定,在涉及行政许可、登记、征收、征用和行政机关对民事争议所作的裁决的行政诉讼中,当事人申请一并解决相关民事争议的,人民法院可以一并审理。《最高人民法院关于适用〈中华人民共和国行政诉讼法〉的解释》中专门规定了一章,其名称就是"相关民事争议的一并审理",共有8个条文(第137~144条),就行政许可、登记、征收、征用和行政机关对民事争议所作裁决的行政诉讼中的相关民事争议一并解决的具体程序作出了规定。其主要内容如下:

(1) 行政诉讼中的民事争议解决以当事人申请为原则,法院亦可依职权决定一并审理。

(2) 当事人提出申请应当在第一审开庭审理前提出,有正当理由的,也可以在法庭调查中提出。

(3) 行政案件已经超过起诉期限、民事案件尚未立案的,当事人应当另行提起民事诉讼;民事案件已经立案的,由原审判组织继续审理。

(4) 人民法院在审理行政案件中发现民事争议为解决行政争议的基础,当事人没有请求人民法院一并审理相关民事争议的,人民法院应当告知当事人依法申请一并解决民事争议。当事人就民事争议另行提起民事诉讼并已立案的，人民法院应当中止行政诉讼的审理。民事争议处理期间不计算在行政诉讼审理期限内。

（5）人民法院可以作出不予准许一并审理民事争议的决定，但应告知当事人可以依法通过其他渠道主张权利。对不予准许的决定可以申请复议一次。

（6）人民法院在行政诉讼中一并审理相关民事争议的，民事争议应当单独立案，由同一审判组织审理。人民法院审理行政机关对民事争议所作裁决的案件，一并审理民事争议的，不另行立案。对行政争议和民事争议应当分别裁判。

（7）当事人在调解中对民事权益的处分，不能作为审查被诉行政行为合法性的根据。

（8）当事人仅对行政裁判或者民事裁判提出上诉的，未上诉的裁判在上诉期满后即发生法律效力。二审法院发现未上诉的生效裁判确有错误的，应当按照审判监督程序再审。

（9）行政诉讼原告在宣判前申请撤诉的，是否准许由法院裁定。法院裁定准许行政诉讼原告撤诉，但其对已经提起的一并审理相关民事争议不撤诉的，人民法院应当继续审理。

2. 在民事诉讼中审查行政行为的有效性

1987年1月14日《最高人民法院关于三代以内旁系血亲之间的婚姻关系如何处理问题的批复》中指出，当事人隐瞒近亲属关系骗取结婚登记，其婚姻登记关系依法不应保护。《最高人民法院关于适用〈中华人民共和国民法典〉婚姻家庭编的解释（一）》[以下简称《婚姻家庭编司法解释（一）》] 第21条规定，人民法院根据当事人的请求，依法确认婚姻无效或者撤销婚姻的，应当收缴双方的结婚证书并将生效的判决书寄送当地婚姻登记管理机关。[1]

《婚姻家庭编司法解释（一）》的规定，充分说明法院在审理离婚案件时可以审查民政部门办理结婚登记行为的合法性并否定违法登记发证的有效性。即，在婚姻无效、可撤销纠纷中，可以只通过民事诉讼解决婚姻无效和可撤销问题。

---

[1]《民法典》第1051条规定，有下列情形之一的，婚姻无效：①重婚；②有禁止结婚的亲属关系；③未到法定婚龄。《民法典》第1052条规定，因胁迫结婚的，受胁迫的一方可以向人民法院请求撤销婚姻。请求撤销婚姻的，应当自胁迫行为终止之日起一年内提出。被非法限制人身自由的当事人请求撤销婚姻的，应当自恢复人身自由之日起一年内提出。

对于当事人是否也可以通过行政程序解决无效和可撤销的婚姻登记的问题，我国在立法上有所变化。

1994年民政部《婚姻登记管理条例》（已失效）第25条规定："申请婚姻登记的当事人弄虚作假、骗取婚姻登记的，婚姻登记管理机关应当撤销婚姻登记，对结婚、复婚的当事人宣布其婚姻关系无效并收回结婚证，对离婚的当事人宣布其解除婚姻关系无效并收回离婚证，并对当事人处以200元以下的罚款。"

但2003年《婚姻登记条例》出台后，1994年《婚姻登记管理条例》随即废止，且2003年《婚姻登记条例》第9条规定，因胁迫结婚的，受胁迫的当事人依据《婚姻法》第11条的规定，向婚姻登记机关请求撤销其婚姻的，婚姻登记机关经审查认为受胁迫结婚的情况属实且不涉及子女抚养、财产及债务问题的，应当撤销该婚姻，宣告结婚证作废。所以，依《婚姻登记条例》来看，婚姻登记机关只能撤销受胁迫的婚姻登记，而其他情形导致登记错误的，婚姻登记机关似乎无权行使撤销权。

四、行政争议与民事纠纷交叉类型及其处理

（一）行政确认与民事纠纷交叉

行政确认是指行政主体依照法律规定或其职权对相对人的法律地位、法律关系或有关法律事实予以认定或进行否定。权属的确认、工伤事故的确认、残疾等级的确认、交通警察部门对交通事故责任的认定、技术监督部门对于产品质量的认定等，都属于行政确认。

行政确认最主要的特征是通过行政机关依法行使权力，在双方当事人之间设立某种法律关系或否定双方当事人之间存在某种法律关系。

看下面这个案例：

案例8

刘某站在楼道门口准备进门，曹某恰巧抱着孩子出楼道门，双方之间隔着楼道的防盗门，相互之间都没看见。曹某出了楼道门时发现刘某躺在地上，就将其送往医院，诊断为股骨骨折。刘某称是曹某用脚踹门将其撞到，曹某称自己出门只是用手推了一下门，没有踹门，更没有将其撞到。刘某报案，派出所工作人员进行了调查，并调解，无果。刘某诉至法院。在法院诉讼阶段，派出所向法院出具《工作证明》，证明曹某将刘某撞倒。

问题：该行为是否属于行政确认行为？曹某是否可以提起行政诉讼？

我们认为，该行为不属于行政确认行为，因为曹某是否将刘某撞倒是一个客观事实，派出所只是根据调查情况向法院出具了一个其调查结果的证明，并未在双方之间设立民事法律关系。即便派出所不出具证明，刘某也可以通过其他证据证明该客观事实的存在。如果将其认定为行政确认行为，则意味着派出所通过行使其行政权力在当事人之间设立了一个人身损害法律关系，这一逻辑显然是错误的。

行政机关对某事项的认定或否定都直接关系到相对人是否享有某项民事权利或相对人的某项民事权利是否存在。换言之，虽然行政确认行为是当事人民事权利的基础，但其与民事争议相互独立。如果当事人对行政确认有异议，应当先通过行政复议或行政诉讼解决行政争议，待行政争议解决之后再提起民事诉讼，或者将已经提起的民事诉讼中止，待行政争议解决后再审理民事案件。如果当事人对行政确认依据的基础民事法律关系存在争议，应当先解决民事争议，再解决行政确认纠纷。

（二）行政登记与民事纠纷的交叉

行政登记是行政机关依相对人申请，依照法律法规规定，在相关登记簿册中对相对人享有相关权利的法律事实予以书面登记的行为。如工商企业登记、股权登记、房屋产权初始登记、房屋产权变更登记、户口登记、机动车登记、婚姻登记、收养登记、抵押登记等。

有些行政登记是对行政相对人享有某项权利或存在某种法律关系等法律事实的书面记载，并不创设相关权利或法律关系，如工商企业登记、房屋产权初始登记、户口登记、机动车登记。但有些登记创设了一些法律关系，使当事人之间产生了法律上的权利义务关系，如婚姻登记、收养登记、房屋产权变更登记、抵押登记等。

有些行政登记只是对法律事实进行的书面记载，其从法律效力的角度来看属于当事人享有权利的证明，例如工商登记、股权登记、不动产初始登记、机动车登记、户口登记等。还有些行政登记在双方当事人之间创设了某种法律关系，如婚姻登记使得以前没有婚姻关系的男女成为夫妻关系、收养登记使得新的父母子女关系建立、不动产变更登记使得买受人获得不动产物权、抵押登记使得债权人获得不动产抵押权等。对于第二类行政登记，如果当事人认为行政登记行为错误并发生纠纷，应当根据个案具体情况分别进行处理。如原被告之间签订了房屋产权转让合同并办理了过户登记，后发生纠纷。要撤销登记，必须先进行民事诉讼，在解除了房屋产权转让合同之后才能再申请撤销房屋产权登记。

下面再看一个案例：

案例 9

甲乙二人于新中国成立前合建一栋私房，面积 200 平方米，新中国成立后人民政府给他们颁发了产权证，确认系甲乙二人共有。在社会主义改造中，甲申请将房产 150 平方米投入私改，并回老家乡下居住，剩余房 50 平方米继续由乙居住。20 世纪 80 年代中期，乙以原产权证遗失为由，当地房产局申请重新登记，补发的产权证仍登记为甲乙共有。20 世纪 90 年代初期，乙申请将该房屋变更登记为其一人所有，房产局发出公告，告知对乙现居住房产自 30 日内无人提出异议即颁发新的产权证。公告的第二日房产局即在登记表中注明"自公告后无异议"，并于第四日向乙颁发了第 X 号《房产证》。乙去世后，其妻丙作为继承人继承了该房产，并领取第 Y 号房产权证。20 世纪初，甲认为丙取得的产权实为与他共有为由向房产局提出申请，要求撤销丙的产权证，房产局作出了注销第 Y 号房屋所有权证的决定。但该决定未告知丙有诉讼的权利与起诉期限。后丙向法院起诉，请求房产局注销其产权证的决定，法院以房产局注销产权证所认定的事实不清，适用法律错误为由判决撤销房产局的注销产权证的决定。甲去世后其妻丁向法院提出诉讼，请求撤销房产局第 Y 号产权证。此案经历了一审、二审。一审、二审法院均认为第 Y 号产权证应以第 X 号产权证合法为依据，而房产局在颁发第 X 号产权证时程序违法，遂撤销了第 Y 号产权证。

此后，丙丁二人相继去世。由于该房屋产权争议未得到最终解决，丙丁二人的后人均声称对争议房产具有所有权，且法院的两次行政判决相互矛盾，于是多次上访申诉。法院也多次复查，复查后也以法院行政判决书只针对房产局的颁证、注销等行政行为的合法性进行审理，未对

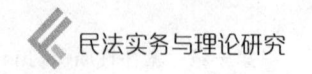

房产的归属等民事法律关系进行审理为由，驳回了当事人的申诉。并建议当事人可通过民事诉讼对房产进行确权。丙的后人再次提起民事诉讼，要求对争议房屋进行重新确权。这一纠纷历时十几年，前后有多个行政、民事判决裁定，纠纷一直未能彻底解决。

上述案例中，如果能够把握问题的核心，其实解决纠纷也不是难事。首先，在此案中确定没有争议的事实是：①房屋在初建时，属于甲乙二人共有；②新中国成立初期人民政府颁发共有产权证；③只有部分进行了私改，尚有50平方米房产未私改；④20世纪80年代颁发的房产证对剩余的50平方米仍记载为甲乙共有。有争议的事实是第Y号房产证的颁发是否合法。又因20世纪90年代乙申请变更登记为其一人所有的第X号房产证和丙继承取得的第Y号房产证实际上是同一房产证，所以在此情况下，我们就要看第X号房产证颁发的时候是否有合法依据、是否适当。而对房产局颁发房产证的行为是否合适、是否适当的争议完全是一个行政争议，而非民事纠纷。从上述案例的事实看，在20世纪90年代第X号房产证被颁发之前，该房产登记仍显示甲乙二人共有，变更为乙一人所有时没有任何事实依据，也没有甲放弃产权或甲乙双方买卖或甲同意变更为乙一人所有的任何证据，且其在公告期限未满时就进行了变更登记，所以该登记显然是错误的。虽然乙提出的申请错误，但变更错误的主要责任在于房产局，因此无论双方对房屋产权本身是否存在争议，本案都应当撤销第X号房产证。后第X号房产证因继承变更成为第Y号房产证，因此第Y号房产证应当被撤销。至于是否应当对房屋进行确权，从诉讼程序角度而言，乙丙后人可以提起民事诉讼，但只有在能够确实充分地证明甲放弃了剩余50平方米房屋产权的情况下，其权利主张才能获得支持。其实，就乙丙及其后代而言，他们可能认为是甲把150平方米房产投入私改，因而自己就当然获得剩余50平方米房产，但这一认识是错误的。当年房屋投入私改乙并未反对，而且20世纪80年代颁发的产权证仍登记为甲乙共有，这就说明20世纪80年代时双方对剩余50平方米房产甲乙共有的事实没有争议。因此，乙丙及其后人必须证明20世纪90年代变更为第X号房产证时，甲丁已放弃产权或已将其出售或赠与给乙。只有在这种情况下，乙丙及其后人才能单独获得该房屋产权。但从本案事实看，这样的情况并不存在，故即便丙的后人提起确权之诉也无胜诉可能。

根据上述案例，我们总结，对于登记错误纠纷，应当根据错误产生的原因，采取不同的方式来解决：

（1）如果仅仅是登记本身的错误，如房屋初始登记时，登记机关误将张三的房产登记到张山名下，只能通过行政程序纠正。

（2）如果登记错误源于民事权利纠纷或与他人之间的民事法律关系，且行政登记本身也存在重大瑕疵，则既可通过行政程序纠正，亦可先提起民事诉讼解决民事纠纷再纠正行政登记错误。如甲用捡来的乙的身份证假冒乙的名义将乙登记为某公司股东，被假冒的乙可直接要求工商行政部门撤销该登记，直接提起行政诉讼。因为，按照规定，股东应当亲自在工商登记机关工作人员面前签字，没有审核或没有认真审核身份证与签字人是否为同一人完全是行政机关的过失，可以不涉及民事法律关系。同时乙还可以提起民事诉讼，确认甲侵犯其姓名权，然后以生效民事判决为依据要求工商行政部门撤销登记。

（3）如果登记错误全部或者主要是由于民事权利纠纷或与他人之间的民事法律关系，则只能先解决民事纠纷，才能进行变更登记。如，王五与李四约定，由李四代持王五股权，并在工商登记中将李四登记为股东。此时如果要将李四变更为王五，必须先由李四与王五签订同意变更的协议或通过民事诉讼确认王五为股东，再解决股权登记问题。

（4）根据《行政诉讼法》规定，行政登记争议案件中，可以将民事争议一并解决，上述三种情况中，只有第二种情形可以并案审理。

（三）行政许可争议与民事纠纷的交叉

根据《中华人民共和国行政许可法》第 2 条规定，所谓行政许可，是指行政机关根据公民、法人或者其他组织的申请，经依法审查，准予其从事特定活动的行为。

在行政管理领域，行政机关的一些行政行为与民事行为主体的资格相交织，直接决定其有无参与民事活动和民事诉讼活动的资格。如工商行政管理依申请作出的市场主体的设立登记、注销登记、法定代表人的变更登记和依职权作出的吊销市场主体营业执照的行为。上述行为直接涉及民事行为主体资格的取得、消灭及法定代表人资格的取得、消灭。此类行为还有烟草许可、律师从业许可、会计从业许可等。我国颁发的行政许可证件主要有以下五类：一是许可证、执照或者其他许可证书；二是资格证、资质证或者其他合格证书；三是行政机关的批准文件或者证明文件；四是行政机关实施检验、检测、检疫的，可以在检验、检测、检疫合格的设备、设施、产品、物品上加贴标签或者加盖检验、检测、检疫印章；五是法律法规规定的其他行政许可证件。

如果行政相对人或相关人对行政许可行为不服，而被诉行政行为所针对的民事主体因民事纠纷又引发了民事诉讼，则会出现行政纠纷与民事纠纷交叉。下面这个案例就是典型的因行政许可而产生的民刑交叉案件。

案例 10

甲公司注册的企业字号为"某省精准农业技术有限公司"。甲公司所在地的王某注册了"某省某某区精准农业产业有限公司"。甲公司认为工商局核准登记王某的"某省某某区精准农业产业有限公司"侵犯其企业名称权，要求纠正该名称。

在该案例中，甲公司可以依据《企业名称登记管理规定》第 21 条和《企业名称登记管理实施办法》第 42 条的规定，既可以申请工商行政管理部门纠正，也可以提起民事诉讼，在胜诉后依据民事判决再申请工商局纠正王某所登记的企业名称。[1]

（四）行政裁决争议与民事纠纷的交叉

行政裁决是行政机关依照法律授权对当事人之间发生的、与行政管理行为密切相关的、有合同关系的民事纠纷进行审查，并作出裁决的行政行为。行政裁决行为的对象是当事人之间发生的与行政管理行为密切相关的民事纠纷。如专利复审委员会、商标评审委员会对已经授权的专利、核准注册的商标注册是否侵犯他人在先权利导致的专利、商标是否有效等纠纷作出的裁决就属此类；工商行政管理部门作出的行政相对人是否侵犯他人在先企业名称权、在先注册商标专用权等行政决定也属此类。由于行政裁决所针对的都是民事纠纷，行政权不可避免地介入到民事关系中，因而引起民行交叉案件的

---

[1]《企业名称登记管理规定》第 21 条规定，企业认为其他企业名称侵犯本企业名称合法权益的，可以向人民法院起诉或者请求为涉嫌侵权企业办理登记的企业登记机关处理。企业登记机关受理申请后，可以进行调解；调解不成的，企业登记机关应当自受理之日起 3 个月内作出行政裁决。《企业名称登记管理实施办法》第 42 条规定，企业因名称与他人发生争议，可以向工商行政管理机关申请处理，也可以向人民法院起诉。

发生。

如甲公司拥有一商标（或专利），公司法定代表人甲私自将公司商标（专利）转移至自己名下，商标（专利）变更手续齐全，此时应先解决甲私自转让商标（专利）权是否有效这一民事纠纷，再解决商标（专利授权）注册登记纠纷。但是如果甲提出乙的商标（专利）无效的请求，国家专利复审委员会（或商标评审委员会）作出专利（或商标）无效决定，则只能提起行政诉讼。

我们再看下面这个案例：

案例 11

甲公司注册了汉字"山花"商标，核准使用的商品是线缆，乙公司的企业名称为"某某山花线缆有限公司"。甲公司认为乙公司的企业名称侵犯了其注册商标专用权，向所在地工商局举报，工商局作出处理决定，认定乙公司的企业名称侵犯甲公司的注册商标，责令乙公司纠正其企业名称。

《最高人民法院关于审理商标民事纠纷案件适用法律若干问题的解释》第 1 条第 1 项规定，将与他人注册商标相同或者相近似的文字作为企业的字号在相同或者类似商品上突出使用，容易使相关公众产生误认的，属于商标法第 57 条第 7 项规定的给他人注册商标专用权造成其他损害的行为。2019 年《中华人民共和国商标法》（以下简称《商标法》）第 60 条规定，有本法第 57 条（即修改前的 2001 年《商标法》第 52 条）所列侵犯注册商标专用权行为之一，引起纠纷的，由当事人协商解决；不愿协商或者协商不成的，商标注册人或者利害关系人可以向人民法院起诉，也可以请求工商行政管理部门处理。工商行政管理部门处理时，认定侵权行为成立的，责令立即停止侵权行为。

本案中甲公司可以提起民事诉讼，由法院确认乙公司的行为是否侵犯其注册商标专用权，再根据法院的民事判决，解决工商名称登记问题。甲公司也可以向工商部门举报，如果工商部门认定乙公司名称侵犯甲公司注册商标专用权并责令乙公司纠正企业名称就属于对当事人之间的民事纠纷进行裁决的行政行为。对于该行为，当事人可以提起行政复议或行政诉讼。根据 2017

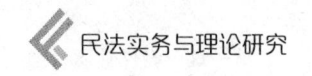

年《行政诉讼法》及相关司法解释规定，在行政诉讼中也可以对乙公司是否侵犯了甲公司注册商标专用权这一民事纠纷一并解决。

我们再看一个案例。

案例 12

甲公司于 2001 年注册，企业名称为"沁州黄小米有限责任公司"，乙公司于 2010 年注册，企业名称为"沁州黄农业产业发展有限公司"。乙公司将关于甲公司企业的一些活动、事迹的新闻报道内容原封不动粘贴在其公司网站内。甲公司向工商行政部门提出纠正乙公司企业名称的申请。此时，假设市场监管部门认定乙公司构成不正当竞争，并依据《中华人民共和国反不正当竞争法》第十八条第二款规定，责令乙公司纠正企业名称，乙公司对市场监管部门的行政行为不服并提起行政诉讼，对于是否构成不正当竞争这一民事争议，因其是能否纠正乙公司企业名称的前提条件，因此必须在行政诉讼中一并审理并作出认定，无需另行提起民事诉讼。再假设，市场监管部门认定乙公司行为不构成不正当竞争，甲公司对该决定不服提起行政诉讼，同样，法院必须在行政诉讼中一并审理"是否构成不正当竞争"这一民事争议，甲无需另行提起民事诉讼。

综上，我们认为，在行政裁决中，如果存在一个法律关系是另一个法律关系的基础，就先解决基础纠纷，再解决由基础纠纷引起的纠纷。如甲乙签订房屋转让合同并办理了产权过户登记，后两人产生纠纷，乙未付款，甲只能先起诉乙解除合同，再到登记部门要求变更登记。如果两个法律关系是平行的，互不干涉，没有互为基础的关系，就可以同时提起不同的诉讼。如甲盗取了乙的身份证，冒充乙与丙登记结婚，乙可以直接提起行政诉讼，起诉婚姻登记机关，请求人民法院认定其婚姻登记无效，也可以同时提起甲侵犯了其姓名权的民事诉讼，要求其承担民事责任，两个案件互不干涉。

第三节　民事纠纷与不属于人民法院主管的纠纷的区分

我国《民事诉讼法》第 3 条规定，人民法院受理公民之间、法人之间、其他组织之间以及他们相互之间因财产关系和人身关系提起的民事诉讼，适用本法的规定。我国《民法典》第 2 条规定，民法调整平等主体的自然人、法人和非法人组织之间的人身关系和财产关系。根据上述规定，人民法院受理的民事案件的范围是平等主体之间因财产关系和人身关系产生的纠纷。质言之，平等民事主体之间，如果双方之间未建立起民事法律关系，即便产生争议，也不属于人民法院受案范围。上述规定看似很清楚，但在司法实践中却往往出现一些案件能否作为民事案件被人民法院所受理的争议。除了我们前述所讲的单纯的应当由司法机关受理的刑事案件和应当通过行政争议程序解决的纠纷外，司法实践中还有一些既不属于刑事案件，也不能提起行政复议或行政诉讼，也不属于民事诉讼范围的纠纷，即人民法院对此类型纠纷不予受理。如，好意施惠、情谊允诺等纯粹属于道德范畴的行为，戏谑之言，一般的要约邀请，自然之债，单位内部分房等都不属于人民法院民事受案范围。下面我们通过一些典型案例来看司法实践中一些争议较大的案件该如何处理。

一、"情债"是否属于人民法院受案范围

案例 13

甲乙之间系情人关系，双方签订了一份《双方协议》，约定：甲借给乙 100 万元，乙同意做甲的情人。如乙不想做情人了，则要返还借款；如果甲不要乙做情人，则该 100 万元抵作乙的精神损害赔偿和生活补助等，不再返还。协议签订后，甲用 100 万元买了一套房产，并将房产登记在乙的名下。双方又签了一份《双方协议》，内容仍然是"做情人就拿房，不做情人就还债"。后双方之间发生矛盾，断绝了情人关系，甲决定要取回 100 万元，遂向法院起诉，要求法院判决乙返还 100 万元，理由是："情债之约无效，既然无效，乙就应当返还。"一审法院判决支持甲的诉讼请求，判令乙返还甲 100 万元。一审法院判决理由是：甲乙之间的协议违反了法律规定和公序良俗，损害了社会公德，破坏了公共秩序，应属无效行为。甲要求确认该协议无效的理由成立。民事行为无效，所得的财产应予返还，故乙应当返还甲 100 万元。

乙表示不服该判决上诉。二审撤销了一审判决，改判驳回原告起诉。二审改判的理由是：甲乙之间无视我国婚姻家庭制度，以协议的形式用

金钱去维系双方不正当的情人关系，其行为违背了社会公德。因该协议引起的纠纷，不属于人民法院民事诉讼受理的范围。故原审法院受理本案有误，应当予以纠正。遂依据《中华人民共和国民事诉讼法》之规定裁定驳回甲的起诉。[1]

在司法实践中，关于"情债"引起的纠纷，近些年来有很多人民法院的判决都认为，该债权债务关系，属自然之债，不应受法律强制力的保护，但被告依此自愿履行的部分，原告仍具有保持力，被告不得以不知是自然之债或原告为不当得利等理由而要求返还。据此，法院判驳回了原告的起诉请求和被告的反诉请求。其主要理由有以下三方面：

（1）民法学理论中的自然之债是指既不受法律强制力保护也不受法律强制力禁止的债务。自然之债债权人不得请求法院强制债务人履行，但债务人自愿履行的，其履行仍然有效，债权人据此而取得的利益仍有保持力，不为不当得利。

（2）"情债纠纷"系婚外情基础上产生的行为，婚外情违反了《民法典》第1042条关于"禁止有配偶者与他人同居"的规定，但尚未构成重婚犯罪，应受到道德和舆论的谴责。基于此行为形成的"分手费""精神损失费"等情债债权债务关系，不应受到法律的保护。但该债权债务关系是原告与被告自愿同意形成的，因而此债权债务关系与不当得利形成的债权债务关系有本质的区别，我国包括《民法典》婚姻家庭编在内的民事法律法规并未规定禁止，故应属自然之债。

（3）对于"情债纠纷"，人民法院无论是判决支持原告的起诉请求还是驳回原告的诉讼请求，都将使得人民法院处于要么纵容第三者插足他人家庭，要么支持已婚者欺骗他人感情而不承担任何责任的两难境地，而且无论判决支持哪一方，都会对社会产生负面的诱导作用，故而驳回此类案件的起诉或不受理此类案件乃是最明智的选择。

---

[1] 本案以浙江省杭州市中级人民法院（2009）浙杭商终字第1138号案例为基础编辑整理而成。

二、人事保证合同的是否属于民事合同

案例 14

原告朱某开办了一家公司，王某经张某介绍到原告公司担任出纳，负责现金、银行款项的保管收付以及税款交纳工作。被告张某向原告朱某出具保证书一份，载明"王某经张某介绍到公司担任出纳工作，因工作特殊性，如出现营私舞弊、中饱私囊，将由张某承担赔偿"。在工作中，王某多次将原告公司现金、银行存款及应收款、应付税款挪用并挥霍。王某后被追究刑事责任，却无能力偿还原告之损失，原告遂诉至人民法院，以被告张某出具的保证书为据，要求被告张某赔偿原告损失。被告张某辩称，担保关系应为平等主体债权债务关系，而本案担保的是出纳、管理工作的行为，属于对王某品格的担保，且根据《中华人民共和国劳动合同法》第九条之规定，担保书违反法律规定，属无效，本案也不属于人民法院受理民事案件的范围，应驳回原告起诉。

一、二审法院均认为：无论是劳动者与用人单位之间，还是保证人与用人单位之间，均是平等民事主体之间的关系，双方的权利义务关系是民事法律关系。本案原告朱陈某与张某之间因保证合同发生纠纷诉至法院，依法属于人民法院受案范围。但依据《中华人民共和国劳动法》规定，用人单位不得向劳动者收取保证金。由此可推出劳动合同保证这种提供人保的方式当然亦不允许，合同无效。但被告对造成无效后果亦存有一定的过错，应当承担相应的缔约过失责任。依据《中华人民共和国担保法》规定，判决由被告张某承担不超过王某不能给付部分 1/3 的赔偿责任。

（一）最高人民法院对人事保证制度的认识反复

《最高人民法院关于劳务输出合同的担保纠纷人民法院应否受理问题的复函》[法（经）函 [1990] 73 号] 中认为：浙江省宁波市国际经济技术合作公司（以下简称"宁波公司"）与单洁囡及其担保人单威祥（单洁囡之父）签订的出国劳务人员保证书，是派出单位宁波公司为保证与美国佛罗里达州奥兰多大中集团劳务输出合同的顺利实施而依其行政职权要求派出人员单洁

因对在出国期间遵守所在国法律和所在国公司各项行政规章及出国纪律等方面作出的行为保证。这是派出单位对派出人员进行管理的一种行政措施。因此，单威祥为其女单洁囡提供的担保，不属于民法和经济合同法调整范畴。目前，这类纠纷尚无法律规定可以向人民法院起诉。故依照《中华人民共和国民事诉讼法（试行）》（已失效）第84条第2项规定，应当告知原告宁波公司向有关行政部门申请解决。

但《最高人民法院关于金龙万、金龙哲与黑龙江省国际经济技术合作公司出国劳务合同纠纷案是否适用最高人民法院［法（经）函［1990］73号］复函的答复》（［2001］民立他字第3号）中，否定了自己先前的意见，认为：金龙万和金龙哲与黑龙江省国际经济技术合作公司之间形成的劳务关系及担保关系是平等主体之间基于合同而建立的民事法律关系，属民法调整的范围，人民法院应予以受理。我院法（经）函［1990］73号复函不适用于本案。

最高人民法院在其公报（2001年第5期）中公布的中国工商银行哈尔滨市和平支行诉高延民担保合同纠纷案中，其意见还是认为当事人间形成的法律关系是属于单位与职工的内部职务从属关系，不是平等民事主体之间形成的民事关系，而且该案件中的担保合同不符合《中华人民共和国民法通则》（已失效，以下简称《民法通则》）和《中华人民共和国担保法》（已失效，以下简称《担保法》）的规定，由此引发的纠纷不应当由民法调整，由此认定案件不属于人民法院受理的民事诉讼范围。

（二）各地法院对人事保证案件判决各异

最高人民法院对人事保证案件前后认识不一，不同地区的地方法院以及同一地区不同级别的法院对人事保证制度的裁判也出现了互相矛盾的现象。

（1）在中国工商银行哈尔滨市和平支行诉高延民担保合同纠纷案中，一审法院认为：被告为其儿子作经济担保人的意思表示是明确的，原告和平支行与被告之间签订的担保合同成立。被告应当按照合同的约定，承担担保人的连带民事责任。而二审法院则认为：本案"担保合同"要求上诉人"担保"的，是第三人在被上诉人和平支行工作期间的行为。而和平支行与第三人在此期间存在的是单位与职工的内部职务从属关系，不是平等民事主体之间形成的民事关系。第三人在此期间实施的贪污、盗窃或者严重违纪等与职责有关的行为，不是应当由民法调整的民事行为。并认为，本案担保合同所指向的主合同不是平等主体之间的债权债务，而是企业内部的管理工作，担保的内容不是要实现债权人的债权，而是要保证被担保人的违法违纪行为不损害企业利益，因此本案的担保合同不符合《民法通则》和《担保法》的规定，由此引发的纠纷不应当由民法调整，本案不属于人民法院受理的民事诉讼范围。

（2）在原告广州市统一企业有限公司（以下简称"统一公司"）诉被告崔某甲、崔某乙、谭某某债务纠纷案中，一审、二审法院在人事保证合同纠纷是否属于人民法院的受案范围、人事保证合同是否有效等问题上的认识也完全相反。

原审裁定认为：被告崔某甲在原告方工作期间，其与原告发生的债权债务关系不属民法调整的平等主体之间的债权债务关系，而是企业内部的管理工作。被告崔某乙、谭某某担保的内容不是要实现原告的债权，而是要保证被告崔某甲的行为不损害原告的企业利益。因此，被告崔某乙、谭某某的担保行为不符合《民法通则》和《担保法》的规定，由此引起的纠纷不应当由民法调整，本案不属于人民法院受理的民事诉讼范围。所以，依照1991年《民事诉讼法》第108条第4项的规定，裁定驳回原告统一公司的起诉。

二审法院却认为：被上诉人崔某甲在上诉人统一公司工作期间，代上诉人收取货款未交回公司的行为已构成侵权，该侵权行为直接导致了上诉人财产所有权的损失。上诉人提出被上诉人崔某甲归还其在职期间代为收取的属于被上诉人的财产的要求，属于人民法院受理的民事诉讼范围。被上诉人崔某乙、谭某某签订的"保证书"约定："被保证人如有盗窃公款、公物、泄露公司之机密资料（含复印件）以及故意破坏本公司财物等行为给本公司造成经济损失的，保证人愿负连带赔偿责任……"作为具有完全民事行为能力人的被上诉人谭某某、崔某乙，某所立保证是一种自愿的民事法律行为，该行为并未违反法律及社会公共利益，是其真实意思表示，符合《民法通则》的有关规定，被上诉人谭某某、崔某乙应对其保证行为承担相应的民事法律责任。一审裁定认为本案不属于人民法院受理的民事诉讼范围是错误的，应予纠正。上诉人统一公司上诉理由成立，本院予支持。由于佛山市的行政区划已作调整，原广东省佛山市城区人民法院已被撤销，故应指令广东省佛山市禅城区人民法院对本案进行审理。

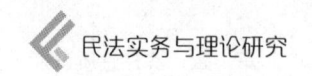

（三）基于《中华人民共和国劳动合同法》及社会效果对人事保证的性质的分析

《中华人民共和国劳动合同法》（以下简称《劳动合同法》）第9条规定："用人单位招用劳动者，不得扣押劳动者的居民身份证和其他证件，不得要求劳动者提供担保或者以其他名义向劳动者收取财物。"可见，现行立法彻底否定了人事保证制度，故社会生活中的人事保证合同因违法法律规定，是无效的。

就担保法基本理论而言，就将来可能发生的违法或者犯罪行为，不能事先提供担保。将来可能发生的违法行为或犯罪行为，如果现实中发生了，则在民法上的后果是产生债之关系。对已经产生的债之关系，可以设定担保，以确保债之履行，但对于将来可能发生的违法行为及其可能产生的债之关系，不能提供担保。因为此时担保的债权尚未发生，根据"从随主"的原则，担保亦无从谈起。已经发生的侵权之债或其他债具有确定性，担保人可以合理预见其因担保行为承受的风险，而尚未发生的债显然不具有确定性，担保人无法预见其因担保而承受的风险，此时如何确定担保的范围？

但人民法院是否应当将其作为民事案件受理仍有争议。从最高人民法院公布的案例看，最高人民法院的态度似乎认为，该纠纷不应当作为民事案件受理，但是我国不是判例法国家。即便现在有了指导案例，在这个问题上各地法院作出的判决也与最高人民法院的认识存在分歧。

我们认为，对于该类型案件，人民法院不应将其作为民事案件受理，最主要的理由是违反《中华人民共和国劳动法》（以下简称《劳动法》）的基本精神，损害劳动者合法权益。反言之，如果作为民事案件受理，必然会认定保证人有过错，即便保证合同无效，也会判其承担部分赔偿责任。在劳动关系中，企业处于强势地位，员工一般无法拒绝企业的不合理甚至违法要求。即便企业明知该行为违法，合同无效，但因为合同无效后担保人也要承担部分责任，企业还会强制劳动者及亲朋好友提供人事担保，以此减少其损失。如果法院将这类案件作为民事案件受理，则必然会助长企业违法要求职工提供人事保证的不正之风，《劳动法》及《劳动合同法》的规定就会成为一张废纸。因此，即便人事保证合同存在某些有利于社会的因素，但是其弊端无疑大于其有益的因素，故而不应将其作为民事案件受理，更不应肯定其合法性效力。

三、"打赌"协议是否属于人民法院受案范围

案例 15

原告诉称,其与被告合伙承包了一工程,因在双方结算中原告向被告出具了一份账目清单,对该结算结果发生争议,双方遂到派出所解决纠纷。被告在有多位民警在场情况下,诬陷原告将 71 267.43 元改成 79 267.43元,并要求鉴定。原告认为被告侮辱其人格,故当场承诺如果是自己改的,愿赔偿被告 20 万元,并当场与被告签订了一份"打赌"协议。经鉴定,证明原告杨某开支是 79 267.43 元,并未改动上述笔迹。为此,原告杨某要求被告毛某当场付给自己名誉损失费 5 万元。但被告却拒不兑现诺言,故诉请人民法院,要求判令被告支付原告 5 万元。

一审法院认为:双方之间签订的协议系民事法律行为,从成立时起即受法律保护,原告、被告应当全面履行。依据鉴定结论,原告对结算数字并未改动,因此被告应按协议书的约定付给原告名誉损失费 5 万元。遂判决被告于判决生效后 10 日内赔偿原告杨某名誉损失费 5 万元。

一审判决后,被告不服提出了上诉,二审法院经过审理后对一审进行了改判,以本案属于"打赌"性质,不予支持。原告不服二审判决,向该省高级人民法院申请再审,再审中双方达成调解协议,被告支付了原告部分款项。

(一) 对本案的评析

1. 本案的定性

本案原告虽以名誉侵权案由起诉,但究其实质是一个射幸合同纠纷。所谓射幸是指参与主观上具有猜测性和客观上具有不确定性的事项的活动。以此订立的合同就是射幸合同。如日常生活中,基于经济、益智或娱乐的目的的打赌等。我国承认的合法射幸合同只有保险、彩票、奖券、期权、期货等少数几种合同,其余的我国法律并未明确规定其效力问题。本案中原告与被告之间就原告是否篡改了数字为基础,签订了"打赌协议"。至于原告是否篡改了数字,只有通过司法技术鉴定才能确定,被告认为原告篡改数字只是自己的猜测,对其真实结果并不确定。因此符合"射幸合同"的构成要件。

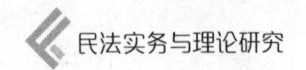

2. 本案的处理

射幸合同分为法律承认的合法射幸合同和法律禁止的非法射幸合同,以及处于二者之间灰色地带的射幸合同。在我国,合法的射幸合同包括前述的保险、彩票、奖券、期权、期货等少数几种合同。我国法律明确禁止赌博,故赌博这种射幸行为应当是无效行为。

至于日常生活中基于娱乐、赌气或其他类型的、我国现行法律中既未强制禁止也未明文认可的射幸合同,我们认为,除了其明显违反诚实信用、公序良俗、公平公正等民法基本原则而应为无效合同之外,一般日常生活中基于娱乐、赌气或经济目的而为的"打赌"等射幸行为应属于自然之债。即,对于这些行为,法律上既不鼓励也不禁止,只要其不违反诚实信用、公序良俗、公平公正等原则,则任由当事人自己处置。对于将该种行为诉至法院的,无论是已经支付金钱、财物的一方要求返还,还是赢得打赌的一方要求另一方履行相应义务,人民法院均不应受理,即便受理后也应驳回其起诉。

本案中,原被告之间的关系属于射幸合同关系,法律既未强制禁止,也未明文鼓励。就其本身而言,也不存在违反诚实信用、公序良俗、公平公正等原则的情况,故该行为应属于自然之债,人民法院不应当受理本案,应当驳回其起诉。因此二审判决是正确的。

四、承租人要求认定租赁合同约定的"出租人不开具发票"的条款无效是否属于民事纠纷

案例 16

甲自然人为出租人,乙公司为承租人,双方签订了一份租赁合同,其中有一条款约定,甲向乙公司只出具收据,不出具正式发票。后乙公司向法院起诉,要求法院确认双方签订的租赁合同中约定的"甲向乙公司只出具收据,不出具正式发票"条款无效,并判令甲向乙公司开具发票。乙公司的诉讼理由是,合同约定的不开具发票条款是以合法形式掩盖非法目的,违反了法律的强制性规定。

(一)对本案的评析

在司法实践中,我们经常会遇见这样的问题:双方当事人在合同中约定

不开具正式发票，或只开具收据，但是最终付款时，买方却提出开具发票是卖方法定义务，合同约定的不开具发票条款无效，因此向人民法院提起诉讼，要求法院判决该条款无效，并要求法院判令另一方当事人向原告开具发票。

对于此类诉讼，人民法院有三种不同的认识。第一种观点认为，是否开具发票不是平等主体之间的财产或人身关系，故双方之间约定不开发票的行为不是民事案件，不予受理。第二种观点认为，该内容虽系双方共同真实意思表示，但主观上明显有损害国家税收利益的企图，属无效民事行为，被告应当向原告开具发票。第三种观点认为，收取款项开具发票是税法上的义务，无论是否在合同中明确约定，要求对方当事人收到款后开具相应数额的发票也都是当事人的合同权利。第二种和第三种观点实质上是相同的。第三种观点虽然没有否认约定不开具发票条款的效力，但是也指出无论是否明确约定，开具发票是卖方当事人的合同义务，也是买方当事人的合同权利。

我们认为，当事人要求确认不开具发票条款无效，并要求判令对方当事人开具发票的诉讼请求应属于人民法院民商事案件受理的范围，具体理由如下：

1. 开具发票既是行政法上的强制性义务，也是民商事合同的附随义务

依法纳税、向购买商品或服务方开具发票是税法上的强制性义务，故开具发票的行为应属于行政法律法规调整的范围。实践中，以不开具发票的手段逃税是最常见的一种逃税违法行为。当事人约定不开具发票主观上具有逃税故意，明显违法，因而该条款是无效的。

同时，发票对于付款方而言有两重意义，一是证明对方已经收到款项，二是证明该项开支系合法开支，因而可以抵扣成本。因此，开具发票也属于合同收取款项一方当事人的附随义务。附随义务既可约定，也可在没有约定情况下根据诚实信用原则及交易习惯确定。所以，当事人基于合同附随义务要求收款方开具发票，应属于人民法院民商事案件受案范围。《北京市高级人民法院审理民商事案件若干问题的解答（之三）》中明确指出：销售方给付购货方增值税发票为法定义务。依据诚实信用原则，该法定义务应当作为合同的附随义务由销售方履行。这一观念符合民法精神。

2. 此类纠纷中税务机关处置与民事纠纷裁决并不冲突

上述第一种观点认为，收款一方当事人不开具发票，是当事人不履行税法上的义务，应属于税务机关管辖的范畴，人民法院民事审判不能代替行政

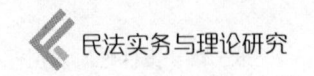

机关的税务执法。我们认为,将开具发票的争议交由税务机关解决当然没有问题,税务机关可以责令其开具发票,在其拒不执行行政机关决定时,税务机关也可以采取进一步的行政措施。但是,从民商事合同角度而言,开具发票是一方当事人的合同附随义务,既然是合同义务,那么民事判决中就可以判令其履行该义务。因此,对于"不开具发票"类型的纠纷,人民法院可以依法作为民事纠纷受理并依法作出裁判。

五、要求缴纳社会保险费诉求是否属于法院受理民事案件范围

现实生活中,企业员工因所在单位不缴社会保险而发生纠纷的案件比比皆是。但在司法实践中,劳动仲裁委员会及人民法院往往以此类纠纷不属于人民法院受案范围为由驳回原告起诉。为什么会出现这样的结果?下面我们通过一个案例来具体分析。

案例 17

原告李某于 2014 年 1 月开始就职于某公司,2018 年 7 月因与公司领导发生矛盾从该公司辞职。辞职后发现自己没有社会保险,为此提起劳动仲裁,劳动仲裁机构作出不予受理决定,李某即向人民法院提起诉讼,要求公司为其补交各种社会保险共计 3 万余元。法院受理后经审查认为,本案不属于人民法院受理民事案件的范围,驳回原告李某的起诉。

(一)司法实践中的意见

针对上述问题,司法实践中有两种不同的意见。

1. 第一种意见是:人民法院对此应依法予以受理

其理由如下:(1) 2008 年 5 月 1 日开始实施的《中华人民共和国劳动争议调解仲裁法》第 2 条第 4 款规定,因工作时间、休息休假、社会保险、福利、培训以及劳动保护发生的争议适用本法。第 5 条规定,对仲裁裁决不服的,可以向人民法院提起诉讼。2011 年 7 月 1 日开始实施并于 2018 年修正的《中华人民共和国社会保险法》(以下简称《社会保险法》)第 83 条第 3 款规定,个人与所在用人单位发生社会保险争议的,可以依法申请调解、仲裁,提起诉讼。因此,人民法院在满足劳动人事争议先仲裁的条件下,依据上述法律规定应当受理此类案件。

(2) 2010年《最高人民法院关于审理劳动争议案件适用法律若干问题的解释（三）》（已失效）第1条，以及2020年《最高人民法院关于审理劳动争议案件适用法律问题的解释（一）》第1条第5项都明确规定，劳动者以用人单位未为其办理社会保险手续，且社会保险经办机构不能补办导致其无法享受社会保险待遇为由，要求用人单位赔偿损失而发生纠纷，人民法院应予受理。

(3) 劳动保险部门或社保部门虽然可以以《劳动法》《社会保险法》等相关法律法规为依据责令用人单位限期缴纳社保，但这并不排除当事人寻求司法救济的权利。

2. 第二种意见是：此类案件不属于人民法院受理民事案件的范围

其具体理由是：(1)《劳动法》第100条规定，用人单位无故不缴纳社会保险费的，由劳动行政部门责令其限期缴纳；逾期不缴的，可以加收滞纳金。《社会保险法》第84条规定，用人单位不办理社会保险登记的，由社会保险行政部门责令限期改正；逾期不改正的，对用人单位处应缴社会保险费数额一倍以上三倍以下的罚款，对其直接负责的主管人员和其他直接责任人员处500元以上3000元以下的罚款。第86条规定，用人单位未按时足额缴纳社会保险费的，由社会保险费征收机构责令限期缴纳或者补足，并自欠缴之日起，按日加收万分之五的滞纳金；逾期仍不缴纳的，由有关行政部门处欠缴数额一倍以上三倍以下的罚款。

上述法律法规规定用人单位不缴纳社会保险费、不足额缴纳社会保险费、不办理社会保险登记的情形均应由相应的劳动行政部门或社保部门责令缴纳或改正，拒不改正的，可以申请人民法院强制征收。因此，追缴社会保险费属于相关行政部门的行政职权，司法机关不宜越权干涉行政机关的行政职权。

(2)《社会保险费征缴暂行条例》第26条规定，缴费单位逾期拒不缴纳社会保险费、滞纳金的，由劳动保障行政部门或者税务机关申请人民法院依法强制征缴。按照该规定，用人单位拒不履行劳动保障部门责令其缴纳社会保险费的，可以申请人民法院依法强制履行。结合上述关于劳动保障行政部门行政职权的法律规定，劳动者可以通过申请劳动保障行政部门通过行政程序解决此类问题，而不能提起民事诉讼。

(3)《最高人民法院关于审理劳动争议案件适用法律若干问题的解释（三）》（法释〔2010〕12号）第1条规定："劳动者以用人单位未为其办理

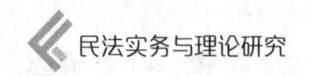

社会保险手续，且社会保险经办机构不能补办导致其无法享受社会保险待遇为由，要求用人单位赔偿损失而发生争议的，人民法院应予受理。"该规定仅表明在用人单位未为员工办理社会保险且无法补办的情况下，员工可以就其造成的损失向人民法院提起诉讼，而非意味着员工可以要求用人单位补办社会保险手续或补缴社会保险费。

3. 最高人民法院的答复

2011年3月9日《最高人民法院研究室关于王某与某公司劳动争议纠纷申请再审一案适用法律问题的答复》具体内容如下：根据《劳动法》《社会保险费征缴暂行条例》的有关规定，征缴社会保险费属于社会保险费征缴部门的法定职责，不属于人民法院受理民事案件的范围。另，建议你院可结合本案向有关社会保险费征缴部门发出司法建议，建议其针对当前用人单位与劳动者之间因社会保险引发争议所涉及的保险费征缴问题，加强调查研究，妥善处理类似问题，依法保护有关当事人的合法权益。

从我们现在能够查询到的司法判例（包括最高人民法院最近的在裁判文书网上所发布的相关案例）来看，人民法院对于当事人提起的要求用人单位办理社会保险手续或缴纳社会保险费的，仍然裁定不予受理或驳回起诉。

（二）评析

我们认为，涉及社会保险的问题，无论是办理社会保险登记还是缴纳、补缴社会保险费，都既是用人单位的法定义务，也是用人单位与劳动者签订的劳动合同相关的义务。用人单位和劳动者因此而发生的争议，从法理角度而言本质上应当属于劳动争议。虽然最高人民法院之前发布的三个关于劳动争议的司法解释及2011年3月9日的答复都规定该类纠纷不属于人民法院受案范围，但上述规定均是在2011年7月1日开始实施的《社会保险法》之前颁布的。《社会保险法》第83条第3款规定，个人与所在用人单位发生社会保险争议的，可以依法申请调解、仲裁，提起诉讼。用人单位侵害个人社会保险权益的，个人也可以要求社会保险行政部门或者社会保险费征收机构依法处理。该法律授权劳动者在涉及社会保险的事项上，既可以申请社保部门通过行政程序处理，也可以提起劳动仲裁、民事诉讼，最高人民法院的前述司法解释及答复实际上已经与现行法律相冲突。从法律的位阶上看，《社会保险法》属于全国人大制定的法律，最高人民法院的司法解释是对法律实施中具体问题的解释，其效力当然低于法律。在已经有《社会保险法》明确规定的情况下，之前的与其相矛盾的司法解释不应当继续实施，而应当依照《社会保险法》的规定执行。因此我们认为，该类纠纷应当属于人民法院民事案件的受理范围。据相关资料显示，全国人大法工委和人力资源部已经就该问题向最高人民法院提出意见，最高人民法院可能会颁布规定将涉及社保的争议全部纳入人民法院民事案件的受理范围。

第四节　一般民事案件与特殊民事纠纷区分

在司法实践中，除了我们前述的刑事案件、行政案件、民事案件及不属于人民法院主管等案件性质的争议外，即便是民事案件，还会产生案件属于一般民商事案件还是特殊民商事案件的争议。这种争议主要产生在两类型案件中：一类是普通民事案件和知识产权案件的性质争议；另一类是普通案件和票据纠纷案件的性质争议。知识产权案件和票据纠纷案件虽然从大类上讲仍属于民事案件，但是其法律适用和诉讼程序与普通民事诉讼还是存在一定区别。特别是我国现在在北京、上海、广州三地成立了知识产权法院，在西安、郑州等地也成立了知识产权法庭，专门审理知识产权案件，因此区分普通案件与知识产权案件、票据纠纷案件在司法实践中有着重要的意义。

一、知识产权案件与普通民事纠纷的区分

案例 18

原告高某某系被告某小学教师，自 1990 年起在该校从事语文教学十余年，每学期按照学校要求将其两本教案提交学校进行检查。高某某想通过总结十几年的教学经验撰写论文，需要参考以前提交的教案。当高某某向校方提出返还其历年上交的教案时才得知，48 本教案中的 44 本已被校方销毁或当作废品变卖。为此双方发生纠纷。高某某为此将校方诉至法院，要求校方返还 44 本教案，并赔偿经济损失 8800 元。

一审法院认为原被告并非平等的民事主体，本案不属于人民法院的管辖范围，遂裁定不予受理。高某某不服，上诉。二审法院认为原被告之间以物权纠纷涉诉，属于平等主体，法院应予管辖，遂裁定发回重审。

一审法院正式受理并开庭重审后，判决驳回原告的诉讼请求。理由

有三：①空白的教案本属于学校所有；②高某某的教案不属"作品"范畴，不受著作权法保护；③法律对于载有教案内容的教案本所有权的归属没有明确规定，当事人之间对此亦无明确约定。

高某某不服，再次上诉。二审法院认定教案包含教师个人的经验及智慧，是教师为完成校方工作任务而创作的职务作品，应属校方所有，判决驳回上诉，维持原判。

高某某仍不服二审判决，遂向检察院提出申诉。检察院向法院提出抗诉，主要抗诉理由是：①一审判决认定教案不属于作品，认定事实错误；二审虽认定教案属于作品，但认定属于职务作品且归学校所有也属错误。②学校发给高某某的空白教案本，由于原告的使用和消耗，已经灭失，取而代之的是记有教案内容的教案本，教案内容是高某某的创造性劳动成果，高某某应当原始取得载有教案内容的教案本的所有权。因此，原判决认定教案本所有权归学校是错误的。

法院受理检察院的抗诉后重审并作出判决。再审判决认为，高某某向原审法院起诉时的诉讼请求为返还教案本或赔偿损失，并未涉及著作权的问题。原审判决亦没有对教案本是否具有著作权问题作出判决，如高某某认为其对教案本享有著作权，可另案解决。而对于附载教案内容的教案本的所有权问题，再审判决仍然坚持原判决的意见，遂判决维持原判。

再审判决之后，高某某向某中级人民法院提起著作权侵权之诉，状告校方私自处理自己教案本的行为侵犯了其对于所写教案的著作权。某中级人民法院判决：高某某对于自己所写教案享有著作权，校方毁损教案本的行为构成侵权，判令其赔偿原告经济损失。后校方虽上诉，但未在指定期间内预交二审案件受理费，按自动撤回上诉处理，一审判决自动生效。这一全国首例围绕教案著作权问题而展开的纠纷案终于结束。

本案历时近四年，先后经过三级人民法院和人民检察院七次审理才得以尘埃落定。作为全国首例该类案件，本案触及多处法律及司法实践方面的空白，其焦点有以下几个方面：本案是物权返还纠纷还是著作权侵权纠纷？教案是否应受到《中华人民共和国著作权法》（以下简称《著作权法》）的保护？教案的著作权由谁享有？校方毁失教案本的行为是否构成侵犯著作权？

载有教案内容的教案本归谁所有？

(一) 本案是物权返还纠纷还是著作权侵权纠纷？

要解决这一问题，最主要还是要看本案争议的实质是什么。本案中，44本教案本已经灭失，原告起诉被告要求返还教案本已属客观不能。但原告要求被告返还教案本的本意不在于教案本本身，而是在于教案本上所记载的教案内容。教案本灭失，教案内容不能再重现，导致原告无法使用其教案本记载的内容。教案内容明显不属于物权法上的一般的有形物，而属于智力创造劳动成果，这显然是知识产权的客体，并不涉及物权法上一般物的返还。因此，本案应为知识产权纠纷，而非物权返还纠纷。原告一审起诉要求返还原物显然不当，一审、二审驳回其诉讼请求是正确的。

(二) 教案是否应受到《著作权法》的保护？

虽然我国《著作权法》及其《中华人民共和国著作权法实施条例》（以下简称《著作权法实施条例》）均未将教案明确纳入作品的范围，但《著作权法实施条例》第2条规定，《著作权法》所称作品，是指文学、艺术和科学领域内具有独创性并能以某种有形形式复制的智力成果。就客观事实而言，教师在书写教案过程中必然会根据个人的经验和知识对内容进行选择、取舍、逻辑顺序排列等，是对其教学经验的积累和总结，必然投入其心血和智慧。因此，无论教案本身的创造性的大小、价值的高低，都不能否认其是一种具有独创性的智慧成果。因此，教案符合《著作权法实施条例》关于作品的定义，属于应当受到《著作权法》保护的客体。本案一审判决认定教案不属于作品显然是错误的，二审判决承认"教案包含了教师个人的经验及智慧"，是职务作品这一点是正确的。但职务作品的著作权就一定归单位吗？这是我们下面要谈的问题。

(三) 教案的著作权由谁享有？

《著作权法》第18条第1款规定，自然人为完成法人或者非法人组织工作任务所创作的作品是职务作品，除本条第二款的规定以外，著作权由作者享有，但法人或者非法人组织有权在其业务范围内优先使用。作品完成两年内，未经单位同意，作者不得许可第三人以与单位使用的相同方式使用该作品。第2款规定，有下列情形之一的职务作品，作者享有署名权，著作权的其他权利由法人或者非法人组织享有，法人或者非法人组织可以给予作者奖励：①主要是利用法人或者非法人组织的物质技术条件创作，并由法人或者非法人组织承担责任的工程设计图、产品设计图、地图、示意图、计算机软件等职务作品；②报社、期刊社、通讯社、广播电台、电视台的工作人员创作的职务作品；③法律、行政法规规定或者合同约定著作权由法人或者非法人组织享有的职务作品。

上述法律规定，职务作品著作权以作者享有为原则，以作者所在单位享有为例外。高某某编写创作教案虽然利用了校方提供的一些物质条件，但不能解释为校方为高某某编写教案提供了主要的物质技术条件，且校方对高某某所编写教案并不承担法律上的责任，法律法规对于教案著作权归属无特别规定，当事人之间也无特别约定，故高某某所编写的教案属于一般职务作品，高某某享有其所编写的教案的著作权，其所在单位某小学仅有在其业务范围内优先使用的权利。

（四）校方毁失教案本的行为是否构成侵犯著作权？

《著作权法》第52条详细规定了侵犯著作权的几种行为，但唯独没有规定导致著作权的唯一物质载体灭失是否是侵犯著作权的行为。然而，就客观事实而言，因作品唯一载体被损毁而造成作品著作权无法行使，客观上确实侵害了著作权人的著作权。本案最终判决校方毁损教案的行为侵犯了高某某的著作权，可以说是以判例的形式填补了《著作权法》缺失。

（五）载有教案内容的教案本归谁所有？

我们认为，检察院的抗诉理由是有道理的。检察院在抗诉中创造性地提出，高某某撰写教案的过程，就是一个原物（即校方发放的空白教案本）逐渐灭失而新物（即载有高某某所写教案内容的教案本）逐渐产生的过程，高某某创造了这一新物，就应该是新物的所有权人。人民法院虽然最终没有采纳这一抗诉意见，但这一解释既符合法理也符合情理，同时也更符合民法的精神和原则。

二、票据纠纷与基础法律关系纠纷的区分

案例 19

甲公司给乙公司供应钢材，但双方一直未签订过书面合同。甲公司在诉讼中向法院提交了银行转账支票一份，收款人为甲公司，支票盖有乙公司财务专用章及其法定代表人签章。收款人一栏系补记，非乙公司

填写。该支票被银行退票,并出具退票理由书一份,证明乙公司开具的上述支票缺少会计签章,因签章不全,被银行退票。甲公司以上述支票为依据,向法院提起诉讼,请求法院判决乙公司支付支票记载货款。在法院审理中还查明甲公司之前曾经以票据纠纷提起诉讼,被驳回起诉,涉案支票亦被另案判决无效。甲公司在本案诉讼中亦未提供证据证明其取得票据的正当途径以及事实和法律依据。[1]

一审法院判决:驳回甲公司的诉讼请求。甲公司不服,上诉。二审法院经审判委员会研究,判决:①撤销一审民事判决;②乙公司于判决生效后10日内支付甲公司货款。乙公司不服,申请再审。某高级人民法院经审判委员会研究决定,判决:①撤销二审民事判决;②维持一审民事判决。

某高级人民法院判决理由是,本案属于买卖合同一方当事人依据票据基础法律关系即买卖合同提起诉讼,案件性质应定性为买卖合同纠纷,而非票据纠纷。根据《民事诉讼法》及相关司法解释规定,在合同纠纷案件中,主张合同关系成立并生效的一方当事人对合同的订立和生效的事实承担举证责任。对合同是否履行发生争议的,由负有履行义务的当事人承担举证责任。故,本案应当由原告公司举证证明双方买卖关系的存在。虽然原告甲公司向法院提交了盖有乙公司财务专用章和法人名章的涉案支票,但在被告乙公司否认双方存在直接债权债务关系的情况下,持票人甲公司作为买方应当举证证明涉案买卖合同基础关系的存在。甲公司提交的证据均不能证明其与乙公司存在真实的债权债务关系,甲公司在无法证明该买卖合同关系存在的情况下,应当承担举证不能的法律后果,因此驳回原告诉讼请求。

(一)票据纠纷及相关概念的区分

票据纠纷与基于票据基础关系而产生的民事纠纷不同,但在司法实践中二者经常被混淆。依据《中华人民共和国票据法》(以下简称《票据法》)规定,与票据有关的法律关系主要有三种:

---

[1] 本案根据《人民法院案例选》2014年第3辑——青岛鑫润商贸有限公司诉青岛冠华建设有限公司买卖合同纠纷案应正确区分票据纠纷与票据基础法律关系纠纷审理规则案例整理。

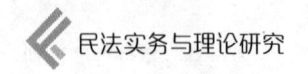

第一种是票据关系（亦称票据法律关系），指基于票据行为而在票据债权人和债务人之间发生的特定的债权债务关系，包括票据的发行关系，票据的背书转让关系，票据的承兑、付款关系，票据的参加保证关系等。因上述票据法律关系发生争议引起的纠纷为票据纠纷。

第二种是《票据法》上的非票据关系。所谓《票据法》上的非票据关系，是指直接产生于《票据法》规定的法律关系，其虽与票据有关但非基于票据行为产生的关系。主要有三类，即票据返还关系、利益返还关系和损害赔偿关系。《票据法》上的非票据关系不属于票据法律关系，但是与票据行为有关，对票据权利的行使有协调作用，《票据法》有必要对其进行规定，其与一般意义上的民事债权债务关系不能等同。从该意义上讲，将基于《票据法》上的非票据关系产生的纠纷，认定为票据纠纷更为适宜。

最高人民法院于2020年发布的《民事案件案由规定》第八部分第28项中规定了"票据纠纷"案由，在其之下的340~350共有11个三级案由分别是：票据付款请求权纠纷；票据追索权纠纷；票据交付请求权纠纷；票据返还请求权纠纷；票据损害责任纠纷；票据利益返还请求权纠纷；汇票回单签发请求权纠纷；票据保证纠纷；确认票据无效纠纷；票据代理纠纷；票据回购纠纷。该案由规定就是将基于票据行为和《票据法》上的非票据行为产生的纠纷定义为票据纠纷。

第三种是民法上的非票据关系，又称票据基础关系。票据基础关系不属于票据法律关系，但其与票据行为相关，是票据权利产生的基础。它是由民法调整的、票据关系所赖以产生的民事基础法律关系。票据基础关系包括票据原因关系、票据资金关系和票据预约关系。基于票据的无因性，票据的基础关系与票据关系是相互分离、相互独立的，票据基础关系由民法调整，因此因票据的基础关系发生纠纷，应属于民事纠纷而非票据纠纷。票据基础关系包括买卖、担保、赠与、借贷等。在基础交易行为中使用票据，但基于买卖、担保、赠与、借贷形成的纠纷，就不属于票据纠纷，而是一般的民事纠纷。

（二）本案的正确处理

票据纠纷和票据基础法律关系纠纷在举证责任承担上有着很大的区别。依据民事诉讼法的基本原则，谁主张谁举证，因此在票据基础法律关系纠纷即合同、担保、借贷、赠与等票据基础法律关系纠纷中，原告应当证明上述基础法律关系的存在且该关系合法有效。如果原告证明不了基础法律关系的存在或合法有效，则可能承担不利的法律后果。如果原告证明了基础法律关系的存在，义务履行一方在此基础上则必须证明自己已经履行了相关义务，否则义务履行一方将承担不利的法律后果。

《最高人民法院关于审理票据纠纷案件若干问题的规定》第8条第2款规定，依照《票据法》第4条第2款、第10条、第12条、第21条的规定，向人民法院提起诉讼的持票人有责任提供诉争票据。该票据的出票、承兑、交付、背书转让涉嫌欺诈、偷盗、胁迫、恐吓、暴力等非法行为的，持票人对持票的合法性应当负责举证。第9条规定，票据债务人依照《票据法》第13条的规定，对与其有直接债权债务关系的持票人提出抗辩，人民法院合并审理票据关系和基础关系的，持票人应当提供相应的证据证明已经履行了约定义务。

依据上述司法解释规定，在票据纠纷案件中，原告必须向法庭提供涉讼票据，以证明其为票据最后持有人，享有票据权利。但是票据义务人有抗辩权，即对于票据的出票、承兑、交付、背书转让涉嫌欺诈、偷盗、胁迫、恐吓、暴力等非法行为的，票据义务人不承担票据责任，除非票据持有人证明其取得票据合法；同时票据义务人对于与其有直接债权债务关系的持票人提出基础法律关系的抗辩，如果基础法律关系被认定为无效或被撤销，或持票人未履行基础法律关系中的义务，则票据义务人抗辩成立，可以不履行票据义务。但该抗辩只能针对与其有直接债权债务关系的持票人，不能对抗已经流通取得票据且与其没有直接债权债务关系的其他持票人。

本案中，当事人双方既为票据法律关系当事人，又为直接具有票据基础关系的当事人。甲公司向法院起诉时，主张其与乙公司之间存在买卖合同关系，乙公司欠其货款没有付清，请求法院判令乙公司返还货款。由此明显可以看出，其在诉讼中主张的权利的依据是基础合同关系的成立，而非票据上的行为产生的纠纷，因此，本案不属于票据纠纷，而属于一般的买卖合同纠纷。另外本案中，由于甲公司在票据纠纷诉讼中也未能证明其与乙公司基础法律关系——买卖合同关系的存在，因此甲公司在先前的票据纠纷诉讼中也败诉。

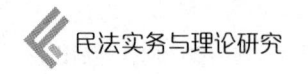

三、劳动人事纠纷与雇佣劳务纠纷的区分

(一) 两则案例

案例 20

甲公司从乙公司承包某厂厂房的拆除工程后,将该工程发包给刘某,工程总价款为若干元人民币。刘某承包后雇佣赵某从事拆除工作。赵某在工作中被砸伤。刘某支付了赵某住院期间的医疗费和生活费。工程完工后,甲公司结清了与刘某之间的工程款。赵某出院后向某劳动争议仲裁委员会申请劳动仲裁,要求确认在其从事厂方拆除劳动期间与甲公司存在劳动关系。

甲公司答辩认为,其与赵某不认识,未签订过劳动合同,也不存在事实劳动关系。甲公司是与刘某签订的《厂房拆除协议书》,由刘某承包厂房的拆除工作,其与刘某之间是一种民事合同关系。特别是该协议书第 5 条明确约定:出现安全事故,由乙方(刘某)承担事故责任。现在,甲公司已将合同约定的拆除费用全部支付给刘某。刘某也出具证明,认可赵某是其雇佣的,受伤后的医疗、住院费都是由刘某自己承担。因此本案是刘某和赵某之间存在雇佣关系,而非甲公司和赵某之间存在劳动关系。

1. 分歧

本案有两种处理意见。

一种意见认为,甲公司与赵某之间不存在劳动关系。首先,赵某受雇于刘某,从刘某处领取工资,受伤后刘某也支付了其医疗费、住院费等;其次,由于赵某和刘某之间存在雇佣关系,故就同一事实不可以使赵某既与刘某之间建立雇佣关系,又与甲公司之间建立劳动关系,赵某与刘某之间的雇佣关系阻断了其与甲公司之间的劳动关系;最后,甲既未招聘赵某,也不对赵某进行管理,不对其支付工资,规章制度也不适用于赵某。因此二者之间不存在劳动关系,且赵某与刘某之间是雇佣关系,排除了赵某与甲公司之间的劳动关系。至于赵某在劳动过程中受到伤害,因本案发生在《民法典》实施之前,如果刘某不能承担或不愿意承担,赵某完全可以依照 2003 年《最高人民法院关于审理人身损害赔偿案件适用法律若干问题的解释》（已被修改，以下简称《人身损害赔偿司法解释》）第 11 条第 2 款规定的"雇员在从事雇佣活动中因安全生产事故遭受人身损害，发包人、分包人知道或者应当知道接受发包或者分包业务的雇主没有相应资质或者安全生产条件的，应当与雇主承担连带赔偿责任"，要求甲公司承担连带赔偿责任，这样也可以达到保护赵某利益的结果。最高人民法院在 2020 年对上述司法解释进行了修正，删除了该司法解释第 11 条。因此若案发生在《民法典》实施之后，则适用《民法典》第 1192 条规定，只能向接受劳务一方主张民事赔偿责任，即便是因第三人原因造成提供劳务一方损害的，其也只能向第三人主张民事赔偿，也可请求接受劳务一方给予补偿。接受劳务一方补偿后，可以向第三人追偿。

另一种意见认为，赵某与甲公司之间形成劳动关系。根据《劳动和社会保障部关于确立劳动关系有关事项的通知》（劳社部发〔2005〕12 号）第 4 条规定，建筑施工、矿山企业等用人单位将工程（业务）或经营权发包给不具备用工主体资格的组织或自然人，对该组织或自然人招用的劳动者，由具备用工主体资格的发包方承担用工主体责任。《劳动部办公厅关于对企业在租赁过程中发生伤亡事故如何划分事故单位的复函》（劳办发〔1997〕62 号，已失效）第 1 条规定，企业在租赁、承包过程中，如果承租方或承包方无经营证照，仅为个人（或合伙）与出租方或发包方签订租赁（或承包）合同，若发生伤亡事故应认定出租方或发包方为事故单位。原告乙公司是一家建筑施工公司，因此乙公司将厂房拆除工程发包给甲公司是合法的，甲公司应当利用自己的设备、技术和劳力，完成主要工作。甲公司将一项专业的厂房拆除工程发包给刘某，刘某系自然人，其既无相应的工程施工资质，又不具备用工主体资格，故甲公司对刘某招用的赵某承担用工主体责任，赵某受伤后，甲公司为事故单位。

2. 裁判

仲裁委裁决，赵某在从事厂方拆除期间与甲公司之间存在劳动关系。甲公司不服，向法院提起诉讼。法院审理后，作出判决，仍然认定赵某与甲公司之间存在劳动关系，驳回甲公司诉讼请求。

案例 21

原告张某向人民法院起诉称，原告系被告某林业站工作人员，主要从事该单位的绿化和消防工作，月均工资为3000元，但双方一直未签订劳动合同，被告也未给原告缴纳社会保险，原告在被告单位工作了10年，双方系事实劳动关系。2018年5月被告通知原告解除双方的劳动关系。原告向劳动仲裁委员会提起劳动仲裁，劳动仲裁委员会认为双方不存在劳动合同关系，驳回原告申请。故原告向人民法院提起诉讼，要求法院判决被告支付未签订劳动合同双倍工资差额、加班工资、未缴纳社会保险赔偿金、违法解除劳动关系经济补偿金等合计15万元。为此，原告向法庭提交了某医院出具的健康证、中国野生动物保护协会会员证，上述证件中工作单位为被告，但均为手填，亦未加盖被告公章，被告对上述证据真实性不予认可。

被告某林业站辩称：原告与被告之间系造林工程承包合同关系，非劳动关系，故请求法院驳回原告诉讼请求。被告向法庭提交的证据有员工花名册、考勤表和工资表，其中均无原告的姓名；还提供了5张支出凭单，分别载明了原告从被告处领取了林地改造、补造及施工工程款等220余万元，原告认可被告提交的支出凭单。

一审法院认为，原告的证据不能证明其与被告之间存在劳动关系，被告亦否认双方存在劳动关系；而被告提供的支出凭单中明确记载支付给原告的款项系造林施工款、工程款，原告也认可支出凭单的签字，故无法认定双方之间存在事实劳动关系。判决驳回原告的诉讼请求。原告不服一审判决，提出上诉。二审法院判决驳回上诉，维持原判。

(二) 相关概念

所谓劳动关系，是指依据《劳动法》及相关法律法规的规定，用人单位与劳动者之间建立的劳动者为用人单位提供劳动过程中双方的权利义务关系。

所谓人事关系，主要指依据《中华人民共和国公务员法》（以下简称《公务员法》）及相关法律法规的规定，国家机关、事业单位的工作人员与所在单位之间建立的工作人员在工作过程中双方的权利义务关系。

劳动关系和人事关系本质相同，区别只在于用人单位的性质不同，劳动关系的双方当事人签订的是劳动合同，人事关系双方之间是一种聘任关系，两者的权利义务内容区别不大。

所谓雇佣关系，是指雇员与雇主经平等协商后产生的由雇员向雇主提供劳务，雇主向雇员支付报酬的民事法律关系。

劳务关系是指根据劳动者与用工者平等协商后产生的由劳动者向用工者提供一次性的或者特定的劳动服务，用工者依约向劳动者支付劳务报酬的一种民事法律关系。

关于雇佣和劳务关系，最高人民法院侵权责任法研究小组编写的《〈中华人民共和国侵权责任法〉条文理解与适用》中认为，《侵权责任法》第35条中的个人劳务关系等同于雇佣关系，"劳务"与"雇佣"含义也无实质差别，只是在不同语境中的内涵和外延有所不同而已。

鉴于上述原因，我们把劳动关系和人事关系视为同质关系，把雇佣和劳务关系视为同质关系。

（三）劳动、人事关系与劳务、雇佣关系区分的意义

在司法实践中，尽管劳动关系、人事关系、雇佣关系、劳务关系有区别，但是在很多案件中，劳动人事仲裁员、法官、律师经常会对当事人之间到底是劳动关系、人事关系、雇佣关系还是劳务关系产生困惑。其最主要原因在于四者都有一个共同的特点，即一方（自然人）向另一方（法人、非法人、自然人）提供劳动，另一方支付报酬。之所以要厘清四者之间的关系，主要原因有三个方面：

1. 权利义务的内容不同

如果某一法律关系属于劳动关系或人事关系，依据《劳动法》《公务员法》及相关法律，用人单位除了向提供劳动者支付工资以外，还要承担养老、医疗、退休、工伤、生育等各项社会保险费用；而在雇佣关系和劳务关系中，用人者没有义务为劳动提供者承担上述各项社会保险。

2. 纠纷解决的法律程序不同

如果属于劳动、人事争议，发生纠纷后首先应当向劳动人事仲裁委员会提起劳动、人事争议申请，对劳动人事争议裁决不服再提起民事诉讼。而如果是雇佣、劳务关系，则可以直接向人民法院提起民事诉讼。

在此我们要特别强调一点，依据《公务员法》规定，我国公务员有两种，一种是政府任命公务员，另一种是聘任制公务员。这两种公务员与政府机关发生争议后的处理方式是不同的。

政府任命的公务员与所在政府机关之间的关系虽然也属于人事关系，但其更为特殊：二者发生争议后不能提起劳动人事争议。如公务员与其所在政

府机关因处分、辞退或者取消录用、降职、定期考核定为不称职、免职、申请辞职、提前退休未予批准、未按规定确定或者扣减工资、福利、保险待遇等发生争议，只能依据《公务员法》第95条第1款规定，自知道该人事处理之日起30日内向原处理机关申请复核；对复核结果不服的，可以自接到复核决定之日起15日内，按照规定向同级公务员主管部门或者作出该人事处理的机关的上一级机关提出申诉；也可以不经复核，自知道该人事处理之日起30日内直接向行政监察机关提出申诉。

但是根据《公务员法》第105条第1、3款规定，聘任制公务员与所在机关之间因履行聘任合同发生争议的，可以自争议发生之日起60日内向人事争议仲裁委员会申请仲裁。当事人对仲裁裁决不服的，可以自接到仲裁裁决书之日起15日内向人民法院提起诉讼。

3. 法律适用不同

劳动、人事争议适用的是《劳动法》《劳动合同法》《公务员法》及相关社会保障法等特别法，而劳动、雇佣争议主要适用《中华人民共和国民法总则》（已失效，以下简称《民法总则》）、《合同法》、《侵权责任法》及《人身损害赔偿司法解释》等民事一般法和相关司法解释。

（四）区分劳动关系与劳务关系的标准

在司法实践中，经常会遇见劳动关系和劳务关系的争议。有些案件比较容易作出判断，而有些案件则比较复杂，难以判断。二者的区分标准在司法实践中经常发生争议。对此问题，《劳动和社会保障部关于确立劳动关系有关事项的通知》的规定为区分劳动关系和劳务关系指明了方向。

1. 劳动关系成立的条件

如果双方当事人签订了劳动合同，劳动人事仲裁委员会及法院一般情况下会直接认定双方存在劳动关系；但如果双方没有签订劳动合同，根据该文件第1条规定，同时具备下列情形的，劳动关系成立：

（1）主体条件。用人单位和劳动者都必须符合法律法规规定的主体资格。即用工主体一方当事人是劳动法规定的企业、事业单位、个体经济组织、民办非企业单位等组织；而另一方是适格劳动者，即年满16周岁具有劳动能力的自然人。

（2）客观行为条件。劳动者从事了用人单位的业务活动，且领取了用人单位的工资报酬。

(3) 主观条件。劳动者受用人单位的劳动管理，从事用人单位安排的劳动。用人单位依法制定的各项劳动规章制度适用于劳动者。

同时具备上述条件者，可以认定双方之间存在劳动关系。

2. 认定劳动关系成立的证据及举证责任

该通知的第2条规定，用人单位未与劳动者签订劳动合同，认定双方存在劳动关系时可参照下列凭证：

(1) 工资支付凭证或记录（职工工资发放花名册）、缴纳各项社会保险费的记录。

(2) 用人单位向劳动者发放的"工作证""服务证"等能够证明身份的证件。

(3) 劳动者填写的用人单位招工招聘"登记表""报名表"等招用记录。

(4) 考勤记录。

(5) 其他劳动者的证言等。

其中，第1、3、4项的有关凭证由用人单位负举证责任。

上述案例21中，原告虽然声称其月工资为3000元，但是其未提供证据，其所提供的健康证、会员证也未加盖被告单位公章，而被告提供的员工花名册、考勤表和工资表，其中均无原告的姓名；被告还提供了5张支出凭单，证明原告领取的是工程款，而非工资。因此，劳动仲裁委员会及一审、二审法院的判决是正确的。

3. 特殊情况下的劳动关系认定

在司法实践中经常会遇见违法发包、转包后产生的农民工劳动报酬、工伤等问题。此种情况下，农民工与发包人、承包人、违法转包者中的何者存在劳动关系？抑或是劳动者与任何一家都不存在劳动关系？该问题争议很大。

《劳动和社会保障部关于确立劳动关系有关事项的通知》第4条规定，建筑施工、矿山企业等用人单位将工程（业务）或经营权发包给不具备用工主体资格的组织或自然人，对该组织或自然人招用的劳动者，由具备用工主体资格的发包方承担用工主体责任。

2013年《人力资源和社会保障部关于执行〈工伤保险条例〉若干问题的意见》第7条规定，具备用工主体资格的承包单位违反法律、法规规定，将承包业务转包、分包给不具备用工主体资格的组织或者自然人，该组织或者自然人招用的劳动者从事承包业务时因工伤亡的，由该具备用工主体资格的

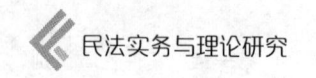

承包单位承担用人单位依法应承担的工伤保险责任。

《最高人民法院关于审理工伤保险行政案件若干问题的规定》第3条第1款第4项规定："用工单位违反法律、法规规定将承包业务转包给不具备用工主体资格的组织或者自然人，该组织或者自然人聘用的职工从事承包业务时因工伤亡的，用工单位为承担工伤保险责任的单位。"

上述部门规章及司法解释规定在司法实践中适用的时候，有一个很大的争议，即"用工主体责任""工伤保险责任"是否就等于存在劳动关系？在司法实践中，有些法院认为"用工主体责任""工伤保险责任"就等于存在劳动关系；而有些法院则认为，"用工主体责任""工伤保险责任"不等同于劳动关系，只是一种特殊的责任形式。

我们认为，"用工主体责任""工伤保险责任"不等同于劳动关系。主要理由如下：

（1）承担民事责任与是否形成劳动关系是两个不同的概念。上述部门规章及司法解释规定的是"承担用工主体责任""承担的工伤保险责任"。"承担用工主体责任""承担的工伤保险责任"只是规定了承担民事责任的形式或方式，并未规定视为双方形成劳动关系。2003年《人身损害赔偿司法解释》第11条第2款规定，雇员在从事雇佣活动中因安全生产事故遭受人身损害，发包人、分包人知道或者应当知道接受发包或者分包业务的雇主没有相应资质或者安全生产条件的，应当与雇主承担连带赔偿责任。由此我们可以看出，"承担用工主体责任""承担的工伤保险责任"只是一种民事责任形式，而非等同于劳动关系。

（2）劳动关系的确认应当主要从用人单位向劳动者给付劳动报酬和劳动者接受用人单位规章制度的管理这两大劳动关系的基本特征的角度进行认定。劳动者与用人单位之间是否形成劳动关系，应该从双方之间是否形成劳动关系所具备的实质要件进行研究，即双方之间是否存在管理与被管理、监督与被监督、指挥与被指挥的隶属关系。在违法发包、转包的情况下，劳动者如果仅仅受雇于某包工头，而不直接从发包人、承包人或违法转包人处领取工资，也不接受其管理、监督，此时则不应认定劳动者与上述单位之间存在劳动关系。

（3）依据上述规定，不认定劳动关系有利于保护农民工。一般情况下的工伤认定的前提是确认劳动关系，期限很长，程序繁杂。如果用人单位对存在劳动关系有异议，工伤认定部门通常中止工伤认定，告知劳动者申请确认劳动关系仲裁。但是如果不将"承担用工主体责任""工伤保险责任"视为劳动关系，那么上述规定实际上就对该种特殊情形进行了特殊的拟制规定，不再将确认劳动关系作为认定工伤的前提条件，大大缩短了工伤认定的时间，为农民工申请工伤认定提供了很大的便利。

前述案例20中，劳动仲裁委员会及法院认定赵某和甲公司之间存在劳动关系的判决显然混淆了存在"劳动关系"和承担"用工主体责任""工伤保险责任"之间的区别，值得商榷。

第二章
民事案件的管辖与主管

一、民事诉讼管辖的涵义

当事人要提起民事诉讼,首先需要确定向哪个法院起诉,这是民事诉讼启动的必经程序。确定向哪个法院起诉就是确定案件的管辖法院。所谓的民事诉讼管辖指的是依据《民事诉讼法》及相关司法解释的规定,人民法院之间受理第一审民事案件的分工和权限。确定法院管辖的因素包括当事人的住所地、诉讼标的额、行为地、案件性质等。

二、民事诉讼管辖的类别

依据我国现行法律规定,民事诉讼管辖分为法定管辖和裁定管辖。

(一)法定管辖

法定管辖指的是法律明确规定的管辖。主要包括以下几类:

1. 级别管辖

我国法院分为基层人民法院、中级人民法院、高级人民法院和最高人民法院四级。级别管辖指的是上述四级人民法院各自管辖的第一审民事案件的范围。

依照《民事诉讼法》规定,除法律另有规定外,一般的民事案件一审都归基层人民法院管辖。这里的法律规定指的就是《民事诉讼法》第18、19、20条规定的中级、高级和最高人民法院管辖案件的范围。

中级人民法院管辖的第一审民事案件包括:重大涉外案件、在本辖区有重大影响的案件和最高人民法院确定由中级人民法院管辖的案件。依据上述法律规定及最高人民法院相关司法解释的规定,中级人民法院管辖的第一审民事案件包括:①诉讼标的价值达到一定数额的案件。如太原市中级人民法院管辖诉讼标的额在3000万元以上、50亿元以下的一审案件。但离婚案件,无论要分割的夫妻共同财产数额有多大,一般都由被告住所地或经常居住地基层人民法院做一审管辖。②重大涉外案件。包括争议标的额大、案情复杂的涉外案件，或者一方当事人人数众多等具有重大影响的涉外案件。③知识产权案件。包括涉及著作权、商标、专利、集成电路布图设计、植物新品种、不正当竞争、垄断、商业秘密等的知识产权类案件。但是需要注意，根据最高人民法院相关司法解释规定，著作权、商标的诉讼，一些特定的基层人民法院也可以作为一审，如海淀区人民法院就有权审理涉及著作权、商标纠纷的一审案件。另外，最高人民法院相关司法解释还规定，涉及专利、集成电路布图设计、植物新品种、驰名商标认定、垄断的民事纠纷一审案件由省会所在地的中级人民法院和最高人民法院指定的特定中级人民法院（如青岛市中级人民法院、厦门市中级人民法院等）管辖。

高级人民法院管辖在本辖区有重大影响的第一审民事案件。最高人民法院司法解释规定，诉讼标的额在50亿元人民币以上的一审案件，由高级人民法院管辖。

最高人民法院管辖的第一审民事案件包括在全国有重大影响的案件及最高人民法院认为应当由本院审理的案件。

2. 地域管辖

地域管辖是指按照人民法院的辖区所划分的管辖。其包括以下几类：

（1）一般地域管辖。一般地域管辖是指按照当事人所在地所确定的管辖。该管辖的基本原则是原告就被告，即由被告住所地或经常居住地人民法院管辖。但也有例外，即在特殊情况下也可以由原告住所地或经常居住地人民法院管辖。包括以下几种情形：①对不在中华人民共和国领域内居住的人提起的有关身份关系的诉讼；②对下落不明或者宣告失踪的人提起的有关身份关系的诉讼，如夫妻一方离开住所地超过1年，另一方起诉离婚的案件，可以由原告住所地人民法院管辖。夫妻双方离开住所地超过1年，一方起诉离婚的案件，由被告经常居住地人民法院管辖；没有经常居住地的，由原告起诉时被告居住地人民法院管辖；③对被采取强制性教育措施的人提起的诉讼；④对被监禁的人提起的诉讼；⑤追索赡养费、抚育费、扶养费案件的几个被告住所地不在同一辖区的，可以由原告住所地人民法院管辖；⑥中国公民双方在国外但未定居，一方向人民法院起诉离婚的，应由原告或者被告原住所地人民法院管辖。

（2）特殊地域管辖。特殊地域管辖是指以诉讼标的所在地、引起民事法

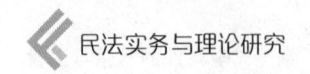

律关系产生、变更、消灭的法律事实所在地及原告住所地为标准确定的管辖。包括以下几种情形：

第一，合同纠纷地域管辖。一般合同纠纷由被告住所地或者合同履行地人民法院管辖；保险合同纠纷由被告住所地或者保险标的物所在地人民法院管辖；因铁路、公路、水上、航空运输和联合运输合同纠纷提起的诉讼，由运输始发地、目的地或者被告住所地人民法院管辖。

第二，五类侵权诉讼地域管辖。一般侵权案件由侵权行为地或者被告住所地人民法院管辖；因铁路、公路、水上和航空事故请求损害赔偿提起的诉讼，由事故发生地或者车辆、船舶最先到达地、航空器最先降落地或者被告住所地人民法院管辖；因船舶碰撞或者其他海事损害事故请求损害赔偿提起的诉讼，由碰撞发生地、碰撞船舶最先到达地、加害船舶被扣留地或者被告住所地人民法院管辖；因海难救助费用提起的诉讼，由救助地或者被救助船舶最先到达地人民法院管辖；因共同海损提起的诉讼，由船舶最先到达地、共同海损理算地或者航程终止地的人民法院管辖。

第三，票据纠纷由票据支付地或者被告住所地人民法院管辖。

第四，因公司设立、确认股东资格、分配利润、解散等公司纠纷提起的诉讼，由公司住所地人民法院管辖。

3. 专属管辖

专属管辖是指法律规定某些特定案件必须由特定的人民法院管辖，其他人民法院无权管辖，也不准许当事人协议变更管辖。包括以下几类：

（1）因不动产纠纷提起的诉讼，由不动产所在地人民法院管辖。

（2）因港口作业中发生纠纷提起的诉讼，由港口所在地人民法院管辖。

（3）因继承遗产纠纷提起的诉讼，由被继承人死亡时住所地或者主要遗产所在地人民法院管辖。

（4）海事、海商案件由海事法院管辖。

（5）双方当事人均为军人或者军队单位的民事案件由军事法院管辖。

4. 协议管辖

协议管辖又称约定管辖或合意管辖，是指当事人就第一审民事案件在纠纷发生前或纠纷发生后，达成协议确定管辖的法院。

依据司法解释的规定，协议管辖只能适用于合同或者其他财产权益纠纷。此类案件的当事人可以书面协议选择被告住所地、合同履行地、合同签订地、原告住所地、标的物所在地等与争议有实际联系的地点的人民法院管辖，但不得违反本法对级别管辖和专属管辖的规定。

5. 共同管辖

所谓共同管辖，是指两个以上人民法院都有管辖权的诉讼，原告可以向其中一个人民法院起诉。原告向两个以上有管辖权的人民法院起诉的，由最先立案的人民法院管辖。

（二）裁定管辖

所谓裁定管辖，是指人民法院以裁定的方式确定案件的管辖。包括以下几种情形：

1. 移送管辖

移送管辖是指已经受理案件的人民法院，因发现本法院对该案件没有管辖权，而将案件移送给有管辖权的人民法院受理。此类移送管辖不以当事人提起管辖权异议为前提，而是法院主动作出的管辖权移送。如人民法院立案后发现其他有管辖权的人民法院已先立案的，裁定将案件移送给先立案的人民法院。

2. 指定管辖

指定管辖是指上级人民法院依照法律规定指定其辖区的下级人民法院对某一具体案件行使管辖权。在此类管辖中，下级人民法院本身对案件没有管辖权，但是有管辖权的人民法院由于特殊原因不能行使其管辖权，依据上级人民法院的依法指定，下级人民法院享有了对案件的管辖权。另外，人民法院之间因管辖权发生争议，协商解决不了的，则应报请它们的共同上级人民法院指定管辖。

3. 管辖权的转移

管辖权的转移是指经上级人民法院决定或者同意，将某个案件的管辖权由上级人民法院转交给下级人民法院，或者由下级人民法院转交给上级人民法院。依据民事诉讼法规定，上级人民法院有权审理下级人民法院管辖的第一审民事案件；确有必要将本院管辖的第一审民事案件交下级人民法院审理的，应当报请其上级人民法院批准。下级人民法院对它所管辖的第一审民事案件，认为需要由上级人民法院审理的，可以报请上级人民法院审理。依据司法解释的规定，下列第一审民事案件，可以在开庭前交下级人民法院审理：①破产程序中有关债务人的诉讼案件；②当事人人数众多且不方便诉讼的案

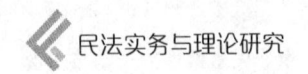

件；③最高人民法院确定的其他类型案件。

三、司法实践中的管辖权异议

（一）管辖权异议产生的原因

从理论上讲，无论哪个法院审理案件，依据的法律都是统一的，每个法官都是公平公正的，因此就同一个案件而言，无论由哪个法院的哪个法官审理，其判决结果都应当是一致的，法律赋予当事人在法定期限内提出管辖权异议的权利似乎没有什么实际意义。但是司法实践中，很多案件都会出现当事人提出管辖权异议的情况，甚至有些争议较大的案件的管辖权异议会在最高人民法院申请再审，最高人民法院对这些案件的管辖权异议也作出了裁决。由此可见，管辖权异议在司法实践中是一个非常重要的问题。从实践中看，当事人提出管辖权异议主要是基于以下几方面原因：①诉讼便利。当事人一般情况下愿意在离自己较近的法院进行诉讼，在诉讼中方便自己；②诉讼中产生的交通、住宿等费用问题。我国幅员辽阔，如果管辖法院离自己较近，则可省去很多不必要的费用；③司法环境问题。我国各地法治环境发展不均衡，因此很多当事人愿意选择法治环境较好区域的法院进行诉讼；④法官专业素养及水平问题。不可否认，我国地域、经济等各方面差异导致司法审判人才分布不均衡，因此当事人更愿意选择法官整体专业素养水平较高的法院进行诉讼。除了上述因素外还存在一些其他因素，例如拖延诉讼等。

（二）司法实践中管辖权争议的几个特殊问题

1. 接收货币一方所在地法院管辖

案例 1

王某起诉称，2012 年 8 月 27 日，吕某某向王某借款 300 万元。2014 年 8 月，吕某某因病去世。王某于 2016 年 8 月 25 日向吕某某法定继承人提起诉讼，要求偿还借款本金 300 万元、利息 432 万元及 2016 年 8 月 29 日至本金全部还清之日按年利率 24% 计算的借款利息。被告向一审法院提出管辖权异议。

一审法院认为，本案系借款合同纠纷，接收货币一方所在地为原告住所地或经常居住地。王某提供的户籍证明及居住证明可以证明其居住地为一审法院所在地，即本案合同履行地为原告住所地，该院对案件有

第二章　民事案件的管辖与主管

管辖权，故裁定驳回被告管辖权异议申请。被告不服，向二审法院提起上诉。二审法院裁定驳回上诉，维持原裁定。二审后又启动审判监督程序，作出裁定，撤销该院原民事裁定和一审法院民事裁定，将案件移送被告居住地N省法院管辖。

本案几经波折，到了N省高级人民法院，该院认为，本案涉及两个法律关系，本案借款发生在吕某某和张某婚姻关系存续期间。对于张某而言，作为夫妻共同债务的债务人，本案案由应为民间借贷纠纷；对于作为法定继承人的被告而言，本案案由应为被继承人债务清偿纠纷。根据《最高人民法院关于印发修改后的〈民事案件案由规定〉的通知》第三条第三项的规定，本案案由应为民间借贷纠纷和被继承人债务清偿纠纷，据此，两地人民法院均有管辖权。王某选择向其居住地的人民法院起诉借贷纠纷，原二审法院在二审程序中自行变更案由，并将案件移送N省某中级人民法院管辖于法无据，且不符合王某本意。经与原告所在地高级人民法院协商未果，报请最高人民法院指定管辖。

最高人民法院认为，在受理起诉期间，人民法院应当根据当事人主张的法律关系确定案由。本案中，与王某发生借贷合同关系的吕某某已经在本案诉讼前死亡，王某并未直接起诉吕某某，而是将吕某某的法定继承人作为被告提起本案诉讼，属于被继承人死亡时遗留的尚未清偿的债务引起的纠纷，故本案案由应确定为被继承人债务清偿纠纷。对此类纠纷，所涉法律关系权利义务主体为债权人和债务人的财产继承人，属于债权人与债务继承人之间的债务清偿纠纷，可以按照《中华人民共和国民事诉讼法》第二十三条和《最高人民法院关于适用〈中华人民共和国民事诉讼法〉的解释》第十八条的规定确定管辖法院。王某起诉要求偿还欠款，争议标的为给付货币，接收货币一方所在地为合同履行地。接收货币一方王某的住所地人民法院对案件有管辖权。在王某选择向该院起诉的情况下，该院应当予以受理。原二审法院两次作出裁定将案件移送N省某中级人民法院不当，应当予以纠正，本案应当由原告居住地人民法院审理。[1]

---

[1] 本案例根据最高人民法院（2018）最高法民辖165号民事裁定书编写。

2015年《最高人民法院关于适用〈中华人民共和国民事诉讼法〉的解释》（已被修改）第18条对于未约定合同履行地的法院管辖作出了与以往不同的规定，特别是针对以货币为履行内容的合同。该条规定，合同对履行地点没有约定或者约定不明确，争议标的为给付货币的，接收货币一方所在地为合同履行地。对于"接收货币一方所在地为合同履行地"的理解有以下两种意见，一种意见认为签订合同时的"接收货币一方所在地为合同履行地"，即指的是借款合同（无论是民间借贷还是金融借贷）中的接受货币的借款人所在地为合同履行地，不包括双方发生争议后出借人所在地；另一种意见认为，在借款发生时是接受货币的借款人所在地，而发生纠纷后，出借人要求借款人归还借款本息，出借人是此时的货币接收人，因此出借人所在地为合同履行地。对于上述两种意见，最高人民法院上述裁判文书中所载明的裁判理由明确了第二种意见是正确的。即当双方当事人没有约定合同履行地或合同履行地约定不明时，以发生纠纷时接收货币一方所在地为合同履行地。

另外需要明确一点，以"接受货币一方所在地为合同履行地"这一规则，不仅适用于借款合同，也适用于其他合同类别。如在股权转让合同纠纷中，双方股权转让合同没有约定合同履行地，股权转让方向股权受让方主张剩余股权转让款。此时股权转让人为接收货币的一方，因此可以在该股权转让人所在地人民法院提起诉讼。再如，甲公司与乙医院约定，甲公司将其医疗设备卖给乙医院，双方以该医疗设备检查收费额的4:6比例分成。双方没有约定合同履行地。后乙医院没有按照约定向甲公司支付分成款，甲公司向其所在地人民法院提起诉讼，乙医院提出管辖权异议，认为本案医疗设备位于乙医院，分成也应当在乙医院所在地。最终法院裁定，该管辖权异议的理由不成立，甲公司为接收货币一方，因此甲公司所在地为合同履行地，甲公司有权在其公司所在地人民法院提起诉讼。

2. 管辖协议约定两个以上的人民法院享有管辖权的问题

案例2

A市甲公司采购员与B市乙公司法定代表人李某在C市签订了一份买卖钢材的合同，按照合同的规定，甲公司交付定金3万元，钢材必须于同年10月发货。合同约定，验收地为B市火车站，到站地为A市临近之县C县，然后由供货方以汽车运至A市，交货地点为A市。一旦双方发生争议，由合同签订地或原告或被告所在地人民法院管辖。后因合同履行发生争议，甲公司准备向人民法院起诉。

问题：本案中，甲公司与乙公司合同协议管辖约定了两个以上的人民法院都有管辖权，该约定的内容是否有效呢？

《民事诉讼法》第34条规定，合同或者其他财产权益纠纷的当事人可以书面协议选择被告住所地、合同履行地、合同签订地、原告住所地、标的物所在地等与争议有实际联系的地点的人民法院管辖，但不得违反本法对级别管辖和专属管辖的规定。

2008年《最高人民法院关于适用〈中华人民共和国民事诉讼法〉若干问题的意见》（已失效）第24条规定，合同的双方当事人选择管辖的协议不明确或者选择《民事诉讼法》第25条规定的人民法院中的两个以上人民法院管辖的，选择管辖的协议无效，依照《民事诉讼法》第24条的规定确定管辖。

但2020年《最高人民法院关于适用〈中华人民共和国民事诉讼法〉的解释》第30条第2款规定，管辖协议约定两个以上与争议有实际联系的地点的人民法院管辖，原告可以向其中一个人民法院起诉。

因此在2020年《最高人民法院关于适用〈中华人民共和国民事诉讼法〉的解释》生效之前，如果当事人在合同中选择了两个以上人民法院管辖，该约定无效。但是在上述司法解释生效后，该约定是有效的。这一修改体现了法律尊重当事人意思自治的精神。

3. 合同名称与合同内容不一致的管辖

案例3

A省电力设备厂与B省电铝公司签订《设备买卖合同》，在该合同中第2条约定：质量要求技术标准，见合同附件（技术协议书）。而技术协议书中对技术要求、设备的主要技术参数、规格、质量均有明确、具体规定。该合同还约定了"设备交货地点、方式：乙方（指电力设备厂）负责在交货期限前将本合同设备运送至项目工地现场"，"运输方式由乙方自定，运输费用由乙方承担。到达站（港）：B省某县"。双方因合同履行发生争议，A省电力设备厂向A省某区人民法院起诉，该法院受理A省电力设备厂诉B省电铝公司买卖合同纠纷一案后，电铝公司提出管辖权异议，认为涉案合同为设备买卖合同，应由合同履行地 B 省某区人民法院审理。A 省某区人民法院一审认为，双方签订合同名为买卖合同，实为加工承揽合同，裁定驳回电铝公司管辖权异议。电铝公司不服，上诉至 A 省某中级人民法院，该中级人民法院裁定驳回上诉，维持原裁定。电铝公司不服，向 A 省高级人民法院申请再审。A 省高级人民法院裁定将本案移送至电铝公司公司住所地 B 省某区人民法院管辖。电力设备厂不服，向最高人民法院申请再审。最高人民法院裁定撤销 A 省高级人民法院裁定，A 省某区人民法院有管辖权。

A 省高级人民法院裁定书中认为：本案双方当事人于 2008 年 4 月 18 日签订一份《设备买卖合同》，商定以电力设备厂为"供方"，电铝公司为"需方"，由电力设备厂向电铝公司出售 DQ-5/3.2 制氢设备一套。双方在合同中还约定，"质量要求技术标准：见合同附件（技术协议书）"，"设备交货地点、方式：乙方（指电力设备厂）负责在交货期限前将本合同设备运送至项目工地现场"，"运输方式由乙方自定，运输费用由乙方承担。到达站（港）：B 省某县"。同日，双方还签有《电铝公司 2×25MW 矸石热电厂工程制氢站系统技术协议书》（以下简称《技术协议书》）一份，其中绝大部分为国家标准，个别为行业标准，不能认定电铝公司对该设备提出了特定的技术要求，即认为该合同属于承揽合同性质。本案当事人之间诉争的实质法律关系应为买卖合同纠纷，依据法律规定，应由合同履行地或被告住所地人民法院行使管辖权，故 A 省某区人民法院对本案不具有管辖权。电铝公司提出的再审申请理由成立，对请求将本案移送其公司住所地人民法院处理的主张，予以支持。

最高人民法院在其裁定中认为：根据本案所涉合同内容及履行情况，本案应为加工承揽合同纠纷。2008 年 4 月 18 日，电力设备厂和电铝公司签订了《设备买卖合同》及其附件《技术协议书》。《设备买卖合同》第 2 条约定，质量要求技术标准见合同附件（《技术协议书》）。《技术协议书》在设备的材料、结构、性能、安装及验收等方面均提出了特殊明确的技术要求，设备的图纸亦是由电力设备厂发给晟安公司及其指定的设计院进行修改后确定的。故该设备系电力设备厂为晟安公司特殊定做，本案应为加工承揽合同纠纷。根据《中华人民共和国民事诉讼法》第二十三条之规定，因合同纠纷提起的诉讼，由被告住所地或者合同履行地人民法院管辖。本案所涉合同明确约定设备加工制造于 A 省某市某区，故本案属于 A 省某区人民法院管辖范围。原一审、二审裁定正确，应予维持。

司法实践中经常会出现双方当事人签订的合同名称与其合同内容中的权利义务不一致的情形，如名为租赁合同、实为买卖合同，名为买卖合同、实为借贷合同等，发生纠纷后就会引起管辖权的争议。1996 年 11 月 13 日发布的《最高人民法院关于经济合同的名称与内容不一致时如何确定管辖权问题的批复》（已失效）中认为：当事人签订的经济合同虽具有明确、规范的名称，但合同约定的权利义务内容与名称不一致的，应当以该合同约定的权利义务内容确定合同的性质，从而确定合同的履行地和法院的管辖权。

2008 年《最高人民法院关于适用〈中华人民共和国民事诉讼法〉若干问题的意见》（已失效）第 20 条明确规定，加工承揽合同，以加工行为地为合同履行地，但合同中对履行地有约定的除外。2020 年《最高人民法院关于适用〈中华人民共和国民事诉讼法〉的解释》中没有这一规定。但是对于加工承揽合同而言，加工地为合同履行地这一点应该没有争议。

上述案例 3 中，双方当事人在合同中也约定了设备交货地点为 B 省某县。交货地是否为履行地？2008 年《最高人民法院关于适用〈中华人民共和国民事诉讼法〉若干问题的意见》（已失效）第 19 条中规定了购销合同的双方当事人在合同中对交货地点有约定的，以约定的交货地点为合同履行地。但是应当注意，这条司法解释是对购销合同中的履行地的规定，而非对加工承揽合同的履行地的规定。如果合同本身性质为加工承揽合同，而非购销合同，该条司法解释的规定仍不能适用。该司法解释现在已经作废，而 2020 年《最高人民法院关于适用〈中华人民共和国民事诉讼法〉的解释》第 18 条第 2 款规定，合同对履行地点没有约定或者约定不明确，争议标的为给付货币的，接收货币一方所在地为合同履行地；交付不动产的，不动产所在地为合同履行地；其他标的，履行义务一方所在地为合同履行地。因此，仅仅在合同中约定了交货地，没有明确约定交货地就是合同履行地的，不能认定交货地为合同履行地，只能依据履行义务一方所在地确定合同履行地。

因此上述案例无论是适用旧的司法解释规定，还是适用新的司法解释规定，A 省高级人民法院的裁定都是错误的，最高人民法院最终的裁定是正

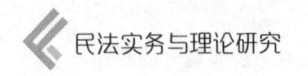

确的。

四、法院主管与仲裁的冲突

司法实践中并非全部的民事纠纷都必须向人民法院提起诉讼、由人民法院解决，我国还存在其他解决民事纠纷的方式，如行政裁决、仲裁机构仲裁等。《民事诉讼法》第 124 条第 2 项规定，人民法院对下列起诉，分别情形，予以处理：依照法律规定，双方当事人达成书面仲裁协议申请仲裁、不得向人民法院起诉的，告知原告向仲裁机构申请仲裁。因此，民事纠纷是由人民法院受理还是由仲裁机构受理不属于民事诉讼法规定的级别管辖、地域管辖、专属管辖的问题，而是是否应当由人民法院受理该案件的问题。但是，某一民事纠纷是由人民法院受理还是由仲裁机构受理的争议大多数是在当事人提出管辖权异议时提出的，因此该问题与人民法院的管辖权问题是紧密联系的。

民事纠纷应由人民法院受理还是由仲裁机构受理，这实际上是一个案件主管异议。案件主管异议和管辖权异议是两个不同层次的法律概念，主管划分的是法院与其他解决民事纠纷机构之间的分工和权限，而管辖规定的是法院系统内部各级法院之间以及同级法院之间受理第一审民事案件的分工和权限。案件主管是确定管辖的前提和基础，管辖则是主管的进一步落实。如果在合同中约定了仲裁条款，一方当事人向人民法院提起了诉讼，另一方对人民法院受理案件有异议，此异议实为主管权异议而非管辖权异议，并且主管权异议不需要在答辩期内提出，根据《中华人民共和国仲裁法》（以下简称《仲裁法》）第 26 条的规定，只要在首次开庭前提交仲裁协议就可以对主管权提出异议。

仲裁与诉讼都是解决民事争议的方式，针对的都是自然人、法人和其他组织等平等主体之间发生的民事纠纷，但是二者又有所不同。其不同之处主要有以下几方面：其一，仲裁机构只受理合同纠纷和其他财产权益纠纷；其二，婚姻、收养、监护、扶养、继承纠纷等涉及身份关系的纠纷不能仲裁；其三，仲裁须以仲裁协议为前提。该仲裁协议既可以在原合同中事先约定，也可以在发生争议后约定将该争议提交仲裁机构仲裁。即是否由仲裁结构解决纠纷，必须遵循当事人自愿原则，只有在双方当事人达成仲裁协议的基础上，仲裁机构才能受理。双方没有达成仲裁协议，一方当事人申请仲裁的，仲裁委员会不予受理。只要当事人达成仲裁协议，一方转而向人民法院起诉的，人民法院不予受理，但仲裁协议无效的除外。

在司法实践中，案件应当由人民法院受理还是由仲裁机构受理的争议经常发生。下面我们通过几个案例来研究这一问题。

（一）约定的仲裁机构名称不准确

案例 4

原告农产品交易所与被告易极付公司、博恩公司于 2013 年 7 月 15 日签订的《增资扩股意向协议》第 7 条约定："因履行本协议发生纠纷，任何一方均可向第三方四川省贸促会仲裁委员会申请仲裁。"经一审法院向四川省司法厅调查，该厅依法登记的仲裁机构中并无"四川省贸促会仲裁委员会"，被告称其约定的仲裁委员会即为"中国国际经济贸易仲裁委员会西南分会"，但双方当事人约定的"四川省贸促会仲裁委员会"与该仲裁机构的名称并不一致。因当事人约定的"四川省贸促会仲裁委员会"并不存在，故合同中约定的仲裁条款属约定不明确，应为无效。被告据此提出的管辖权异议不能成立。依照《最高人民法院关于适用〈中华人民共和国民事诉讼法〉若干问题的意见》第一百四十六条规定，"当事人在仲裁条款或协议中选择的仲裁机构不存在，或者选择裁决的事项超越仲裁机构权限的，人民法院有权依法受理当事人一方的起诉"，及第一百四十七条规定，"因仲裁条款或协议无效、失效或者内容不明确，无法执行而受理的民事诉讼，如果被告一方对人民法院的管辖权提出异议的，受诉人民法院应就管辖权作出裁定"，裁定：驳回被告易极付公司、博恩公司对本案管辖权提出的异议。

易极付公司、博恩公司均不服一审法院民事裁定，向二审法院提起上诉，请求撤销一审裁定，裁定本案的管辖权归中国国际贸易仲裁委员会。

二审法院经审理认为，农产品交易所与易极付公司、博恩公司于 2013 年 7 月 15 日签订的《增资扩股意向协议》第 7 条约定："因履行本协议发生纠纷，任何一方均可向第三方四川省贸促会仲裁委员会申请仲裁。"该约定反映了双方当事人希望通过仲裁解决争议的意思表示并且是通过贸促会的仲裁委员会解决争议。虽然名称为"四川省贸促会仲裁委员会"的仲裁机构不存在，但是，四川省贸促会为中国国际贸易促进委员会的四川省委员会简称,而中国国际贸易促进委员会的仲裁机构为中国国际经济贸易仲裁委员会,且中国国际经济贸易仲裁委员会设有西南分会。即可确定当事人选择的仲裁机构为中国国际经济贸易仲裁委员会。且博恩公司就本次纠纷已向中国国际经济贸易仲裁委员会西南分会申请仲裁,该分会已经受理。《中华人民共和国仲裁法》第五条规定,"当事人达成仲裁协议,一方向人民法院起诉的,人民法院不予受理,但仲裁协议无效的除外",以及《最高人民法院关于适用〈中华人民共和国仲裁法〉若干问题的解释》第三条规定,"仲裁协议约定的仲裁机构名称不准确,但能够确定具体的仲裁机构的,应当认定选定了仲裁机构"。故法院对本案的争议不具有管辖权。最终裁定撤销一审判决,驳回原告起诉。

随后,农产品交易所不服陕西省高级人民法院的管辖权裁定,向最高人民法院提出再审申请。最高人民法院再审认为:根据《中国国际经济贸易仲裁委员会仲裁规则(2012版)》第2条规定,当事人在仲裁协议中订明由中国国际贸易促进委员会仲裁委员会仲裁的,应视为同意由中国国际经济贸易仲裁委员会仲裁。因中国国际贸易促进委员会附设的仲裁机构是中国国际经济贸易仲裁委员会,四川省贸促会是中国国际贸易促进委员会四川省委员会的简称,是中国国际贸易促进委员会的分支机构,故当事人约定由四川省贸促会仲裁委员会仲裁,即应视为当事人协议选择由中国国际经济贸易仲裁委员会仲裁。综上,二审裁定驳回农产品交易所起诉正确,应予维持,驳回西安大宗农产品交易所有限公司的再审申请。[1]

2009年《仲裁法》(已被修改)第5条规定,当事人达成仲裁协议,一方向人民法院起诉的,人民法院不予受理,但仲裁协议无效的除外。第17条规定,有下列情形之一的,仲裁协议无效:①约定的仲裁事项超出法律规定的仲裁范围的;②无民事行为能力人或者限制民事行为能力人订立的仲裁协议;③一方采取胁迫手段,迫使对方订立仲裁协议的。第18条规定,仲裁协议对仲裁事项或者仲裁委员会没有约定或者约定不明确的,当事人可以补充协议;达不成补充协议的,仲裁协议无效。上述案例中,当事人在合同中约定了由

---

[1] 本案例根据最高人民法院(2016)最高法民申882号民事裁定书编写。

四川省贸促会仲裁委员会仲裁，但是事实上并不存在"四川省贸促会仲裁委员会"这样一个仲裁机构。本案二审法院和最高人民法院以《最高人民法院关于适用〈中华人民共和国仲裁法〉若干问题的解释》第3条规定为依据，认为该仲裁约定有效。该条规定，仲裁协议约定的仲裁机构名称不准确，但能够确定具体的仲裁机构的，应当认定选定了仲裁机构。本案中，确实没有"四川省贸促会仲裁委员会"这样一个仲裁机构，最高人民法院的生效裁定认为，虽然当事人约定的"四川省贸促会仲裁委员会"名称不准确，但是四川省贸促会是中国国际贸易促进委员会四川省委员会的简称，且中国国际经济贸易仲裁委员会设有西南分会，当事人约定由四川省贸促会仲裁委员会仲裁，即应视为当事人协议选择由中国国际经济贸易仲裁委员会仲裁。因此最终认定中国国际经济贸易仲裁委员会西南分会有权受理该仲裁，人民法院对本案没有管辖权。反之，如果双方当事人仲裁条款或仲裁协议中约定的仲裁机构确实不存在，该仲裁条款或协议就是无效的，应当由人民法院受理该案件。

（二）债权转让后原仲裁协议对新的受让人的效力

案例5

A市甲公司与B市乙公司签订了一份《产品销售合同》，合同中包含发生纠纷由甲公司所在地的仲裁委员会仲裁的条款。在合同履行过程中，甲公司以产品质量严重不合格为由拒绝向乙公司支付剩余货款，乙公司索要未果遂与丙公司签订《债权转让协议》，并通知了甲公司。《债权转让协议》载明乙公司将前述合同项下收货款的债权转让给丙公司，但丙公司作为债权受让方不接受原合同中的仲裁条款，并约定了管辖法院为丙公司所在地法院管辖。

后丙公司在其所在地某区人民法院起诉，法院依法向甲公司送达了传票，甲公司在答辩期内对某区人民法院的管辖权提出异议，认为原仲裁协议对受让人丙公司继续有效，该案已经约定了仲裁解决，排除法院的管辖的效力，法院应当驳回丙公司的起诉。

对于本案的处理，有两种意见。第一种意见是，原仲裁协议对新的受让人无效，某区人民法院对该案享有管辖权。第二种意见是，原仲裁协议对新的受让人有效，某区人民法院对该案无管辖权，已经受理的应该裁定驳回起诉。关于债权转让后，原合同中约定的仲裁条款对债权受让人是否有拘束力的问题，《最高人民法院关于适用〈中华人民共和国仲裁法〉若干问题的解释》第9条规定，债权债务全部或者部分转让的，仲裁协议对受让人有效，但当事人另有约定、在受让债权债务时受让人明确反对或者不知有单独仲裁协议的除外。依照该司法解释的规定，原则上原合同中约定的仲裁条款或单独的仲裁协议对债权受让人具有拘束力，但是在当事人另有约定、在受让债权债务时受让人明确反对及债权受让人不知有单独仲裁协议的情况下，仲裁条款或单独的仲裁协议对债权受让人不具有拘束力。就该问题，最高人民法院有一系列答复和案例，如在《最高人民法院关于天津中燃船舶燃料有限公司与丹麦宝运石油（中国）有限公司、山东烟台国际海运公司船舶物料供应合同纠纷仲裁条款效力问题的请示的复函》（［2010］民四他字第62号）中明确答复：天津中燃船舶燃料有限公司在受让债权时，并不知宝运公司与烟台海运之间存在单独仲裁条款，根据《最高人民法院关于适用〈中华人民共和国仲裁法〉若干问题的解释》第9条的规定，该仲裁条款对其不具有约束力。

还有最高人民法院（2016）最高法民辖终273号民事裁定书中认为：本案争议的实质是主管问题，即本案纠纷应通过仲裁解决，还是通过诉讼解决，关键在于确定《可转换票据认购协议》中的仲裁条款在债权转让后是否对受让人晋翔公司有约束力。《最高人民法院关于适用〈中华人民共和国仲裁法〉若干问题的解释》第9条规定："债权债务全部或者部分转让的，仲裁协议对受让人有效，但当事人另有约定、在受让债权债务时受让人明确反对或者不知有单独仲裁协议的除外。"上述规定既适用于债权与债务一并转让的情形，也适用于债权与债务分别转让的情形。晋翔公司与债权转让方签署的《债权转让协议》第10条中明确约定："晋翔公司不同意、不认可、不接受《可转换票据认购协议》中约定的仲裁管辖协议，并约定各方有权在山西省有关法院诉讼解决相关事宜。"这属于上述司法解释第9条规定的例外情形之一，即在受让债权债务时受让人明确反对原仲裁协议。依照上述司法解释，本案的仲裁条款对晋翔公司没有约束力。

最高人民法院（2016）最高法民辖终217号民事裁定书中也认为：涉案《买卖合同》仲裁条款对大连谷物公司不具有约束力。《最高人民法院关于适用〈中华人民共和国仲裁法〉若干问题的解释》第9条规定，债权债务全部或部分转让的，仲裁协议对受让人有效，但当事人另有约定、在受让债权债务时受让人明确反对或者不知有单独仲裁协议的除外。本案中，虽然美国谷物公司与光大油脂公司签订的《买卖合同》约定本合同双方产生争议而又达不成协议时，争议应在伦敦按照FOSFA24/23仲裁规则通过仲裁解决，但是，美国谷物公司与大连谷物公司签订的《债权转让合同》明确约定大连谷物公司不接受买卖合同中的仲裁条款，依据上述规定，该仲裁条款对大连谷物公司不具有约束力。光大油脂公司在债权转让后依据买卖合同中的仲裁条款主张本案应由英国伦敦仲裁机构仲裁，没有法律依据，不予支持。

地方各级人民法院在处理此类纠纷时，也是按照上述原则来处理。

（三）管辖权异议中没有提出有仲裁协议的抗辩，人民法院能否主动驳回原告起诉

案例6

某旅游信息中心与四通经远公司于2011年签订了14份系列合同，合同总金额为1780万元。截至2014年8月27日，旅游信息中心仍有890万元未付。张某、四通经远公司签订《协议书》，约定四通经远公司将其对旅游信息中心的890万元的到期债权转让给张某，四通经远公司向旅游信息中心送达了《债权转让通知书》，并要求旅游信息中心将上述欠款直接支付给张某。张某多次要求旅游信息中心还款，旅游信息中心以该欠款应当由其上级主管单位省旅游局负责还款为由，拒不还款。因此，张某向某中级人民法院提起诉讼，请求法院判决：旅游信息中心归还张某欠款890万元，省旅游局承担连带责任。

旅游信息中心、省旅游局在提交答辩状期间对管辖权提出异议，认为旅游信息中心、省旅游局登记住所地为"某市某区某大街30号"。应当由被告住所地人民法院管辖，请求法院将案件移送至某市某区人民法院。中级人民法院一审裁定驳回旅游信息中心、省旅游局对该案提出的管辖权异议。

旅游信息中心、省旅游局均不服上述民事裁定，向省高级人民法院提出上诉，理由仍然是应由被告住所地人民法院管辖。省高级人民法院二审认为，该案所涉14份合同，除2份合同对管辖没有特别约定外，其余12份合同均有"如协商不成，提交某市仲裁委员会仲裁"的约定，该约定是双方当事人真实意思的表示，合法有效，该案不属于人民法院受

理民事案件的范围。裁定撤销一审民事裁定,驳回张某的起诉。

张某不服二审裁定,向最高人民法院提出再审申请,请求撤销二审裁定,驳回旅游信息中心、省旅游局对该案提出的管辖权异议,维持一审裁定。理由是:该案是管辖权异议案件,二审法院超出上诉人的上诉请求,对仲裁条款问题进行审查,违反《中华人民共和国民事诉讼法》第一百八十六条关于"二审人民法院应当对上诉请求的有关事实和适用法律进行审查"的规定,即使可以审查仲裁效力,二审法院对于仲裁条款的效力审查也是错误的。因为张某是债权的受让人,不受旅游信息中心与四通经远公司协议约定管辖条款的约束;上诉双方在诉讼中均没有提及仲裁条款问题,二审法院审查仲裁条款,并裁定驳回原告张某的起诉,属于超越诉讼请求裁判,违反法律程序。

最高人民法院认为:(1)张某能否受"山西旅游信息中心网站开发与运营维护项目"系列合同中有关仲裁条款的约束。在上述系列合同中,均约定了"如发生争议,协商解决不成则提交太原仲裁委员会仲裁"的仲裁协议条款。根据《最高人民法院关于适用〈中华人民共和国仲裁法〉若干问题的解释》(法释〔2006〕7号)第九条的规定:"债权债务全部或者部分转让的,仲裁协议对受让人有效,但当事人另有约定、在受让债权债务时受让人明确反对或者不知有单独仲裁协议的除外。"张某作为上述系列合同之债权的受让人,在无证据证明其在受让债权债务时,明确反对或者不知有单独仲裁协议的情况下,该仲裁协议条款可以约束张某。再审申请人张某提出"自己是债权的受让人,不受旅游信息中心与四通经远公司协议约定管辖条款的约束"的再审申请理由不充分。但是,有关各方当事人是否放弃或丧失提请仲裁权,另当别论。

(2)旅游信息中心、省旅游局在一审、二审中均未以"有仲裁协议"为由提出管辖异议,原审法院是否有权审理本案。《最高人民法院关于适用〈中华人民共和国民事诉讼法〉的解释》(法释〔2015〕5号)第二百一十五条规定:"依照民事诉讼法第一百二十四条第二项的规定,当事人在书面合同中订有仲裁条款,或者在发生纠纷后达成书面仲裁协议,一方向人民法院起诉的,人民法院应当告知原告向仲裁机构申请仲裁,其坚持起诉的,裁定不予受理,但仲裁条款或者仲裁协议不成立、无效、失效、内容不明确无法执行的除外。"第二百一十六条规定:"在人民法院首次开庭前，被告以有书面仲裁协议为由对受理民事案件提出异议的，人民法院应当进行审查。经审查符合下列情形之一的，人民法院应当裁定驳回起诉：（一）仲裁机构或者人民法院已经确认仲裁协议有效的；（二）当事人没有在仲裁庭首次开庭前对仲裁协议的效力提出异议的；（三）仲裁协议符合仲裁法第十六条规定且不具有仲裁法第十七条规定情形的。"《中华人民共和国仲裁法》第二十六条规定："当事人达成仲裁协议，一方向人民法院起诉未声明有仲裁协议，人民法院受理后，另一方在首次开庭前提交仲裁协议的，人民法院应当驳回起诉，但仲裁协议无效的除外；另一方在首次开庭前未对人民法院受理该案提出异议的，视为放弃仲裁协议，人民法院应当继续审理。"经查，本案中，作为原告的张某向人民法院起诉时未声明有仲裁协议，人民法院已经予以受理。本案一审、二审均未开庭，作为被告的旅游信息中心、省旅游局也从未提出过"有仲裁协议，人民法院无权管辖"的抗辩，更不存在"人民法院首次开庭前，被告以有书面仲裁协议为由对受理民事案件提出异议"的事实。且本案二审裁定作出时间是2015年1月28日，发生在《最高人民法院关于适用〈中华人民共和国民事诉讼法〉的解释》（法释〔2015〕5号）于2015年2月4日实施之前，一审、二审法院可以适用《最高人民法院关于适用〈中华人民共和国民事诉讼法〉若干问题的意见》（法发〔1992〕22号）第一百四十八条关于"当事人一方向人民法院起诉时未声明有仲裁协议，人民法院受理后，对方当事人又应诉答辩的，视为该人民法院有管辖权"的规定，予以裁判。本院认为，在张某向人民法院起诉时未声明有仲裁协议，某市中级人民法院已经予以受理，旅游信息中心、省旅游局没有提出仲裁协议的前提下，应当视为该法院有管辖权，并应当继续审理。省高级人民法院在本案二审中直接以"当事人应当受仲裁协议条款约束"为由驳回张某的起诉，缺乏法律依据。

综上，二审裁定认定事实不清，适用法律不当，应予纠正。再审申请人张某提出"诉讼双方在一审、二审中均没有提及仲裁条款问题，二审法院不应当以有仲裁条款为由驳回其起诉"的再审申请理由成立。裁定撤销省高级人民法院民事裁定，维持某市中级人民法院民事裁定，本

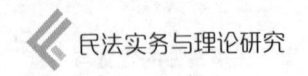

案由某市中级人民法院继续审理。[1]

根据上述裁判文书的内容，我们将本案事实总结如下：张某受让了四通经远公司对旅游信息中心享有的债权，四通经远公司与旅游信息中心的合同中有仲裁条款。在旅游信息中心拒不履行债务的情况下，张某向人民法院提起诉讼。信息旅游中心在管辖权异议及上诉中均没有提出其与四通经远公司的合同中有仲裁条款的抗辩，二审法院主动查明了该事实，并以此为由认定本案不应由人民法院受理，并驳回了原告起诉。本案争议的实质是被告在管辖权异议中没有提出有仲裁协议的抗辩，人民法院能否主动查明该事实，并以此为据驳回原告起诉？对此问题分析如下：

1. 人民法院应当主动审查当事人之间是否存在仲裁约定

1991年颁布的《民事诉讼法》（已被修改）在"起诉和受理"一节第111条第2项规定，人民法院对符合本法第108条的起诉，必须受理；对下列起诉，分别情形，予以处理：依照法律规定，双方当事人对合同纠纷自愿达成书面仲裁协议向仲裁机构申请仲裁、不得向人民法院起诉的，告知原告向仲裁机构申请仲裁。此后历次修订的《民事诉讼法》都一直沿用该规定。

1992年《最高人民法院关于适用〈中华人民共和国民事诉讼法〉若干问题的意见》（法发[1992]22号，已失效）第145条规定，依照《民事诉讼法》第111条第2项的规定，当事人在书面合同中订有仲裁条款，或者在发生纠纷后达成书面仲裁协议，一方向人民法院起诉的，人民法院裁定不予受理，告知原告向仲裁机构申请仲裁。但仲裁条款、仲裁协议无效、失效或者内容不明确无法执行的除外。2015年发布并于2020年修正的《最高人民法院关于适用〈中华人民共和国民事诉讼法〉的解释》第215条也沿用上述司法解释的内容。其内容是：依照《民事诉讼法》第124条第2项的规定，当事人在书面合同中订有仲裁条款，或者在发生纠纷后达成书面仲裁协议，一方向人民法院起诉的，人民法院应当告知原告向仲裁机构申请仲裁，其坚持起诉的，裁定不予受理，但仲裁条款或者仲裁协议不成立、无效、失效、内容不明确无法执行的除外。

根据上述法律、司法解释的规定，人民法院在受理原告起诉的时候，就

---

[1] 本案例根据最高人民法院（2015）民提字第194号民事裁定书编写。

应当审查当事人之间是否存在仲裁约定,如果有就不应当受理该案,如果当事人坚持起诉的,应当裁定不予受理。换言之,人民法院在受理案件过程中应当主动审查是否存在仲裁约定。

2. 一方当事人隐瞒仲裁约定,另一方当事人在第一次开庭前提出异议即为有效抗辩

当然在司法实践中也存在着双方当事人在本合同中没有仲裁条款,但另行签订了仲裁协议或事后另行达成了仲裁约定,一方当事人在起诉的时候隐瞒了该仲裁约定的情形。对此情形,1992 年《最高人民法院关于适用〈中华人民共和国民事诉讼法〉若干问题的意见》(已失效)第 148 条规定,当事人一方向人民法院起诉时未声明有仲裁协议,人民法院受理后,对方当事人又应诉答辩的,视为该人民法院有管辖权。该司法解释解决的是一方当事人隐瞒仲裁协议向人民法院起诉,另一方当事人进行了应诉答辩的问题,在此情形下该司法解释规定,视为另一方当事人放弃了仲裁约定,人民法院有管辖权。

但是,1994 年颁布的《仲裁法》(已被修改)第 26 条规定与上述司法解释规定有所不同。该条规定,当事人达成仲裁协议,一方向人民法院起诉未声明有仲裁协议,人民法院受理后,另一方在首次开庭前提交仲裁协议的,人民法院应当驳回起诉,但仲裁协议无效的除外;另一方在首次开庭前未对人民法院受理该案提出异议的,视为放弃仲裁协议,人民法院应当继续审理。现行 2017 年《仲裁法》第 26 条也沿用了该规定。根据该条规定,一方向人民法院起诉未声明有仲裁协议,人民法院受理后,另一方当事人只要在首次开庭前提交仲裁协议的,人民法院就应当驳回原告起诉。该法律没有规定另一方当事人进行了应诉答辩就视为放弃管辖约定,而是规定了另一方当事人在首次开庭前未对人民法院受理该案提出异议的,才视为放弃仲裁协议。法律的效力高于司法解释的效力,即 1994 年《仲裁法》(已被修改)否定了 1992 年《最高人民法院关于适用〈中华人民共和国民事诉讼法〉若干问题的意见》(已失效)中关于"对方当事人又应诉答辩的,视为该人民法院有管辖权"的规定。

2020 年《最高人民法院关于适用〈中华人民共和国民事诉讼法〉的解释》第 216 条与《仲裁法》的规定一致,即在人民法院首次开庭前,被告以有书面仲裁协议为由对受理民事案件提出异议的,人民法院应当进行审查。经审查符合下列情形之一的,人民法院应当裁定驳回起诉:①仲裁机构或者人

民法院已经确认仲裁协议有效的；②当事人没有在仲裁庭首次开庭前对仲裁协议的效力提出异议的；③仲裁协议符合《仲裁法》第 16 条规定且不具有《仲裁法》第 17 条规定情形的。

根据上述对于立法史的考察，我们认为，当事人一方在起诉时隐瞒了仲裁约定，另一方当事人只要在首次开庭前以有书面仲裁协议为由对法院受理民事案件提出异议的，人民法院就应当裁定驳回原告起诉。

3. 最高人民法院（2015）民提字第 194 号民事裁定书裁判结果值得商榷

最高人民法院（2015）民提字第 194 号民事裁定书中认为被告在管辖权异议及上诉中没有提出有仲裁约定，即视为放弃仲裁约定，我们认为值得商榷。

第一，因为是否有仲裁约定是人民法院应否受理案件的前提条件，所以从 1991 年颁布的《民事诉讼法》到 2017 年修正的《民事诉讼法》都明确规定了人民法院有权主动审查当事人之间是否存在仲裁约定。尽管在本案管辖权异议程序中是二审人民法院对仲裁约定进行了主动审查，但是根据二审人民法院发现一审裁判确有错误即可主动纠正这一司法原则，本案二审人民法院纠正一审法院在立案时未发现的错误是正确的。

第二，2012 年《最高人民法院关于适用〈中华人民共和国民事诉讼法〉若干问题的意见》第 148 条规定的是"对方当事人又应诉答辩的"，此处的"应诉答辩"应当指的是实体上的答辩，而非提出管辖权异议，提出管辖权异议不应视为"应诉答辩"。因此，本案尚在管辖权异议期间，被告并没有作出实体答辩和应诉，因此适用该司法解释规定的条件尚不具备。

第三，1994 年颁布的《仲裁法》第 26 条的规定实际上已经改变了 2012 年《最高人民法院关于适用〈中华人民共和国民事诉讼法〉若干问题的意见》第 148 条的规定，该规定应当已经作废，不应当作为法律依据适用，而应当适用 1994 年《仲裁法》第 26 条规定。根据《仲裁法》第 26 条的立法精神，人民法院受理后，无论被告是否进行了实体答辩和应诉，只要被告在第一次开庭前提交仲裁协议的，人民法院应当驳回起诉。本案中两审人民法院均未开庭，但是当事人已经提交了载有仲裁协议的合同，应当视为是在第一次开庭前提交了仲裁协议，最高人民法院应当适用 1994 年《仲裁法》第 26 条规定，维持二审裁定，而不应当撤销二审裁定。

第三章
请求权基础分析思维方法在司法实践中的运用

一、请求权基础分析思维方法

学习民法最终的目的之一就是要将书本上"死的"民法变为现实中"活的"民法，即要将民法的理论与法条规定运用于解决现实生活中发生的各种纠纷。当纠纷发生、当事人要诉诸法律解决纠纷时，法律人面对纠纷的思维方式是"谁得向谁，依据何种法律规范，主张何种权利"。这就是现在法学界解决法律纠纷最流行的请求权基础分析思维方法。这一思维方法围绕下面四个问题逐次展开。

（一）确定案件主体

"谁向谁提出请求"其实就是确定案件中的原告是谁，被告是谁。在民事案件中，原告就是认为自己利益受到损害、需要通过诉讼维护自己合法权益的人。被告是被原告认为侵害了自己合法权益的对方当事人。具体而言，如果是合同纠纷，则是合同中的相对一方当事人；如果是侵权纠纷，享有人格权、身份权、物权、知识产权等静态权利的人为原告，而实施了侵害他人人格权、身份权、物权、知识产权等静态权利的其他人，包括自然人、法人、其他组织为被告。

总而言之，在确定诉讼主体的过程中，我们需要以具体的实体法规范的权利义务为基础来进行判断。

客观世界是复杂的，确定诉讼主体的问题看起来简单，但在司法实践中往往很复杂。在民事诉讼中，当事人提起诉讼后，由于其所列原告或被告不适格而被驳回起诉的情况比比皆是，这主要就是因为所列主体并非实体法上权利的享有者或义务的承担者。

另外，由于在民事诉讼中可能会涉及除原被告之外其他当事人的利益，因而在民事诉讼案件中还有一类比较特殊的主体，即第三人。民事诉讼中的第三人有两种类型，第一种类型是对他人争议的诉讼标的有独立请求权的第三人，即有独立请求权的第三人。如原告诉被告要求履行房屋买卖合同中约定的交付房屋的义务，第三人以原被告为共同被告，参加到原被告已经开始的诉讼中，提出原被告签订的房屋买卖合同无效，被告将属于第三人的房产卖给了原告。此时的第三人就是有独立请求权的第三人。第二种类型是无独立的请求权的第三人。无独立请求权第三人是对原被告的诉讼中的标的没有独立请求权，但案件的处理结果与其有法律上的利害关系而参加到原告、被告已经开始的诉讼中的人。例如，在债权人转让债权后，债务人与债权受让人之间因履行债权发生纠纷诉至法院，债务人对债权权利提出抗辩。此时如果债务人抗辩成功，可能会影响原债权人与债权受让人之间的法律关系，原债权人的利益可能会受到影响，这时一般就会把原债权人列为无独立请求权的第三人。

（二）确定诉的类型——即确定原告的具体请求

在司法实践中，原告对被告的请求一般是如下三种：

（1）要求确认原被告之间存在某种法律关系或不存在某种法律关系。此类诉讼为确认之诉。如确认某物所有权属于原告、确认原被告之间不存在养父子关系等。

（2）要求变更原被告之间法律关系或解除双方之间的法律关系。此类诉讼为变更之诉，也称形成之诉。如解除合同、解除婚姻关系、解除收养关系等。

（3）要求被告给付某物或某行为。此类诉讼为给付之诉。如给付金钱、交付财产、履行合同义务等。给付之诉中的行为给付之诉通常又分为积极行为给付之诉（如履行合同）与消极行为给付之诉（如停止侵权）。

确定诉的种类就是确定原告向被告提出了什么请求，这是解决问题的前提。

（三）确定原告在案件中享有的权利类型及权利的具体内容

确定了案件主体及诉讼请求后，我们就要确定请求人在案件中享有的具体权利类型和权利内容。

确定原告请求权类型就是依据《民法典》体系中的总则和分编规定内容确定具体的各种权利，包括人格权、身份权、物权、债权、知识产权、继承权、股权等。确定权利内容就是根据案件事实确定某一类权利中的具体权利内容。如民法中规定公民享有名誉权，则意味着任何人不得诋毁他人名誉，这就是权利内容。再如某人通过向国家商标局申请，获得了一个注册商标，即该人享有该商标的专用权。专用权的具体内容就是未经商标专用权人同意，其他任何人不得在相同或类似商品上使用与注册商标相同或近似的标识。确定了权利类型及具体权利内容也就确定了适用何种具体的实体法律规范。

（四）确定原告诉请所依据的实体法规范并分析其能否支持原告诉请

在确定了原告的权利类型和具体权利内容及具体请求的内容后，我们就需要寻找原告请求权依据的实体法规范。实体法规范是原告请求权能否实现的最终依据，是请求权的基础。

在这一过程中，我们要根据案件事实确定原告享有的权利类型；在确定权利类型后确定原告享有的具体权利；确定具体权利后寻找具体的实体法规范；找到实体法规范后，再以案件证据证明的事实确定被告的行为具体内容；确定被告行为具体事实内容后再将原告请求的具体内容与实体法律规范进行对比；对比之后再根据原告提出的诉的类型结合实体法规范与案件事实特别是案件证据确定的被告的行为进行判断。具体而言，在确认之诉中看原被告之间是否存在某种法律关系；在变更之诉中看原被告之间的法律关系是否符合法律规范变更的条件；在给付之诉中看被告依据法律规定是否应当负有给付之义务。

在确定了上述问题之后，分析当事人的主张所依据的事实能否与法律规范要件相吻合，进而判定该当事人的主张应否予以支持，就可以得出原告的诉讼请求能否被支持的结论，继而对案件作出判决。

二、司法实践中的运用

下面我们通过几则案例来具体实践一下。

（一）通过遗赠获得的房产被他人占有的保护

案例 1

刘某系某市离休干部，有一子一女。1995 年与王某再婚。1999 年单位分给其一套房子，价格 40 000 元。但是刘某无钱，其子女也不愿出钱，于是找到王某的儿子赵某借钱。赵某表示愿意出钱，但是条件是二老去世后，房子应该归他。刘某同意，便与王某一起写了一份遗嘱，表示该房产系赵某出资购买，二老百年后，该房产的产权归赵某，并到公证处进行了公证。房产证下来后，把交房款的收据、房产证都交给了赵某。

2005年王某去世，2009年刘某去世。刘某去世两个月后，赵某才知道，遂去要房子，却发现该房住着李某。李某拿出了一份协议，协议上刘某已经将房子以12万元的价格卖给了李某。但是李某现在仍未办好房产过户手续。

赵某咨询该案如何解决。

首先，我们确定，赵某的最终目的在于获得房屋所有权，排除李某对房屋的占有，并自己实际占有该房屋。赵某该目的转换成法律术语即为：①确认房屋所有权归赵某；②要求李某返还该房产。

确定了赵某的请求权后，我们一步一步来分析。

1. 确定本案当事人

在本案中，赵某认为自己应当是房屋所有权人，故其为原告；李某现在占有房屋，赵某请求李某退还房屋，因而赵某是被告；但由于还存在刘某的子女可能会继承该房屋及在继承范围内承担责任，故而刘某的子女是本案第三人。

2. 确定赵某诉讼请求的具体内容

如前所述，赵某的目的有两项，一是确认房屋所有权人为自己；二是要求李某返还房产。首先，我们需要分析赵某是否已经成为房屋所有权人，如果赵某已经是房屋的所有权人，从诉的角度而言，无需再经过确认，否则就是多余，平白增加诉的复杂性；如果不能确定，则就需要提出确认其为房屋所有权人。其次，分析赵某应如何实现自己的权利。赵某为诉争房产所有权人，而李某为房产占有人，只有请求赵某返还房产，才能实现赵某的诉讼目的。故本案具体的诉讼请求是"请求赵某返还房产"。该诉为给付之诉。

3. 确定原告权利类型及具体权利内容

本案的事实是刘某与王某共同立遗嘱，将房产交给赵某。此种情形下，赵某享有的权利属于《中华人民共和国继承法》（已失效，以下简称《继承法》）中的受遗赠权。赵某作为原告主张自己为争讼房产所有权人，那么最根本的问题就在于赵某是否已经取得诉争房产所有权。下面我们对案件事实即该房产所有权归属的变化过程逐一进行分析。

第一，该房产系赵某母亲王某和继父刘某在婚姻存续期间购买。购买后，该房产首先成为夫妻共同财产。

第二，虽然购买该房产的款项40 000元系赵某所出，但赵某不能因此而取得房屋所有权。赵某出40 000元应当属于赠与行为，但附有条件，即要求二老百年后房产归他。

第三，刘某与王某立共同遗嘱，并进行公证，同意二老百年后房产产权归赵某。

第四，2005年王某去世，此时遗嘱是否部分生效？房屋所有权应当归谁？

通说认为：共同遗嘱的生效时间有一定的特殊性。一般遗嘱由遗嘱人单方作出，所以遗嘱人死亡遗嘱即开始生效。共同遗嘱是由两个或两个以上的人订立，其死亡时间先后不同，遗嘱人同时死亡的情况为数不多，因而共同遗嘱的生效时间不能与一般遗嘱一样认定。从总体上来说，共同遗嘱人之一死亡，共同遗嘱不发生效力，或者只发生部分效力。只有当共同遗嘱人全部死亡时，遗嘱才能全部生效。（本案也符合二老百年后赵某方能取得房产这一遗嘱条件。）即2005年王某死亡时，该遗嘱不能生效，赵某不能取得房屋部分产权。

第五，刘某是否可以通过法定继承而取得部分产权？答案是否定的。在继承中，只要被继承人立有遗嘱，则不发生法定继承。共同所有权人中的一方共有人去世并留有遗嘱，同样不发生法定继承。所以，该房屋所有权归于刘某是因为遗嘱继承而非法定继承。

第六，刘某生前将房产卖给李某是否剥夺了赵某继承的权利？答案仍然是否定的。理由是：①该遗嘱为公证遗嘱。根据《继承法》的规定，自书、代书、录音、口头遗嘱，不得撤销、变更公证遗嘱。根据《民法典》第1142条第2款的规定，立遗嘱后，遗嘱人实施与遗嘱内容相反的民事法律行为的，视为对遗嘱相关内容的撤回。因此，如果本案发生在《民法典》实施后，刘某将房产卖给李某，应当被认定为撤回了遗嘱，但还需要考虑其与王某共同立遗嘱的问题。②以共同财产指定第三人为继承人或受遗赠人的共同遗嘱，一方死亡后，活着的一方得自由行使共同财产权，但要受到遗嘱撤回内容的拘束，不得进行与遗嘱相违背的法律行为，原则上也不得变更、撤销、撤回

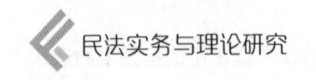

遗嘱。若有与遗嘱相违背的行为，则等于变更了已死亡遗嘱人的意思表示，所以刘某生前的房屋买卖行为并不能剥夺赵某合法的继承权。

第七，刘某与李某签订的房屋买卖合同是否有效？李某是否已经取得该房产所有权？

首先，我们可以从两方面分析该房屋买卖合同的效力。其一，按照《合同法》（已失效）第51条规定，无处分权的人处分他人财产，经权利人追认或者无处分权的人订立合同后取得处分权的，该合同有效。即无权处分行为的效力待定，合法权利人否认的，合同无效。本案是否存在无权处分之情形？共有权人王女士已死亡，有遗嘱则不能发生法定继承，且遗嘱发生条件（即二老百年之后）也没有成就，因此，该房产为刘某一人所有，不存在无权处分之情形，该房屋买卖合同有效。其二，2012年7月1日起施行的《最高人民法院关于审理买卖合同纠纷案件适用法律问题的解释》（已被修改）第3条规定，当事人一方以出卖人在缔约时对标的物没有所有权或者处分权为由主张合同无效的，人民法院不予支持。出卖人因未取得所有权或者处分权致使标的物所有权不能转移，买受人要求出卖人承担违约责任或者要求解除合同并主张损害赔偿的，人民法院应予支持。按照上述司法解释的规定，本案房屋买卖合同也是有效。即便从《民法典》第597条规定来看，同样可以认定本案房屋买卖合同有效。

其次，李某是否取得房屋产权？答案是否定的。根据《物权法》（已失效）第9条第1款规定，不动产物权的设立、变更、转让和消灭，经依法登记，发生效力；未经登记，不发生效力，但法律另有规定的除外。现行《民法典》第209条继续沿用了《物权法》第9条的规定。李某并未登记为房屋产权人，因此未取得房屋所有权。

第八，该房产归谁？

《物权法》第29条规定，因继承或者受遗赠取得物权的，自继承或者受遗赠开始时发生效力。刘某去世后，遗嘱生效，按照《物权法》第29条之规定，赵某成为房屋所有权人，虽然未登记，但是已经取得房屋所有权。

与该规定相类似的还有《物权法》第28条规定，因人民法院、仲裁委员会的法律文书或者人民政府的征收决定等，导致物权设立、变更、转让或者消灭的，自法律文书或者人民政府的征收决定等生效时发生效力。《物权法》第30条规定，因合法建造、拆除房屋等事实行为设立或者消灭物权的，自事实行为成就时发生效力。《民法典》第 229、230、231 条基本沿用了《物权法》第 28、29、30 条的规定。因此即便按照现行《民法典》的规定，也应当认定赵某为房屋所有权人。

4. 确定赵某诉请所依据的实体法规范并分析其能否支持原告诉请

（1）具体法律规范的选择。对于某个诉讼请求，从表象看，可能会存在多个法律规范能够适用的情况，但是案件最终的处理只能适用其中的一个，而不能同时适用，因此就存在选择适用何种法律规范的问题。

本案赵某是诉争房产所有权人，享有的是物权。关于物权所有人请求返还之诉的法律依据是《物权法》第 34 条、第 243 条和第 245 条。其中第 34 条规定，无权占有不动产或者动产的，权利人可以请求返还原物。第 243 条规定，不动产或者动产被占有人占有的，权利人可以请求返还原物及其孳息，但应当支付善意占有人因维护该不动产或者动产支出的必要费用。第 245 条规定，占有的不动产或者动产被侵占的，占有人有权请求返还原物；对妨害占有的行为，占有人有权请求排除妨害或者消除危险；因侵占或者妨害造成损害的，占有人有权请求损害赔偿。占有人返还原物的请求权，自侵占发生之日起 1 年内未行使的，该请求权消灭。现行《民法典》第 235、460、462 条继续沿用了上述规定。

《物权法》第 34 条是针对所有权人等物权人要求无权占有人返还原物请求权的规定；《物权法》第 243 条和第 245 条规定在物权法中的"占有"一章中，该章主要是针对事实上的占有的占有人所享有的权利，而非针对所有权人等物权人的权利。如承租人、质权人、借用人、占有人对无权占有人返还原物的请求主要适用于本章的规定。因此本案应当排除《物权法》第 243 条和第 245 条规定的适用。

《物权法》第 34 条规定的是"无权占有"不动产或者动产的，权利人可以请求返还原物，那么本案能否适用本条或赵某的诉讼请求能否得到支持最主要就是看李某对争诉房产是否为无权占有人。

（2）李某是否为无权占有人？所谓占有，是指占有人对不动产或者动产的实际控制。占有人可以依法有权占有不动产或者动产，例如根据租赁合同在租期内占有对方交付的租赁物；占有人也可能无权占有他人的不动产或者动产，如借他人的物品过期不还。占有人不知道自己是无权占有的，为善意占有；明知自己属于无权占有的，为恶意占有。

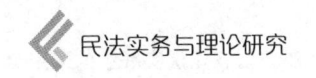

占有分为有权占有和无权占有。

有权占有，指有本权的占有。换言之，凡是具有占有的物权、债权、亲权等权利的，均为有权占有。所有权人、建设用地使用权人、留置权人、质权人的占有为有权占有（本权为物权）；借用人、承租人、保管人、运输人、买受人的占有亦属有权占有（本权为债权）；替孩子保管财产的父母对财产的占有属于有权占有（本权为亲权）。

无权占有，指欠缺本权的占有。遗失物拾得人的占有（构成无因管理的除外）、小偷对赃物的占有、无效买卖合同中买受人的占有、租赁期届满后承租人对租赁物的占有等均为无权占有。

本案中，李某与刘某签订了房屋买卖合同，并以此为基础占有了涉案房产。签订合同之时刘某为房屋所有权人，刘某基于合同将房屋交付于李某，李某此时为有权占有。但在刘某去世后，房屋所有权已经发生变更，赵某成为房屋所有权人。李某基于合同而对房屋的占有具有相对性，而赵某取得的物权具有绝对性，赵某基于继承取得的物权优先于李某基于债权对标的物的占有，因此李某此时对房屋的占有就成为无权占有。

司法实践中在处理一房二卖案件时，法院判决未办理过户登记的买方返还已经办理过户登记买方房产也是基于同样的道理，已经办理过户登记买方享有物权，未办理过户登记的买方享有债权，物权优先于债权，虽然未办理过户登记的买方对于卖方而言是有权占有，但是对于已经办理过户登记的买方则属于无权占有，因此法院经常会支持已经办理过户登记一方的请求。

本案中虽赵某未办理过户登记，但是依据《物权法》规定，继承已经产生了同过户登记相同的物权效力，赵某已经为房产所有权人。因此本案赵某请求李某返还房产符合《物权法》第34条规定的条件，人民法院应当支持赵某的诉讼请求。

5. 李某的利益如何保护

我们在分析赵某权利如何保护的过程中，也不能忽略李某的利益保护问题，毕竟李某已经向刘某支付了12万元。

法院判决李某返还赵某的房产后，李某可以另行提起诉讼，其法律依据和具体诉讼请求如下：

我国《继承法》第33条规定，继承遗产应当清偿被继承人依法应当缴纳的税款和债务，缴纳税款和清偿债务以他的遗产实际价值为限。超过遗产实际价值部分,继承人自愿偿还的不在此限。继承人放弃继承的,对被继承人依法应当缴纳的税款和债务可以不负偿还责任。《民法典》第1161条的内容与上述《继承法》规定大致相同。

《最高人民法院关于贯彻执行〈中华人民共和国继承法〉若干问题的意见》(已失效)第62条规定,遗产已被分割而未清偿债务时,如有法定继承又有遗嘱继承和遗赠的,首先由法定继承人用其所得遗产清偿债务;不足清偿时,剩余的债务由遗嘱继承人和受遗赠人按比例用所得遗产偿还;如果只有遗嘱继承和遗赠的,由遗嘱继承人和受遗赠人按比例用所得遗产偿还。

依据上述法律司法解释的规定,李某可以起诉刘某的继承人及赵某,案由是违约。具体来讲就是李某为原告,刘某的继承人及赵某为被告,要求刘某继承人先在遗产范围内返还该12万元及相应损失。如刘某遗产不足以清偿该债务,剩余部分由赵某在接受遗嘱继承的遗产范围内承担,李某因违约而蒙受的损失为李某向刘某买房时的房价与现在房价之差。

(二)限制民事行为能力人签订的合同效力认定

案例2

甲是著名山水画家,对其所创作的一幅山水画自我感觉特别好,很多人曾表示要高价购买,但甲一直舍不得出售。忽一日,其妻突遭车祸而去世,甲十分伤感,忧郁成疾住院。其独生子乙,17岁,趁其父住院期间擅自将父亲的该幅山水画与30岁的丙的豪车互换。丙明知该画系甲的心爱之作,而非乙自己的财产。甲闻知此事后,甚怒,心脏病猝发而亡。乙悲恸不已。两个月后,乙满18周岁,向丙请求返还该山水画,丙拒绝。

问题:乙能否要回该画?

对于上述案例,我们应当进行如下思考:

1. 本案性质的确定

本案既不存在诈骗刑事犯罪问题,也不涉及行政机关行使职权与公民发生纠纷的情形,而属于平等主体之间关于财产的纠纷,因而属于民法调整范围,属于民法上的问题。

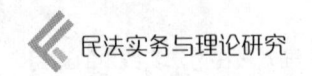

2. 本案当事人的确定

本案中乙因少不更事将其父甲的心爱之画与丙交换，成年后后悔，想要向丙要回该画。因此该纠纷发生在乙丙之间，原告为乙，被告为丙。本案不涉及其他人，因此不存在第三人问题。

3. 确定原告的诉讼请求

本案乙想要回其父亲生前所作的山水画。但是因为其与丙之间存在互易合同，而只有在互易合同无效或被解除后才能返还标的物。因此乙的愿望转化为法律事实就是要求确认其与丙之间的互易合同无效或解除双方之间的合同，并要求被告返还甲创作之画，因此其诉讼请求应当是"请求人民法院依法确认双方之间的互易合同无效（或解除双方之间的互易合同），并判令被告返还甲创作的山水画"。至于是确认合同无效还是解除合同，我们经过后面的详细分析再来最终确定。

4. 原告权利类型及具体权利内容

乙在交易时未满18周岁。《民法典》第19条规定，8周岁以上的未成年人为限制民事行为能力人，实施民事法律行为由其法定代理人代理或者经其法定代理人同意、追认；但是，可以独立实施纯获利益的民事法律行为或者与其年龄、智力相适应的民事法律行为。乙属于限制民事行为能力人，但本案合同非纯获益合同，因此乙丙所签订的合同效力待定，其法定代理人（监护人）不追认，该互易合同无效。

同时，乙将画交于丙，应当理解为当事人之间产生了让与合意，作为转移该画所有权的物权契约。物权契约的生效与债权契约的生效要件相同。因此，作为限制民事行为能力人，其物权契约也属于效力待定。未经法定代理人追认，该物权契约同样无效。

《民法典》第311条第1款规定，无处分权人将不动产或者动产转让给受让人的，所有权人有权追回；除法律另有规定外，符合下列情形的，受让人取得该不动产或者动产的所有权：①受让人受让该不动产或者动产时是善意；②以合理的价格转让；③转让的不动产或者动产依照法律规定应当登记的已经登记，不需要登记的已经交付给受让人。

丙明知该画为甲所有，未经甲同意而进行互易，主观上具有过错。因此，乙非善意第三人，故不能善意取得该画所有权，其对该山水画的占有系无权占有。

经过上述分析后，我们发现，由于限制民事行为能力人签订合同未经法定代理人追认合同无效，丙也未取得该山水画所有权，所以该画所有权在甲在世时仍归甲。依据《民法典》第 230 条规定，因继承取得物权的，自继承开始时发生效力。甲去世后，该山水画所有权归乙，乙对该山水画享有所有权。

5. 确定乙诉请所依据的实体法规范并分析其能否支持原告诉请

（1）本案能够适用的法律规范。本案原告要求返还甲创作的山水画。我国关于返还原物的法律依据有：①《民法典》第 235 条规定，无权占有不动产或者动产的，权利人可以请求返还原物。②《民法典》第 238 条规定，侵害物权，造成权利人损害的，权利人可以依法请求损害赔偿，也可以依法请求承担其他民事责任。该条实际为侵权责任，归属于侵权法。③《民法典》第 179 条第 1 款规定，承担民事责任的方式主要有返还财产等。④《民法典》中关于民事法律行为无效、被撤销的返还和合同解除后的返还的规定。《民法典》第 157 条规定，民事法律行为无效、被撤销或者确定不发生效力后，行为人因该行为取得的财产，应当予以返还；不能返还或者没有必要返还的，应当折价补偿。有过错的一方应当赔偿对方由此所受到的损失；各方都有过错的，应当各自承担相应的责任。法律另有规定的，依照其规定。《民法典》第 566 条第 1 款规定，合同解除后，尚未履行的，终止履行；已经履行的，根据履行情况和合同性质，当事人可以请求恢复原状或者采取其他补救措施，并有权请求赔偿损失。

上述法律依据哪个才是本案最应适用的？这就需要再从事实方面认定被告当时获取该画的行为性质。

从事实看，乙，17 岁，趁其父住院期间擅自将父亲的该幅山水画与 30 岁的丙的豪车互换。既然是互换，那么在乙丙之间就建立起了互易合同关系。原告想要回画，要求被告返还原物，就应当宣告合同无效或解除合同，其法律依据就应当是《民法典》第 157 条或第 566 条。同时依据物权独立性原则，也不能排除《民法典》第 235 条的适用。由于不是侵权，故排除《民法典》第 179 条和第 238 条的适用。

（2）法律规范适用的选择与确定。本案到底应当适用哪个法律规范，只有对案件事实逐一进行法律规范的涵摄之后，才能得出结论。

首先，该画为动产，最初的所有权即该画在交易时的所有权属于甲，而非乙。乙未经甲同意与丙的豪车互易，乙的行为显然属于无权处分。依据《民法典》第 597 条规定的立法精神，丙并未取得该画的所有权，但该交易合

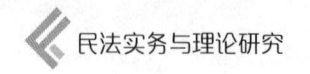

同仍然有效。

其次，乙将画交于丙，该行为属于物权行为（直接引起物权变动的行为）、处分行为。对于标的物无处分之权能而处分时，根据《物权法》规定，该处分行为不生效。本案中，作为画之所有权人的甲未承认该处分行为，故该处分行为不生效。

再次，《民法典》第311条第1款规定，无处分权人将不动产或者动产转让给受让人的，所有权人有权追回；除法律另有规定外，符合下列情形的，受让人取得该不动产或者动产的所有权：①受让人受让该不动产或者动产时是善意；②以合理的价格转让；③转让的不动产或者动产依照法律规定应当登记的已经登记，不需要登记的已经交付给受让人。

丙明知该画为甲所有，未经甲同意而进行互易，主观上具有过错。因此，丙非善意第三人，不能善意取得该画所有权，其对该山水画的占有系无权占有。

虽然本案交易发生时乙是无权处分，合同有效，但乙未取得该山水画所有权，所有权人甲也未追认，不产生所有权变动的法律效力，甲死亡后，乙作为其独生子，继承甲的一切权利义务，此时取得了该画之所有权。故原告不能依据无权处分主张权利。

复次，本案不具备合同解除的条件。《民法典》第563条第1款规定，有下列情形之一的，当事人可以解除合同：①因不可抗力致使不能实现合同目的；②在履行期限届满前，当事人一方明确表示或者以自己的行为表明不履行主要债务；③当事人一方迟延履行主要债务，经催告后在合理期限内仍未履行；④当事人一方迟延履行债务或者有其他违约行为致使不能实现合同目的；⑤法律规定的其他情形。

本案中显然不存在合同解除的情形，乙不能以解除合同为由要求丙返还山水画。

最后，如前所述，乙在交易时未满18周岁。依据《民法典》第19条规定，限制民事行为能力人订立的合同，未经法定代理人追认的，该合同无效。又依据《民法典》第311条规定，丙非善意第三人，也未取得该山水画所有权，乙因继承而取得该画的所有权。因此本案乙既可以《民法典》第157条规定的"民事法律行为无效、被撤销或者确定不发生效力后，行为人因该行为取得的财产，应当予以返还"为依据，诉请法院确认合同无效，并判令丙返还山水画,也可以《民法典》第 235 条规定的"无权占有不动产或者动产的,权利人可以请求返还原物"为依据,诉请法院判令丙返还山水画。这种情形属于请求权竞合,当事人可以择一行使。

由于本案中还存在乙丙之间的互易合同,如果不确认互易合同无效,丙可以该合同的存在抗辩乙的诉讼请求,因此互易合同的效力必须解决,本案原告诉讼请求中必须有"确认互易合同无效"的诉讼请求。

综上,本案最适合的法律依据为《民法典》第 19 条和第 157 条,确认合同无效,并判令丙返还山水画。而《民法典》第 235 条的规定不能彻底解决本案的纠纷,故而在本案中不宜适用。

(三)有多个请求权并存时诉讼方案的选择

案例 3

S 省黄亮亮小米(集团)有限公司(以下简称"小米公司")于 2001 年注册,同县的另一家公司——S 省黄亮亮农业产业发展有限公司(以下简称"产业公司")于 2010 年注册。2013 年 1 月 10 日小米公司向 S 省工商局(现在变更为省市场监管局)提出撤销或纠正产业公司名称的申请,省工商局于 2014 年 6 月 3 日以"信访事项答复"的方式作出答复,认为两个公司不属于同一行业,不予撤销也不予纠正,且告知小米公司在 30 日内向上级行政机关提出复查申请,逾期不申请本处理意见为投诉事项的终结性意见。后小米公司向省信访局提出复查申请,省信访局电话通知省工商局要求其重新答复,但省工商局至今未作出任何新的答复。

问题:小米公司如何维权?

1. 请求权及法律依据的确定

首先,我们需要明确小米公司的目的是不允许产业公司在其名称中使用"黄亮亮"这一字号。从法律角度讲,就是要纠正产业公司的企业名称。

其次,纠正企业名称纠纷的法律依据主要有以下几个方面:

(1)根据 2012 年《企业名称登记管理规定》(已被修改)第 6 条第 1 款规定,企业只准使用一个名称,在登记主管机关辖区内不得与已登记注册的同行业企业名称相同或者近似。该规定赋予了在同一个工商行政管理机关管

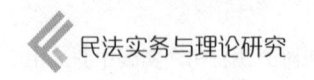

辖下的行政区域中，一个企业享有企业名称专用权，同行业的其他企业不能再注册与其相同或近似的企业名称。

（2）2012年《企业名称登记管理规定》第27条规定，擅自使用他人已经登记注册的企业名称或者有其他侵犯他人企业名称专用权行为的，被侵权人可以向侵权人所在地登记主管机关要求处理。登记主管机关有权责令侵权人停止侵权行为，赔偿被侵权人因该侵权行为所遭受的损失，没收非法所得并处以5000元以上、5万元以下罚款。对侵犯他人企业名称专用权的，被侵权人也可以直接向人民法院起诉。

该规定是针对未注册但是擅自使用了他人企业名称的，构成对企业名称权的侵权的情形，不包括已经注册的两个企业名称争议的情形。

（3）《企业名称登记管理实施办法》第42条规定，企业因名称与他人发生争议，可以向工商行政管理机关申请处理，也可以向人民法院起诉。

该规定针对的是已经注册的两个企业名称相同或近似而发生的企业名称争议纠纷，不包括单纯的未注册而擅自使用他人企业名称的侵权行为。

（4）《中华人民共和国反不正当竞争法》（以下简称《反不正当竞争法》）第6条第2项规定，经营者不得实施下列混淆行为，引人误认为是他人商品或者与他人存在特定联系：擅自使用他人有一定影响的企业名称（包括简称、字号等）、社会组织名称（包括简称等）、姓名（包括笔名、艺名、译名等）。

《反不正当竞争法》第18条第2款规定，经营者登记的企业名称违反本法第6条规定的，应当及时办理名称变更登记；名称变更前，由原企业登记机关以统一社会信用代码代替其名称。

《反不正当竞争法》第6条规定与2012年《企业名称登记管理规定》第27条规定相对应，不包括已经注册的两个企业名称争议的情形。但是根据《反不当竞争法》第18条第2款的规定，如果认定后登记的企业的行为构成不正当竞争，也应当办理企业名称变更。

（5）《最高人民法院关于审理商标民事纠纷案件适用法律若干问题的解释》第1条第1款规定，将与他人注册商标相同或者相近似的文字作为企业的字号在相同或者类似商品上突出使用，容易使相关公众产生误认的属于商标侵权行为。

《最高人民法院关于审理注册商标、企业名称与在先权利冲突的民事纠纷案件若干问题的规定》第 4 条规定，被诉企业名称侵犯注册商标专用权或者构成不正当竞争的，人民法院可以根据原告的诉讼请求和案件具体情况，确定被告承担停止使用、规范使用等民事责任。

上述规定针对的是将与他人注册商标相同或近似的文字作为企业名称，并且在相同或者类似商品上突出使用，构成商标侵权。

依据上述法律规定，小米公司既可以通过提出申请，要求工商行政管理机关纠正产业公司企业名称，也可以通过民事诉讼的方式维护自己的合法权益，但两种方式中请求权的具体依据又有所不同。

2. 各请求权法律依据分析

第一，小米公司如果提起民事诉讼，依据上述法律规定，其享有的请求权有三个：

（1）企业名称专用权。2012 年《企业名称登记管理规定》第 6 条第 1 款规定，企业只准使用一个名称，在登记主管机关辖区内不得与已登记注册的同行业企业名称相同或者近似。因此，企业名称在其注册的工商行政机关管辖范围内的行政区域内同行业或具有相同特点的企业中享有专有权。换言之，只要某一企业注册在先，在同一行政区域内的其他同行业或具有相同特点的企业不得注册、使用相同或近似的企业名称。质言之，只要某一企业名称注册在先，同一行政区域内的相同行业的其他企业注册或使用与在先注册的企业相同或近似的名称，都构成对在先注册企业名称专用权的侵权。这种情形无需考虑有无其他侵权因素。

（2）禁止不正当竞争请求权。司法实践中经常会出现无论企业名称注册时是否适当，客观上已经注册了一个与在先企业相同或近似的企业名称的情况。此时，在后注册的企业利用其与在先注册的企业相同或者近似的名称进行不正当竞争，此行为构成不正当竞争的侵权，在先注册的企业享有请求人民法院禁止不正当竞争的请求权。行使该种请求权的前提条件是构成了不正当竞争。

（3）商标专用权。《最高人民法院关于审理商标民事纠纷案件适用法律若干问题的解释》第 1 条第 1 款规定，将与他人注册商标相同或者相近似的文字作为企业的字号在相同或者类似商品上突出使用，容易使相关公众产生误认的属于商标侵权行为。

根据上述法律规定，将与他人注册商标中相同或者近似的文字作为企业名称注册本身并不为法律所禁止，法律禁止的是将他人注册商标中的文字注册为企业名称并在相同或者类似商品上突出使用、容易使相关公众产生误认的行为。反言之，如果将他人注册商标中的文字注册为企业名称，但是未在相同或类似商品上使用，也不会造成相关公众误认，也不构成侵权。

第二，如果小米公司通过行政程序维权，其有三个方面的请求权：

（1）企业名称专用权。以享有在先注册的企业名称专用权为由，向工商行政管理部门提出申请，要求纠正产业公司的企业名称。理由及依据与提起民事诉讼的理由相同，不再赘述。

（2）禁止不正当竞争请求权。产业公司原封不动地将小米公司的一些宣传活动、公益活动的报道复制、粘贴在其网站内，使相关公众很容易将产业公司误认为是小米公司，构成不正当竞争。因此，小米公司可依据《反不正当竞争法》第18条第2款规定，要求行政机关纠正其企业名称。

（3）商标专用权。小米公司在1991年即注册了"黄亮亮"商标，该商标曾被国家工商总局认定为驰名商标，也曾被S省多次认定为省著名商标。小米公司可以产业公司企业名称侵犯其注册商标的专用权为由，依据《商标法》第60条"工商行政管理部门处理时，认定侵权行为成立的，责令立即停止侵权行为"的规定，请求工商行政管理部门处理。

如果小米公司依据上述法律规定，要求工商行政管理部门进行处理，而工商行政管理部门不处理，则可以依据《行政诉讼法》相关规定提起行政诉讼，请求人民法院判令工商行政管理机关进行处理。如果行政机关作出处理决定的结论是不纠正产业公司企业名称，小米公司可以提起行政诉讼，请求人民法院撤销该决定，并判令工商行政管理机关重新作出决定。

上述三则案例都是按照请求权基础分析法进行分析的，即在确定案件主体后确定原告的请求权，以原告的请求权为基础，寻找请求权的法律依据，再将请求权的法律依据与案件事实进行对比，寻找最适合案件事实的请求权法律依据，反复来往于事实与法律规定之间，排除不能适用的法律，最终确定能够恰当适用于本案的法律，最终解决纠纷。

第四章
民法体系、民事法律关系在司法实践中的运用

本章虽然务虚较多,但是对法律人而言却意义重大。法律人只有在将民法的体系和民事法律关系了然于胸时,才具备了法律人应当具备的知识能力。只有具备了系统而完整的法律体系知识的法律人,才能在司法实践中熟练、准确地运用法律,真正、彻底地解决司法实践中的纠纷。

第一节 民法体系在司法实践中的作用

一、民法的体系

(一) 民法的内部自洽体系

民法(私法)体系是一个相对独立但又受公法管制影响的体系。民法体系通过两种内部秩序形成一个自洽的体系。这两种秩序分别是静态法律秩序和动态法律秩序。静态法律秩序如人格权、身份权、物权、知识产权,此类法律规范规定的是静态法律秩序,不允许他人侵犯,但允许权利人自由处分;动态法律秩序包括三种情形:静态法律秩序中的权利、财产交易过程中形成的契约(合同)关系,竞争过程中对上述权利侵害形成的侵权关系以及介于二者之间的无因管理和不当得利。上述法律秩序的运行主要的特点是主体意思自治,因而在民法体系内,意思自治是其最主要特点,民法内部由此形成了一个以主体意思自治为核心的自洽体系。

(二) 民法与外部公法的沟通

民法体系虽然相对独立,但其与外部公法也有所沟通。换言之,民法体系也受外部公法影响。具体表现如下:

1. 民法静态秩序下某些权利的获得及行使需通过公法授权或管制

如土地所有权及承包经营权、建设用地使用权等物权是依据《土地管理

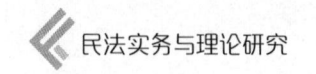

法》《农村土地承包法》等公法规定而取得的，在权利行使时也要受到相应公法的限制。

如知识产权法中的专利权、商标权、植物新品种权、地理标志权、集成电路布图设计权等要通过知识产权法中的公法规范取得，在权利行使时也要受到公法限制。

再如人身权、身份权中一些特殊主体的权益会受到《中华人民共和国妇女权益保障法》《中华人民共和国老年人权益保障法》《中华人民共和国未成年人保护法》等公法的保护，上述公法也会授予其一些特殊的民事权益。

2. 民法动态秩序受到公法限制或保护

如，刑法或其他公法禁止或限制的交易事项，在民事交易中就不得进行交易或只有在符合特定条件下才可交易。如国家特别规定的国家级文物不得流通，如果违法买卖或交易，轻则行政处罚，重则构成犯罪；再如，我国法律规定，技术出口分为禁止、限制和自由三种情形，如果将国家禁止的技术出口到国外可能构成泄露国家机密等违法、犯罪行为。

再如，在民法体系内，任何人对静态秩序下的权利的侵害都构成民事侵权，但如果达到一定程度就会受到公法的干涉。如民法中的人身权受民法保护，同样也受《中华人民共和国治安管理处罚法》及《刑法》保护。殴打他人而没有造成任何伤害，可能只是民事侵权；但如果殴打他人情节严重或造成轻微伤，则可能会对侵权者进行治安管理行政处罚；如果受害人构成轻伤或重伤，则应受到刑事处罚。还有，不当得利在特殊情况下可能会演化成为侵占他人财产的犯罪，等等。

通过对民法内部体系以及其与外部公法沟通途径的分析，我们可以看到，在司法实践中遇到法律问题的时候，首先要对法律问题的性质进行确定，即该问题本质是民事纠纷、行政争议还是刑事犯罪。在确定了性质之后，我们才能进一步确定适用的法律，最终解决问题。

二、民法典的体系

民法典体系是民法内部自洽体系，是纯粹规定民事法律规范的体系。古罗马私法体系是以人、物、讼三部分展开；法国民法典继承并发展了古罗马《法学阶梯》私法体系，以人、物（财产）、取得财产的方法作为其民法体系；德国在继承古罗马《学说汇纂》司法体系的基础上形成了潘德克顿民法学体系，形成了以高度抽象和概括且能够适用于其他各编的总则为统帅，以债权、物权、亲属、继承四编具体权利义务内容为基础的五编体例。此后，20世纪的各国民法典大多遵从德国民法典体例，民法典大多为总则、债权、物权、亲属、继承的五编体例。

20世纪末21世纪初，民法典的体系已经发生了变化，在此期间进行民法典立法的国家大多都对传统的民法典体系进行了部分修正，最主要的变化就是增加了人格权法编和知识产权法编。如越南民法典、乌克兰民法典、俄罗斯民法典。我国的《民法典》已经颁布并于2021年1月1日起开始实施。我国《民法典》各编分别是总则编、物权编、合同编、人格权编、婚姻家庭编、继承编、侵权责任编。我国《民法典》编纂过程中的争议最主要有以下三个方面：

（一）知识产权法是否应纳入《民法典》

由于知识产权在民事主体的财产中所占的比例越来越大，知识产权在国家经济、文化发展中所起的作用也越来越重要。知识产权是民法意义上的财产已是国内外共识，但是否应将知识产权纳入《民法典》，还存有争议。我国立法机关目前的观点是，总体而言，知识产权属于民事权利，这一点在《民法总则》中已经体现，即在《民法总则》中将知识产权作为民事基本权利加以规定。但是，由于知识产权立法一直采用民事特别法的立法方式，其内容既涉及民事法律规范也涉及行政法律规范，行政法律规范难以纳入《民法典》中，也难以抽象出不同类型知识产权的一般性规则，且知识产权法律变化较快，为保持《民法典》的稳定性，也为保持知识产权立法与国际条约的总体一致性和衔接性。我国目前还不具备将知识产权法纳入《民法典》的成熟条件，因此在我国《民法典》中暂不宜设立知识产权编。

（二）人格权是否应独立成编

关于人格权编，根据全国人大网站公开的信息看，已经确定将其独立成编，单独作为民法典一编。罗马私法体系，即法学阶梯体系，又称三编制体系，由人、物、讼三部分构成。法国民法典继承了这一体系，但将诉讼单列为一个部门法。德国的民法却成了五编体系，即总则、物权、债权、亲属、继承。我国民法基本继承了德国的潘德克顿法学体系。但该体系存在一个很大的理论问题：它以总则淹没了三编制中的人法，就整个体系而言缺乏民法中最重要的内容——主体，即人的地位。因此，我国此次《民法典》分则编

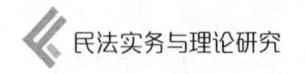

纂将人格权独立成编。

（三）民事责任在民法典中的地位

本次《民法典》分则编纂将侵权责任独立成编，但需要注意的是，侵权责任仅仅是民事责任的一种，而非民事责任的全部。在理论界有一种观点，认为民事责任应当单独成编。这种观点错在其将债与责任相混淆，故而我国《民法典》中有"侵权责任"编，没有"民事责任"编。

从法律发展史的角度看，责任分为"人的责任"和"物的责任"。古代债务奴隶就是最典型的"人的责任"，即债务人不能履行义务时，可能沦为债奴。债权人可将债务人当作奴隶使用或出卖给他人，甚至有权杀害债务人。随着社会进步，"人的责任"逐渐被废除，仅采取物的责任，即财产责任。现代法上，债务人不履行债务，债权人不能将债务人变为奴隶，只能将其全部财产作为履行债务的担保。从此观念出发，债务人的全部财产成为债权的总担保，这就是我们民法上的"一般财产责任"。这一发展给人以一种债务与一般财产责任相伴相生、不可分离的感受，因而很多学者就此认为两者无区别的必要，故二者在观念上不免常相互混淆。然而，如果仔细分析责任产生的过程，我们就会发现，民事责任并不具有完整的独立性，所以不能成为民法典中独立的一编。

在民法体系中，权利和义务是一切民事法律规范都必须具有的核心内容，权利与义务相伴而生。法律上的义务是指人们必须为或不为的一定行为；法律上的权利是法律规定的、法律主体可以为或不为某种行为的许可和保障。法律上的义务是要强制履行的，即权利可以放弃，但义务必须履行。

法律责任是指民事主体（包括自然人、法人和非法人组织）由于违反法律、约定或虽然没有违反法律或约定但由于法律规定而应承受的某种不利后果。其特点是：责任的依据是法律，具有国家强制性。法律责任通常包括刑事责任、民事责任、行政责任、违宪责任等。

义务的履行即为权利的实现，义务的违反即引发法律责任。可见，法律责任以法律义务的存在为前提；要先有义务，然后才能谈得上责任。无义务，即无责任。有时义务虽然存在，但如果义务人能正确履行义务，则也不引发责任。只有在义务人违反义务的情况下，法律责任才应运而生。换言之，法律责任为违反法律义务的当事人所应承担的法律后果。现代法上，责任一词，不仅用于民事法律范畴，也同样用于刑事法律、行政法律等范畴。目前我国

第四章　民法体系、民事法律关系在司法实践中的运用

立法中大多都设有"法律责任"一章，该概念已不属于民法特有术语。就其真正内涵而言，责任乃是违反义务的法律后果，该义务并非单指民事义务，而是泛指所有的法律义务。而且责任的承担需要以法律的强制力为保障，如责任人不履行债或民事法律义务，则可以申请法院强制执行来实现责任内容，因而责任是一个公法范畴的概念，而非一个单纯的民法概念。所以，民法典中没有设置民事责任一编。

三、民法体系在司法实践中的作用

在立法时，法律往往是归纳的，即由具体到抽象、由特殊到一般。然而在法律实践中，我们则经常对法律进行演绎，即由抽象到具体、由一般到特殊。我们在面对具体法律问题时，应当以请求权基础为思考的出发点。

民法典虽分为若干编，但各编并不是孤立存在的，而是相关联、成体系的。我们需对各编均有透彻了解，并加以综合运用之后才能适当处理具体案例。大陆法系国家的民法典都是高度抽象化的法律，特别是由于大陆法系国家的法典体例一般是由总则统帅其他几编，因而在将具体的客观事实上升为法律事实的过程中，理解总则所规定的高度抽象的内容是每一个案件解决过程中必不可少的环节。因此必须高度关注民法总则在解决司法实践案例中的地位和作用。

我们处理某一个案件时可能主要依据某个法律规范，这是处理案件的核心。但在具体分析时，仅仅依据该条是无法判断出最终的结果的。我们在前面几章中所讲的很多案例就是典型的例子。从某种意义上讲，适用一个法条，实际上就是适用整个民法。我们不但要明白每一条文的内容，而且要彻底将整个民法体系了然于胸，这样才能真正理解司法实践中复杂的法律关系，从而真正解决当事人的纠纷。

民事法律规范最小的单位是民法条文，民法条文是建立在个别基本概念之上的，例如：自然人、行为能力、意思表示、契约、物权行为、处分行为、无权处分、交付、继承、动产等。这些专业术语都规定在《民法总则》中。法律概念、术语乃是复杂的法律思考过程以及价值判断、利益衡量之专业、精简的称谓，是法律人思考的基石。只有透彻确实掌握这些专业术语，才能开始运用法律处理案例，望大家谨记！

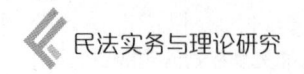

第二节　民事法律关系在司法实践中的作用

我们先看一个 2013 年司法考试案例题。

案例 1

大学生李某要去 A 市某会计师事务所实习。此前，李某通过某租房网站租房，明确租房位置和有淋浴热水器两个条件。张某承租了王某一套二居室，租赁合同中有允许张某转租的条款。张某与李某联系，说明该房屋的位置及房屋里配有高端热水器。李某同意承租张某的房屋，并通过网上银行预付了租金。李某入住后发现，房屋的位置不错，卫生间也较大，但热水器老旧不堪，不能正常使用，屋内也没有空调。另外，李某了解到张某已拖欠王某 1 个月的租金，王某已表示，依租赁合同的约定要解除与张某的租赁合同。李某要求张某修理热水器，修了几次都无法使用。再找张某，张某避而不见。李某只能用冷水洗澡并因此感冒，花了一笔医疗费。无奈之下，李某去 B 公司购买了全新电热水器，B 公司派其员工郝某去安装。在安装过程中，找不到登高用的梯子，李某将张某存放在储藏室的一只木箱搬进卫生间，供郝某安装时使用。安装后郝某因有急事未按要求试用便离开，走前向李某保证该热水器可以正常使用。李某仅将该木箱挪至墙边而未搬出卫生间。李某电话告知张某，热水器已买来装好，张某未置可否。

另外，因暑热难当，李某经张某同意，买了一部空调安装在卧室。当晚，同学黄某来 A 市探访李某。黄某去卫生间洗澡，按新装的热水器上的提示刚打开热水器，该热水器的接口处迸裂，热水喷溅不止，黄某受到惊吓，摔倒在地受伤，经鉴定为一级伤残。另外，木箱内装的贵重衣物，也被热水器喷出的水流浸泡毁损。

问题：

1. 由于张某拖欠租金，王某要解除与张某的租赁合同，李某想继续租用该房屋，可以采取什么措施以抗辩王某的合同解除权？
2. 李某的医疗费应当由谁承担？为什么？
3. 李某是否可以更换热水器？李某更换热水器的费用应当由谁承担？

第四章　民法体系、民事法律关系在司法实践中的运用

为什么？

4. 李某购买空调的费用应当由谁承担？为什么？

5. 对于黄某的损失，李某、张某是否应当承担赔偿责任？为什么？

6. 对于黄某的损失，郝某、B公司是否应当承担赔偿责任？为什么？

7. 对于张某木箱内衣物浸泡受损，李某、B公司是否应当承担赔偿责任？为什么？

在回答上述问题之前，我们首先来分析案中存在哪些法律关系。法律关系确定后，就可以确定法律关系中各方权利义务，确定各方权利义务后，回答上述问题显然就比较轻松了。

上述案例中存在以下几种法律关系：①张某与王某之间是房屋租赁合同法律关系；②李某与张某之间系次承租关系（即转租合同法律关系）；③李某与B公司之间形成了热水器买卖及安装合同法律关系；④郝某与B公司之间形成劳动关系；⑤黄某与B公司之间形成侵权法律关系；⑥张某与B公司之间也形成侵权法律关系。

基于上述法律关系回答问题：

第一个问题，李某想继续租用该房屋，可以采取什么措施以抗辩王某的合同解除权？《合同法》"租赁合同"一章中没有规定，但是2009年《最高人民法院关于审理城镇房屋租赁合同纠纷案件具体应用法律若干问题的解释》（已被修改）第17条第1款规定，因承租人拖欠租金，出租人请求解除合同时，次承租人请求代承租人支付欠付的租金和违约金以抗辩出租人合同解除权的，人民法院应予支持。因此，第一个问题的答案就是李某（次承租人）可以请求代张某（承租人）支付其欠付王某（出租人）的租金和违约金，以抗辩王某的合同解除权。

第二个问题，无论是租赁合同还是转租合同，都是合同。对于在合同中约定的义务未履行一方，应当承担因此而给对方当事人造成的损失，这是《合同法》中的基本内容。因此第二个问题的答案就是由张某（出租人）承担。因为张某（出租人）有提供热水（热水器）的义务，张某违反该义务，致李某损失，应由张某承担赔偿责任。

第三个问题，同样基于租赁合同约定，张某（出租人）作为出租人应当按照约定将租赁物交付承租人、应当履行租赁物的维修义务；张某有保持租

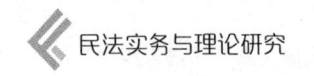

赁物符合约定用途的义务。但是张某未履行该合同义务，因此李某可以更换热水器，更换热水器的费用应当由张某承担。

第四个问题，仍然基于租赁合同，李某作为承租人经出租人张某同意装饰、装修，但未就费用负担作特别约定，故承租人不得请求出租人补偿装饰、装修费用。故安装空调的费用应当由李某自己承担。

第五个问题，张某、李某与黄某之间并无合同，因而张某、李某不需承担违约损害赔偿责任；对于黄某的损失，张某、李某亦无过错，不需承担侵权责任，故张某、李某不应承担侵权赔偿责任。黄某受伤是因为B公司员工郝某安装热水器未尽到应尽义务，李某、张某既非合同义务人，亦非侵权人，故不需要承担赔偿责任。

第六个问题，由于郝某和B公司之间存在劳动关系，郝某的安装热水器的行为执行的是B公司的工作任务，代表了B公司的行为，故郝某不需要承担责任。而B公司因热水器是缺陷产品，缺陷产品造成损害，被侵权人（黄某）既可向产品的生产者请求赔偿，也可向产品的销售者请求赔偿。故B公司需承担侵权责任。

第七个问题，张某的衣物受损是B公司缺陷产品造成的侵权责任，由生产者或销售者承担，B公司应承担赔偿责任。因为李某对衣物受损并无过错，李某不应承担赔偿责任。

上述司法考试案例实际上是将现实生活中经常发生的类似真实案例编写在一起而成。实践中的上述类似案例的解决也需要从确定法律关系入手。因此，法律关系的认定无论是在司法实践中还是在法律职业资格考试中都有着重要的作用，我们需要对法律关系进行深入的研究和分析。

一、民事法律关系的涵义

民事法律关系是指由民事法律规范调整而形成的平等主体之间的权利义务关系。人在社会生活中必然会结成各种各样的社会关系，这些社会关系受各种不同的规范调整，其中由民法调整形成的社会关系就是民事法律关系。

二、民事法律关系的要素

民事法律关系的要素，是指构成民事法律关系的必要因素或条件。民事法律关系的主体、客体和内容为民事法律关系的三要素，缺少其中的任何一个都不能成立民事法律关系，其中任何一个发生变化，民事法律关系也就发生变化。

三、民事法律关系在民法实践中的作用

现代社会中，当某一个当事人（包括企业）与他人签订一份合同时，很多当事人都会咨询律师。咨询的内容是在签订合同的时候应当注意什么问题。律师在解答上述问题的时候一般会这样回答：你拟签订的合同属于×××合同（如借贷合同、房屋买卖合同、担保合同等）。然后律师会根据拟签订合同的类型提醒当事人注意什么问题。某个当事人与他人发生纠纷后，也会咨询律师，咨询的内容是如何处理这个纠纷。律师一般会在听完当事人介绍案情后告诉当事人，你这个纠纷属于×××纠纷（如合同违约纠纷、侵权纠纷、继承纠纷、知识产权纠纷等），然后告诉当事人如何处理此类纠纷。某个当事人与他人发生纠纷后向人民法院提起了诉讼，人民法院立案庭接受当事人的诉状后会进行审查，决定是否立案，决定立案的同时还要确定案由，再分配给审判庭的法官；审判庭的法官通过对案件进行具体审理作出判决时，首先要确定该案件属于什么纠纷，然后再适用具体的法律。

在上文所列的过程中，无论是律师的咨询，还是法院的立案、审判、判决都体现了这样一种思维：这个问题是一个什么法律关系？确定法律关系后，再根据相应的法律规定，做出解答或者作出判决。由此可以看出，在民法实践中，所有行为都是围绕着一个核心——法律关系而进行的。为什么在民法实践中所有的行为都以法律关系为核心来进行？我们通过对整部《民法典》规范内容的分析就可以得到答案。

我们可以说，整部《民法典》都是在规范民事法律关系。

首先，我们看民法总则。民法总则规范的是民事法律关系中最基本的问题。民事法律关系，我们前文讲它包括主体、客体、内容、产生、变更、消灭等。我们以《民法典》中的总则编为例来说明。

《民法典》第2条规定，民法调整平等主体的自然人、法人和非法人组织之间的人身关系和财产关系。这首先确立了民法调整的法律关系的最基本框架：平等主体之间的人身关系和财产关系。

紧接着《民法典》规定了民法基本原则，有平等、意思自治、公平、诚

实信用、公序良俗、禁止权利滥用等。这些原则是民事法律关系的建立、变更、消灭过程中应遵循的基本原则，违反这些原则的民事法律关系的建立、变更、消灭要么不发生法律效力，要么发生与当事人内心意思相悖的法律效果。即这些原则是指导、规范民事主体在从事民事活动时的行为准则。

再接着，《民法典》规定了自然人、法人、非法人组织，这些都是民事法律关系的主体。

然后，民法总则当中还规定了民事权利，即自然人的人格权、人身权，法人的名称权、名誉权、荣誉权，物权，债权，知识产权等，并同时规定了民事义务。这是民事法律关系的内容。

民事权利一章中还规定了物、财产，行为、智力成果，这些是民事法律关系的客体。

在规定了民事法律关系的主体、客体和内容之后，总则部分还规定了引起民事权利变动的民事法律行为和代理、违反民事义务的民事责任、民事权利存续的期间（即诉讼时效和除斥期间）。这些内容，都是在对民事权利和义务作具体规定，这就是与民事法律关系产生、变更或消灭相关的法律行为或事实。

从民法总则的上述规定中，我们可以看出，民法总则实质上就是完整、抽象、概括地把民事法律关系的要素规定出来，涵盖了全部的民事法律关系。所以，民法总则其实就是民事法律关系的抽象和概括。

其次，我们再看民法分则。民法分则所有的内容都是规定具体的法律关系。如前文所述，按照德国潘德克顿法体系，主要是五个方面，除了总则之外，还有物权、债权、亲属、继承。现代民法体系中，还应该加进去的是人格权和知识产权两部分。我国《民法典》的体例是总则、物权、合同、人格权、婚姻家庭、继承、侵权责任。知识产权虽然没有作为独立一编纳入《民法典》，但是其属于民事基本权利得到了总则的肯定。这也是我们现在通常设想的民法分则应当包括的六种具体的民事权利类型，在此之外，再加上保护民事权利的侵权行为法（我们将其归入到债权领域中）。这六种具体的民事权利类型以及侵权行为法就是对民事法律关系的展开，讲的是具体的民事法律关系。

再次，我们来看现代社会的基本构成要素。我们可以这样说，把社会中的政治、经济、文化因素抽象掉，这个社会就是一个物质世界，物质是这个世界的基础。物质表现为两种形式：一种是人，另一种是物。其中人占据主导的地位，由人来统领市民社会。物都服从于人的意志，人对物进行支配。人是社会当中的主体，是统治者、支配者。当然，说到底，人其实也是物，但是从民法的角度来看，物质表现形式分成人和物。物给人提供了生存的空间，给人提供了生存的基础，人利用物以进一步生存和发展。

社会就包括人和物两种基本要素。在民法社会中，人是一个主体，物代表了财产利益。在民事法律关系当中，除了人和物以外，还有权利和义务，民法就是用赋予权利的方法来分配财富、人格利益和身份利益的。民法用这个方法把世界上所有的财产利益、人身利益公平地分配给每一个人。

民法在规范对物所体现的财富的分配时，设置物权，确定财富的归属和利用。物权的核心问题是所有权，每一个人都享有所有权，这个权利是平等的。民法能够做到权利平等，但是做不到财富的平等。因为在同等的权利之下，每个人的能力和创造力不同，所以每个人能够创造并最终得到的财富数量就不一样。

通过赋予权利的方法来分配整个社会的财富和人格利益、身份利益，我们看到这样一种形式：民法将世界的物质表现形式分成人和物，人和物之间发生的民法上的利益，就用民事权利和民事义务来加以分配。一个人享有权利，其他人就负有义务。这样，民法就把整个社会编织到一起，成为一个整体，构成了完整的市民社会结构。

所以，民法世界（即市民社会）最基本的表现形式就是民事法律关系。因为这个世界既存在着人，又存在着物。要解决人和物之间的关系、分配人与人之间的利益的时候，就采用权利和义务的方法。这样恰好就构成了民事法律关系的基本要素。我们说，民事法律关系有三个要素：主体、客体、内容。主体是人，客体是物以及其他民事利益，结合民事主体和民事客体的方法是权利和义务，民事权利和民事义务就是民事法律关系的内容。

我们也可以这样讲：其一，认识民法世界、观察民法世界的基本方法就是分析民事法律关系的方法；其二，规范市民社会的秩序、民法世界的行为，也是分析民事法律关系的方法；其三，当市民社会中发生纠纷的时候，解决纠纷的裁判方法也是分析民事法律关系的方法。

只有抓住分析民事法律关系的方法，我们才能够知道民法社会究竟是怎样构成的，民法的规则是怎样产生的，民法的基本作用究竟是什么。

所以，我们可以说，一整部民法都是在讲民事法律关系。总则规定的是概括的、抽象的民事法律关系，分则规定的是具体的、展开的民事法律关系。基于这样的分析，我们认为，民法的基本方法就是分析民事法律关系的方法。民法观察这个社会、规范这个社会，以至于解决纠纷的方法，都是分析民事法律关系的方法。无论是教授给学生讲课还是律师在实践中解答法律问题、处理案件还是法官审理、判决案件，其实都是按照这个方法进行的；我们学习、研究民法，也是在使用民事法律关系的方法。所以我说，分析民事法律关系的方法就是我们学习、掌握、适用民法的一个基本方法论。说得更抽象一点，其实，民法的哲学就是法律关系的哲学，分析民事法律关系就是民法的方法论。

四、民事法律关系的类型[1]

民事法律关系是总括，它有各种各样不同的表现形式。我们用民事法律关系的方法来裁判的时候，必须确定法律关系的具体性质。物权？债权？身份权？人格权？继承权？确定一个案件是什么样的法律关系，就一定要"定性"，在给案件"定性"的时候，其实就是对它进行民事法律关系的类型化。通过民事法律关系的类型化，进而实现法律关系的具体化。将法律关系具体化之后，我们也就找到所要适用的法律了。

（一）民事法律关系的最高类型

民法是调整平等主体之间人身关系和财产关系的法律规范，因此民事法律关系最高层级的分类有两种：人身法律关系和财产法律关系。这两种关系代表了两种民事利益，一种是人身利益，另一种是财产利益，这两种利益也是民法利益的总和。调整人身利益的法律叫作人法，调整财产利益的法律叫财产法，这是民法最基础的两部分。我们在确定一个案件的性质时，首先应该考虑是人身关系还是财产关系，这是最基本的思考。

（二）民事法律关系的基本类型

在民事法律关系的最高层级之下，是民事法律关系的基本分类，这就是我们经常说的七种最基本的民事权利的法律关系，再加上保护民事权利的侵

---

[1] 参见杨立新：《民事裁判方法的现状及其改进》，载 https://ishare.iask.sina.com.cn/f/1H3pylV0ftIs.html，最后访问日期：2020年6月21日。

权行为法的侵权损害赔偿法律关系。

在人身法律关系这一部分，首先是人格法律关系，其次是身份法律关系。这两部分构成人法的基本内容。还有一种法律关系是继承。通说认为继承是财产法律关系——人死了以后，他的财产变成遗产，遗产在他的继承人当中进行分配。实际上，继承权是带有身份基础的财产关系。所以，继承法律关系有两种性质，既有财产性质，又有人身性质，继承法律关系是通过身份关系来确定的财产关系。

关于财产法律关系，我国《民法典》的规定有四种：

第一，物权关系。《民法典》物权编是调整物的归属及利用法律关系的法律。

第二，债权法律关系。物权法律关系规定的是静态的财产法律关系，规定的是物权的归属。债权是动态的财产法律关系，规定的是财产在运行过程中发生的法律关系。例如买卖、赠与及侵权等。

第三，知识产权法律关系。知识产权总体而言也是财产关系，但知识产权有其非常特别的内容：其部分法律关系具有人格权的内容，即知识产权是具有人格权内容的财产关系。例如，著作权当中有一部分是精神权利，还有一部分是财产权利。如许可费收入是财产权利，但署名权、修改权、维护作品完整权是精神性权利，是具有人格权性质的权利。

第四，股权和其他投资性权利（信托权、期权、合作社社员权、多种财产组合的权利等）法律关系。以前有把该类权利认为是债权或物权的不同看法，《民法典》将其规定为一种与物权和债权并列的权利。该种权利中的部分权利也需要具备一定的身份才可享有，即需要具备股东、社员等身份才可享有该类权利。因此该类权利兼具身份权和财产权的性质，但主要是财产权，是以具有一定身份为前提的财产权，与继承权类似。

从上述总结中，我们可以看出，人法部分有三种基本的法律关系，其中，人格和身份是纯粹的人法关系，继承是兼具财产和身份性质的法律关系。财产法部分有四种基本的法律关系，除了物权、债权是纯粹的财产法律关系以外，还有具有人格权和财产权内容的知识产权以及兼具身份权和财产权的股权及其他投资性权利。

（三）民事法律关系的中间类型

我们以《民法典》物权编为例。物权法律关系属于第二层级法律关系，

《民法典》物权编中规定了三种物权，即所有权、用益物权和担保物权。所有权法律关系、用益物权法律关系、担保物权法律关系就属于第三层级法律关系，也叫作中间类型法律关系。

在债权法律关系中，合同之债、无因管理之债和不当得利之债、侵权之债都属于第三层级的法律关系。合同之债下面是第四层级也是具体类型的法律关系，而不当得利、无因管理之下则不存在具体的法律关系。

知识产权法律关系包括著作权（版权）法律关系、专利权法律关系、商标权法律关系、植物新品种权法律关系、集成电路布图设计权法律关系、地理标志权法律关系等。这些是第三层级法律关系。

人格权法律关系中包括一般人格权和具体人格权两个第三层级法律关系；身份权法律关系中包括亲权法律关系、配偶权法律关系、亲属权法律关系三个第三层级法律关系；继承权法律关系中包括法定继承法律关系与遗嘱继承法律关系两个第三层级法律关系；投资性权利包括股权、社员权、信托权、期权等第三层级法律关系。

（四）民事法律关系的具体类型

民事法律关系的第四层级，是最后的、最终的法律关系，是具体法律关系。具体法律关系就成为我们在办案中所要解决的"定性"。例如，我们要确定一个民事案件的性质，首先要确定它是财产法的问题还是人法的问题。如果是财产法律关系，那么是债权关系还是物权关系？如果是债权关系，是合同关系，还是不当得利、无因管理的关系？如果是合同关系，又是何种合同关系？是买卖合同还是赠与合同？只有确定是买卖合同，案件的性质才能确定下来。确定下来买卖合同关系以后，我们就能够找到《民法典》合同编关于买卖合同的规定，就能够对它适用具体的法律了。所以具体类型的法律关系，就是到了最低层次、不能再对其进行划分的法律关系。民法最终对一个法律关系进行规范的时候，是对最基础的、最具体的法律关系进行规范，这就是最基本的、具体的法律规范。只有把一个法律关系"定性"定到第四层级的时候，我们才能找到所要适用的法律。

再如，物权法律关系是基本法律关系，所有权、用益物权和担保物权法律关系是第三层级的法律关系，单独所有权、建筑物区分所有权、共有权、土地承包经营权、抵押权等，是具体法律关系。

第四章 民法体系、民事法律关系在司法实践中的运用

五、民事法律关系类型在民事案由中的应用

《民事案件案由规定》大致上就是根据民事法律关系的层级一级一级规定下来的。

我们具体看一下：《民事案件案由规定》第一部分为"人格权纠纷"，即第一级案由为"人格权纠纷"。由于第一部分只有一大类案由，因此该规定中的"一、人格权纠纷"也叫第二级案由。其之下的第三级案由有11个，分别是：①生命权、身体权、健康权纠纷；②姓名权纠纷；③名称权纠纷；④肖像权纠纷；⑤声音保护纠纷；⑥名誉权纠纷；⑦荣誉权纠纷；⑧隐私权、个人信息保护纠纷；⑨婚姻自主权纠纷；⑩人身自由权纠纷；⑪一般人格权纠纷。

在第三级案由中的"隐私权、个人信息保护纠纷"之下，有两个第四级案由：隐私权纠纷、个人信息保护纠纷。在"一般人格权纠纷"之下也有一个第四级案由："平等就业权纠纷"。

《民事案件案由规定》第二部分有两部分，分别是"婚姻家庭纠纷"和"继承纠纷"两个第二级案由，两个第二级案由之下由若干个第三级案由组成。一些第三级案由之下有若干四级案由，如"同居关系纠纷"这个第三级案由之下有"同居关系析产纠纷"和"同居关系子女抚养纠纷"；"抚养纠纷"之下有"抚养费纠纷"和"变更抚养关系纠纷"。《民事案件案由规定》中其他的规定基本上也是这样的一个逻辑关系。

由上可以看出，《民事案件案由规定》中的第二级案由大致上对应的是基本类型的法律关系，第三级案由对应的是中间型法律关系，第四级案由对应的是具体法律关系。

六、民事法律关系学理上的划分

学理上按照不同的标准，可对民事法律关系作如下主要分类：

（1）按照是否直接具有财产利益的内容，民事法律关系可分为财产法律关系和人身法律关系。

（2）根据义务主体的范围，民事法律关系可分为绝对法律关系和相对法律关系。绝对法律关系是指义务主体不特定，权利人以外的一切人均为义务人的民事法律关系，如物权法律关系、人格权、身份权法律关系、知识产权

法律关系等。相对法律关系是指义务主体为特定人的民事法律关系，主要指的是债权法律关系。

（3）根据内容的复杂程度，民事法律关系可分为单一民事法律关系和复合民事法律关系。单一民事法律关系是指只有一组对应的权利义务的民事法律关系。复合民事法律关系是指有两组以上对应的权利义务的民事法律关系。在司法实践中，我们遇到的纠纷绝大多数都是复合民事法律关系，因单一民事法律关系引发的纠纷较少。

（4）根据形成和实现的特点，民事法律关系可分为权利性民事法律关系和保护性民事法律关系。权利性民事法律关系，是指民事主体依其合法行为而形成的、能够正常实现的民事法律关系。保护性民事法律关系，是指因不法行为而发生的民事法律关系，主要指侵权法律关系。

我们把民事法律关系分成四个层级，最高层级、基本层级、中间层级和具体层级。这就把所有法律关系作了一个纵向的划分。然后，我们在具体的法律关系当中再做一个横向的划分，再加上根据不同标准进行的学理划分，我们就会看到一个纵横交错的民事法律关系网格。我们在遇到民事法律纠纷时对争议的法律关系的"定性"，就是在这个纵横交错的法律关系中找到它，确定了法律关系，即找到了适用的具体法律规范，也就找出了这个法律关系纠纷的解决的规则，然后把这个规则适用到具体案件上来，就有了这个纠纷解决的方案。把这个思路完整地整理出来，我们在民法实践中面对具体案件时就比较清晰了。

第五章
民法基本原则在司法实务中的运用

第一节 概 述

一、民法基本原则内涵

民法的基本原则是效力贯穿民法始终、体现民法基本价值、反映民事立法目的和方针的指导思想和基本准则。民法基本原则是最为抽象的民法规则，是内涵最为丰富且极具伸缩性的民法规则，也是贯穿民法始终并具普遍效力的民法规则。

二、功能

民法基本原则的功能主要有三方面，分别是：指导、约束、补充。

（一）指导功能

所有的民事立法必须在民法基本原则指导下进行，无论是在制定民事基本法上还是在制定民事单行法或民事特别法上均有体现，具体的民法规范也要受其约束而不能与其相抵触。

（二）约束功能

民法基本原则虽然具有非规范性和不确定性的特点，但它却体现了民法的精神实质和价值取向，对整个民事法律制度有着统帅作用。民法基本原则对民事活动和民事审判就起着重要的约束作用。首先，民事主体在民事活动中，如果遇到法无明文规定的情况，就可依据民法基本原则的精神实施自己的行为，而且可以合理地预期，只要自己的行为符合民法基本原则的精神，就可得到法律的确认和保护。其次，人民法院在审理民事案件时，如果寻找不到相应的法律规范来适用，而且又不能以法无规定不处理时，则可直接依照

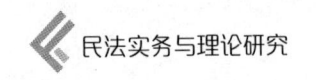

民法基本原则的精神对案件作出适当的处理。最后，在现行法对某一现象已有规定但该规定违背民法基本原则、其适用会导致显失公正时，法院可以不适用该具体规定而直接适用民法的基本原则，但在这种情形下应报请最高人民法院核准。

（三）补充功能

在立法上确定民法的基本原则，正是为了克服成文法的局限性。由于立法者不可避免地存在认识上的局限，立法时不可能穷尽一切可能出现的社会现象，同时由于受法律本身稳定性的限制，不能朝令夕改，因此，现行民事法律规范往往不能完全适应社会发展的实际需要，有些民事法律规范甚至成为阻碍社会经济发展的桎梏。在此情形下，民事主体就可以直接依据民法基本原则进行民事活动，人民法院也可直接适用民法基本原则处理有关案件。从这个意义上理解，民法的基本原则实质上就是原则性的民法规范，是对具体民法规范的补充。

三、我国民法基本原则

根据我国《民法典》的规定，我国民法基本原则包括以下几个：

（一）私权保护原则

《民法典》第3条规定，民事主体的人身权利、财产权利以及其他合法权益受法律保护，任何组织或者个人不得侵犯。

（二）平等原则

《民法典》第4条规定，民事主体在民事活动中的法律地位一律平等。

（三）自愿原则

《民法典》第5条规定，民事主体从事民事活动，应当遵循自愿原则，按照自己的意思设立、变更、终止民事法律关系。自愿原则，又称意思自治原则。

（四）公平原则

《民法典》第6条规定，民事主体从事民事活动，应当遵循公平原则，合理确定各方的权利和义务。

（五）诚实信用原则

《民法典》第7条规定，民事主体从事民事活动，应当遵循诚信原则，秉持诚实，恪守承诺。

（六）公序良俗原则

《民法典》第 8 条规定，民事主体从事民事活动，不得违反法律，不得违背公序良俗。

（七）禁止私权滥用原则

《民法典》第 132 条规定，民事主体不得滥用民事权利损害国家利益、社会公共利益或者他人合法权益。

（八）绿色原则

《民法典》第 9 条规定，民事主体从事民事活动，应当有利于节约资源、保护生态环境。

四、民法基本原则之间的内在逻辑关系

民法基本原则并非孤立存在，每条基本原则之间存在内在的逻辑关系，体现了民事法律发展私法公法化的趋势。

就各原则规范的内容而言，私权受法律保护是民法一切权利的基础，如果私权不被法律保护，其他一切皆为空谈，这是最基础的原则；平等原则和意思自治原则体现的是在私权保护的前提下，对个人利益的保护，强调个体平等、意思自治；而公序良俗原则、禁止权利滥用原则及绿色原则主要保护的是社会公共利益，强调对个人意思自治的限制；处于二者之间的公平原则和诚实信用原则，则兼具了对个人利益和社会公共利益的保护。

再言之，在民法范畴内，公民必须享有私权利，在私权体系内，只有在主体平等的基础上才能产生意思自治，在意思自治的过程中既要受到诚实信用这一主体内部原则的限制，也要受到公序良俗这一主体外部原则的限制，还要受到绿色原则的限制；通过诚实信用内部约束产生了公平原则，通过公序良俗外部约束产生了禁止权利滥用原则。

绿色原则，在传统民法体系中并不存在，它是我国在特定历史时期面对特殊问题在民法典中增加的一项基本原则，也彰显了我国《民法典》对广大人民群众生活环境权利的保护。

综上我们可以看出，民法基本原则相互之间存在着紧密关联、层层递进、不可分割的内在逻辑关系。在司法实践中，当没有具体的法律条文可以适用，需要适用民法基本原则时，如果单纯涉及个人利益，则应当寻求平等和意思自治原则，如果涉及公共利益，就应寻求公序良俗和禁止权利滥用原则及绿

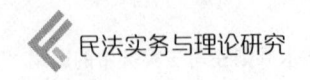

色原则，如果需要对个人利益与公共利益做出平衡，就应当寻求诚实信用和公平原则。

第二节 平等原则

案例1：行政机关法律地位是否高于其下属企业

某商场是集体所有制企业，属于该县商业局下属企业。某年，商业局举行表彰会，从商场购买了2万元日用品作为奖品。但因商业局经费紧张，经办人表示货款过几个月支付，商场经理同意。但到了约定时间，商业局仍未付款。商场派人多次索要未果。后商业局告知商场，货款由商场自行消化，双方不再结算。无奈，商场向法院提起诉讼，要求法院判令商业局付款，而商业局则以该纠纷系上下级单位内部纠纷，且商业局已对此事作出处理为由拒绝应诉。

法院经审理认为：本案纠纷属于民法调整的社会关系范围，因此决定受理此案。法院受理本案后，组成合议庭对本案进行审理，并通知商业局到庭应诉，但商业局不应诉，因此，法院缺席审理了此案，判决商业局支付所欠某商场货款2万元，并支付相应利息。判决下达后，被告商业局以其与原告的纠纷系上下级单位内部的纠纷，不应由法院审理为由提起上诉。二审法院经审理后，认为此案应属平等主体之间的财产纠纷，受民法调整，一审法院受理并对本案作出判决并无不当，遂判决驳回上诉，维持原判。

上述案例就是司法实践中一起典型的根据平等原则作出裁决的案例。除此之外，我们还会听到或看到一些违反平等原则的社会现象，如不允许经过整容后的"人造美女"参加选美大赛，取消乙肝携带者的应聘考试资格或成绩等。为消除此类消极现象，我们就需要运用到民法中的平等原则，以保护法律授予民事主体的平等权。因此，我们需要对民法中的平等原则的基本理论以及如何在司法实践中运用进行深入研究和探讨。

一、平等原则的概念

民法上的平等原则，是指在民事活动中，所有具有民事主体资格的各方在法律地位上一律平等。平等原则是社会主义市场经济的必然要求，没有市场主体地位的平等，就不可能存在市场经济；同时，平等原则也是现代法治的基本原则，无论何种性质的国家，在其民事法律制度上，都把平等原则作为其民事立法的指导思想和基本方针。

二、平等原则的涵义

（一）人格平等

即在法律上不分尊卑贵贱、财富多寡、种族差异、性别不同，抽象人格是平等的。人格平等体现在合同、物权、家庭、婚姻等社会生活中的各个领域。

（二）民事主体资格平等

即依据民法的规定，全社会所有的民事主体都具有民事权利能力，上至百岁老翁、下至刚出生婴儿，不考虑其年龄、性别、智力状况，甚至精神病人，在法律上都具有民事权利能力，且民事权利能力一律平等，谁都不会比谁多一点点。

（三）内容平等

即在具体的民事法律关系的内容确定上，既要注重形式平等，也要兼顾实质平等。现代民法强调的是形式意义上的平等对待，但也兼顾对弱者的特别保护。如对消费者、妇女、儿童、老年人等特殊保护。限制格式条款、格式合同以及对垄断者的抑制等也是民法对弱者特别保护的表现。

（四）保护平等

即民法对于民事主体享有的民事权益的保护一律平等，无论民事主体之间具有何种事实上的差异，当其权利受到侵害时，法律都给予一体保护，任何主体都不能比其他主体享有更多的保护。现实中，即便在政治上我们强调国（公）有财产神圣不可侵犯，但在民法上国（公）有财产也应与私人财产受到同等保护。

（五）民法上的平等原则指的是法律地位平等，而非事实平等

《民法通则》第3条规定："当事人在民事活动中的地位平等。"《民法

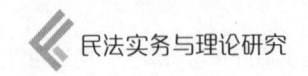

典》第 4 条规定："民事主体在民事活动中的法律地位一律平等。"

就客观事实而言，人与人是不平等的。老人、儿童、妇女相对于年轻人、成年人、精壮男人显然是不平等的，父母和子女之间往往在事实上也是不平等的，用人单位和职工也是不平等的。上述状况是天然形成、无法消除的。但民法就是用法律将事实上不平等的双方拉到一个平等的法律地位，平等保护就是民法的精神和意义所在。《民法典》规定法律地位平等更明确了民法本意。

三、平等原则在司法实践中的应用

平等是现代法律的基本原则。其不仅是民法的原则，也是宪法的原则。但在现实生活中，平等原则的真正实现还存在很多障碍，我们上述案例就是最典型的表现。平等原则在司法实践中虽然不乏适用于个案，但其更多只体现在观念上。平等原则在实践中的应用，主要体现在于具体的个案中真正贯彻落实法律和政策上已经明确规定的平等原则及平等观念。

新中国成立后曾实行过很长一段时间的计划经济，计划经济实际上是一种权力经济，此种影响仍遗留至今。虽然经过四十余年的改革开放，但权力经济的阴霾仍时时影响着我们的经济体制改革。近些时候，"民营企业应当离场"的叫嚣不绝于耳。对此，2018 年 9 月 27 日习近平总书记在考察辽宁忠旺集团时特别强调："改革开放以来，党中央始终关心支持爱护民营企业。我们毫不动摇地发展公有制经济，毫不动摇地鼓励、支持、引导、保护民营经济发展。"在党的十八大之后，国家也出台了一系列平等保护民营经济的政策、司法解释，主要有 2016 年 11 月 4 日发布的《中共中央、国务院关于完善产权保护制度依法保护产权的意见》，2016 年 11 月 28 日发布的《最高人民法院关于充分发挥审判职能作用切实加强产权司法保护的意见》，2017 年 1 月 6 日发布的《最高人民检察院关于充分履行检察职能加强产权司法保护的意见》，2017 年 9 月 8 日发布的《中共中央、国务院关于营造企业家健康成长环境弘扬优秀企业家精神更好发挥企业家作用的意见》，2017 年 12 月 4 日下发的《最高人民检察院关于充分发挥职能作用营造保护企业家合法权益的法治环境支持企业家创新创业的通知》等。最高人民法院还公布了张文中重审判决书，作为保护民营经济的指导案例。下面就该案作一简要介绍。[1]

---

[1] 以下内容节选自最高人民法院（2018）最高法刑再 3 号刑事判决书。

案例 2

2002年初，原审被告人张文中获悉国债贴息政策及原国家经贸委正在组织申报国债技术改造项目后，即与原审被告人张伟春等人商议决定将物美集团进行申报，并委派张伟春具体负责。张伟春到原国家经贸委等部门进行了咨询。为方便快捷，张文中与张伟春商量后决定以诚通公司下属企业的名义申报，并征得时任诚通公司董事长田某1同意。物美集团遂以诚通公司下属企业的名义，向原国家经贸委上报了第三方物流改造和信息现代化建设两个国债技改项目（以下分别简称物流项目、信息化项目），并编制报送了项目《可行性研究报告》等申报材料，其中物流项目《可行性研究报告》所附的土地规划意见书及附图不规范且不具有法定效力。上述两个项目经原国家经贸委等部门审批同意后，物美集团与和康友联公司签订虚假设备采购合同，开具虚假发票，获得信息化项目贷款1.3亿元，后用于公司经营。物流项目因客观原因未能在原计划地点实施，也未申请到贷款。2003年11月，物美集团通过诚通公司取得物流项目和信息化项目的国债技改贴息资金共计3190万元，后用于归还公司其他贷款。案发后，3190万元被追缴。原一、二审判决认为张文中此行为构成诈骗罪。

最高人民法院再审判决认定：

1. 物美集团作为民营企业具有申报国债技改项目的资格，其以诚通公司下属企业名义申报，并未使负责审批的主管部门产生错误认识。

（1）相关政策性文件并未禁止民营企业参与申报国债技改贴息项目，且身为民营企业的物美集团于2002年申报国债技改项目，符合国家当时的国债技改贴息政策。原判认定物美集团作为民营企业不属于国债技改贴息资金支持范围，所依据的是原国家经贸委、原国家发展计划委、财政部、中国人民银行于1999年制定的《国家重点技术改造项目管理办法》《国家重点技术改造项目国债专项资金管理办法》等政策性文件，但上述文件均未明确禁止民营企业申报国家重点技改项目以获得国债技改贴息资金支持。2001年12月，我国正式加入了世界贸易组织，由于国有企业三年改革与脱困目标基本实现，国家调整了国债技改项目的投向和重点，在规定的范围、专题内，进一步明确了对各种所有制企业实行同等待遇，同时将物流配送中心建设、连锁企业信息化建设列入了国债贴息项目予以重点支持。原国家经贸委投资与规划司于2002年2月27日下发的《关于组织申报2002年国债技术改造项目的通知》附件《2002年国债技术改造分行业投资重点》，国务院办公厅于2002年9月27日转发的原国务院体改办、原国家经贸委《关于促进连锁经营发展的若干意见》，以及原国家经贸委于2002年10月16日印发执行的《"十五"商品流通行业结构调整规划纲要》等，对此均有明确规定。2002年物美集团申报国债技改项目时，国家对民营企业的政策已发生变化，国债技改贴息政策已有所调整，物美集团所申报的物流项目和信息化项目属于国债技改贴息资金重点支持的项目范围。物美集团作为国内大型流通企业，积极申报以获取国债技改贴息资金对其物流和信息化建设的支持，符合当时国家经济发展形势和产业政策的要求。

（2）有证据证实，民营企业当时具有申报国债技改贴息项目的资格。①一审期间，辩护人提交的中国新闻网2001年11月16日报道《中国国债技改贴息将对各所有制一视同仁》载明，时任原国家经贸委负责人公开表示，从2002年起，改革国债技改贴息办法，对各种所有制企业均实行同等待遇。②证人门某证实，2002年国家没有禁止国债技改贴息资金支持民营流通企业的规定，当时的第七、八、九批国家重点技术改造国债贴息项目中，确实有民营企业得到支持并拿到贴息。③辩护人提交的《2003年第二批国债专项资金国家重点技术改造项目投资计划表》和相关企业工商注册登记材料证实，在与物美集团同时获批的企业中，还有数家民营企业获得了国债技改贴息资金。④再审期间，证人甘某出具的《关于2002年国债技术改造项目相关情况的说明》证实，从2001年开始，部分民营企业进入国债技改贴息计划；证人黄某1出庭作证称，第八批国债技改贴息对企业的所有制性质没有限制性要求。上述证据足以证实2002年民营企业具有申报国债技改贴息项目的资格。

（3）物美集团通过诚通公司以真实企业名称申报国债技改项目，没有隐瞒其民营企业性质，也未使负责审批的主管部门产生错误认识。①经查，根据财政部《关于同意中国诚通控股公司财务关系单列的通知》及附件《中国诚通控股公司所属成员单位名单》，物美集团确实不是诚通公司在财政部立户的所属成员单位，但物美集团以诚通公司下属企业名义申报国债技改贴息项目，获得了诚通公司同意，且物美集团在申报材料企业基本情况表中填报的是"北京物美综合超市有限公司"（后经原国家经贸委投资与规划司审批同意，项目承担单位调整为物美集团），其以企业真实名称申报，并未隐瞒。②证人黄某1的证言及原国内贸易部《关于确定全国第一批连锁经营定点联系企业的函》证实，物美集团是原国内贸易部及原国家经贸委贸易市场局的定点联系企业；证人李某2证实，在物美集团申报过程中，其曾听过张文中、张伟春等人的汇报，并考察了物美的超市和物流基地，参与了审批，经审查认为符合国债项目安排原则。可见，作为审批部门的原国家经贸委对物美集团的企业性质是清楚的。张文中、张伟春将物美集团以诚通公司下属企业名义申报国债技改项目，并未使原国家经贸委负责审批工作的相关人员对其企业性质产生错误认识。

2. 物美集团申报的物流项目和信息化项目并非虚构。

（1）物流项目并非虚构，项目获批后未按计划实施及未能贷款系客观原因所致，且已异地实施。①物流项目本身并非虚构。2002年4月18日，物美集团在申报之后，与北京市通州区政府签署的《合作协议书》证实，物美集团积极参与通州区物流产业园区的建设，通州区政府将提供政策和资源支持，协助物美集团在通州建立大型现代化的物流中心；2002年9月，清华大学环境影响评价室出具的《北京市环保局建设项目环境影响评价报告表》证实，该室受物美集团委托，对其在通州区物流产业园区的物流项目进行了环境评估。可见，物美集团申报的物流项目并非虚构。②物流项目未能获得贷款和未按计划实施有其客观原因，且已异地实施。证人王某1、吴某1、于某1、李某5、许某、张某2、袁某、王某2等人的证言证实：物美集团在北京市通州区的物流项目起初因"非典"推迟，后来在土地出让方式方面，通州区物流产业园区要求购买，而物美集团原计划是租赁土地，因投资成本太高，双方未能达成一致。后物美集团在北京市百子湾等地建了物流中心。证人于某1在侦查阶段还证实，因无法提供用地及开工手续，在北京市通州区的物流项目不能取得银行贷款，后按要求办理异地实施项目的变更手续，但因故最终未能落实。可见，物美集团所申报的物流项目没能按计划在原址实施，未能申请到贷款，系因"非典"疫情及通州区物流产业园区土地由租改卖等客观原因造成。③物美集团报送的物流项目《可行性研究报告》虽有不实之处，但不足以否定该项目的可行性和真实性。物流项目《可行性研究报告》、北京市通州区规划局出具的规划意见书及证明等书证，证人张某1、于某2、孟某、李某6、张某2、刘某2、张某4等人的证言，以及原审被告人张伟春的供述等证据证实：物美集团在联系编制物流项目《可行性研究报告》过程中，副总裁张某1等人到物流项目所在地北京市通州区物流产业园区考察并要求出具相关土地证明，通州区规划局出具了盖有该局规划管理专用章的规划意见书，同意物美集团在通州区物流产业园区规划建设商业项目，物美集团在规划意见书后附加了拟建项目地理位置图、平面布置图，而非规范的土地地形图。上述规划意见书和附图虽不规范、不具有法定效力，但不能据此否定整个项目的可行性和真实性。

（2）原判认定物美集团申报虚假信息化项目，依据不足。①物美集团申报的信息化项目主要内容包括：通过改造各业态店铺和总部计算机硬件以及对其软件系统升级改造，建立快速适应市场变化的经营组织及管理模式和运作方式，实施和完善网络支撑系统、现代物流系统、供需链管理系统、电子商务应用系统及经营决策支持系统等。经查，物美集团日常经营中在这些方面已有大量的资金投入。原判因物美集团将以信息化项目名义申请获得的贷款用于公司日常经营，即得出信息化项目完全没有实施的结论，依据不足。②物美集团虽然采用签订虚假合同等手段申请信息化项目贷款，但并不能据此认定信息化项目是虚假的。国家发放国债技改贴息的目的在于支持企业的技术改造项目，而物美集团申报的项目经相关部门审核属于政策支持范围。根据申报流程，物美集团申请银行贷款时，其国债技改贴息项目的申报已经获得审批通过。物美集团在此后采用签订虚假合同等手段申请信息化项目贷款，虽然违规，但并非是为骗取贴息资金而实施的诈骗行为，也不能据此得出信息化项目是虚构的结论。

3. 物美集团违规使用3190万元国债技改贴息资金不属于诈骗行为。

物美集团在获得3190万元国债技改贴息资金后，将该款用于偿还公司其他贷款，但在财务账目上一直将其列为"应付人民政府款项"，并未采用欺骗手段予以隐瞒、侵吞，且物美集团具有随时归还该笔资金的能力。因此，物美集团的行为虽然违反了《国家重点技术改造项目国债专项资金管理办法》中关于国债专项资金应专款专用的规定，属于违规行为，但不应认定为非法占有贴息资金的诈骗行为。

综上，原审被告人张文中、张伟春及其辩护人所提物美集团作为民营企业有资格申报 2002 年国债技改贴息项目，张文中、张伟春没有实施骗取国债技改贴息资金行为，没有诈骗故意，不构成诈骗罪的辩解和辩护意见成立；最高人民检察院出庭检察员所提张文中、张伟春的行为不构成诈骗罪的意见成立，本院予以采纳。

市场经济天然要求市场主体之间必须平等，否则市场经济无法运行。但是我国现行法律制度中，仍然存在着一些民营经济与国有企业不平等的规定。在市场经营中，也存在着国有企业法人事实上的不独立现象。在司法实践中民营企业或个人与国有企业发生纠纷时也会出现以保护国有财产为名非法侵害民营企业或个人的裁判。这些现象都与市场经济的最本质要求相冲突，也制约着我国经济及社会的进步。因此，需要真正将平等原则贯彻到市场经济体制改革中，才能解决上述问题，才能进一步使得我国市场经济健康、快速发展。

司法实践中，部分所谓的国有企业、集体企业，但实际上企业全部资产由个人投资形成的实质上的民营企业，这些企业的法定代表人处置企业资产或以国有、集体企业申请各种补贴而被认定为"贪污罪"或者"诈骗罪"，这明显不符合常理。最高人民法院的上述判决理由，实际上就是一种将民法中的平等原则真正贯彻落实到具体个案之中的典型体现，这一判决也将成为以后我国司法机关处理类似案件的指南。

四、平等原则在民事诉讼中的适用

虽然《民事诉讼法》是公法，但是其是为保障私权实现的程序法，故而，在民事诉讼中必然会体现保护私权的一些基本原则。《民事诉讼法》第 8 条规定，民事诉讼当事人有平等的诉讼权利。人民法院审理民事案件，应当保障和便利当事人行使诉讼权利，对当事人在适用法律上一律平等。这就是民法上的平等原则在民事诉讼法上的体现。具体而言有以下几方面：

（一）诉讼地位平等

民事诉讼中，虽然有原告、被告等不同的诉讼称谓，但其诉讼地位平等。原告与被告的确定只是一种假定，仅起引发民事诉讼程序的作用。歧视被告、认为被告必定败诉的旧时观念完全是错误的。

（二）诉讼权利义务对等

在诉讼中双方当事人都享有委托代理人，申请法官、书记员回避，收集提供证据，申请财产保全，进行质证，在法庭提供新证据，要求重新调查，请求调解，自行和解，承认、变更、放弃诉讼请求，提起上诉，申请再审等权利。对于原告的起诉，被告可以提起反诉，这也是当事人权利义务对等的表现。

（三）法官中立裁判

在民事诉讼中，当事人诉讼地位平等、权利义务对等。这实际上就是要求法官在裁判过程中，不仅要在形式上，而且要在内心里确保对双方当事人一视同仁、平等对待，不得偏向任何一方，坚持程序中立原则。如果法官在心理上倾向于任何一方，都会导致裁判结果偏离正义。

五、否定身份特权，原则上的形式平等及特殊情况的实质平等

人类社会经历了从身份到契约的过程。身份特权就是基于身份而享有的高于他人的权利，所体现的是一种机会不均等。这种社会已经成为历史、已经被现代文明所彻底抛弃。契约社会是一个平等的社会，它是自由意志的代名词。当代法治要求人人生而平等，社会主义市场经济要求彻底否定身份特权。

平等有两种形式：

其一，形式上的平等。形式平等只是程序平等，即机会平等；而不是实体平等、结果平等。市民社会是竞争社会，平等原则只提供统一的起跑线，而不提供结果上的平等。

其二，实质上的平等。实质平等是强者与弱者之间的平等。这是法律基于特殊情况通过强制性规定，实现实质平等。这种特殊情况指的是法律要对弱者进行强制性保护，以提高弱者公平参与社会竞争的能力。如《中华人民共和国消费者权益保护法》规定的消费者权利是对消费者的弱者地位予以补救；《合同法》对格式合同和格式条款的特别限制是对合同弱势一方交易地位的提升，等等。

现代民法在否定身份特权和追求形式平等的基础上，对于弱者提供了高于强者的特别保护，因此现代民法的平等原则就是原则上的形式平等和特殊情况下的实质平等的结合。

第三节 意思自治原则

案例3：依据意思自治原则，即便被担保人构成犯罪，主债务合同仍有效，担保合同亦有效[1]

原告：吴某某。

被告：陈某某。

被告：王某某。

被告：某某房地产开发有限公司。

原告诉称：某年某月某日，原被告签订了借款协议，被告陈某某共向原告借款人民币200万元，借款期限为3个月，并由被告王某某和被告某某房地产开发有限公司（以下简称"某某房地产公司"）连带责任担保，当日陈某某收到吴某某的200万元的借款，因陈某某到期未归还上述借款，故依照协议，要求陈某某归还，被告王某某、某某房地产公司承担连带责任。

被告王某某、某某房地产公司辩称：本案第一被告陈某某涉嫌犯罪，本案借款的性质为非法吸收公众存款，担保人王某某和某某房地产公司无需承担保证责任。

一审法院经审理判决：①被告陈某某归还原告200万元的借款；②被告王某某、某某房地产公司对上述债务承担连带清偿责任。

被告王某某、某某房地产公司不服一审判决，提出上诉，二审维持原判，驳回上诉。

法院作出上述判决的理由是：合同效力的认定应尊重当事人的意思自治，只要订立合同时各方意思表示真实，又没有违反法律、行政法规

---

[1] 本案例根据《最高人民法院公报》2011年第11期——吴国军诉陈晓富、王克祥及德清县中建房地产开发有限公司民间借贷、担保合同纠纷案编写。

的强制性规定,就应当确认合同有效。《最高人民法院关于适用〈中华人民共和国合同法〉若干问题的解释(二)》第十四条将《中华人民共和国合同法》第五十二条第五项规定的"强制性规定"解释为效力性强制性规定,本案原审被告陈某某触犯刑律的犯罪行为,并不必然导致借款合同无效。因为借款合同的订立没有违反法律、行政法规效力性的强制性规定。效力上采取从宽认定,是该司法解释的本意,也可在最大程度上尊重当事人的意思自治。因此,原审判决陈某某对本案借款予以归还,王某某、某某房地产公司承担连带清偿责任,并无不当。

上述案例中,两审人民法院均认为,虽然第一被告涉嫌构成非法吸收公众存款罪,但是,本案的借款合同和担保合同是双方当事人意思自治的结果,且并未违反法律的效力性强制性、禁止性规定,故而借款合同与担保合同都是有效的。该案作为最高人民法院公告的案例,具有一定的参考意义。

一、意思自治的涵义

意思自治原则是指民事主体在进行民事活动时,意志独立、意思自由、行为自主。即民事主体在从事民事活动时,以自己的真实意思来充分表达自己的意愿,根据自己的意愿来设立、变更和终止民事法律关系。意思自治有时候也称为私法自治、契约自由。意思自治同时也确立了责任自负原则,即在意思自治基础上的民事法律行为产生的后果也应当由作出该行为的民事主体自己承担。

意思自治原则源于罗马私法,罗马法孕育了私法自治原则的思想和精神,但是并未将其抽象为私法的基本原则。19世纪的资本主义经济本质要求使得民法上的意思自治原则得以真正确立,并成为私法的基本理论和法律准则。然而,进入20世纪后,随着自由资本主义向垄断资本主义的转化,国家对消费者、劳动者、社会公共利益的保护进一步加强,对经济领域中的不正当竞争、垄断行为的控制进一步加深,对自然资源、环境的保护力度进一步加大,法律对意思自治原则也作出了很大的限制。但就总体而言,意思自治原则是对人的意志自由本质的尊重,是对人的自私性的认可,也是对立法者认识能力局限性的承认。私法自治原则直接体现了民法的私法属性,是调动市场主体的积极性、发展市场经济的本质要求。

二、意思自治原则的价值

意思自治的法律价值在于：一方面，有利于当事人形成权利义务的预期，当事人可根据自己选择的准据法预见法律行为的后果，维护法律关系的稳定性；另一方面，有利于契约争议的迅速解决，节约交易成本。

三、意思自治与其他民法原则的关系

在民法原则的体系中，首要的是民事主体平等原则。只有民事主体在交往过程中具有平等主体地位，不同民事主体才能在意志上独立，任何一方当事人才不会受他方意志的支配，当事人才能实现意思自治。因此，意思自治原则的存在与实现，是以平等原则的存在和实现为前提的，并由此派生出新的民法基本原则。在民事主体交往的过程中，由于早期对意思自治原则的过分强调，导致了交易中的不诚信及权利滥用的现象。因此，民法就以交易行为中的诚实信用、公序良俗与禁止权利滥用等民法原则对意思自治加以限制，从而使整个民法原则体系内部达到了一种权利制衡的理想状态，并共同支撑起民法理论的庞杂体系。

四、意思自治原则的适用

首先，物权法为了公共利益的考虑实行物权法定主义，在物权种类及内容方面不适用私法自治原则，对物权处分主要以形式制约效力。如不动产买卖中，变更登记是物权发生变动效力的要件。

其次，亲属法、知识产权法在这方面略近于物权法，但较之于物权法，民事主体有更多的意思自治。如在婚姻家庭领域，表现为结婚自由、离婚自由等；知识产权权利归属可以约定、权利可以自由处分等。

再次，在债法中，只有契约法（合同法）适用意思自治原则；侵权行为法、无因管理、不当得利中意思自治原则的适用存在限制。在契约领域，意思自治原则表现为当事人在契约内容、契约形式、契约对象等方面具有充分的选择自由。

复次，在继承法中，法定继承不适用之；遗嘱继承则适用，如遗嘱自由。

最后，在民事责任领域，意思自治原则表现为自己责任，即自己对自己

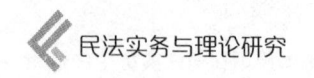

的行为负责,个人基于自由意志决定自己的行为,意志是自由的,行为是自由的,所以由此产生的责任也是自己的,这是自由意志的逻辑结果。

五、意思自治原则的限制

自由从来都不是绝对的、无限制的自由,现代民法中的意思自治也要受到诸多方面的限制。

(一) 对格式合同的限制

所谓格式合同,依据我国《合同法》的规定,是指当事人为了重复使用而预先拟定,并在订立合同时未与对方协商的合同。格式合同最主要的特点就是合同条款由当事人一方预先拟定,对方只能表示全部同意或者不同意的合同。对于该类型合同,我国《民法典》中明确规定了三个方面的限制:

(1) 提供格式合同的一方应当遵循公平原则确定当事人之间的权利和义务,并采取合理的方式提请对方注意免除或者限制其责任的条款,按照对方的要求,对该条款予以说明。《民法典》第 496 条第 2 款规定,采用格式条款订立合同的,提供格式条款的一方应当遵循公平原则确定当事人之间的权利和义务,并采取合理的方式提示对方注意免除或者减轻其责任等与对方有重大利害关系的条款,按照对方的要求,对该条款予以说明。提供格式条款的一方未履行提示或者说明义务,致使对方没有注意或者理解与其有重大利害关系的条款的,对方可以主张该条款不成为合同的内容。

(2) 格式条款具有《民法典》总则编规定的无效情形的,或者提供格式条款一方免除其责任、加重对方责任、排除对方主要权利的,该条款无效。《民法典》第 497 条规定,有下列情形之一的,该格式条款无效:①具有本法第一编第六章第三节和本法第 506 条规定的无效情形;②提供格式条款一方不合理地免除或者减轻其责任、加重对方责任、限制对方主要权利;③提供格式条款一方排除对方主要权利。第 506 条规定,合同中的下列免责条款无效:①造成对方人身损害的;②因故意或者重大过失造成对方财产损失的。

(3) 对格式条款的理解发生争议的,应当按照通常理解予以解释。《民法典》第 498 条规定,对格式条款的理解发生争议的,应当按照通常理解予以解释。对格式条款有两种以上解释的,应当作出不利于提供格式条款一方的解释。格式条款和非格式条款不一致的,应当采用非格式条款。

(二) 立法上的限制

现代市场经济国家，对于民法中的意思自治从立法上也给予诸多限制：

(1) 强制缔约。即给当事人施加必须缔结某种合同的义务。例如自来水公司、电力公司、电信公司等，在消费者购买其服务或产品的时候不得以意思自治为由拒绝与消费者签订合同。

(2) 强制性规范的适用。即在某些法律中明确规定，在民事合同中必须遵守法律的强制规定，否则合同无效。

(3) 设置特别行政机关，限制意思自治。如设立反不正当竞争、反垄断机构，限制以意思自治为名的不正当竞争和非法垄断，以保护真正的自由竞争。

(三) 司法上的限制

在民事立法中，除了规定意思自治原则外，还规定了公平、诚实信用、公序良俗、禁止权利滥用等弹性条款，赋予法官自由裁量权。当意思自治原则与上述原则冲突的时候，法官可以通过自由裁量适用上述原则而不适用意思自治原则，以调整在意思自治原则面具下变形的社会关系，限制民事主体的意思自治。但该限制并不是意思自治本身的衰落，而是强制其归位，以恢复其原本的价值和地位。我们以下面案例来说明：

案例 4

甲男与乙女于 1998 年结婚，婚后育有一女，甲男有很浓的重男轻女思想，经常为此打骂乙女，夫妻感情渐淡。乙女于 2002 年向该区人民法院起诉要求与甲男离婚。法院受理此案后，经双方同意进行了调解。调解中甲男同意离婚，但提出家庭财产归乙女所有，同时女儿也由乙女抚养，甲男不再尽抚养义务，不承担孩子的抚育费。乙女对此表示同意，接受甲男提出的条件，双方签订了离婚调解协议，法院据此作出了调解书。

问题：该调解协议是否有效？

本案中双方当事人都同意离婚，并且在抚养问题上取得了一致意见，因此符合意思自治原则，但是男方提出的条件违反了《婚姻法》关于离婚后子女抚养问题的强制性规定，因此，根据 1991 年《民事诉讼法》（已被修改）第 88 条之规定，调解协议的内容不得违反法律法规，本案的调解书无效。

案例 5

A市兴隆公司采购员与B市北达公司法定代表人李某在C市签订了一份买卖钢材的合同，按照合同的规定，兴隆公司交付定金3万元，钢材必须于同年10月发货。合同约定，验收地为B市火车站，到站地为A市临近之县C县，然后由供货方以汽车运至A市，交货地点为A市。一旦双方发生争议，由合同签订地或原告或被告所在地人民法院管辖。后因合同履行发生争议，兴隆公司准备向人民法院起诉。

问题：本案中，兴隆公司与北达公司合同协议管辖的内容是否有效？

2017年《民事诉讼法》第34条规定："合同或者其他财产权益纠纷的当事人可以书面协议选择被告住所地、合同履行地、合同签订地、原告住所地、标的物所在地等与争议有实际联系的地点的人民法院管辖，但不得违反本法对级别管辖和专属管辖的规定。"

2008年《最高人民法院关于适用〈中华人民共和国民事诉讼法〉若干问题的意见》（已失效）第24条规定，合同的双方当事人选择管辖的协议不明确或者选择《民事诉讼法》第25条规定的人民法院中的两个以上人民法院管辖的，选择管辖的协议无效，依照《民事诉讼法》第24条的规定确定管辖。

但现行2020年《最高人民法院关于适用〈中华人民共和国民事诉讼法〉的解释》第30条第2款规定，管辖协议约定两个以上与争议有实际联系的地点的人民法院管辖，原告可以向其中一个人民法院起诉。

按照2008年司法解释，本案中兴隆公司与北达公司协议同时选择了合同签订地、原告住所地、被告住所地的人民法院管辖，显然违背了上述要求，致使管辖法院无法确定，虽然是意思自治，但显属无效协议。但按照2020年司法解释，该管辖协议是有效的。现行司法解释更充分地体现了意思自治原则。

案例 6

黄某炒股赚大钱，张某听说后委托黄某帮其"挣钱"。两人签订《委托协议》约定：张某股票账户存入本金100万元整，1年内此账户由黄某自行操作。黄某将收取该账户扣除本金后现实盈利的40%作为酬劳，张某蒙受风险的水平为本金的20%，如亏损超过此限，则由黄某补足，且

第五章　民法基本原则在司法实务中的运用

张某有权要求提前解除协议。之后，股市一直走低，张某账户资金剩余50万元。因此，张某要求黄某根据协议赔偿其损失，诉至法院。

诉讼中，被告方认为，"保底条款"的约定违反金融法律强制性规定，加大了受托人一方的风险，更违反了委托协议中双方需要负担风险的原则，故应认定无效。原告方则认为，"保底条款"是双方真实意思表现，意思自治，应属有效。

问题：双方委托协议中的"保底条款"是否有效？

保底条款虽属意思自治范畴，但是在高风险的证券金融市场中将该风险完全由受托人承担也违背公平原则。《中华人民共和国证券法》第135条规定，证券公司不得对客户证券买卖的收益或者赔偿证券买卖的损失作出承诺。该法律规定虽然是针对证券公司，但是对于自然人之间的委托证券交易行为也可参考适用。本案中，双方签订的"保底条款"与上述法律规定的精神相悖，也违反民法公平原则，使得双方利益严重失衡，因此该"保底条款"虽是双方意思自治的结果，但应属无效条款。最终法院根据双方约定，原告享有60%的盈利收益，被告享有40%的盈利收益，根据公平原则进行调解，最终双方达成调解协议，各承担50%的损失，圆满解决了本案纠纷。

第四节　公平原则

案例7

李洁与张云系同班同学，平日时常在一起打羽毛球锻炼身体。某日两人又像往常一样打起了羽毛球，不想李洁用劲击打羽毛球后张云未接到球，而且反被球击伤了眼睛，造成伤残。

问题：本案中张云的损失应当由谁承担？

对于本案的处理，有三种意见。

第一种意见认为，应当由李洁全部承担。理由是李洁用劲击球的行为造成了张云眼睛受伤的损害结果，因此应当由李洁承担全部责任。

第二种意见认为，本案张云属于自甘风险行为，损失应当自己承担。理由是在体育竞技运动中普遍适用自甘风险原则，即参加体育竞赛的人都知道在体育竞赛过程中存在发生损害的风险，但是自己自愿去承担这种风险。当风险出现后，责任就应当由自己承担。自甘风险原则已成为体育竞赛中的一种惯例，法律应当认可这种惯例。

第三种意见认为，本案应当适用公平原则，损失由双方共同分担。所谓公平责任原则，是指损害双方的当事人对损害结果的发生都没有过错，但如果受害人的损失得不到补偿又显失公平的情况下，由人民法院根据具体情况和公平的观念，要求当事人分担损害后果。我国之前施行的《民法通则》《民法总则》《侵权责任法》及现行的《民法典》中对此都有明确规定。

本案中法院最终认为，张云的受伤后果虽然是由李洁击球行为造成的，但是李洁对此损害结果的形成主观上没有故意或过失，即李洁在主观上没有过错。至于自甘风险，主要是在对抗激烈的体育竞赛活动中适用。本案李洁与张云并非参加体育竞赛，而是日常生活中的一般性体育锻炼活动，张云并未预见损害风险的发生，因此不能推定其自愿承担风险，一般日常生活中的体育锻炼活动中也不存在自甘风险的惯例。本案中双方当事人一起打羽毛球，共同体验体育锻炼活动的快乐，也一起锻炼了身体，双方都获得了身心和精神上的利益。因此，如果仅让受损害的一方独自承担后果，明显有失公平，因此本案应适用公平责任原则，由李洁适当补偿张云的损失。

上述判决发生在《民法典》实施之前，因此该判决应该是正确的。但是《民法典》实施后，该判决结果就可能完全不同了。

一、公平原则的内涵

公平原则最核心的意思是"权利义务的平衡"，这一原则要求当事人在民事活动中应以正义、公平的观念指导自己的行为，在市场交易中，交易主体享有基本相当的权利义务。同时该原则也要求司法机关在处理民事纠纷案件时要平衡各方的利益，不得使各方当事人利益严重失衡。

《民法通则》第4条规定，民事活动应当遵循公平的原则。《民法通则》第132条规定，当事人对造成损害都没有过错的，可以根据实际情况，由当事人分担民事责任。《民法典》第6条规定，民事主体从事民事活动，应当遵循公平原则，合理确定各方的权利和义务。这些条款是公平原则的一般性规定。除了一般性规定外，法律还规定了若干具体适用公平原则的情形，即在公平原则指导下对具体纠纷的处理原则，主要是关于公平责任的规定。如

《民法典》第 183 条规定，因保护他人民事权益使自己受到损害的，由侵权人承担民事责任，受益人可以给予适当补偿。没有侵权人、侵权人逃逸或者无力承担民事责任，受害人请求补偿的，受益人应当给予适当补偿。在公平原则的具体适用问题上，《民法典》第 1186 条对《侵权责任法》第 24 条进行了重大修改。《侵权责任法》第 24 条规定，受害人和行为人对损害的发生都没有过错的，可以根据实际情况，由双方分担损失。《民法典》第 1186 条规定，受害人和行为人对损害的发生都没有过错的，依照法律的规定由双方分担损失。但是《民法典》第 1186 条将《侵权责任法》第 24 条中规定的"可以根据实际情况"修改为"依照法律的规定"由双方分担损失。

《民法典》之所以作出如此修改，其原因主要是公平责任在司法实践中被滥用的现象比较严重。恰恰在《民法典》编纂时，由于出现了"郑州电梯劝阻吸烟猝死案""广东香蕉噎死儿童案"等影响很大、备受社会关注的案件，人大代表、有关部门和专家学者在《民法典》编纂中也借此机会，提出了公平责任的存废问题。最终，全国人大宪法和法律委员会提出，"实践中，该规定因裁判标准不明导致适用范围过宽，社会效果不是很好。为进一步明确该规则的适用范围，统一裁判尺度"，因此，《民法典》将侵权责任法规定中的"可以根据实际情况"修改为"依照法律的规定"。[1]由此可以看出，《民法典》实施后，只有在法律有明确规定的情形下，才可以适用公平责任，否则不可适用公平责任，《民法典》将公平责任的适用大大限缩在一个特别狭窄的范围之内。

二、公平原则在司法实践中的具体应用

（一）我国法律中关于公平原则适用的规定

公平原则是民法的基本原则，《民法通则》《民法总则》《民法典》中都存在规定。公平原则适用于整个民法体系，无论是债权编、物权编、人格权编、还是婚姻家庭编、继承编都体现了民法中的公平原则。但是在司法审判实践中，体现公平原则的最主要的是侵权责任中公平责任原则的适用。公平责任原则是一种责任形态，其核心体现了公平原则。因此我们下文以目前司

---

[1] 程啸：《中国民法典侵权责任编的创新与发展》，载《中国法律评论》2020 年第 3 期，第 54 页。

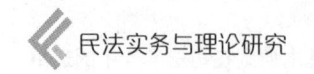

法实践中可以适用公平责任原则的情况为对象进行研究：

1. 行为能力欠缺者的侵权，但监护人已尽责

《民法通则》第133条第1款规定，无民事行为能力人、限制民事行为能力人造成他人损害的，由监护人承担民事责任。监护人尽了监护责任的，可以适当减轻他的民事责任。

《侵权责任法》第32条规定，无民事行为能力人、限制民事行为能力人造成他人损害的，由监护人承担侵权责任。监护人尽到监护责任的，可以减轻其侵权责任。《民法典》第1188条将其中的"监护责任"改为"监护职责"。

对于无民事行为能力人和限制民事行为能力人的侵权，监护人承担的是监护职责，对于监护人已经尽到监护职责的，法律规定减轻监护人责任就是一种公平原则的具体应用。

2. 紧急避险且避险人采取的措施正确

《最高人民法院关于贯彻执行〈中华人民共和国民法通则〉若干问题的意见（试行）》（已失效，以下简称《民通意见》）第156条规定，因紧急避险造成他人损失的，如果险情是由自然原因引起，行为人采取的措施又无不当，则行为人不承担民事责任。受害人要求补偿的，可以责令受益人适当补偿。

《侵权责任法》第31条规定，因紧急避险造成损害的，由引起险情发生的人承担责任。如果危险是由自然原因引起的，紧急避险人不承担责任或者给予适当补偿。紧急避险采取措施不当或者超过必要的限度，造成不应有的损害的，紧急避险人应当承担适当的责任。

《民法总则》与《民法典》都是在第182条继续沿用了《侵权责任法》第31条的规定。其中源于自然原因引起的紧急避险造成损害由紧急避险人给予受害人适当补偿及紧急避险措施不当造成损害承担适当责任，就是公平原则的具体表现。

3. 从建筑物中抛掷物或建筑物上的坠落物致人损害无法确定侵权人

《侵权责任法》第87条规定，从建筑物中抛掷物品或者从建筑物上坠落的物品造成他人损害，难以确定具体侵权人的，除能够证明自己不是侵权人的外，由可能加害的建筑物使用人给予补偿。

《民法典》第1254条规定，禁止从建筑物中抛掷物品。从建筑物中抛掷

物品或者从建筑物上坠落的物品造成他人损害的，由侵权人依法承担侵权责任；经调查难以确定具体侵权人的，除能够证明自己不是侵权人的外，由可能加害的建筑物使用人给予补偿。可能加害的建筑物使用人补偿后，有权向侵权人追偿。物业服务企业等建筑物管理人应当采取必要的安全保障措施防止前款规定情形的发生；未采取必要的安全保障措施的，应当依法承担未履行安全保障义务的侵权责任。发生本条第1款规定的情形的，公安等机关应当依法及时调查，查清责任人。

依照《民法典》第1254条规定，"经调查难以确定具体侵权人的，除能够证明自己不是侵权人的外，由可能加害的建筑物使用人给予补偿"，这一规定也是公平原则的具体适用。但是如前文所述，虽然《民法典》在此问题上已经有了很大进步，但是这一规定在法理上存在问题。就客观事实而言，建筑物抛掷物或坠落物侵权的情形只可能有一个侵权主体的存在，不会是多人共同危险行为。因此，无论是从建筑物中抛掷物还是从建筑物上的坠落物，在不能确定侵权人的情况下，让建筑物内居住的其他人证明自己无过错才能免责这本身就不公平。再言之，如果故意抛物造成他人伤害，可能属于故意伤害或故意杀人的刑事犯罪范畴，即便是过失抛物造成重伤或死亡，那也构成过失致人重伤罪或过失致人死亡罪，也属于刑事案件。将刑事案件作为民事纠纷处理，一方面是对犯罪的放纵，另一方面对于其他无辜者也显失公允。

4. 见义勇为而遭受损害的

《民通意见》第142条规定，为了维护国家、集体或他人合法权益而使自己受到损害，在侵害人无力赔偿或者没有侵害人的情况下，如果受害人提出请求的，人民法院可以根据受益人受益的多少及其经济状况，责令受益人给予适当补偿。

《侵权责任法》第23条规定，因防止、制止他人民事权益被侵害而使自己受到损害的，由侵权人承担责任。侵权人逃逸或者无力承担责任，被侵权人请求补偿的，受益人应当给予适当补偿。

《民法典》第183条规定，因保护他人民事权益使自己受到损害的，由侵权人承担民事责任，受益人可以给予适当补偿。没有侵权人、侵权人逃逸或者无力承担民事责任，受害人请求补偿的，受益人应当给予适当补偿。

依照民法精神，见义勇为应受到鼓励。在没有侵权人、侵权人逃逸或者无力承担民事责任的情况下，作为受益人给予见义勇为者适当补偿也是民法

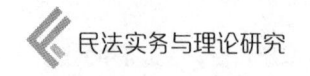

公平原则的体现。

5. 完全民事行为能力人没有过错造成的损害

《侵权责任法》第33条规定，完全民事行为能力人对自己的行为暂时没有意识或者失去控制造成他人损害有过错的，应当承担侵权责任；没有过错的，根据行为人的经济状况对受害人适当补偿。完全民事行为能力人因醉酒、滥用麻醉药品或者精神药品对自己的行为暂时没有意识或者失去控制造成他人损害的，应当承担侵权责任。

《民法典》第1190条规定，完全民事行为能力人对自己的行为暂时没有意识或者失去控制造成他人损害有过错的，应当承担侵权责任；没有过错的，根据行为人的经济状况对受害人适当补偿。完全民事行为能力人因醉酒、滥用麻醉药品或者精神药品对自己的行为暂时没有意识或者失去控制造成他人损害的，应当承担侵权责任。

这里的完全民事行为能力人对自己的行为暂时没有意识或者失去控制造成他人损害"没有过错的，根据行为人的经济状况对受害人适当补偿"也是一种公平原则。

6. 提供劳务者受到第三人伤害

《民法典》第1192条第2款规定，提供劳务期间，因第三人的行为造成提供劳务一方损害的，提供劳务一方有权请求第三人承担侵权责任，也有权请求接受劳务一方给予补偿。接受劳务一方补偿后，可以向第三人追偿。

我国《劳动法》中规定，劳动者在劳动过程中受到伤害，为工伤，由单位承担劳动保险责任。虽然雇员为雇主提供劳务不属于劳动法律关系，但是在本质上是相通的，都是雇员为雇主利益而受到的伤害。而且雇主直接向雇员进行补偿，可以直接保护雇员利益，避免雇员因侵权的第三人无力赔偿而无法获得赔偿的状况出现。依据上述规定，提供劳务者在提供劳务过程中受到第三人伤害，提供劳务者可以不向侵权者主张侵权损害赔偿，而可以直接向雇主主张补偿，这也是《民法典》规定的一种公平责任。

(二)《民法典》实施后公平责任适用存在的争议

1. 一方在为对方利益或共同利益的活动中受损

《民通意见》第157条规定，当事人对造成损害均无过错，但一方是在为对方的利益或者共同的利益进行活动的过程中受到损害的，可以责令对方或者受益人给予一定的经济补偿。但是《侵权责任法》《民法总则》《民法典》

中对此问题均没有规定,《民通意见》目前已被废止。对此问题如何解决?

我们先看一个案例:

案例 8

甲乙合伙购买了一台联合收割机,两人共同经营,共同管理。某天甲开着收割机在收割麦子,乙站在车上操作收割,但没想到麦地中有一个大坑被麦子覆盖,甲并未看到没有躲避,结果收割机左前轮掉进坑里,收割机突然刹车,将乙甩出车体,头撞在了一棵树上,不治身亡。

在司法实践中,一般法院都会依照上述司法解释的规定,判令上述案例中的甲给予乙的继承人适当补偿。虽然《民法典》对此问题没有规定,但我们认为,仍应沿用《民通意见》的精神,适用公平原则来解决此类问题。最高人民法院在对《民法典》进行司法解释的时候仍应明确规定此类问题适用公平原则。

2. 堆放物致人损害

《民通意见》第 155 条规定,因堆放物品倒塌造成他人损害的,如果当事人均无过错,应当根据公平原则酌情处理。《侵权责任法》第 88 条规定,堆放物倒塌造成他人损害,堆放人不能证明自己没有过错的,应当承担侵权责任。2003 年《人身损害赔偿司法解释》第 16 条第 1 款第 2 项规定,下列情形,适用《民法通则》第 126 条的规定,由所有人或者管理人承担赔偿责任,但能够证明自己没有过错的除外:堆放物品滚落、滑落或者堆放物倒塌致人损害。2020 年修正后的《人身损害赔偿司法解释》删除了该条款。《民法典》第 1255 条规定,堆放物倒塌、滚落或者滑落造成他人损害,堆放人不能证明自己没有过错的,应当承担侵权责任。

《侵权责任法》和 2003 年《人身损害赔偿司法解释》对于堆放物倒塌致害责任的归责原则相一致,采用的是过错推定原则,即如果堆放人能够证明自己对造成的损害后果没有过错,就不应承担侵权责任。

在《民法典》实施之前,《民通意见》中所规定的公平原则是否就不能再适用?答案是否定的。虽然堆放人不承担侵权责任,但是《侵权责任法》并没有规定堆放人与受害人均无过错情况下责任承担的情形。因此,在受害人也没有任何过错情况下,仍然可以依据《民通意见》规定的公平原则由堆

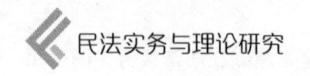

放人给予受害人适当补偿。

但是《民法典》实施之后,由于第1186条严格规定了公平责任适用的条件,依照法律字面意义,此种情况不能再适用公平责任。但是我们认为,即便堆放人能够证明没有过错,但是毕竟是堆放人堆放的物件造成他人损害,堆放人对其堆放物有着高度注意义务,而且受害人同样没有过错,此种情形下如果让受害人自己承担全部损失极不公平,不符合民法的基本精神。因此这一问题需要最高人民法院在作出司法解释的过程中高度关注。

3. 自甘风险与公平责任

《民法典》第1176条第1款规定,自愿参加具有一定风险的文体活动,因其他参加者的行为受到损害的,受害人不得请求其他参加者承担侵权责任;但是,其他参加者对损害的发生有故意或者重大过失的除外。这是我国民事立法第一次将"自甘风险原则"纳入法律规定中。依据该规定,在自愿参加的文体活动中造成损害的,一般不认定为侵权行为,除非加害人主观上故意或有重大过失。但是不认定侵权行为是否意味着加害人对受害人不进行任何赔偿?能否适用公平责任?我们在这里需要认真分析研究。

"具有一定风险的文体活动"我们一般理解是篮球比赛、足球比赛、登山活动、探险、攀岩活动等,这些活动带有按照一般正常智力水平可以预见的危险性。但是在本节一开始的案例7中,张云和李洁打羽毛球是不是属于《民法典》规定的参加文体活动?我们理解,此种情形不属于《民法典》规定的"具有一定风险的文体活动",因为在正常情况下,打羽毛球不会存在风险,参加者一般不会预见到风险的发生。所以,此种情形不应适用《民法典》第1176条,而应当适用《民法典》第1186条。另外,朋友间、同学间相约打篮球、踢足球,在运动期间一方将另一方撞伤、踢伤,此种情形虽然属于《民法典》规定的"具有一定风险的文体活动",但是这种活动毕竟不属于正式的比赛,参加活动者都从中获得了精神上的愉悦,都有受益。在正式比赛中参与者如果受到伤害,虽然加害人不承担责任,但是举办单位、参赛单位或者国家要承担相应的医疗、补助等费用。但是非正式比赛中,没有上述单位为受害人承担损失。如果加害一方也不予以任何补偿,只由受害人自己单方承担损失,就破坏了民事利益的平衡,就是一种不公平,也明显与民法中的公平原则相悖。因此在朋友、同学之间举行的文体活动中一方受到伤害,在有加害人的情况下,仍应沿用以前的司法审判经验,适用公平原则,判令加害人给予受害人适当补偿。因此建议最高人民法院在对《民法典》作出司法解释时明确规定该问题。

(三) 公平责任适用的条件

根据上述法律规定及相关法理,我们可以总结出适用公平责任原则一般有五个条件:

1. 法律有明确规定

这是《民法典》为限制公平责任滥用的新规定。在《民法典》实施后,除法律(这里的法律为狭义的法律,即全国人大及其常委会制定的法律)有明确规定外,不能适用公平责任。

2. 当事人双方都没有过错

这一点对能否适用公平责任原则很重要。双方当事人都无过错至少应有两层含义:首先,行为人没有过错或不能推定行为人有过错,即不能适用过错责任原则和无过错责任原则;其次,不能找到有过错的行为人(前提是存在有过错的行为人)或根本就没有行为人(如可能根本没有行为人,是由于自然原因引起的)。我国法律规定公平责任原则具有补充性,主要是出于弥补过错责任原则和无过错责任原则的不足,只有在不能适用其他归责原则确定责任或者适用其他归责原则会产生不公平后果的情况下,才能适用公平责任原则。如果一方当事人有过错,那就不能适用公平原则,而应当根据过错大小承担责任。从这个角度而言,过错责任也是基于公平原则产生的。

3. 有损害事实的发生

如造成他人人身伤害或财产损失。如果根本没有损害事实的存在,也就不存在责任的问题。

4. 若不由双方当事人分担损失,则有违公平的民法理念

质言之,在损害已经形成的客观情形下,虽然各方当事人都没有过错,但是只让一方当事人承担该损失会造成当事人之间的利益失衡,有违公平的理念。

5. 行为本身是损害造成的客观原因

适用公平原则的案件中的损害后果应是由行为人所造成(只是行为人没有过错,也不能推定其有过错),或行为人的行为与损害后果之间存在客观上的因果关系。换言之,如果受害人的损害后果并非行为人所导致,或行为人

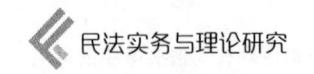

与受害人的损害后果之间根本不存在法律上的因果关系，即受害人的损害后果只是一种纯粹的生活中的意外，那么在此情形下就不能适用公平原则。这一点至关重要，否则，就容易导致对公平原则的滥用。

我们再看下面一个案例。

案例 9

> 三个未满 10 岁的未成年人相约去游泳。其中一个未成年人在游泳过程中不慎溺水身亡。死者之父将另两位未成年人监护人起诉至法院，要求其承担赔偿责任。法院经审理认为，本案应当适用公平原则，由另两位未成年人监护人承担相应的补偿责任。

本案中就三位未成年人相约去游泳这一客观事实而言，其监护人都存在监护不严责任，存在过错。但是对于其中一位未成年人不慎溺水身亡这一损害后果，两位未成年人及其监护人并不存在过错，三人结伴游泳与死者的死亡之间也没有法律上的因果关系，仅存在一种事实联系而已。死者死亡的后果也非另外两名未成年人所致，因此另外两名未成年人的监护人不应当承担任何责任。

当然，对于相约游泳中，同行伙伴在他人溺水时负有救助义务且有救助能力未尽救助义务的，应当根据过错程度大小承担一定的责任，但不应适用公平原则使其承担责任。本案中，三个人都是未成年人，当其中一人发生溺水，其他两位未成年人无力施救，故而不应认定其未履行救助义务，也不应当认定其存在过错。

由于我国法律上的公平责任原则是一种原则性规定，且无法定明确标准，因此在司法实践中，法官的自由裁量权很大，导致公平责任原则被滥用的情形不断出现。在司法审判中，经常会出现只要不能适用过错责任或无过错责任原则，就一律适用公平责任原则的判决，这就是对公平原则的滥用。因此上述案例法院的判决结果是值得商榷的。

从客观实际看，公平只能是相对的，没有绝对的公平。同时，公平的判断标准也是多样的，并非只有一种。例如徐国栋教授曾经举过一个兄弟两人分蛋糕的故事以说明公平标准的多样性：兄弟两人分蛋糕，至少有七种分法，且都不失公平。两人平分——从人头的标准看是公平的；哥哥多分，弟弟少分——从年龄的标准看是公平的；谁更饿谁多分——从需求的标准看是公平的；谁是家长谁多分——从地位的标准看是公平的；谁先看到谁多分——从先来后到的标准看是公平的；用掷骰子决定多分少分——从碰运气的标准看是公平的；谁肯多出钱谁就多分——从付出代价的标准看是公平的。公平的标准如此之多，哪一个让大家绝对信服都是不可能的。因而，公平只能是相对的——公平只能是根据个案实际情况，达到各方的利益平衡。[1]

三、公平原则与无因管理的竞合

案例 10

某个寒冷的冬日，姜某行走在河边，突然看见一名在河边玩耍的儿童不慎落入冰冷的河中。姜某见状立即跳入河中抢救该落水儿童。后儿童得救，但姜某因救人后体力不支沉入水中，虽被群众救起，但由于双腿筋骨受冻，下肢瘫痪，共花费医疗费 10 余万元。姜某向落水儿童家长索要医疗费，但遭拒绝。无奈姜某将落水儿童家长诉至法院，要求其承担全部医疗费 10 余万元。

人民法院在审理此案过程中，对如何适用法律产生了两种不同意见：第一种意见认为，本案应适用公平原则处理；第二种意见认为，本案应当适用无因管理规则处理。我们认为，该两种意见都正确，但是在《民法典》实施前和实施后处理结果是不一样的。

（一）公平原则的适用

依据法律规定，因保护他人民事权益使自己受到损害的，没有侵权人的，受害人请求补偿的，受益人应当给予适当补偿。因此，本案适用法律规定的上述公平原则是没有问题的。

但是在这里要注意一点，使用公平原则的结果是受益人对见义勇为者的损失进行的仅仅是一种补偿或者分担，而非全部承担。这一点明显对见义勇为者不公平。

---

[1] 李檬：《试论民法公平原则在司法实践中的运用》，载《职业时空》2007 第 10 期，第 20 页。

（二）无因管理的适用

《民法通则》第93条规定，没有法定的或者约定的义务，为避免他人利益受损失进行管理或者服务的，有权要求受益人偿付由此而支付的必要费用。《民法总则》第121条规定，没有法定的或者约定的义务，为避免他人利益受损失而进行管理的人，有权请求受益人偿还由此支出的必要费用。《民法典》第979条第1款规定，管理人没有法定的或者约定的义务，为避免他人利益受损失而管理他人事务的，可以请求受益人偿还因管理事务而支出的必要费用；管理人因管理事务受到损失的，可以请求受益人给予适当补偿。

根据《民法典》的规定，无因管理构成要件是：①行为人没有法定或约定义务；②行为人主观上有为他人利益进行管理或服务意思；③客观上已实施了帮助他人或管理他人人身、财产事务的行为。

从上述姜某实施见义勇为行为的整个过程看，他跳水救助落水儿童的行为，既不存在法定义务，也无约定义务，且姜某的主观心态是对落水儿童施行救助，客观上确已施救成功。无论从主观心态还是从客观行为及结果上看姜某的行为都符合无因管理的构成要件，故也可以适用无因管理原则处理本案。

但《民法典》对于无因管理的规定和《民法通则》及《民法总则》的规定有一点重要的区别，即《民法通则》及《民法总则》只规定了受益人偿还因管理事务而支出的必要费用，而没有规定管理人的损失承担问题，但是《民法典》中增加了"管理人因管理事务受到损失的，可以请求受益人给予适当补偿"这一内容。在司法审判实践中，很多法院都将《民法通则》和《民法总则》中的"必要费用"理解为包括直接支出、必要的劳务报酬、管理人因此所受的损失等。但是《民法典》对管理人的损失作出专门规定，无疑限缩了"必要费用"的范围。换言之，《民法典》中的必要费用只包括直接支出，不包括管理人的损失，对于损失，管理人也只能是请求受益人予以适当补偿。

在《民法典》实施之前，很多法院的判决中将无因管理中的必要支出理解为包括直接支出和管理人的损失，按照《民法通则》《民法总则》的规定，判令受益者对见义勇为者的损失全部补偿，而不是按照公平原则由受益者对见义勇为者进行适当补偿。但是《民法典》实施后，依照第979条的规定，见义勇为者只能要求受益人支付直接支出和适当的损失补偿。该条规定也与

第 183 条的规定相一致。因此《民法典》实施之前,见义勇为者可以选择无因管理以获得更多的经济补偿,但在《民法典》实施后见义勇为者选择无因管理与选择适用《民法典》第 183 条已经没有什么区别了。

上述案例中适用公平原则及《民法典》第 979 条规定,法院只能判决获救儿童监护人给予姜某适当经济补偿,而非全部赔偿其经济损失,客观上形成了英雄流血又自担部分损失的不公平后果。相反,按照《民法典》颁布之前法院对于"必要费用"范围的理解,适用无因管理的规定,会判决获救儿童监护人承担姜某全部的医疗费等,使见义勇为的姜某最起码在经济上不受或少受损失,这一结果更符合民法中公平原则的要求,因此对此问题还需要进一步探讨。

第五节　诚实信用原则

案例 11

郭某与某村委会签订了一份房屋租赁合同,合同约定:村委会将集体所有的一间房屋租赁给郭某,期限 5 年,年租金 1500 元。后郭某提出购买该房屋,村委会研究后同意,双方商定价格为 3 万元,但郭某事后又以价格太贵不愿再购买。在郭某表示不再购买该房屋后,本村村民张某向村委会提出要购买该房屋,村委会主任委托他人再次询问郭某是否购买,郭某仍表示不购买。村委会便与张某达成协议,以 3.2 万元价格成交,该价格包括了 17.2 千瓦的用电权。但因郭某租赁合同未到期,且不同意归还 13 千瓦用电权,故村委会和张某变更合同,房屋价格变更为 2.8 万元,用电权变更为 4.2 千瓦,且约定张某必须允许郭某租赁房屋到合同期满。此后,村委会将房屋产权变更登记至张某名下,张某维修了该房屋,郭某均未提出异议。此后张某与郭某又达成协议,郭某同意搬出房屋,张某给予其 2000 元补偿,村委会亦退还郭某 3000 元预交的租赁费。

郭某搬出房屋后,却以其作为涉案房屋承租人享有优先购买权为由,向法院提起诉讼,请求法院判令张某与村委会签订的房屋买卖合同无效,郭某在同等条件下享有该房屋优先购买权。其所依据的是《民法典》第

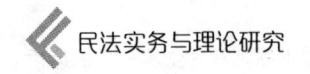

七百二十六条第一款"出租人出卖租赁房屋的,应当在出卖之前的合理期限内通知承租人,承租人享有以同等条件优先购买的权利"的规定。

一、对本案的评析

依据《民法典》第 726 条的规定,郭某在同等条件下享有涉案房屋的优先购买权,这一点没有争议。有争议的是郭某在本案整个交易过程中的行为的性质如何认定?其是否已经放弃了优先购买权?

我们认为,首先,就本案客观事实而言,村委会最先与郭某达成涉案房屋买卖协议,但是郭某反悔,表示不再购买。此后村委会才与张某达成房屋买卖协议,并且事先仍征求了郭某的意见,郭某仍表示不买。在此情况下,村委会与张某才正式签订了涉案房屋买卖协议,并办理了过户登记手续。虽然村委会未在与张某签订涉案房屋买卖协议前的合理期限内通知郭某,但是郭某已经明确表示放弃购买。因此不能认定村委会侵害了郭某对其承租房屋的优先购买权。

其次,虽然村委会与张某达成的房屋买卖协议中的 2.8 万元价格低于此前与郭某达成协议的 3 万元价格,但是该 2.8 万元少了 13 千瓦用电权,如果加上该 13 千瓦用电权,交易价格应为 3.2 万元,高于村委会与郭某达成的 3 万元的交易价格。因此村委会与张某交易条件不同于村委会与郭某达成交易的条件。

最后,村委会将涉案房屋产权证过户给张某,张某维修涉案房屋,郭某明知,但未提出反对意见,且其后又与张某达成搬出涉案房屋的协议,收取了 2000 元补偿费,又收取了村委会退还其的 3000 元租赁费。即郭某已经以其实际行为表明其放弃了涉案房屋的优先购买权。

综合上述三方面原因,我们认为,郭某向人民法院起诉主张优先购买权的行为明显违背诚实信用原则,其诉讼请求人民法院不应当予以支持,应当驳回其诉讼请求。

二、诚实信用原则的内涵

我国《民法典》第 7 条规定,民事主体从事民事活动,应当遵循诚信原则,秉持诚实,恪守承诺。《合同法》第 6 条规定,当事人行使权利、履行义务应当遵循诚实信用原则。诚实信用的基本含义就是民事主体在一般民事活动及市场交易中应当讲求信用，恪守诺言，诚实不欺，在追求自己利益的同时不损害对方当事人、他人和社会公共利益，维持法律关系双方当事人以及社会公共利益的平衡。

三、诚实信用的价值

诚实信用原则发源于古罗马私法。诚实信用原则在古罗马私法上主要适用于契约之债，要求债务人不仅要按照双方当事人在契约中约定的条件履行债务，而且应当依据诚实观念完成契约规定的给付。随着罗马法在近代资本主义国家建立过程中的复兴，诚实信用原则逐渐演变成为一种民法的基本原则。

诚实信用本身为一种道德规范，中国古代就一直有"忠厚传家久，诗书继世长"的道德信念，并一直传承至今。申言之，现代民法上的诚实信用原则将道德规范与法律规范合为一体，兼有法律调节和道德调节的双重功能。同时，诚实信用原则作为民法的基本原则，体现的是一种民事立法的价值追求，本身并不明确确定具体的民事权利义务，其内涵外延也不具有确定性，而是具有高度抽象性和模糊性。诚实信用原则不仅使得法律保持稳定性，即通过赋予旧法条新的含义而延长其生命力，填补法律空白，而且使法律条文具有极大的弹性，赋予了法官较大的裁量权，法官能够以该原则为依据排除当事人的意思自治，直接调整当事人间的权利义务关系。

由于诚实信用原则在立法上具有指导功能，在司法实践中赋予了法官自由裁量权，而且其也是民事主体在设立、变更、消灭民事法律关系时的一切民事法律行为的指导规范，具有限制民事主体意思自治的作用。同时，诚信原则也衍生出了公序良俗、禁止权利滥用、情势变更等原则，通过诚实信用原则的适用也能平衡各方当事人与社会公共利益，故而很多学者将其奉为现代民法的"帝王条款"。但也有学者认为，诚实信用原则仅仅是现代民法中意思自治原则的例外或补充，并非什么所谓的"帝王条款"。

四、诚实信用原则在司法实践中的适用

（一）解释法律

由于文字本身的多义性，大陆法系的成文法条文在有些时候并不能准确、

周全地表达其真正的内涵，同时立法的滞后性使得以前制定法律时的环境发生变化后法律无法及时得到修订，因此在适用法律时经常会出现对现行法律内涵的理解歧义。在此情况下，法官就可以适用诚实信用原则对法律或者合同条款进行解释，以维护法律的稳定性和正义性。如在"钱钟书、人民文学出版社诉胥智芬、四川文艺出版社著作权纠纷案"中，二审法院上海市高级人民法院认为：

《中华人民共和国著作权法》第十条和第十二条规定，著作权包括发表权、署名权、修改权、保护作品完整权、使用权和获得报酬权，改编、翻译、注释、整理已有作品而产生的作品，其著作权由改编、翻译、注释、整理人享有，但行使著作权时，不得侵犯原作品的著作权。据此，钱钟书依法享有对《围城》一书的著作权。"汇校"是对原作品演绎的一种形式。汇校者必须依法汇校，不得侵犯原作品的著作权。胥智芬未经钱钟书的许可对《围城》进行汇校，侵犯了钱钟书对作品的使用权和获得报酬权。四川文艺出版社在钱钟书未授权他人汇校的情况下，以营利为目的，出版发行《围城》汇校本一书，也构成了对钱钟书著作权的侵害，应承担连带责任。……1991年5月，四川文艺出版社出版《围城》汇校本不久，即接到钱钟书和人民文学出版社提出的异议。该社当时承认其行为属于侵权，并认为是在纯属过失的情况下出版了《围城》汇校本，愿意赔礼道歉、赔偿损失。可是在1991年8月以后，该社仍继续大量出版《围城》汇校本，数量达8万册之多。四川文艺出版社还在《围城》汇校本的征订单上和正式出版的9万册《围城》汇校本的封面上将"汇校本"原字样去掉，而在另外3万册书上印上"汇校本"字样。该社在出版和发行过程中的这些行为，足以说明其是以《围城》汇校本的形式出版《围城》。该行为已经违背了诚实信用和尊重社会公德的原则，扰乱了正常的出版秩序，构成对人民文学出版社专有出版权的侵害。

此案中，由于1990年《著作权法》（已被修改）未明确规定"汇校"是否属于对原作品演绎的一种形式，因此上海市高级人民法院依据诚实信用原则将"汇校"一词解释为演绎作品的一种形式。对于四川文艺出版社在承认其行为侵权后仍出版发行带有"汇校本"和没有"汇校本"字样的《围城》

的行为，上海市高级人民法院也根据诚实信用原则将其解释为一种出版发行《围城》的行为。同时，由于胥智芬的"汇校"行为和四川文艺出版社的"出版发行"行为都未得到钱钟书和人民文学出版社的同意和授权，上海市高级人民法院进而认定该两种行为都属于著作权侵权行为。本案中的上述认定过程其实就是法官将法律未明确规定的行为涵摄入法律规定之中的过程，也是法官以诚实信用原则来解释法律的过程。这种情况在司法实践中大量存在。

（二）弥补法律漏洞

社会生活的广泛性和复杂性决定大陆法系国家的成文法不可能对社会生活中的一切行为都进行规范，因此，法律漏洞是一个不可避免的客观存在。在此情形下，法官在审理案件过程中必须弥补法律漏洞。但法官不能随心所欲地弥补法律漏洞，而是要依据一定的准则。民法中弥补法律漏洞的准则主要是民法精神、法理和民法中的基本原则。其中诚实信用原则就是一个重要的准则。如在"莒县酒厂诉文登酿酒厂不正当竞争纠纷案"中，二审法院山东省高级人民法院认为：

> 被上诉人瓶贴装潢上的图案、文字、颜色等，不属于注册商标专用权保护之列。上诉人山东省文登酿酒厂仿照被上诉人的瓶贴装潢，制作了与被上诉人相近似的瓶贴装潢，使用在自己生产的白酒上，原审判决把这种行为认定为侵害商标专用权，是适用法律不当。但是，上诉人为与被上诉人竞争，违反国家工商行政管理局、轻工业部、商业部关于酒的商标应当同其特定名称统一起来的规定，使用与自己的注册商标完全不同的"喜凤酒"三个字作为自己酒的特定名称，从而制作出与被上诉人相近似的瓶贴装潢，造成消费者误认误购。同时，上诉人还在同一市场上采用压价的手段与被上诉人竞争，致使其在经济上遭受一定损失。上诉人的上述行为，不仅违反了《民法通则》第四条规定的公民、法人在民事活动中，应当遵循诚实、信用的原则，而且违反了第五条的规定，侵害了被上诉人合法的民事权益。依照《民法通则》第七条的规定，上诉人的这种行为，还损害了社会公共利益，扰乱了社会经济秩序，是不正当的竞争行为，必须予以制止。被上诉人由此遭受的经济损失，必须由上诉人赔偿。

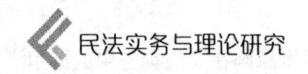

本案发生于20世纪80年代末期，当时我国《反不正当竞争法》尚未颁布，法律上不存在不正当竞争侵权行为。同时产品"装潢"不属于注册商标，不能获得商标法保护，因此一审判决将被告在其产品上使用的与原告相近似的"装潢"认定为商标侵权显然属于错误。二审法院并未因我国法律上没有规定不正当竞争行为和该行为不属于商标侵权行为而驳回原告诉讼请求，而是根据被告的行为既违反相关部门的规定，也会造成消费者误认的客观事实，依据诚实信用等民法基本原则，认定其侵犯了原告的民事权益，进而认定其构成侵权并判令其承担民事责任，这就是对法律漏洞进行的弥补。

我们再看一个案例：

案例 12

A公司与B公司合作建房，约定A公司出土地，B公司承建，按照各50%划分产权。但在建房过程中，B公司经过优化设计，增加了28 000平方米建筑，A公司要求按照对半分配，B公司不同意。A公司提起诉讼，要求B公司承担违约责任。

本案审理过程中的争议焦点主要是：合作开发房地产过程中，一方单方增加面积，另一方是否可以获得增加面积的一部分？

最高人民法院在判决书中认为：

B公司作为《房地产合作开发协议书》的一方当事人，负责对该项目进行规划设计、施工、销售。B公司在对项目规划设计进行优化调整的基础上，将原建筑面积由43 787平方米增加为71 549.8平方米，并报经有关部门批准实施。其增加的面积是由B公司在投入相同的土地上增加投资、优化设计而形成的，A公司仍是出让26.62亩土地，并未增加其他投资。A公司是合作开发的主体，但应分面积在《房地产合作开发协议书》中已确定为11 070平方米；且在开发过程中A公司也与B公司就其应分配的建筑面积又签订了《补充协议书》，进一步确定了其应得到补偿的房产面积和具体位置，故A公司请求对增加面积进行分配，理由不足。

A公司称B公司单方增加房产面积，致使所应分配的商场高度不合理、采光不足等问题,属履行合同过程中的违约问题,并非A公司增加分配房产面积的理由。

但是鉴于在B公司开发前,A公司已经做了一些前期的开发工作;在该项目的开发过程中,A公司作为合作一方又履行了《房地产合作开发协议书》规定的合作义务,根据公平和诚实信用原则,就B公司开发中增加的面积可酌情对A公司进行适当补偿。B公司作为开发项目公司,对开发过程中增加的面积应归自己所有,但鉴于A公司作为该项目的合作一方,根据合作协议履行了自己的义务,从公平和诚实信用原则考虑,B公司应酌情将增加面积27 762平方米的20%给A公司作适当补偿,具体位置可根据好坏搭配的原则确定。依据《中华人民共和国民法通则》第四条和《中华人民共和国合同法》第五条、第八条和第六十条之规定,判决:B公司从增加的面积中补偿A公司5552平方米,其中住宅面积为2166平方米,独立店铺为1000平方米,大小商场为2386平方米。

在上述案件审理中,法律并未明确规定在合作开发房地产中一方当事人通过优化方案增加房产面积后应当如何分配,双方当事人也未在合同中明确约定。在此情况下,最高人民法院以A公司作为合作主体已经完全履行了自己一方义务并在前期已经做了一些开发工作为事实依据,以公平和诚实信用原则为法律依据,判决分配给A公司20%的增加面积,既弥补了法律上的漏洞,也实现了双方当事人之间的利益平衡。

(三) 解决法律冲突

现行有效的法律不可避免地存在着冲突,主要表现在两方面:一是法律本身就存在冲突,如A法律规定民事主体不得为某种行为,B法律规定民事主体可以为某种民事法律行为;二是法律之间本身不冲突,但是在特殊案件中适用时就会发生冲突,如民法中保护公民的姓名权,反不正当竞争法中规定不得使用他人姓名造成商品或服务"混淆"。对于上述第一种法律冲突,最根本的解决办法当然是修订法律,使其统一。但是在修订法律之前如何适用法律以及第二种法律冲突情形该如何处理的问题却是司法实践中法官必须解决的问题。对于这些问题,法官仍需运用民法精神、法理和民法中的基本原则来解决。如在"湖南王跃文诉河北王跃文等侵犯著作权、不正当竞争纠纷案"中,长沙市中级人民法院经审理查明:

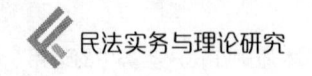

原告湖南王跃文系国家一级作家，擅长撰写官场小说，在全国范围内享有较高知名度，其 1999 年创作的小说《国画》，被"中华读书网"称为十大经典反腐小说的代表作。

2004 年 6 月，原告湖南王跃文在被告叶国军经营的叶洋书社购买了长篇小说《国风》。该书定价 25 元，由被告华龄出版社出版，被告中元公司负责发行。该书封面标注的作者署名为"王跃文"，封三下方以小号字刊登的作者简介为："王跃文，男，38 岁，河北遵化人氏，职业作家，发表作品近百万字，小说因触及敏感问题在全国引起较大争议。"发行商中元公司给书商配发的该书大幅广告宣传彩页上，以黑色字体标注着"王跃文最新长篇小说"《国画》之后看《国风》"华龄出版社隆重推出""风行全国的第一畅销小说"等内容。湖南王跃文为调查《国风》一书作者以及出版、发行情况，制止该书发行，共支付合理费用 20 055 元。

另查明：被告河北王跃文原名王立山，后改名为王跃文。在《国风》一书出版前，未发表过任何文字作品。

根据上述事实，长沙市中级人民法院认为：

被告河北王跃文原名王立山，在原告湖南王跃文成为知名作家后，王立山将自己的姓名改为王跃文，该改名行为符合法律规定。尽管在《国风》一书发表前，湖南王跃文已经成为知名人士，但没有任何法律规定禁止他人使用与知名人士相同的署名。《国风》一书的作者署名"王跃文"，其来有据，是正当行使著作权中的署名权，不是《著作权法》第四十七条第八项所指的假冒他人署名，不侵犯湖南王跃文的著作权。

关于是否构成不正当竞争问题，长沙市中级人民法院认为：

现阶段，我国除了传统的商品流通市场外，还形成了文化市场、技术市场等新兴市场，这些新兴市场中的竞争秩序，应当适用《反不正当竞争法》去规范。作者通过出售作品的出版发行权，从文化市场中换取等价物，这时的作品即成为作者经营的商品。《反不正当竞争法》第二条第三款没有将"经营者"限定在传统市场中的商品经营者或者营利性服务提供者。作者符合《反不正当竞争法》对竞争主体的要求，是文化市场中的商品经营者。在本案中,原告湖南王跃文是职业作家,以创作并发表作品为其从文化市场中获取经济利益的主要方式;被告河北王跃文亦自称作家,被告叶国军是经销图书的个体工商户,被告中元公司是图书《国风》的发行人,被告华龄出版社是专业出版机构。上述主体同在一个文化市场中活动,均在以自己的行为来分享文化市场中产生的经济利益,因此各方之间存在着竞争关系,均属于《反不正当竞争法》调整的市场主体。

在《国风》一书发行前,被告河北王跃文没有发表过任何作品。在此情况下,河北王跃文在《国风》一书的作者简介中,标榜自己"已发表作品近百万字,并触及敏感问题,在全国引起较大争议",纯属虚假宣传。与其改名行为相联系,不难看出:河北王跃文写作这一段虚假的作者简介,就是要把《国风》一书与湖南王跃文联系起来,借湖南王跃文在文化市场上的知名度来误导消费者,从而达到推销自己作品的目的。《民法通则》第四条规定:"民事活动应当遵循自愿、公平、等价有偿、诚实信用的原则。"河北王跃文、中元公司、华龄出版社的行为均违反了诚实信用原则,构成对湖南王跃文的不正当竞争。

据此,湖南省长沙市中级人民法院于2004年12月14日判决:被告立即停止对原告湖南王跃文的不正当竞争行为,并赔偿其经济损失。

上述案例中我们可以看出,河北王跃文原名为王立山,但是根据民法基本原则,任何公民都可以合法更名,没有任何法律规定,因有名人出现就不能将其名字改为和名人一样的名字。因此王立山更名为王跃文的行为本身符合民法的规定,其更改后的姓名"王跃文"也受法律保护,其在作品上署名的行为本身并不违法,因此原告湖南王跃文主张其改名违法、构成假冒署名是不成立的,法院不支持原告该项诉讼请求也是正确的。但是河北王跃文利用改名进行虚假宣传,意图造成消费者将属有"王跃文"的作品与湖南著名作家王跃文的作品混淆,这种行为是违法的,构成不正当竞争。

本案中,一方面法官承认河北王跃文的改名行为合法,在作品上署名行为合法,另一方面认定其行为构成不正当竞争,该判决就是运用诚实信用原则来解决民法中保护公民姓名权(包括更改姓名的权利)与利用姓名进行不正当竞争之间法律冲突问题的一个典型案例。

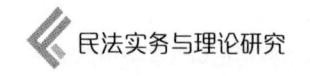

(四）扩大适用至公法领域，惩罚恶意诉讼行为

我国 2012 年《民事诉讼法》（已被修改）第 13 条规定："民事诉讼应当遵循诚实信用原则。当事人有权在法律规定的范围内处分自己的民事权利和诉讼权利。"在司法实践中，恶意诉讼严重浪费了司法资源，扰乱了正常的诉讼秩序，有损司法权威。此次《民事诉讼法》在修改时增加了当事人行使权利应当遵循诚实信用这一原则，体现了立法者顺应社会普遍关注和审判实践中迫切要求解决的问题，维护了当事人的诉讼权利，也同时保障了正常的审判秩序。该规定体现了诚实信用原则向公法领域扩展的趋势，如行政法领域也在逐渐适用诚实信用原则。在"山西普大煤业集团有限公司诉中国信达资产管理股份有限公司山西省分公司等借款合同纠纷案"的民事判决书中，最高人民法院写道：

> 本案诉讼过程中的种种现象表明，山西普大煤业集团有限公司（以下简称"普大公司"）并未诚信诉讼。其一，兴业太原分行依据其与普大公司签订的案涉 1 亿元票款的《商业汇票银行承兑合同》提起本案诉讼，普大公司以本案争议金额不足人民币 1 亿元为由坚持提出级别管辖异议。经一审法院审查，普大公司未在法律规定的期限内提出而驳回其管辖权异议申请后，普大公司又在 2015 年 9 月 22 日第三次开庭时以合议庭未受理其管辖权异议申请为由提出合议庭全体成员回避申请，一审法院依法驳回并定于 2015 年 10 月 20 日依法开庭审理本案。普大公司在 2015 年 10 月 16 日以准备证据为由要求延期开庭，一审法院不予准许后又在开庭前以代理律师心脏不适为由要求择期开庭。其二，在一审法院再次将开庭推至 2015 年 11 月 11 日后，普大公司在庭审中既未提供其已经偿还本息的证据，对于兴业太原分行提供的所有证据也一概拒绝质证、答辩。其三，普大公司在一审判决其偿还票款 1 亿元及利息后仅以尚有 4000 余元本息未认定为由提出上诉，但自 2016 年 6 月 3 日提起上诉后，至今未向本院提交任何证据证明其上诉主张。本院二审期间通知普大公司进行询问，普大公司亦无故未到庭接受询问。
>
> "诚者，天之道也"。诚实信用不仅是公民、法人或者其他组织应当具备的品德，也是从事民事法律行为与诉讼活动应当遵循的法律原则。普大公司的上述行为明显是在滥用诉讼权利，怠于履行诉讼义务，故意

拖延诉讼进程，不仅浪费了宝贵的司法资源、扰乱了正常的诉讼秩序，而且也损害了对方当事人的合法权益。在此情况下，本院无法也无必要对其上诉理由进行审理，普大公司的上诉请求不能得到支持，应予驳回。

上述案例就是法院依据《民事诉讼法》中的诚实信用原则驳回当事人诉讼请求的典型案例。

第六节　公序良俗原则

案例 13

吴某与张某结婚后生养两个子女。后张某进城务工，与同村的李某同居，并断绝了其与吴某的联系。吴某四处寻找无果，向派出所报案称妻子失踪。半年之后，吴某才得知张某、李某同居的事实。吴某便找到李某协商。最终双方签订了《关于吴某之妻与李某结为夫妻的协议》，主要内容是：张某离开吴某，跟李某结为夫妻；李某支付 4 万元给吴某，作为两个孩子的抚养费，孩子由吴某抚养；张某要跟吴某办理离婚手续，再跟李某办结婚手续；现金兑付后，双方永不纠缠。

协议签订后，李某分 3 次给了吴某 4 万元。但李某付完钱后不久，张某就回到吴某身边，更没有与吴某办理离婚手续。李某将吴某和张某诉至法院，要求退回 4 万元，并赔偿自己经济损失 5000 元。诉讼中吴某抗辩，称因李某拐走张某，给其造成经济损失 4 万多元，因此不应退还该款项。

一、对本案的评析

首先，本案中吴某和李某在未经张某同意的情况下签订的《关于吴某之妻与李某结为夫妻的协议》，实际上就是我们俗称的"妻子转让协议"或"卖妻协议"。该协议侵害了张某的婚姻自主权，属无效合同。同时，因为李某对张某与吴某所生之子女并无抚养义务，双方所签订的《关于吴某之妻与李某结为夫妻的协议》中的 4 万元名义上是两个孩子的抚养费，实际上是"卖妻款"，这一行为也明显违背了公序良俗原则中的善良风俗原则，所以该民事法律行为无效，吴某应该退还该 4 万元。至于吴某所称的李某与张某非

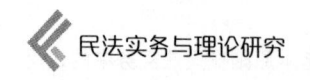

法同居侵害了吴某的"配偶权",吴某可以以此为由提起反诉或另行提起民事诉讼,但不得以出卖妻子的人身权益来换取任何财产利益。

二、公序良俗原则的内涵

公序良俗,即公共秩序与善良风俗的简称。公序是从国家角度而言的,即国家的政治、经济、法律秩序;良俗是从社会角度而言的,即一般道德观念或良好道德风尚,包括我国现行法上所称的社会公德、商业道德和社会良好风尚。公序良俗原则在司法实践中应用非常广泛,因此,探讨这一原则在民事审判中的运用具有重要的意义。

公序良俗原则在法国、日本、意大利等大陆法系国家以及我国澳门和台湾地区的民法相关规定中均有明确规定。在德国民法典中,公序良俗原则被称为善良风俗。之前我国法律并未采纳公序良俗的概念和表述,但《民法通则》第7条、《合同法》第7条和《物权法》第7条关于社会公德、社会公共利益和社会经济秩序的规定通常被认为是对公序良俗原则的承认。《民法典》第8条明确规定,民事主体从事民事活动,不得违反法律,不得违背公序良俗。

公序良俗原则一方面要求民事主体在参与民事法律关系时,在不违背法律强制性规则的条件下,以公共秩序的一般要求和善良风俗习惯进行民事法律行为;另一方面要求在解决民事纠纷时,在法律规定不明确且不违背强制性法律规范的条件下,裁判者可以运用公共秩序的一般要求与善良风俗习惯处理纠纷。

三、公序良俗原则在司法实践中适用的基础

民法基本原则的建立本身就是要弥补民事法律规范不足。民法基本原则用弹性、模糊、不确定但又符合社会伦理、正义的特性以补足法律不能完全规范广泛、复杂、无法穷尽的社会关系的缺陷,公序良俗原则也不例外。中国传统文化中素有"重义轻利"之观念,中国传统法律文化中也一直贯穿着"德主刑辅""德行教化"的思想,由此造就了中华法系偏重伦理性的法律精神,这为我国现行《民法典》中的公序良俗原则在现代市场经济条件下的运用提供了良好的思想和文化基础。

自我国确立社会主义市场经济体制以来,市场经济发展迅猛。市场经济

也是法治经济,经济的发展需要法律加以保护,而不是以行政计划手段或其他非法律手段对市场经济进行限制。随着市场经济的发展,一般民事主体的社会交往日趋繁多、社会生活愈发复杂,特殊商事主体的经营行为更具显著的广泛性、复杂性和矛盾性。因此,仅靠有限的几部法律来调整整个市场经济主体的民事行为显然是不现实的。所以,以包括公序良俗原则在内的民法基本原则来弥补现行法律的不足是任何国家在司法实践中的必为措施。公序良俗原则的任务就在于解决立法和现实间的矛盾,弥补法律的不足,维护社会公共利益,实现社会正义。市场经济发展的客观性,为公序良俗原则的适用提供了广阔的社会基础。

四、公序良俗原则在司法实践中的适用

(一) 用公序良俗原则来判断民事法律行为的效力

在大陆法系民法中,公序良俗原则主要用以确定法律行为的效力,即将违反公序良俗的法律行为都认定为无效民事法律行为。在司法实践中,法院运用公序良俗原则认定民事法律行为的效力时一般需要经过两个步骤:首先,必须查明现实生活中存在着的相应的公序良俗,即查明公序良俗的内容;其次,将诉争的民事法律行为与公序良俗的内容进行对比,看其是否符合公序良俗的要求,若不符合,则认定该民事法律行为无效。司法实践中用公序良俗原则判断民事法律行为的效力主要存在下列两种情况:

(1) 以从事违法行为为内容的民事法律行为。如托人找关系解决就业、上学、打官司、调查婚外不正当关系等。

我们看下面这个案例:

案例 14

原告徐某某向被告吕某某通过转账支付了 66 万元人民币,委托吕某某为其托关系找工作,但吕某某未完成徐某某的委托事项,也不退还款项,故诉至法院,请求法院判令吕某某退还该 66 万元及相应的同期银行贷款利息。法院经审理认为:本案中,徐某某委托吕某某为其办理的事项,是为其谋取一份在国家机关的公务员工作。徐某某向吕某某高额汇款是想疏通关系、以非法的手段实现其个人获取不正当利益的目的,其主观上过错明显,客观上破坏了我国国家机关正常的人事招考制度,损

害了社会利益,其委托内容和目的均不合法,故双方的委托合同关系因损害社会公共利益而无效。无效的合同自始不能产生法律效力,对双方当事人均不能产生拘束力,且此类行为是违反正常社会秩序和公序良俗的,是被全社会所否定的。根据非法利益不受保护的原则,法院不能认定徐某某向吕某某支付的款项为合法用途,据此,徐某某无权要求返还,上述款项应当由有关部门予以收缴。综上,徐某某与吕某某的委托关系,违反了我国的社会公共利益和法律的禁止性规定,依法不应当受到保护,故对徐某某要求吕某某返还款项并承担利息损失的诉讼请求,法院不予支持,判决:驳回徐某某的诉讼请求。

(2) 以婚外同居或不正当性关系为基础的当事人之间的民事法律行为。如非法同居双方签订的赠与合同、青春损失费赔偿协议、欠条等一方赠与对方财产的行为。我们看"张学英诉蒋伦芳遗赠继承案"法院的判决:

  法院查明,60 岁的蒋伦芳与黄永彬于 1963 年 5 月经恋爱登记结婚。二人收养一子黄勇,现年 31 岁,已成家另过。蒋伦芳 1995 年继承其父母一套 77.2 平方米的住房。1996 年,黄永彬与比他小近 30 岁的张学英相识后,二人便一直在外租房公开同居生活。2000 年 9 月,黄永彬将上述房以 8 万元的价格出售给陈蓉并将售房款中的 3 万元赠与其养子黄勇在外购买商品房。

  黄永彬因患肝癌病晚期住院治疗。黄永彬于 2001 年 4 月 18 日立下书面遗嘱,将其所得住房补贴金、公积金、抚恤金和卖住房所获款的一半 4 万元及自己所用的一部手机等总额 6 万元的财产赠与张学英所有。泸州市纳溪区公证处对该遗嘱出具了 (2000) 泸纳证字第 148 号公证书。黄永彬因病去世。黄永彬的遗体火化前,张公开当着原配蒋伦芳的面宣布了黄永彬留下的遗嘱。张学英以蒋伦芳侵害其财产权为由诉讼至泸州市纳溪区人民法院。

  法院经审理认为,遗赠人黄永彬患肝癌病晚期立下书面遗嘱,将其财产赠与原告张学英,并经泸州市纳溪区公证处公证,该遗嘱形式上是遗赠人黄永彬的真实意思表示,但黄永彬与被告蒋伦芳系结婚多年的夫妻,应相互扶助、互相忠实、互相尊重。但在本案中,遗赠人从 1996 年认识原告张学英后，长期与其非法同居，是一种违法行为。遗赠人黄永彬基于与原告张学英有非法同居关系而立下的遗嘱，是一种违反公共秩序和社会公德的行为。从另一个角度讲，本案被告蒋伦芳在遗赠人黄永彬患肝癌晚期住院直至去世期间，一直对其护理照顾，履行了夫妻扶助的义务，遗赠人黄永彬却无视法律规定，违反社会公德，漠视结发夫妻的忠实与扶助，将财产赠与与其非法同居的原告张学英，实际上损害了被告蒋伦芳合法的财产继承权，破坏了社会风气。遗赠人黄永彬的遗赠行为违反了法律的原则和精神，损害了社会公德，破坏了社会公共秩序，应属无效行为，据此，纳溪区人民法院依照《民法通则》第七条的规定，驳回原告张学英的诉讼请求。

（二）运用公序良俗原则认定当事人的行为构成侵权

在司法实践中经常会遇见一些比较典型的案件，在法律上找不到相应的规范作为裁判依据。如破坏他人祖坟、毁坏死者遗骸，立碑名字顺序、女子名字能否上碑，向他人门窗泼洒污物，隐瞒所售房屋内发生过重大凶杀案，共同饮酒未制止他人驾驶车辆造成交通事故等纠纷。对于此类案件，人民法院一般认定行为人违反公序良俗，侵害他人物权、人格权、人格利益等民事权利，进而认定其构成侵权。

我们看下面这个案例：

案例 15

原告贺秀云诉被告贺石旺，要求法院判决哥哥在给父亲立碑时没有刻上自己的名字的行为侵犯了其祭奠权。哥哥抗辩道：贺家有百年"女子名字不上碑"习俗，并拿出历代祖先碑文照片为证。法院经审理认为：民事活动应当尊重社会公德。墓碑不仅是逝者安葬地的标志，也是承载亲属哀悼的纪念物，墓碑的署名体现出署名者与逝者特定的身份关系。贺秀云与逝者是父女关系，与贺石旺是亲兄妹关系，兄妹应当平等地享有对逝世长辈尽孝和悼念的权利。贺石旺在负责篆刻父亲的墓碑时，没有将贺秀云的名字篆刻上去，侵害了其对逝世父亲尽孝和悼念的权利。法院判决限贺石旺于判决生效之日起 60 日内将贺秀云的名字篆刻在逝世父亲的墓碑上，所需费用由贺石旺负担，法院还在判决内容中提出了具

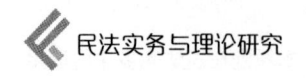

体的篆刻要求。[1]

我们再看一个案例：

案例 16

丁甲与丁乙是一对亲兄弟，哥哥丁甲在平度老家生活，弟弟丁乙在外地落户。某年丁乙特意赶回老家，给过世的父母立碑，但只将自己以及子女的名字刻在墓碑上，没有提及哥哥及家人的姓名，此举引发亲哥与亲侄儿的强烈不满。之后，丁甲带着儿子愤而砸毁了丁乙所立的这块墓碑，丁乙因此诉至人民法院，请求判令丁甲在原地重新立一块相同的墓碑，并赔偿精神抚慰金 3000 元。

庭审中，被告丁甲辩称，1999 年父母去世之后，原告丁乙不赶回老家办理后事，殡葬费分文不出，"烧七"和周年纪念也未参加，导致兄弟矛盾剧增。时隔 13 年后，原告在未与任何人商量的情况下，从外地赶回给父母立碑，在碑上只刻了自己及子女的名字，此做法令被告难以接受。事后，被告与原告协商，要求将自己及子女的名字刻上墓碑，费用被告自愿承担，但遭到了原告的拒绝。因此，被告觉得原告严重伤害了自己及子女的感情，在气愤的情况下将墓碑推倒砸碎。

法院审理认为，给逝去的亲人立碑是表达哀思的一种方式，所立墓碑是具有人格象征意义的特定纪念品，被告的侵权行为伤害了原告对逝去亲人的感情，应该承担精神损害赔偿责任。但原告在行使自身权利的同时，要充分顾及社会的公序良俗。在我国传统的民间习惯和风俗中，给逝去父母立碑应该由所有亲人一起协商，且墓碑上理应刻上所有直系亲人的姓名，这样才符合善良风俗和良好秩序的要求。本案中，原、被告系兄弟关系，由于在处理父母后事时引发矛盾导致感情失和，以致原告立碑时未能尊重被告感情，引发诉讼。法院在调解中，释明不宜采取恢复原状的救济方式处理此案，建议原告与被告协商，共同将名字刻上后再立一块碑，原告拒不接受。因此，考虑到判决的既判力和执行力，

---

[1] 赵丽、朱建新：《"女子名字不上碑"，法院不支持》，载 http：//www.enorth.com.cn，最后访问日期：2020 年 6 月 5 日。

法院运用公序良俗判决被告赔偿原告精神抚慰金 500 元，驳回原告其他诉讼请求。[1]

(三) 运用公序良俗解决物权纠纷

根据民法精神，民事主体在日常生活中行使物权也应遵循公序良俗原则。司法实践中，法院运用公序良俗原则解决物权纠纷问题的情形主要集中在相邻权和物权取得这两方面。例如，某法院以被告在其房屋土地使用权范围外修筑混凝土道路、压住他人祖先坟头的行为违反公序良俗原则，判令被告立即恢复原状。又如，被告将其厨房和卫生间互换，将其坐便器置于原告做饭的煤气灶正上方，法院认为被告行为违反公序良俗，判决被告恢复原状。另外，婚外情财产赠与问题也经常依据公序良俗原则加以处理。很多法院都曾经以在婚姻存续期间与他人同居、同居期间一方出资购买房屋及车辆并登记在对方名下的行为违背公序良俗原则而认定物权行为无效，判决返还财产。[2]

(四) 运用公序良俗原则解决人身权纠纷

法院运用公序良俗解决人身权纠纷最典型的案例就是"北雁云依与济南市公安局历下区分局燕山派出所户口行政登记行政纠纷案"。

原告"北雁云依"其父姓吕，母姓张。二人因酷爱诗词歌赋和中国传统文化，决定给爱女起名为"北雁云依"。当其父母到派出所为女儿申请办理户口登记时，被民警告知拟被登记人员的姓氏应当随父姓或者母姓，即姓"吕"或者"张"，否则将以不符合办理出生登记条件为由不予办理，并依照《中华人民共和国婚姻法》第二十二条之规定，当日作出拒绝办理户口登记的具体行政行为。为此，吕某以被监护人"北雁云依"的名义向人民法院提起行政诉讼。

本案向全国人大请示解释，2014 年 11 月 1 日，第十二届全国人民代表大会常务委员会第十一次会议通过了《关于〈中华人民共和国民法通

---

[1] 龚春：《给父母立碑引发争议 兄弟俩对簿公堂》，载齐鲁法制网，http://www.qlfz365.cn/Article/msyf/201208/20120807101347.html，最后访问日期：2020 年 6 月 6 日。

[2] 参见公蔡唱：《公序良俗在我国的司法适用研究》，载《中国法学》2016 年第 6 期，第 238 页。

则〉第九十九条第一款、《中华人民共和国婚姻法》第二十二条的解释》。该解释规定，公民依法享有姓名权。公民行使姓名权，还应当尊重社会公德，不得损害社会公共利益。公民原则上应当随父姓或者母姓。有下列情形之一的，可以在父姓和母姓之外选取姓氏：①选取其他直系长辈血亲的姓氏；②因由法定抚养人以外的人抚养而选取抚养人姓氏；③有不违反公序良俗的其他正当理由。少数民族公民的姓氏可以从本民族的文化传统和风俗习惯。

法院认为，本案的焦点是原告法定代理人吕某提出的理由是否符合解释第二款第三项规定的"有不违反公序良俗的其他正当理由"。该项规定设定了在父母姓氏之外选取其他姓氏的两个必备要件，一是不违反公序良俗，二是存在其他正当理由。其中，不违反公序良俗是选取其他姓氏时应当满足的最低规范要求和道德义务，存在其他正当理由要求在符合上述条件的基础上，还应当具有合目的性。

关于"公序良俗"对姓名的规制问题，法院认为，首先，从社会管理和发展的角度，子女承袭父母姓氏有利于提高社会管理效率，便于管理机关和其他社会成员对姓氏使用人的主要社会关系进行初步判断。倘若允许随意选取姓氏甚至恣意创造姓氏，则会增加社会管理成本，无利于社会和他人，而且极易使社会管理出现混乱，增加社会管理的风险性和不确定性。

其次，姓氏主要来源于客观上的承袭，系先祖所传，名字则源于主观创造，为父母所授。在我国，姓氏承载了对血缘的传承、对先祖的敬重、对家庭的热爱等，而名字则承载了个人喜好、人格特征、长辈愿望等。中国人民对姓氏传承的重视和尊崇，不仅仅体现了血缘关系、亲属关系，更承载着丰富的文化传统、伦理观念、人文情怀，符合主流价值观念，是中华民族向心力、凝聚力的载体和镜像。反之，如果任由公民仅凭个人意愿喜好，随意选取姓氏甚至自创姓氏，则会造成对文化传统和伦理观念的冲击，既违背社会善良风俗和一般道德要求，也不利于维护社会秩序和实现社会的良性管控。故，本案中"北雁云依"的父母自创姓氏的做法，不符合公序良俗对姓名的规制要求。

关于"存在其他正当理由"，要求选取父母姓氏之外其他姓氏的行为，不仅不应违背社会公德、不损害社会公共利益，还应当具有合目的性。这种行为通常情况下主要存在于实际抚养关系发生变动、有利于未成年人身心健康、维护个人人格尊严等情形。本案中，原告"北雁云依"的父母自创"北雁"为姓氏、选取"北雁云依"为姓名给女儿办理户口登记的理由是"我女儿姓名'北雁云依'四字，取自四首著名的中国古典诗词，寓意父母对女儿的美好祝愿"。此理由仅凭个人喜好愿望创设姓氏，具有明显的随意性，不符合立法解释第二款第三项所规定的正当理由。

因此，法院认为，原告"北雁云依"要求确认被告燕山派出所拒绝以"北雁云依"为姓名办理户口登记行为违法的诉讼请求于法无据，不应予以支持。宣判后，原、被告双方均未提出上诉。

另外，在司法实践中法院还有对提出断绝父母子女关系的诉讼以违反公序良俗原则判决原告败诉的案例。

在司法实践中法官判断一个行为是否违反公序良俗原则，可以从以下四个方面来考察：一是法律关系的客体是否违反公序良俗；二是行为的内容是否违反公序良俗；三是行为所附条件是否违反公序良俗；四是动机或目的是否违反公序良俗。

对于法律关系客体和行为本身违反公序良俗的认定比较容易理解。对于行为本身并不违反公序良俗，但因其所附条件违反公序良俗而被认定无效，原因在于所附条件成就时，履行该行为有助长反社会行为的危险，条件的违法性导致该行为无效。对民事法律行为的效力评价，一般情况下并不去考察当事人的动机和目的，但对于动机或目的违反公序良俗的行为之所以认定其无效，是因为动机是推动行为人去追求某种目的的内在动力和内在起因，当动机或目的与法律行为相结合，有助长反社会行为实现的具体危险时，法律行为也具有了反社会性，当事人的非法目的和动机就会导致法律行为的无效。

公序良俗原则的适用，在民事审判中具有非常重要的意义，其对民事主体滥用权利以及违反国家利益、社会公共利益、他人利益的行为进行了必要的限制；未成年人、残疾人等社会弱者的合法权益得到了有效的保护，社会正义理念得到了张扬。

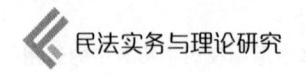

五、对于司法实践中"公序良俗原则"适用的进一步思考

司法实践中出现过这样的案例,同是"小三"获赠房,一个被法院认定无效,另一个法院却判决"小三"获一半房款。这又是为何?

我们先看第一个案例。

案例 17

吴女士与张先生系合法夫妻,两人购买了一套住房,登记在了张先生名下。后张先生欺骗陈小姐谎称自己离异,骗取了陈小姐信任。二人同居,并生育了一子。陈小姐带着儿子一直居住在上述的房内。后来,陈小姐发现张先生竟是有妇之夫,与张先生分手。分手时二人签订协议,约定儿子归张先生抚养,张先生补偿陈小姐 30 万元。同日又签订一份《附加协议书》,内容为"双方分手同时男方自愿将位于某某地的房产送给女方居住,如需转卖,男方无条件协助办理,卖下的房款一切由女方所得"。随后,陈小姐、张先生及双方证人在《附加协议书》上签名,并无张先生妻子吴女士的签名。

此后,陈小姐仍居住在上述房内并持有钥匙,一年后才搬离。陈小姐搬离后,张先生与吴女士将该房产以 58 万元的价格,出售给了案外人刘某,同日便过户登记到了刘某名下。陈小姐得知后,诉至法院要求张先生履行《附加协议书》的约定,支付出售金骏大厦房产所得的 58 万元。而张先生最终"反悔",不愿继续履行赠与合同。

法院经审理认为,在吴女士事前不知,且事后未对协议进行追认的情况下,张先生无权处分该房屋全部产权,但张先生对其中一半产权及该房出售所得一半房款的处分是有效的,因此该《附加协议书》只是部分无效。同时基于张先生、吴女士的共同出卖行为,《附加协议书》约定的赠与财产已转化为动产,张先生作为共有权人有权分割及处分属于其所有的一半房款。因此,无需考虑不动产赠与以变更登记为要件,法院最终判决张先生应当将该房款的一半即 29 万元返还给陈小姐。

我们再看第二个案例。

案例 18

张某男和金某女系合法夫妻。后张某男结识了刘某女,两人成为情人关系,张某男送给刘某女一套价值 25 万元的房产。金某女得知此事后以离婚为要挟,迫使张某男与刘某女分手。分后手,金某女和张某男起诉至法院,要求确认张某男赠送房屋给刘某女的行为无效,判令刘某女把房子退还给他们夫妇。

法院审理后认为,张某男与金某女没有约定婚姻关系存续期间所得的财产归各自所有,而张某男赠送给刘某女的房产,在赠与之前属于夫妻共同财产。张某男赠房行为损害了共有人金某女的合法权益,赠与行为无效,遂于日前判令刘某女退还房屋。

上述两则案例,虽然都是有婚姻关系的一方当事人将夫妻共有房产赠与给他人,但是一个案件法院判决赠与无效,返还房产,而另一个案件法院却判决第三者获得房产出售价款的一半。为什么会出现同案不同判的状况?

对此问题,《最高人民法院关于适用〈中华人民共和国婚姻法〉若干问题的解释(三)(征求意见稿)》(已失效)中第 2 条试图将其规定为"自然之债"。即涉及婚外情"分手费"男方不付钱"小三"不能告,已经付了钱的别找"小三"要,但正式司法解释中删除了该规定。

有学者认为,对于赠与合同纠纷有明确法律规定,因此要谨慎适用"公序良俗"原则。中国法学会会员、湖南省民商法研究会理事温毅斌曾发表观点认为,丈夫有自由处分自己个人财产的绝对权利,尽管有些没有顾忌和尊重社会公德,但由于没有违反法律法规的强制性、禁止性规定,没有损害社会公共利益,也没有损害到妻子的利益,所以赠与有效。如果丈夫与"小三"不是以损害妻子的精神、给其造成精神痛苦为目的,才恶意串通去签订赠与合同,根据《合同法》第 52 条的规定,这种赠与行为仍然是有效的。温毅斌的观点也得到了一些学者和司法审判机关的认可,他们认为,尽管法律源于社会道德,但法律与道德是有严格界限的,法律应该不干涉和规范到社会道德领域,违反道德的行为不应受到法律的惩罚而只应受到社会舆论的谴责。而且《民法通则》《民法总则》规定的"公序良俗"原则,只有在没有法律规定、无法可依的情况下才能以此为依据作出裁判。

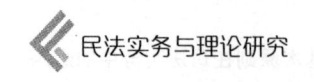

对于上述同案不同判的情形，也有学者进行了如下解释：案例17中，法院在判决书中已经解释，夫妻二人已经将房子共同出售，《附加协议书》约定的赠与财产并非房子这种不动产，而已转化为房款这种动产，这笔房款归张先生所有，他作为共有权人有权分割及处分属于其所有的一半房款。而案例18中的情况是夫妻一方单方处分了共有的不动产——房产。根据《婚姻法》和相关司法解释规定，夫妻在婚姻关系存续期间所得的财产归夫妻共同所有而不是按份共有，夫妻双方对于婚内财产有平等的处理权，夫或妻非因日常生活需要对夫妻共同财产做重要处理决定的，夫妻双方应当平等协商，取得一致意见，否则会因侵犯共有人的合法权益导致无效。因此案例18中的单方处分行为无效。

由上可见，公序良俗原则在司法实践中的理解和运用存在着很大的争议，上述相关学者的解释及司法机关的判决是否合理、是否正确都还需要进一步认真思考。

第七节　禁止权利滥用原则

案例19

甲购买了乙公司开发建设的某小区的房屋后，又以20万元的价格购得该小区地下停车位，后来乙公司经规划部门批准，在该小区以260万元的价格建设观光电梯，该梯入口占用了甲的停车位。乙公司与甲协商，愿意为甲更换位置更好的停车位。但甲不同意，并执意要求乙公司拆除电梯。甲将该纠纷诉至法院，法院驳回其要求乙公司拆除电梯的诉讼请求。

一、对本案的评析

乙公司虽然经过规划部门批准建设观光电梯，但是其建设电梯的行为确实侵害了甲的权利，不因其建设电梯行为获得规划部门批准就不构成侵权，乙公司应对其侵权行为给甲造成的损害后果承担责任。依据我国法律规定，承担侵权责任的形式有多种，赔偿损失、修理、更换等。本案中，乙公司愿意以给甲更好的车位的方式承担其侵权责任，但甲不接受，执意要求乙公司拆除电梯，甲的这一要求明显是在滥用权利。法院之所以驳回甲的诉讼请求，理由就是甲滥用权利，违反了民法中的"禁止权利滥用"原则。

二、禁止权利滥用原则的内涵

《民法总则》《民法典》均在第132条规定，民事主体不得滥用民事权利损害国家利益、社会公共利益或者他人合法权益。这便是我国民法中的禁止权利滥用原则的具体法律规定。《民法通则》第7条中民事活动"不得损害社会公共利益，扰乱社会经济秩序"的规定也含有禁止权利滥用的内涵。

虽然罗马法中有"行使自己之权利，无论对于任何人，皆非不法"的法谚，但罗马法上也有限制以损害他人为目的行使权利的规定，证明罗马法上存在禁止权利滥用的观念。资产阶级革命胜利后在个人主义和自由主义思想指导下建立起来的自由资本主义时期的法律制度虽有少量限制个人权利的规定，但更强调对权利的绝对保护，禁止权利滥用原则未成为民法基本原则。进入垄断资本主义阶段后，国家对经济及社会生活的干预越来越多、越来越广，表现在法律上就是对绝对的个人权利加以限制。由此，禁止权利滥用原则就逐渐发展成为一项民法的基本原则。例如《德国民法典》第226条就规定："权利之行使，不得以损害他人为主要目的。"但禁止权利滥用作为一个高度抽象的法律概念，至今尚无一个完整而明确的概念表述。

关于禁止权利滥用原则的具体内涵，理论界有"权利滥用"概念否定说、"权利滥用"概念肯定说两大观点。在肯定说中又分为恶意说、本旨说、界限说、目的与界限混合说等理论。我们认为，权利滥用的实质是私权在行使时损害了他人、社会或国家利益，破坏了利益之平衡。一般表现形式为行使权利不考虑权利设定目的，违反侵权法的一般原则，违背公平、诚实信用基本原则，权利的行使缺乏正当性，权利的行使方式有害，权利的行使结果造成的损害大于获得的利益（该利益不仅指权利人个人利益，而是包括他人、社会及国家利益）等。

三、禁止权利滥用原则在适用中的问题

为克服成文法的局限性，与其他民法基本原则一样，禁止权利滥用作为

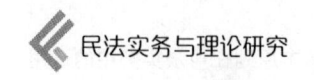

一项法律的基本原则，赋予法官以自由裁量权，在法律规定不明或规定有所欠缺时，通过法官在此原则指导下的自由裁量来弥补法律的缺漏，从而使权利的范围得以明确，实现其公平正义的价值。但是该原则适用也存在一些负面问题，主要体现在以下三方面：

（一）规避法律

裁判者出于某种需要，在有明确具体的法律规范时，为达到其不正当目的，故意选择禁止权利滥用原则，而不适用具体法律规范，以规避对具体法律规范的适用。

（二）滥用禁止权利滥用原则进行自由裁量

禁止权利滥用原则赋予了法官自由裁量权，但同时要求裁判者进行自由裁量时不得违反法律精神。但法律精神本身也不甚明晰，导致裁判者对自由裁量权的适用主要决定于裁判者的主观意愿，而没有客观明确标准的约束。因此在实践中也会出现裁判者违背立法的精神和宗旨，滥用禁止权利滥用原则进行自由裁量的情形。

（三）过度限制私权

禁止权利滥用原则的目的在于平衡权利人、他人、社会、国家之间的利益，即通过对个人权利的行使加以限制来保护其他主体的利益。但是由于上述主体之间的利益冲突不可避免，往往难以达到一个十分精确的平衡，故而在司法实践中经常会出现过度考虑其他主体特别是所谓的"国家利益""社会利益"而对个人权利进行不适当的限制的情形。

四、禁止权利滥用原则在司法实践中的具体适用

在司法实践中，人民法院经常会适用禁止权利滥用原则否定权利人行使权利或限制权利行使，主要体现在以下领域：

（一）权利的行使危及他人安全

民法是赋予民事权利的法律，而且民法在规范民事法律行为时以私法自治为原则、尽量少干预民事主体的民事活动。原则上，只要法律没有禁止，当事人即享有权利。但是当民事主体行使权利可能会给他人人身、财产安全造成危害时，就构成了权利滥用，应当予以禁止。

案例 20

某甲居住于某小区一栋高层住宅 29 层,某天其购买了一只能放 4 吨重的巨型浴缸运回小区准备安装,但遭到邻居反对。邻居叫来物业公司解决纠纷,物业公司咨询了有关专家,专家答复房屋楼板无法承受浴缸使用时的重量。物业公司阻止某甲将该巨型浴缸运进其住宅。某甲向人民法院起诉,称物业公司妨害其财产权益,请求人民法院判令物业公司停止侵权。人民法院审理后认为,公民只能在法律规定的限度内自由行使占有、使用、收益、处分个人财产的权利,禁止滥用权利。本案原告应当本着安全、合理的原则使用物业,并遵守法律、法规及业主公约的有关规定。长期使用巨型浴缸必然对大楼的楼板强度及承重结构造成危害,使大楼存在潜在的安全隐患。同时还应当顾及相邻各方的利益,以不损害公共利益和他人权益为前提,对其安装巨型浴缸应加以必要的限制,因此驳回原告诉讼请求。

(二) 对共有物分割权的限制

物权共有人对共有物共同享有占有、使用、收益、处分等权利,也有权要求分割共有物。但是对共有物分割时应当考虑其他共有人在共有物上的相关权利,如果权利的行使有害于其他共有人,则构成权利滥用,应当被禁止。

案例 21

甲与乙原为夫妻关系,生育了儿子丙。某年乙起诉甲离婚并平分夫妻共有财产。经法院主持调解,乙与甲达成离婚协议,约定:双方自愿离婚;婚生儿子丙由甲携带抚养;夫妻共有的 A 房屋归乙和丙共有;夫妻共有的 B 房屋由甲与丙共有,并分别进行了份额转让的登记手续,领取了共有权证。B 房屋现为甲与丙共有的房屋,并由其二人居住。A 房屋为乙与丙共同共有的房屋,并由乙及其母亲居住。除 A 房屋外,乙已无其他房屋居住。现在丙以其为案涉房屋共有权人为由起诉乙,要求对案涉房屋进行分割。

法院经审理认为:《中华人民共和国民法通则》第七条规定"民事活动应当尊重社会公德"。《中华人民共和国物权法》第七条规定"物权的取得和行使，应当遵守法律，尊重社会公德，不得损害公共利益和他人合法权益"。原告丙成为案涉的 A 房屋的共有人之一，是基于其父母即被告乙与甲在离婚时达成的协议。对原夫妻共同所有的 A 房屋和 B 房屋，被告乙在离婚时未与甲采取各占有一套房屋的分割方式，而是将各自所有的份额赠与原告丙，形成原告与其父母均共有一套房屋的状况，根据日常生活经验，其目的是为防止原夫妻共有的财产因离婚而向外流失，从而使上述财产在家庭破裂、父母离异后能够继续成为子女以后生活的物质保障。从某种程度上讲，案涉房屋共有的状态，寄托着父母对子女的爱，是父母为保障子女以后生活而在共有财产离婚分割方式上达成的相互制衡。而本案原告利用父母离婚时为保障其生活而设定的共有状况，在其自身居有其屋的情形下，不顾父亲即乙和其家人在案涉房屋居住的现实，在共有基础未丧失和没有重大理由时提起析产，这背离了民事活动应当尊重社会公德和公序良俗原则的要求，属于对民事权利的滥用。故对其提出的分割共有物的诉讼请求不予支持。

（三）对知识产权的限制

知识产权本身就是一种垄断性权利，具有较强的排他性，因此在知识产权领域权利滥用的现象大量存在。最高人民法院在"石家庄双环汽车股份有限公司与本田技研工业株式会社确认不侵害专利权纠纷上诉案"的判决中认为：

> 权利人发送侵权警告维护自身合法权益是其行使民事权利的应有之义，但行使权利应当在合理的范围内。在采取维护权利行为的同时，也要注重对公平竞争秩序的维护，避免滥用侵权警告，打压竞争对手合法权益。根据审理查明的事实，本田技研工业株式会社（以下简称"本田株式会社"）除了在第一阶段向涉案汽车的经销商发送侵权警告信之外，在第二阶段，在石家庄双环汽车股份有限公司（以下简称"双环股份公司"）已经与其进行沟通协商，并寻求确认不侵害涉案专利权的司法救济，本田株式会社亦寻求侵害涉案专利权的司法救济后，继续向涉案汽车的销售商发送侵权警告信，并扩大了被警告经销商的发送范围。

> 本田株式会社以竞争为目的，在第二阶段扩大警告信的发送对象和范围，疏于履行权利人行使权利的合理审慎注意义务，对被警告者自行

判断是否应当停止所警告行为的重大事宜在警告信中不进行披露，致使双环股份公司利益遭受损失，存在过错。本田株式会社的行为并非《专利法》所赋予的正当的维权方式，而是有悖于鼓励和保护公平竞争的不正当竞争行为。依据《反不正当竞争法》第二十条规定，应当对其造成的损害后果承担责任。

在"陈晓东等与江西天佑医药科技有限公司确认不侵犯外观设计专利权纠纷上诉案"的判决中，法院也认为：

> 上诉人作为权利人在未经有关行政部门及人民法院认定的情况下，在媒体上发表声明及敬告书，指明被上诉人假冒、侵权的行为，不能说是一种正当行使权利的合理行为。

最高人民法院在指导案例 82 号"王碎永诉深圳歌力思服饰股份有限公司、杭州银泰世纪百货有限公司侵害商标权纠纷案"中，明确指出原告在商标权的取得及行使上不具有正当性，属于权利滥用，应予以禁止。

本案中被告深圳歌力思服装实业有限公司成立于 1999 年 6 月 8 日。2008 年 12 月 18 日，该公司通过受让方式取得第 1348583 号"歌力思"商标，该商标核定使用于第 25 类的服装等商品之上，核准注册于 1999 年 12 月。2009 年 11 月 19 日，该商标经核准续展注册，有效期自 2009 年 12 月 28 日至 2019 年 12 月 27 日。深圳歌力思服装实业有限公司还是第 4225104 号"ELLASSAY"的商标注册人。该商标核定使用商品为第 18 类的（动物）皮；钱包；旅行包；文件夹（皮革制）；皮制带子；裘皮；伞；手杖；手提包；购物袋。注册有效期限自 2008 年 4 月 14 日至 2018 年 4 月 13 日。2011 年 11 月 4 日，深圳歌力思服装实业有限公司更名为深圳歌力思服饰股份有限公司（以下简称"歌力思公司"，即本案一审被告人）。2012 年 3 月 1 日，上述"歌力思"商标的注册人相应变更为歌力思公司。

一审原告人王碎永于 2011 年 6 月申请注册了第 7925873 号"歌力思"商标，该商标核定使用商品为第 18 类的钱包、手提包等。王碎永还曾于 2004 年 7 月 7 日申请注册第 4157840 号"歌力思及图"商标。后因北京市高级人民法院于 2014 年 4 月 2 日作出的二审判决认定，该商标损害了歌力思公司的关联企业歌力思投资管理有限公司的在先字号权，因此不应予以核准注册。

自 2011 年 9 月起，王碎永先后在杭州、南京、上海、福州等地的"ELLASSAY"专柜，通过公证程序购买了带有"品牌中文名：歌力思；品牌英文名：ELLASSAY"字样吊牌的皮包。2012 年 3 月 7 日，王碎永以歌力思公司及杭州银泰世纪百货有限公司（以下简称"杭州银泰公司"）生产、销售上述皮包的行为构成对王碎永拥有的"歌力思"商标、"歌力思及图"商标权的侵害为由，提起诉讼。

本案一审、二审法院均认为歌力思公司及杭州银泰公司生产、销售被诉侵权商品的行为侵害了王碎永的注册商标专用权，判决歌力思公司、杭州银泰公司停止侵权行为、赔偿王碎永经济损失及合理费用共计 10 万元及消除影响。

歌力思公司及王碎永均不服，向最高人民法院申请再审。最高人民法院裁定提审本案，并于 2014 年 8 月 14 日作出（2014）民提字第 24 号判决，撤销一审、二审判决，驳回王碎永的全部诉讼请求。

最高人民法院的裁判理由是：任何违背法律目的和精神、以损害他人正当权益为目的、恶意取得并行使权利、扰乱市场正当竞争秩序的行为均属于权利滥用，其相关权利主张不应得到法律的保护和支持。

本案第 4157840 号"歌力思及图"商标迄今为止尚未被核准注册，王碎永无权据此对他人提起侵害商标权之诉。对于被告的行为是否侵害王碎永的第 7925873 号"歌力思"商标权的问题，首先，歌力思公司拥有合法的在先权利基础；其次，歌力思公司在本案中的使用行为系基于合法的权利基础，使用方式和行为性质均具有正当性。在歌力思公司的字号、商标等商业标识已经具有较高的市场知名度，而王碎永未能举证证明其"歌力思"商标同样具有知名度的情况下，歌力思公司在其专柜中销售被诉侵权商品的行为，不会使普通消费者误认该商品来自于王碎永，不具有攀附王碎永"歌力思"商标知名度的主观意图，亦不会为普通消费者正确识别被诉侵权商品的来源制造障碍。最后，王碎永取得和行使"歌力思"商标权的行为难谓正当。"歌力思"商标由中文文字"歌力思"构成，与歌力思公司在先使用的企业字号及在先注册的"歌力思"商标的文字构成完全相同。"歌力思"本身为无固有含义的臆造词，具有较强的固有显著性，依常理判断，在完全没有接触或知悉的情况下，因巧合而出现雷同注册的可能性较低。作为地域接近、经营范围关联程度较高的商品经营者，王碎永对"歌力思"字号及商标完全不了解的可能性较低。在上述情形之下，王碎永仍在手提包、钱包等商品上申请注册"歌力思"商标，其行为难谓正当。王碎永以非善意取得的商标权对歌力思公司的正当使用行为提起的侵权之诉，构成权利滥用。

(四) 悖于他人正当信赖的权利行使

在司法实践中，经常会出现这样的情形，一方当事人享有某种权利，但是却长期不行使，致使对方当事人有理由相信其不再行使该权利或放弃该权利。基于这样的信赖，另一方当事人已经以对方当事人不行使或放弃权利为基础做出了一系列民事法律行为后，权利人却又开始行使相关权利。对此情形，也应予以禁止。例如在"山东海汇生物工程股份有限公司与谢宜豪股权转让合同纠纷上诉案"中，法院认为：

> 原告、被告以及第三人各方先后签订的股权转让合同，被告迟延履行逾5年，原告未行使解除权，被告也未催告行使，原告认为其解除权不因《合同法》第九十五条规定而消灭；被告提出其合理信赖原告已经抛弃该项解除权或根本不欲行使该项解除权。对此，法院判决：合同解除权作为一种形成权，在不具约定或法定除斥期间时，当相对人有正当理由信赖解除权人不欲再行使解除权时，则根据禁止滥用权利原则，解除权人不得再行使解除权。

(五) 权利的行使损害他人利益且不利于自己

在司法实践中也时有出现一方当事人行使权利不仅损害他人利益，而且该权利行使的后果也不利于自己的情形。人民法院认定此种行为属于权利滥用，应予禁止。例如在金杯汽车股份有限公司与中国华融资产管理公司沈阳办事处债权转让纠纷一案中，最高人民法院就以权利滥用为由，认定中国华融资产管理公司沈阳办事处（以下简称"华融资产"）以低于金杯汽车股份有限公司（以下简称"金杯股份"）报价将债权转让给厦门和生科技有限公司（以下简称"厦门和生"）的行为无效。

1992年10月5日，金杯股份向银行拆借资金1亿元，借款到期后，金杯股份未履行全部还款义务。2005年5月27日银行将10 967万元债权转让给华融资产。2006年6月22日，华融资产向金杯股份发出《关于妥善处理银行不良资产的沟通函》，要求2006年6月30日前，提出正式的偿还或回购计划并书面送交。2006年6月30日，金杯股份向华融资产发出《关于回购不良贷款的意见》，公司提出以5%~8%的比例回购上述不良资产的意见。华融资产对于金杯股份提出的回购意见未作回应。2006年12月28日，华融资产与厦门和生签订资产转让协议，约定华融资产将前述金额为1 095 501.34万元（包含本案债权）的不良资产及相关权益全部转让给厦门和生，转让价款为10 880万元，支付时间截至2007年3月31日。厦门和生按约定时间将全部价款支付完毕。金杯股份得知上述情况后，向法院提起诉讼，要求确认华融资产与厦门和生签订的债权转让协议无效。

本案二审法院最高人民法院判决认为，被告华融资产与厦门和生科技有限公司所签债权转让协议无效。其判决理由是：依据厦门和生付款10 880万元购买资产价100亿余元及其中金杯股份债权为10 967万元的事实，认定厦门和生为购买上述金杯股份债权而支付的价款尚不足2%（为1.71%），此对价与金杯股份在回函中所提出的5%~8%比例回购价有明显差异，亦与华融资产在处置该资产的调查报告中所称对金杯股份的受偿比例为33.98%~40.98%之间，回收额为3800万元的说法相差甚远。由此判断，华融资产在金杯股份债权让与上获利较少，而金杯股份却损害极大。因该债权之转让他人，金杯股份借以希望获得资产重组，求得喘息之机会亦不复存在，依据本案事实，金杯股份将会面对随之而来的亿元资产被强制执行的困扰，作为仍未摆脱困境的上市公司，金杯股份其境况如何可想而知。综上，华融资产行使债权转让之行为，自己得利较少，而金杯股份及社会损失甚大，依据我国《民法通则》第四条关于民事活动应遵循诚实信用原则之规定，其让与债权非正当行使，已构成权利滥用，应予禁止，本案诉争债权转让应无效。

第六章
民事政策、民俗习惯在民事案件中的适用

第一节 民事政策在民事案件中的适用

案例1

原告：程某某。

被告：某某村民委员会，武某某。

原告于1983年1月1日承包了被告村委会梁围地4亩耕地，并由县人民政府颁发了《土地使用证》，确认了申请人为合法的承包人。1987年原告与被告武某某口头商定：由武某某临时耕种此地，并代原告履行缴纳农业税和集体提留等义务，双方约定在原告需要耕种时被告武某某随时返还该承包地。

1994年，村委会为了解决交村集体提留、农业税的手续繁琐问题，便于村委会工作和管理，要求将被告武某某作为该块土地的名义承包人。于是，在没有经过任何法定程序包括没有召开村民大会和村民代表大会也没有告知原告的情况下，两被告就签订了《承包土地合同》与《某某村经济合作社土地承包合同书》。2013年，原告想要回上述承包地，但被告村委会已经换届，新的村委会主任不同意将土地返还给原告。两被告以签订了《承包土地合同》和《某某村经济合作社土地承包合同书》为由，不承认原告为该块土地的承包人的事实。为此原告向该县人民法院提起诉讼要求：①依法确认两被告于1994年1月1日签订的《承包土地合同》与1994年12月31日签订的《某某村经济合作社土地承包合同书》中的涉及4亩耕地的部分内容无效；②请求依法判决两被告返还申请人承包的4亩耕地。

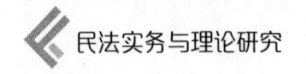

一、对本案的评析

本案中两被告的这种做法不仅违反了原告和被告武某某的约定，违反了村委会要求订立合同的初衷，而且，违反了我国当时的相关法律法规强制性和禁止性规定，违反中央相关政策，应为无效合同。下面我们仅就相关中央政策进行分析：

（1）1984 年 1 月 1 日发布的《中共中央关于一九八四年农村工作的通知》第 3 条第 1 款明确规定，土地承包期一般应在 15 年以上。生产周期长的和开发性的项目，如果树、林木、荒山、荒地等，承包期应当更长一些。到 1994 年，原告 1983 年签订的合同并未满 15 年。

（2）1993 年 11 月 5 日发布并实施的《中共中央、国务院关于当前农业和农村经济发展的若干政策措施》第 1 条就明确规定，以家庭联产承包为主的责任制和统分结合的双层经营体制，是我国农村经济的一项基本制度，要长期稳定，并不断完善。为了稳定土地承包关系，鼓励农民增加投入，提高土地的生产率，在原定的耕地承包期到期之后，再延长 30 年不变。为避免承包耕地的频繁变动，防止耕地经营规模不断被细分，提倡在承包期内实行"增人不增地、减人不减地"的办法。在坚持土地集体所有和不改变土地用途的前提下，经发包方同意，允许土地的使用权依法有偿转让。

（3）1994 年 12 月 30 日发布的《国务院批转农业部关于稳定和完善土地承包关系意见的通知》（已失效）第 2 条规定，原土地承包办法基本合理、群众基本满意的，尽量保持原承包办法不变，直接延长承包期；因人口增减、耕地被占用等原因造成承包土地严重不均、群众意见较大的，应经民主议定，作适当调整后再延长承包期。第 3 条规定，提倡在承包期内实行"增人不增地、减人不减地"。第 4 条规定，在坚持土地集体所有和不改变土地农业用途的前提下，经发包方同意，允许承包方在承包期内，对承包标的依法转包、转让、互换、入股，其合法权益受法律保护。

（4）《国务院办公厅关于妥善解决当前农村土地承包纠纷的紧急通知》（国办发明电〔2004〕21 号）第 4 条明确规定，坚决纠正对欠缴税费或土地抛荒的农户收回承包地。要严格执行《农村土地承包法》的规定，任何组织和个人不能以欠缴税费和土地撂荒为由收回农户的承包地，已收回的要立即纠正，予以退还。对《农村土地承包法》实施以前收回的农户抛荒承包地，如农户要求继续承包耕作，原则上应允许继续承包耕种。

综上所述，两被告不归还原告的原承包地违反上述国家政策，法院应当判决两被告签订的合同无效，并判令其返还原告的4亩承包地。

二、民事政策作为法院审理民事纠纷案件依据的历史回顾

新中国成立后，废除了国民党《六法全书》，但在很长时间内没有制定出民法典。为解决实践中的民事纠纷，1963年8月28日发布的《最高人民法院关于贯彻执行民事政策几个问题的意见》作为人民法院审理民事纠纷案件的依据。该意见至今仍未被废止。1978年改革开放后，最高人民法院在1979年2月2日又发布了《最高人民法院关于贯彻执行民事政策法律的意见》，该意见于1996年12月31日被最高人民法院废止。1984年8月30日发布的《最高人民法院关于贯彻执行民事政策法律若干问题的意见》，该意见于2019年才被废止。因此，在《民法通则》制定之前，可以说，人民法院审理民事纠纷案件主要依据的是民事政策。

1986年4月12日，第六届全国人民代表大会第四次会议通过《民法通则》，1987年1月1日起施行。此后我国法院在审理民事纠纷案件时终于有了法律依据。但是《民法通则》第6条仍规定，民事活动必须遵守法律，法律没有规定的，应当遵守国家政策。这一规定说明民事政策仍然可以作为解决民事纠纷案件的依据。2017年3月15日第十二届全国人民代表大会第五次会议通过的《民法总则》中，对民事政策问题没有作出任何规定。但是《民法总则》的实施并没有废止《民法通则》。因此，《民法总则》和《民法通则》将在一段时间内并存。在此并存阶段，对于两法均有规定的内容，应按照新法优于旧法的原则，适用《民法总则》的规定。对于《民法总则》中没有规定但在《民法通则》中有规定的内容，仍应适用《民法通则》的规定。因此，从法律法规上看，在《民法通则》被正式废止之前，民事政策仍然可以作为人民法院审理案件的依据。现在《民法典》已经颁布，且《民法典》也没有对政策能否作为依据适用于民事司法审判中作出明确规定。《民法通则》被废止后，民事政策能不能再作为法院审理民事纠纷案件的依据就成为一个需要研究的问题。

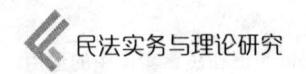

三、民事政策的价值

"民事政策"意指党和国家对民事活动进行导引、规范或对之发生影响的政策,是党和国家处理其民事领域事务的一系列路线、方针、原则和指示的总和。[1]

美国学者拉斯韦尔和麦克道格尔在法理学研究中用政策的观点和方法来研究法律现象,提出了系统的法律政策学说,主张法律的适用应当围绕政策目标进行政策思考。现代社会中,诸多民法学宏观理论问题研究的切入点或导入点都是民事政策,通过民事政策的理论研究,能够了解、把握许多民法宏观理论问题,并以此为基础解决民事立法中存在的问题,因此研究民事政策仍然具有理论价值。同时,现代社会中,民事政策、民事法律与法律解释之间仍存在大量冲突,通过研究民事政策,我们能够厘清民事政策、立法、司法之间产生冲突的原因,从而在司法审判中更准确地适用民事政策和法律。因此研究民事政策也具有实践价值。

新中国成立至今,颁布了大量的民事政策,且已然或正在对我国的民事立法、民事司法产生着巨大且深远的影响。我国于 20 世纪 50 年代中期开始实行计划经济,80 年代开始实行有计划的商品经济,90 年代初期开始实行社会主义市场经济。与此相对应,我国的法律也在不断修改和完善,制定了《民法通则》,同时实施《中华人民共和国经济合同法》《中华人民共和国技术合同法》《中华人民共和国涉外经济合同法》(均已失效)等三大合同法,1999 年将上述三大合同法统一于《合同法》。21 世纪开始,逐步颁布了《物权法》《侵权责任法》等民事基本法,2017 年颁布了《民法总则》,现在《民法典》也已经颁布。上述法律的制定、修改过程无一不与我国民事政策的颁布有着密切的关系。

四、民事政策在司法实践中的应用

(一)《民法通则》实施前的适用

民事政策在《民法通则》实施之前是我国法院审理民事纠纷案件的主要依据。下面我们看一个在《民法通则》实施前法院依据民事政策作出判决的案例。

---

[1] 转引自齐恩平:《民事政策的困境与反思》,载《中国法学》2009 年第 2 期,第 72 页。

第六章 民事政策、民俗习惯在民事案件中的适用

案例 2

1985 年 A 村的甲承包 B 村的一片长期荒芜且无人愿意承包的水塘。B 村当时经过村民集体讨论同意甲承包，期限为 5 年，前两年甲每年向 B 村缴纳 1 万斤鱼，后三年甲每年缴纳 2 万斤鱼。

甲承包后投进了几万尾鱼苗，长势良好，很快有了收益。但是 B 村支部书记乙看到甲很快获利，但是没有给自己任何好处，就怂恿本村人去偷鱼。特别是乙的侄儿，在甲雇人看鱼塘后仍然偷鱼，被抓住，于是发生纠纷。乙就煽动村民去公开抢鱼。双方发生打架。最后甲的儿子被打晕，女儿被打伤。

甲无奈叫来了镇党委书记，镇党委书记却说，承包合同没有经过镇里同意，无效。B 村就将合同撕毁，强行占领了鱼塘，鱼塘中的鱼也被打捞殆尽，甲损失惨重，无奈向法院起诉，要求判令乙赔偿其全部经济损失。

一审法院判决：①解除承包合同，鱼塘使用权归 B 村，鱼归 B 村全体村民集体所有；②B 村补偿甲投入鱼塘中鱼苗款和护塘报酬 3000 元；归还抢走甲的渔网等工具；③赔偿甲儿子、女儿医疗费 500 元。

一审法院判决解除合同的理由是我国当时法律没有规定允许异地承包，只允许本集体经济组织的成员承包。

甲不服一审判决，提起上诉，二审法院改判：合同有效，应当继续履行，被哄抢的鲜鱼折抵第一年承包费的 50%，其他维持原判。

二审法院改判的依据主要是 1983 年 1 号文件《当前农村经济政策的若干问题》。该文件中规定，根据我国农村情况，在不同地区、不同生产类别、不同的经济条件下，合作经济的生产资料公有化程度、按劳分配方式以及合作的内容和形式可以有所不同，保持各自的特点……可以按地域联合，也可以跨地域联合。不论哪种联合，只要遵守劳动者之间自愿互利原则……这样，根据经济发展的需要，自然而然地毫不勉强地通过多种形式、多种层次的经济联合，可以把众多的分散的生产者联结起来，使之成为整个社会主义经济的有机组成部分。

上述党中央 1983 年 1 号文件中明确规定，允许"跨地域联合"，因此虽然没有法律明确规定可以异地承包，但是异地承包属于中央 1 号文

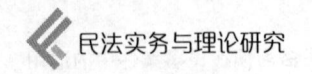

件中允许的"跨地域联合",故而异地承包符合党中央政策,因而是有效的。故二审法院作出了改判。[1]

(二)《民法通则》实施后的适用

20 世纪 80 年代中期以后,随着《民法通则》的实施,"民事政策"在司法实践中逐渐被冷落,理论研究者甚少。然而,作者在裁判文书网上以《民法通则》第 6 条为法律依据、以"民事政策"作为判决理由进行关键词查询,搜索到 235 个民事案件的判决裁定,时间跨度是 2011 年至 2017 年,由此可以说明民事政策在司法实践中仍然可作为解决民事纠纷案件的依据,但使用频率较低。从查询到的判决中可以看出,以民事政策为依据的判决,主要解决收养、房产、继承、典当、坟地等民事纠纷。如宁夏回族自治区高级人民法院(2015)宁民申字第 63 号"申请人高某、赵某、李某与被申请人赵某 1 法定继承纠纷案"的民事裁定书中对民事政策进行了如下适用:

> 法院认为:1984 年 8 月 30 日《最高人民法院关于贯彻执行民事政策法律若干问题的意见》至今有效,其中,第 28 项规定,"亲友、群众公认,或有关组织证明确以养父母与养子女关系长期共同生活的,虽未办理合法手续,也应按收养关系对待";同时,一、二审判决结合《中华人民共和国收养法》施行前后适用的司法解释及部门规章等有关规定,认为我国认可事实收养关系并无不妥。

五、《民法典》实施后民事政策的适用

《民法典》中没有关于民事政策能否适用于民事纠纷的审判中的规定,但不可否认的一个事实是党和国家的政策对于民事立法的影响仍然会存在,甚至有时候是民事立法的指导原则,例如绿色原则,先有国家各种保护环境的政策,随后才有了《民法总则》中的绿色原则,随后《民法典》中继续沿用了《民法总则》的这一规定;再如,2019 年 11 月 24 日《中共中央办公厅、国务院办公厅印发关于强化知识产权保护的意见》和 2019 年 12 月 4 日《中共中央、国务院关于营造更好发展环境支持民营企业改革发展的意见》都明

---

[1] 杨振山主编:《民商法实务研究总论卷》,山西经济出版社 1993 年版,第 3~8 页。

确指出，要建立知识产权侵权惩罚性赔偿制度，加大对知识产权的保护力度。随后，2020年5月28日颁布的《民法典》第1185条规定，故意侵害他人知识产权，情节严重的，被侵权人有权请求相应的惩罚性赔偿。诸如此类，不胜枚举。因此，《民法典》实施后，民事政策对于民事立法及法律修订的影响依然存在。

在民事审判实务中，既然《民法典》没有规定民事政策可以作为民事法律的渊源，在司法判决中就不能直接将民事政策作为判决依据，但在民事判决理由部分，可以将我国现行的民事政策作为判决理由写进去，以增强判决理由的说理性。

六、民事政策适用的条件和步骤

（一）关于适用民事政策的前置条件

《民法典》中没有将民事政策作为民事法律渊源，但鉴于上文所述，民事政策仍可以作为判决理由适用于司法审判实务，因此对于民事政策在司法审判实务中的适用，我们以《民法通则》第6条的规定为思考路径，探讨民事政策在《民法典》颁布后的适用问题。

《民法通则》第6条规定，民事活动必须遵守法律，法律没有规定的，应当遵守国家政策。字面意义看，只有在法律没有规定的情况下才可以适用民事政策；如果法律有规定，而国家政策与法律相冲突，则不能适用政策。我们认为，不能过于狭隘地理解该规定。法律的滞后性是任何法律无法弥补的缺陷。例如《民法通则》自1987年1月1日起开始实施，至2020年12月31日前仍有效。该法律中有很多条款是计划经济体制之下的产物，如果教条地将国家政策的适用仅限于法律没有规定的情况，就有可能导致司法机关作出的判决与当下社会情况严重脱节，这是成文法国家不可避免的。而国家政策往往都是根据社会发展的最新状况作出的适应当下社会实际情况的规范，依据国家政策作出的裁判有时虽不符合旧的法律，但是往往符合现实客观情况。因此，我们对于《民法典》颁布后民事政策的适用可以这样理解：在没有法律规定或法律规定已明显不符合社会发展的实际状况的情况下，就可以适用国家政策。当然也需要注意，任何政策的制定必须符合法治精神，我们必须要警惕以适用国家政策为借口破坏法治的情况出现。

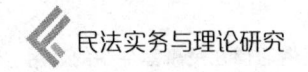

（二）适用国家政策的步骤

司法机关在适用民事政策时应当遵循以下步骤：

第一，确认是否存在法律上的漏洞，即是否存在没有相应法律规范或虽有法律规范，但该规范制定时的社会基础已不存在的状况。

第二，如果存在上述情况，则应寻找并确认是否存在相应的国家政策。

第三，如果确实存在相应的国家政策，则进一步确认案件事实是否符合国家政策的目的或能否适用相应国家政策。

第四，审查适用国家政策是否符合立法精神，是否与"法治"存在冲突。

在司法裁判中通过上述步骤和方法适用民事政策，其效果应当是比较好的。

第二节　民俗习惯在民事案件中的适用

案例 3

"正大商厦"拍卖会由拍卖师叶某主持，起拍价为 2000 万元，加价不得少于 50 万元。在 2100 万元价位只有曾某某一人举牌应价，三次报价后无人应价，叶某遂落槌。但叶某告知曾某某应价未达到保留价 2670 万元，并询问曾某某是否接受 2670 万元的保留价，曾举牌应价，叶某随即落槌，并宣布曾以 2670 万元竞得"正大商厦"楼房部分产权。

此时，17 号竞买人徐某、21 号竞买人徐某某、16 号竞买人亦指责叶某在 2670 万元价位上没有叫三次，对叶某的操作方法提出质疑，认为其应就 2670 万元的价位主持全场竞价。曾某某说："拍卖已经落槌，不存在再加价。"叶某亦解释称其在 2100 万元价位上已叫了三次。21 号竞买人徐某某再三提出异议，17 号竞买人徐某则要求叶某再拍。叶某表示在 2670 万元基础上加价可以再拍。曾某某抗议，表示不同意。叶某对曾某某提示其已经落槌之事未加理会，由 2670 万元开始继续拍卖，曾某某起初摔牌表示抗议，但在叶某报价 2715 万元时举牌应价。期间曾某某仍表示抗议，声称其已以 2670 万元的价格成交，并将保留这一权利，但叶某仍未理会。最后，叶某在 17 号竞买人徐某举牌应价 2740 万元时询问了三次，见无人再举牌，便落槌并宣布 17 号徐某以 2740 万元竞得"正大

第六章 民事政策、民俗习惯在民事案件中的适用

商厦"部分产权,并在《拍卖会记录》上签名,同时金马公司填写了《拍卖成交单》。双方为此发生纠纷,曾某某遂诉至法院称:其持12号竞拍牌参加了拍卖会,在拍卖师落槌并宣布12号以2670万元的价格成交后,由于有其他竞拍人提出异议,拍卖师竟又一次报价,且宣布标的物("正大商厦"地下室及一至四层部分产权)由17号竞买人拍得。在后一次违法拍卖过程中,其再三抗议均无结果。之后,其多次找金马公司反映,但金马公司执意要为17号竞买人办理成交手续,故请求法院判令:①判决确认金马公司拍卖标的物第二次落槌(竞拍价2740万元)成交无效;②确认金马公司拍卖标的物第一次落槌(竞拍价2670万元)成交有效;③撤销金马公司2004年5月12日与徐某签署的《拍卖成交单》;④判令金马公司立即按2670万元的价格为其办理"正大商厦"地下室及一至四层部分产权成交确认书。

本案二审上诉至最高人民法院。最高人民法院经审理认为:双方当事人二审争议的焦点是2004年5月12日,受中行上饶分行委托拍卖"正大商厦"部分产权时,拍卖师先后在2670万元和2740万元价位上的落槌哪一次有效的问题。根据《中华人民共和国合同法》《中华人民共和国拍卖法》的规定,参照向各竞买人提供的《拍卖规则》以及拍卖行业的习惯做法,拍卖"正大商厦"部分产权过程中,拍卖师在2670万元和2740万元价位上的两次落槌均为无效。

认定拍卖师在2670万元价位上的第一次落槌无效的主要理由是:

第一,拍卖是以公开竞价的形式,将特定物品或者财产权利转让给最高应价者的买卖方式。拍卖"正大商厦"部分产权的过程中,当拍卖师报价2100万元时,全场除12号竞买人外已无他人应价,而"正大商厦"的保留价是2670万元。根据《中华人民共和国拍卖法》第五十条第二款规定:"拍卖标的有保留价的,竞买人的最高应价未达到保留价时,该应价不发生效力,拍卖师应当停止拍卖标的的拍卖。"此时,尽管拍卖师未依法宣布此次拍卖结束,但客观上已经形成流拍,12号竞买人的2100万元的竞价不发生效力。

第二,拍卖活动是有着严格程序性要求的民事法律活动。根据《中华人民共和国拍卖法》的规定和拍卖行业惯例,拍卖师应当向拍卖现场的所有竞买人公开报价,并根据应价情况继续加价拍卖,在出现最高应

价时落槌宣布拍卖成交。拍卖师在宣布12号竞买人2100万元的应价没有达到保留价后,没有宣布流拍,而是单独询问12号竞买人是否接受2670万元的保留价,并在其同意后落槌宣布了拍卖成交。拍卖师的上述做法,由于不符合向全体竞买人报价这一拍卖活动必须遵循的公平、公正原则,侵害了其他竞买人公平参与竞价的合法权益,在客观上也未能使委托人的利益实现最大化。

第三,所谓"三声报价法"是拍卖行业的传统报价方式之一,目前仍为我国众多拍卖公司与竞买人所认可。对于此次拍卖活动是否必须采取"三声报价法",《中华人民共和国拍卖法》没有规定,《拍卖规则》也没有规定,但是,拍卖师在2670万元以前的报价采取了"三声报价法",现场的竞买人也接受了这一报价方式。这表明三声报价的拍卖习惯做法已经成为本次拍卖活动必须遵守的规则。拍卖师在2670万元价位上没有经过三次报价,即落槌宣布成交的做法,违反了本次拍卖活动的规则,同时也剥夺了其他竞买人公平参与竞买的机会。因此,拍卖师在2670万元价位上的落槌是无效的。

认定拍卖师在2740万元价位上的第二次落槌无效的主要理由是:"正大商厦"属于有保留价的拍卖标的,当2100万元的最高应价未达到保留价时,根据《中华人民共和国拍卖法》的规定,"拍卖师应当停止拍卖标的的拍卖"。如果公布保留价再次进行拍卖,应当重新进行公告,并按照拍卖行业的惯例,降低保留价。

但是在实践中,有的拍卖公司在流拍后,没有结束拍卖活动,而是继续进行拍卖。这一做法并不为法律所禁止。拍卖师于流拍后,向12号竞买人单独报价并落槌宣布其以2670万元购得"正大商厦"部分产权后,因其他竞买人抗议,遂在此价位的基础上继续进行拍卖,已经被拍卖师告知以2670万元竞得"正大商厦"部分产权的竞买人曾某某当即提出抗议,拍卖师并未对2670万元价位上的落槌行为作出合理解释和妥善处理,而是继续进行拍卖活动。虽然曾某某在阻止随后的拍卖活动未果的情况下也曾举牌应价,但拍卖师对在拍卖现场已经出现的纠纷未做处理,即违反拍卖程序继续拍卖和轻率否认其已经作出的落槌成交宣告行为,使得作为竞买人的曾某某失去了与其他竞买人一道继续参与公平竞买的正常心态和判断力。因此,随后所进行的拍卖活动对曾某某是不公

第六章　民事政策、民俗习惯在民事案件中的适用

平的。

在2670万元价位落槌后，拍卖师随即宣布"今天的标的拍卖到此结束"，整个拍卖过程已经完结，如果讼争标的物需要重新拍卖，应另行组织拍卖活动。在2670万元价位的基础上继续拍卖不符合拍卖规则，从而2670万元至2740万元价位的拍卖行为属无效的民事行为。因此，拍卖师在2740万元价位上的落槌也是无效的。

曾某某上诉主张在2670万元价位上落槌有效，提出几个理由：

一是竞买人报价为要约，拍卖师落槌为承诺，落槌后表明拍卖合同成立，双方均不得擅自解除合同。本院认为，合同依法成立，所谓依法，就是要约和承诺应当合法。法律对拍卖合同的要约和承诺有特殊规定，拍卖师在2670万元价位上落槌前，没有向全体竞买人公开报价，也没有进行三次报价，违反了拍卖活动的法定程序和拍卖法公开、公正的基本原则，其落槌行为属于无效承诺。曾某某与拍卖师之间的买卖合同没有依法成立，因此也不存在合同解除问题。

二是在拍卖活动中采取"三声报价法"没有法律规定，拍卖规则也没有约定，拍卖师在拍卖事项中没有说明，不能作为认定拍卖行为效力的依据。本院认为，"三声报价法"是拍卖行业的惯例，本案涉及的拍卖活动一开始就采取此种报价方法，并为包括曾某某在内的全体竞买人所接受。虽然法律、拍卖规则对此种报价方式没有规定，但行业惯例在具体的民事活动中被各方当事人所认同，即具有法律上的约束力，本案拍卖活动的当事人必须遵守。拍卖师在2670万元报价时未报价三次，违反了拍卖活动中的程序性规定，也侵害了其他竞买人的权利。因此，曾某某主张一声报价即落槌有效没有法律依据。

三是其他竞买人对2100万元报价没有应价，是已经放弃竞买权，包括2100万元以上报价的竞买权。本院认为，在2100万元价位上经过三次报价，竞买人没有应价，只是表明其放弃在2100万元价位上的竞买权。如果因未达到保留价，在此价位上没有成交，应为流拍。如果拍卖继续进行，应视为新一轮的拍卖，对新的更高的报价，在2100万元价位上没有应价的竞买人仍享有竞买权。曾某某否认其他竞买人在2100万元以上价位的竞买权，没有法律依据。

因此，一审法院认为，拍卖师在2670万元价位上单独询问曾某某且

仅报价一次即落槌宣布拍卖成交，其行为违反《中华人民共和国拍卖法》的基本原则，侵犯了其他竞买人的利益，也使委托人的利益未能实现最大化，拍卖师关于曾某某以2670万元的价格购得标的物的口头宣告不具有法律效力，并无不当。曾某某主张在2670万元价位上落槌有效的上诉请求，本院不予支持。

曾某某上诉主张在2740万元价位上的落槌无效的主要理由是，拍卖师第一次落槌宣布成交后，即应宣告拍卖活动结束，无权单方否定承诺的效力，继续组织拍卖。认定第二次落槌有效，破坏了正常的市场秩序。一审法院认为，拍卖师在2670万元价位上落槌的行为明显不当，在其认识到自己的失误后重新主持拍卖。在报价2715万元时，曾某某举牌应价，应视为对拍卖师纠正错误的认可。关于拍卖师在拍卖活动中出现错误行为包括违法行为，能否自己纠正的问题，本院认为，《中华人民共和国拍卖法》和《拍卖规则》对此问题均没有规定，拍卖师有没有权利纠正其在拍卖活动中的错误，不应一概予以否定或者肯定，应当视具体情况而定。

自行纠正错误的基本要求是不违反拍卖法公平、公正的基本原则，不违反拍卖程序，不损害他人的合法权益。从本案涉及的具体拍卖活动看，对于2670万元价位上的落槌，其他竞买人与曾某某之间发生了争议，这一争议是拍卖师的违规行为引起的，拍卖师对此未作出合理解释及妥善处理，便宣布落槌无效，继续进行拍卖，不符合公开、公正的拍卖原则。拍卖师在宣布此次拍卖活动结束后，又继续进行拍卖，违反了拍卖程序。当竞买人之间对2670万元落槌有争议，拍卖师无力解释和妥善处理时，无权自行宣布该落槌无效，而应通过合法途径确认此落槌行为的效力。在拍卖活动宣告结束后，拍卖师以继续拍卖的方式自行"纠错"，不论曾某某是否参与，都是违反拍卖程序的。综上所述，曾某某上诉主张2740万元价位上落槌无效有理，本院予以支持。一审判决驳回曾某某主张2740万元价位上落槌无效的诉讼请求不当，本院予以纠正。判决撤销一审判决，确认拍卖"正大商厦"部分产权的行为无效。

第六章 民事政策、民俗习惯在民事案件中的适用

一、对本案的评析

"三声报价法"是世界拍卖行业的传统报价方式之一，目前我国拍卖中也几乎都是采用这种报价法。虽然《中华人民共和国拍卖法》没有规定"三声报价法"是拍卖活动中的报价方式，本案中的《拍卖规则》也没有规定，但是，拍卖师在2670万元以前的报价采取了"三声报价法"，现场的竞买人也接受了这一报价方式。这表明三声报价的拍卖习惯做法已经成为本次拍卖活动必须遵守的规则。另外当时我国《合同法》及相关司法解释中也明确认可了习惯可以作为确定合同相关内容的依据。本案中，最高人民法院以拍卖师在拍卖中未遵循"三声报价法"这一拍卖习惯，否定第一次落锤的法律效力是非常正确的。

二、习惯的含义

恩格斯有一段论述："在社会发展的某个很早的阶段，产生了这样一种需要：把每天重复着的生产、分配和交换产品的行为用一个共同规则概括起来，设法使个人服从生产和交换的一般条件。这个规则首先表现为习惯，后来便成了法律。"从恩格斯这段经典论述中，我们可以得出这样的结论：①法律是从习惯演变而来的，习惯是法律的渊源；②法律与习惯一样源于人们的生产、生活、交往等物质生活。法律虽然起源于习惯，但法律并没有全部取代了习惯。纵观世界各国，仍把习惯作为法律渊源之一的国家不在少数。从阶级观点出发，法律代表着统治阶级意志，由国家制定或认可并由国家强制力保障实施。而习惯则是由民间产生，并且代代相传，以道德舆论为支撑，有效规范、支配、指引着人们的生活和社会秩序。

对于存在于民间的习惯，与统治者的统治相吻合的，统治者便将其吸收为法律；与统治者统治不相冲突的，该习惯往往被统治者认可，仍以习惯的方式保留在民间。一直到清末，中国都是由民俗习惯支配着民间社会秩序。

著名社会学家费孝通先生在他的《乡土中国》一书中有这样一个重要判断：从基层看，中国社会是乡土性的。乡土社会在地方性的限制下成了生于斯、死于斯的社会。在这么一种流动性极小的社会模式中，礼是维护社会秩序的主要工具，民间风俗习惯是裁定社会纠纷的重要依据。通过研究，我们

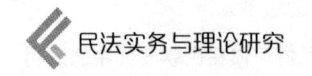

可以发现，长期以来，中国的民间纠纷尤其是户、婚、田、土、债等细故，往往听由民间依家法族规等民俗习惯调处解决。时至今日，社会生活中的民俗习惯仍然在以多种方式、通过多种途径规范着人们生活和民间纠纷。

三、习惯作为民事判决依据的法律规定

人民法院作为定分止争、解决社会矛盾纠纷的专门机关，在审判实践中经常会遇到的一个重要问题就是如何选择与适用纠纷解决规则。对于习惯的适用，我国法律、司法解释也对其作出了相应的规范。

（一）《民法通则》

《民法通则》第 7 条规定，民事活动应当尊重社会公德，不得损害社会公共利益，扰乱社会经济秩序。其中，"社会公德"在司法实践中被解释为习惯。

（二）《合同法》

《合同法》第 60 条规定，当事人应当按照约定全面履行自己的义务。当事人应当遵循诚实信用原则，根据合同的性质、目的和交易习惯履行通知、协助、保密等义务。

《合同法》第 61 条规定，合同生效后，当事人就质量、价款或者报酬、履行地点等内容没有约定或者约定不明确的，可以协议补充；不能达成补充协议的，按照合同有关条款或者交易习惯确定。

《最高人民法院关于适用〈中华人民共和国合同法〉若干问题的解释（二）》［已失效，以下简称《合同法解释（二）》］第 7 条规定，下列情形，不违反法律、行政法规强制性规定的，人民法院可以认定为合同法所称"交易习惯"：①在交易行为当地或者某一领域、某一行业通常采用并为交易对方订立合同时所知道或者应当知道的做法；②当事人双方经常使用的习惯做法。对于交易习惯，由提出主张的一方当事人承担举证责任。

（三）《最高人民法院关于适用〈中华人民共和国婚姻法〉若干问题的解释（二）》

《最高人民法院关于适用〈中华人民共和国婚姻法〉若干问题的解释（二）》（已失效）第 10 条规定，当事人请求返还按照习俗给付的彩礼的，如果查明属于以下情形，人民法院应当予以支持：①双方未办理结婚登记手续的；②双方办理结婚登记手续但确未共同生活的；③婚前给付并导致给付

人生活困难的。适用前款第2、3项的规定,应当以双方离婚为条件。

(四)《物权法》

《物权法》第85条规定,法律、法规对处理相邻关系有规定的,依照其规定;法律、法规没有规定的,可以按照当地习惯。

《物权法》第116条第2款规定,法定孳息,当事人有约定的,按照约定取得;没有约定或者约定不明确的,按照交易习惯取得。

(五)《最高人民法院关于为推进农村改革发展提供司法保障和法律服务的若干意见》

《最高人民法院关于为推进农村改革发展提供司法保障和法律服务的若干意见》(法发[2008]36号)提出:注重对风俗习惯中的积极因素进行广泛深入的收集整理与研究,使其转化为有效的司法裁判资源。要重视善良民俗习惯在有效化解社会矛盾纠纷,促进新农村和谐稳定中的积极作用。坚持合法性、合理性、正当性、普遍性原则,认真考虑农民一般道德评价标准、法律认知程度和是非判断的基本准则,将农村善良风俗习惯作为法律规范的有益补充,积极稳妥地审理、执行好相关案件,确保涉农审判、执行工作法律效果与社会效果有机统一。

(六)《民法典》

《民法典》第10条规定,处理民事纠纷,应当依照法律;法律没有规定的,可以适用习惯,但是不得违背公序良俗。

上述法律规定中对于习惯的表述各有不同,如交易习惯、风俗习惯、当地习惯、习俗、习惯等,其含义及范围基本相同。

四、习惯在民事案件中的适用

如上所述,我国《民法典》中已经明确规定习惯可以作为法律的补充,作为处理民事纠纷的裁判依据。具体到司法实践中一般有两种做法,一是将习惯作为认定事实的依据,二是将习惯作为行为规范的标准。下面我们通过一些案例来说明。

(一)在判决理由中以习惯为依据认定某个客观事实存在

在一些案件中,法官先确认某种习惯的存在,然后认定某一事实存在,再根据该存在的客观事实推定另外一个与已存在的习惯相一致的事实的存在。在一起婚约财产纠纷案中,二审法院认为:

关于上诉人上诉称被上诉人没有给付"三金"的问题，根据一审中被上诉人提交的某金店的证明和媒人郭某某的证言能够证明被上诉人给上诉人购买了"三金"，符合当地关于缔结婚约关系的风俗习惯，故上诉人称被上诉人没有给付'三金'的理由不能成立，本院不予支持。

在本案中，法官的思维逻辑是，首先认定在农村即将结婚的夫妻购买"三金"是风俗习惯，接着又认定证人证明男方为女方购买了"三金"是一个客观事实，还认定了女方已经收受了其他彩礼并给付了嫁妆这一客观事实，虽然没有证据证明男方是否将"三金"给了女方，但法官认为由此可以推定男方购买的"三金"已经给付。将习惯作为事实的案例，在已有的司法裁判当中较为常见。[1]

（二）将习惯作为行为的规范标准评判当事人行为的法律效力

在司法实践中具体的适用方法就是将习惯作为当事人行为标准，以此评判当事人行为的法律效力。如在一起财产损害赔偿纠纷上诉案中，法院认为：

沈某在与其前夫离婚时签订的自愿离婚协议书中虽然约定共同财产归其前夫所有，但亦约定其前夫需支付沈某33万元，因此沈某以其与前夫离婚造成了损失为由要求徐某支付补偿费的理由不能成立，且该项主张违反了一般的社会风俗，也缺乏法律依据，故法院不予支持。……而沈某的主张又有违一般的市场规律及一般的社会风俗，况且沈某就该欠条已经得到10万元的补偿。故法院对沈某要求徐某支付80万元债务及利息的主张不予支持。[2]

在本案当中，法官将一般的社会风俗作为行为标准，以该习惯作为衡量沈某行为的标准，并以此标准评判当事人行为的法律效力。

五、以习惯为依据否定书面合同效力应慎重

司法实践中经常会出现当事人有书面合同约定，但是在履行过程中出现

---

[1] 参阅彭中礼：《习惯在民事司法中运用的调查报告——基于裁判文书的整理与分析》，载《甘肃政法学院学报》2016年第4期，第25~26页。

[2] 参阅彭中礼：《习惯在民事司法中运用的调查报告——基于裁判文书的整理与分析》，载《甘肃政法学院学报》2016年第4期，第27页。

第六章 民事政策、民俗习惯在民事案件中的适用

了与合同约定不符的行为,或者该合同约定与一些交易习惯或习俗不相符的情形。在此前情况下,一方当事人常常会以其与合同约定不符的行为符合交易习惯认为其行为合法或具有法律效力,或者认为合同约定不符合交易习惯、习俗而否认合同的效力。对于此类主张,一些司法案例中法院予以支持,但最高人民法院的观点是应当慎重处理上述主张。下面我们看最高人民法院在"洪秀凤与昆明安钡佳房地产开发有限公司房屋买卖合同纠纷案"的判决理由:

原告洪秀凤起诉称,双方当事人于2013年8月21日签订两份《商品房购销合同》后,洪秀凤依约付清了全部购房款,但昆明安钡佳房地产开发有限公司(以下简称"安钡佳公司")拒不履行合同义务。故请求判令被告安钡佳公司交付房产并办理产权证,承担违约责任。被告安钡佳公司答辩称,本案实际是民间借贷纠纷,房屋买卖合同仅是民间借贷的担保形式,应为无效,洪秀凤主张的逾期交房违约责任没有合同及法律依据。

法院查明:2013年8月21日,安钡佳公司(甲方)与洪秀凤(乙方)签订两份《商品房购销合同》,就洪秀凤购买安钡佳公司开发建设的百富琪商业广场一层、二层商铺的具体事项进行了约定,包括房价、面积、房款支付期限、交房时间、违约责任等。同日,双方当事人对上述两份合同进行了登记备案。洪秀凤按照安钡佳公司出具的付款委托书载明的收款账户,于当日通过银行转账方式支付了全部房款,安钡佳公司也向洪秀凤出具全部收款收据,载明内容为收到洪秀凤购房款共计9840万元。2013年8月26日、9月18日,张晓霞分别向洪秀凤汇款368万元,款项用途一栏均记载为私人汇款。法院还另查明,2011年10月28日,百富琪商业广场竣工验收。2013年6月2日,安钡佳公司与昆明力邦房屋拆迁有限公司(以下简称"力邦公司")签订《商铺租赁合同》,将百富琪商业广场一、二层商铺出租给力邦公司,租期自2013年6月1日起至2033年5月31日止。

一审法院认为:①双方当事人虽然形式上签订了《商品房购销合同》,但百富琪商业广场已于2011年10月28日完成竣工验收,案涉房产于双方签约前也整体出租给力邦公司,且洪秀凤明知上述情况。在已经具备交付条件的情况下,双方却将交房时间约定为2013年12月14日,

有违常理。②从安钡佳公司提交的2010年4月9日其与案外人张琳婕签订的《商品房购销合同》看，双方约定的百富琪商业广场第四层商铺的买卖价格为每平方米40 936.06元，而案涉一层、二层房产交易价格分别为每平方米2万元及9869元，明显低于安钡佳公司与案外人约定的价格。③洪秀凤按约应在2014年1月20日前，分两期支付全部房价款，但其在签约当日就分别向安钡佳公司汇款56 574 360元和22 825 640元，同时还向安钡佳公司法定代表人张晓霞汇款1900万元（共计9840万元），已经付清了全部房款，这与正常买房人的付款习惯不符。安钡佳公司在收到上述款项后出具给洪秀凤的是十张收据而非购房发票，此亦违背房屋买卖的交易习惯。④在洪秀凤与安钡佳公司无其他业务往来的情况下，安钡佳公司法定代表人张晓霞于2013年8月26日、9月18日分别向洪秀凤汇款368万元。对该款项，安钡佳公司认为其与洪秀凤之间实际的借款金额是8000万元，月息4.6%，每月利息即368万元。洪秀凤则认为736万元是安钡佳公司给洪秀凤的销售返点，但双方在合同中并无约定，也无其他证据予以证实。双方当事人上述一系列行为明显不符合房屋买卖的一般交易习惯，故应认定双方所签《商品房购销合同》名为房屋买卖实为借款担保，双方之间系名为房屋买卖实为借贷民事法律关系。洪秀凤主张其与安钡佳公司之间是房屋买卖关系，与法院认定的法律关系不一致。一审法院向洪秀凤进行了释明，洪秀凤仍坚持其诉讼请求不予变更。综上，一审法院依照《中华人民共和国民事诉讼法》第一百五十二条和《最高人民法院关于民事诉讼证据的若干规定》第二条、第三十五条之规定，判决驳回洪秀凤的诉讼请求。案件受理费630 558.30元，由洪秀凤负担。

洪秀凤不服一审判决，提起上诉。最高人民法院在（2015）民一终字第78号民事判决书中认为：

合同在性质上属于原始证据、直接证据，其应作为确定当事人法律关系性质的逻辑起点和基本依据，相对于传来证据、间接证据具有较高证明力。在没有充分证据佐证当事人之间存在隐藏法律关系且该隐藏法律关系真实并终局地对当事人产生约束力的场合，不宜简单否定既存外

第六章 民事政策、民俗习惯在民事案件中的适用

化法律关系对当事人真实意思的体现和反映,避免当事人一方不当摆脱既定权利义务约束的结果出现。此外,即便在两种解读结果具有同等合理性的场合,也应朝着有利于书面证据所代表法律关系成立的方向作出判定,借此传达和树立重诺守信的价值导向。综上,若要否定书面证据所体现的法律关系,并确定当事人之间存在缺乏以书面证据为载体的其他民事法律关系,必须在证据审核方面给予更为审慎的分析研判。

《中华人民共和国合同法》针对"交易习惯"问题作出相关规定,其意旨侧重于完善和补充当事人权利义务的内容,增强当事人合同权利义务的确定性。而本案并不涉及运用交易习惯弥补当事人合同约定不明确、不完整所导致的权利义务确定性不足的问题。在前述立法意旨之外,运用"交易习惯"认定当事人交易行为之"可疑性",应格外谨慎。本案中,洪秀凤已经完成双方当事人之间存在房屋买卖法律关系的举证证明责任,安钡佳公司主张其与洪秀凤之间存在民间借贷法律关系。按照《最高人民法院关于适用〈中华人民共和国民事诉讼法〉的解释》第一百零八条规定,安钡佳公司之举证应当在证明力上足以使人民法院确信该待证事实的存在具有高度可能性。而基于前述,安钡佳公司为反驳洪秀凤所主张事实所作举证,没有达到高度可能性之证明标准。较之高度可能性这一一般证明标准而言,合理怀疑排除属于特殊证明标准。《最高人民法院关于适用〈中华人民共和国民事诉讼法〉的解释》第一百零九条对排除合理怀疑原则适用的特殊类型民事案件范围有明确规定。一审法院认定双方当事人一系列行为明显不符合房屋买卖的"交易习惯",进而基于合理怀疑得出其间系名为房屋买卖实为借贷民事法律关系的认定结论,没有充分的事实及法律依据,也不符合前述司法解释的规定精神,本院予以纠正。

上述案件中,一审法院以合同约定及履行中的行为与常识习惯不符为由否定了房屋买卖合同效力,而将该双方当事人之间的法律关系认定为民间借贷法律关系,但最高人民法院却认为,认定事实应当以书面合同约定的事实为原则,以交易习惯为例外和补充,应持审慎态度,不应当以习惯轻易否定书面合同效力。

第七章 民事纠纷案件中的当事人确定

第一节 概 述

案例 1

原告某源农村小水电有限公司（以下简称"某源公司"），法定代表人马某某；被告萍乡市某水电有限公司。2005 年 4 月 28 日，被告公司举行下属水电站的租赁经营公开招标会，经公开竞标，马某某以最高价中标，获得被告公司下属水电站五年的租赁经营权。5 月 1 日，马某某与被告公司签订《租赁经营合同》，双方对租赁期限、各自的权利义务等均进行了约定。同日，马某某向被告公司缴纳了押金及承包款。5 月 18 日，被告公司向马某某交付了下属水电站的部分租赁财产及抄录移交了供电使用的法定计量装置有功电能数值。此后，马某某对该租赁水电站财产开始使用、收益。后双方因经营管理问题产生纠纷，原告诉至法院，请求确认原告租赁被告公司下属水电站经营期间已向被告公司供应了电量的法律事实。

法院另行查明，2008 年 12 月 4 日，马某某向工商局预先核准个体名称为某源水电站的个体工商户；同年 12 月 19 日，工商局批复某源水电站成立；2010 年 5 月，经工商局批准，某源水电站名称变更为某源农村小型水能电站，2014 年 3 月，马某某拟将某源农村小型水能电站转型升级为企业，并向工商局申请预先核准。2014 年 7 月 22 日，工商局批准某源农村小水电供电有限公司成立。

法院经审理后认为，作为民事主体要成为诉讼案件中的适格主体，必须要与诉讼案件有法律上的权利义务关系，即直接利害关系。本案所涉纠纷为合同纠纷，从本案双方提供并均无异议的《租赁经营合同》来看，合同的签订方为被告公司与马某某，即该合同的主体为被告公司与马某某个人，即被告公司与马某某是该合同的权利义务法律关系主体。那么，本案原告某源公司的起诉就存在原告某源公司主体是否适格问题。既然合同主体为被告公司与马某某，那么就存在原告某源公司是否是本案的适格诉讼主体问题，从原告提供的证据来看，原告某源公司是经工商部门批准由某源农村小型水能电站（个体工商户，业主马某某）升级为公司的，而原告某源公司的企业信息显示该公司股东有马某某、林某某，那么原告某源公司与马某某就是不同的民事主体，马某某只是原告某源公司的一名股东，从民事主体来讲，马某某不能代替某源公司，某源公司也不能代替马某某，同理在本案中，某源公司与马某某的诉讼主体资格不能相互代替或混同，即原告某源公司不能成为《租赁经营合同》的合同主体及因该合同所发生的法律纠纷的民事诉讼主体。综上所述，原告某源公司不是与本案有直接利害关系的法人，不能成为本案的适格主体，也不能提起本案诉讼，故法院应依法裁定驳回原告某源公司的起诉。[1]

确定案件当事人即确定谁是原告，谁是被告，谁是第三人，是一个民事案件启动的基础，也是正确确定各方当事人权利义务的基础，还是最终解决矛盾和纠纷的基础。

一、实体法中的民事主体

从实体法的角度而言，民事纠纷案件中的当事人就是民事法律关系的主体，简称为民事主体，是参与民事法律关系、享受民事权利和负担民事义务的人。凡法律规定可成为民事主体的，不论其为自然人还是组织，都属于民法上的"人"。因此，自然人、法人和其他组织都可为民事主体。国家也可以成为民事主体，例如，国家是国家财产的所有人，是国债的债务人。作为民事法律关系的主体，必须具有民事权利能力和民事行为能力。根据我国《民法总则》规定，可以作为民事法律关系主体的有自然人、个体工商户、农村

---

[1] 钟强：《从一案例谈民事诉讼主体资格的认定》，载中国法院网，https://www.chinacourt.org/article/detail/2016/08/id/2063278.shtml，最后访问日期：2018年11月26日。

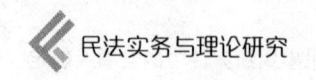

承包经营户、法人和非法人组织、国家等。《民法通则》还规定个人合伙组织、企业联营组织为民事主体。

(一) 自然人

《民法典》根据年龄和智力状况将自然人分为无民事行为能力人、限制民事行为能力人和完全民事行为能力人。

(二) 个体工商户、农村承包经营户

个体工商户、农村承包经营户属于我国民事活动中的特殊主体。《民法典》将其规定在总则的第二章第四节中。因此，从立法技术角度而言，将其视为自然人。

依据《民法典》第54条规定，自然人从事工商业经营，经依法登记，为个体工商户。个体工商户可以起字号。第55条规定，农村集体经济组织的成员，依法取得农村土地承包经营权，从事家庭承包经营的，为农村承包经营户。

对于个体工商户和农村承包经营户的责任，《民法典》第56条规定，个体工商户的债务，个人经营的，以个人财产承担；家庭经营的，以家庭财产承担；无法区分的，以家庭财产承担。农村承包经营户的债务，以从事农村土地承包经营的农户财产承担；事实上由农户部分成员经营的，以该部分成员的财产承担。

从上述法律规定看，个体工商户和农村承包经营户最终的责任都是以自然人为最终承担者，因此是实质上的自然人。

(三) 法人

法人分为营利法人和非营利法人、特别法人三类。非营利法人包括：事业单位、社会团体、基金会、社会服务机构等；特别法人包括：机关法人、农村集体经济组织法人、城镇农村的合作经济组织法人、基层群众性自治组织法人等。

(四) 非法人组织

非法人组织包括个人独资企业、合伙企业、不具有法人资格的专业服务机构等。

二、程序法上的诉讼主体

从民事诉讼程序法角度而言，民事纠纷案件中的当事人就是民事诉讼、仲裁程序中的原告、被告、第三人。实体法中规定的自然人、个体工商户、农村承包经营户、法人和非法人组织、国家等皆有可能成为民事诉讼中的原告、被告或第三人。

《民事诉讼法》第48条规定，公民、法人和其他组织可以作为民事诉讼的当事人。第56条第1、2款规定，对当事人双方的诉讼标的，第三人认为有独立请求权的，有权提起诉讼。对当事人双方的诉讼标的，第三人虽然没有独立请求权，但案件处理结果同他有法律上的利害关系的，可以申请参加诉讼，或者由人民法院通知他参加诉讼。人民法院判决承担民事责任的第三人，有当事人的诉讼权利义务。

虽然我国《民事诉讼法》中对民事诉讼中的诉讼主体进行了原则性规定，但在司法实践中，民事诉讼主体的确定却是一个非常复杂的问题，因此在《最高人民法院关于适用〈中华人民共和国民事诉讼法〉的解释》中的第三部分，第50条至第89条共40个条文专门规定了诉讼参加人的问题。

三、民事主体与诉讼主体之间的关系

民事主体，也称为民事权利义务主体或民事法律关系主体，是指参加民事法律关系，享受民事权利并承担民事义务的主体。现代法上任何的个人或组织都可能成为民事主体，法律赋予其参与民事活动的主体资格。民事主体具有独立性，即以自己的名义独立参加民事活动，独立享有民事权利、承担民事义务，独立承担民事责任。

民事诉讼主体，是指在民事诉讼中享有诉讼权利和承担诉讼义务并且对民事诉讼程序的发生、变更和消灭起作用的主体。

民事诉讼主体不同于民事主体。民事主体的范围要大于民事诉讼主体的范围。凡是参与民事活动的主体都是民事主体；而民事诉讼主体是在民事活动中出现纠纷并以自己的名义参与到民事诉讼中的民事主体。

换言之，民事诉讼主体的确定是以实体法上的民事主体为基础，并依据在诉讼中的不同地位而成为原告、被告、第三人等诉讼主体。

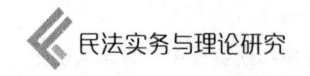

第二节　民事诉讼中原告的确定

一、确定原告主体资格的基本规则

诉是基于一定的民事权利义务争议，一方当事人以另一方当事人为对象，向特定的人民法院提出的进行审判的请求。依照当事人提出诉的内容和目的，民事诉讼可以分为三类：确认之诉、给付之诉、变更之诉（形成之诉）。从司法实务的角度而言，首先向法院提出要求判定其与对方当事人之间存在或者不存在某种法律关系、判令对方当事人向自己履行一定的民事给付义务或要求改变或者消灭某种民事法律关系诉请的一方当事人为原告。然而，提起上述之诉的人是否为适格的原告，在司法实务中却是需要认真分析和判断的。我们下面看一则案例：

案例 2

原告 A 公司起诉某甲称：被告向原告定购两套设备，货款总计 10 万元。原告已交货并负责安装完毕，但被告尚欠 2.5 万元货款没有支付，且原告与被告对所欠货款进行了结算，被告对欠款予以了确认。

被告答辩称：原告不具备诉讼主体资格，被告是与 B 公司签订了《设备购销与安装合同》，被告出具的"设备已安装完"之《证明》也是出给 B 公司的，B 公司和原告是两个独立的企业法人，被告至今从未与原告发生任何法律关系，原告起诉被告不符合《民事诉讼法》第一百一十九条第一项"原告是与本案有利害关系的公民、法人和其他组织"之规定，原告不具备诉讼主体资格，法院应当驳回原告起诉。

庭审中，原告称被告与 B 公司的合同没有实际履行，被告实际是与原告履行了合同，原告向合议庭出示了一份 B 公司的《情况说明》，证明本案所涉设备买卖、安装与 B 公司没有任何关系。被告要求原告出具与被告签订的书面合同，原告无法提供。但原告向合议庭提交了一份《工程结算》复印件，用于证明其诉称的"原告与被告对所欠货款进行了结算，被告对欠款予以了确认"。但没有原件，被告方不认可其真实性，且该复印件上写着合同供方为 B 公司。

法院最终以原告与被告之间不存在法律关系、原告与本案没有利害关系、原告不是适格原告为由，裁定驳回了原告起诉。

上述案例中，法院认为由于原告证据无法证明其与被告之间存在买卖、安装设备的法律关系，因此其不符合我国《民事诉讼法》第119条第1项所规定的"原告是与本案有直接利害关系的公民、法人和其他组织"起诉条件，故而法院裁定驳回其起诉。

《民事诉讼法》第119条第1项规定的"原告是与本案有直接利害关系的公民、法人和其他组织"的起诉条件确立了我国民事诉讼中确定原告的基本规则——与本案有直接利害关系。然而，该规则非常原则和模糊，如何确定原告还需结合实践具体判断。

二、胎儿腹中受到伤害能否作为原告提起诉讼

我们先看一则案例：

案例3

一辆中巴与一辆轿车相撞，掉到河里，死了19个人，幸存两个。其中一个发现有胎动，产下一个小男孩。其父亲在车祸中死亡，母亲丧失劳动能力，胎儿出生因车祸造成残疾。

问题：胎儿出生后能否作为原告起诉要求肇事者承担赔偿责任？依据是什么？

（一）关于胎儿利益保护的理论

近代民法关于胎儿利益保护的立法模式主要有三种：

1. 总括的保护主义（概括主义）

凡涉及胎儿利益之保护时，视为其已经出生。如《瑞士民法典》第31条第2项规定："子女，只要其出生时尚生存，出生前即具有权利能力。"我国台湾地区民法方面有关规定第7条规定："胎儿已将来非死产者为限，关于其个人利益之保护，视为既已出生。"

2. 个别的保护主义（个别规定主义）

胎儿原则上无权利能力，但于若干例外情形视为有权利能力。如《法国

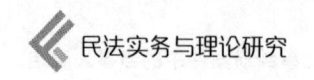

民法典》第 1923 条规定:"在继承开始时尚未出生,但已怀孕的胎儿,视为在继承开始前出生。"《德国民法典》第 1923 条第 2 项规定:"在继承开始时尚未出生但是已经受孕者,视为在继承开始之前已出生。"上述立法针对涉及胎儿继承时等特殊情况赋予其权利能力。

3. 绝对主义

即绝对否认胎儿具有权利能力。1964 年《苏俄民法典》(第 418 条)和我国《民法通则》即采用此种立法模式。我国《民法通则》未承认胎儿具有权利能力,第 9 条规定:"公民从出生时起到死亡时止,具有民事权利能力,依法享有民事权利,承担民事义务。"依照上述规定,婴儿未出生,故而不具有权利能力;不具有权利能力,当然不能成为民法主体;不能成为民法上的主体,当然不能享有任何权利。因此即使胎儿在母亲腹中受到伤害,也不能作为法律规定的主体主张自己的权利。《继承法》第 28 条规定:"遗产分割时,应当保留胎儿的继承份额,胎儿出生时是死体的,保留的份额按照法定继承办理。"根据上述法律规定,遗产分割时,胎儿的继承份额应当予以"保留",即遗产之权利并非由胎儿即时取得。很显然,我国《继承法》虽然规定了胎儿的特留份,但胎儿享有遗产权利却必须从出生开始,特留份"留而不给",故我国原先的民法既未实行总括的保护主义,也未实行个别的保护主义,而是根本不承认胎儿的民事主体资格。

但我国《民法典》第 16 条有了不同的规定,涉及遗产继承、接受赠与等胎儿利益保护的,胎儿视为具有民事权利能力。但是胎儿娩出时为死体的,其民事权利能力自始不存在。

《民法典》的上述规定采用了个别保护主义的立法模式,意味着未出生的胎儿如果涉及遗产继承、赠与纠纷的,以其法定代理人的名义起诉、应诉。出生后,法定代理人可以胎儿名义起诉、应诉,胎儿可以当事人身份出现。

上述规定解决了继承、赠与中胎儿诉讼主体地位的问题,属于个别保护主义。但是对于我们前述的侵权案例,胎儿能否以自己名义起诉?如果采用瑞士民法及我国台湾地区立法中的总括主义原则,当然不存在问题。但我国《民法典》只规定了"涉及遗产继承、接受赠与等胎儿利益保护的"胎儿视为具有民事权利能力。该规定并未明确将侵害腹中胎儿利益的情形包含在内。对此,我们现在可以通过扩充解释,即将该规定中的"等"解释为"一切涉及胎儿利益保护的情形"来解决这个问题。就本案而言,胎儿于母亲腹中受到伤害,属于"涉及胎儿利益保护的情形",故此时胎儿具有民事权利能力,其身体健康权应受到保护,对其的伤害构成侵权,其出生后有权利以自己的名义提起诉讼。当然,胎儿应当由其监护人作为法定代理人代为提起诉讼。

三、对死者遗体、名誉等侵害纠纷案件中原告主体的确定

在司法实践中,经常会出现侵害死者的遗体及荣誉、名誉的情形。此种情况下,何者有权作为原告提起诉讼?有些学者认为:死者具有民事权利能力和民事主体地位。自然人的权利能力终于死亡是一般情况,例外情况如已故之荷花女名誉权侵权案和已故之海灯法师名誉权侵权案。另外,在《著作权法》中,作者永久享有著作权中的精神权利。大多学者认为:死者不具有民事权利能力和民事主体地位。民事法律制度中自然人的权利自出生时始,至死亡时止。自然人死亡后,其民事权利即告终止。在法律上,不可能有无主体的权利,也不可能使死者成为主体。既然死者不是权利主体,那么其也就不可能继续享有名誉权。然而,反对死者具有民事权利能力和民事主体地位的学者并不否定对死者名誉的保护,其理论大致包括以下几种:权利保护说、近亲属利益保护说、家庭利益保护说、法益保护说、延伸保护说、社会利益维护说、生命痕迹保护说等。

从立法角度而言,我国关于死者名誉等的保护由《民法典》第185条规定,即侵害英雄烈士等的姓名、肖像、名誉、荣誉,损害社会公共利益的,应当承担民事责任。但该法条中并未规定谁有权起诉,也没有明确规定起诉的诉由是什么。对于这些问题,我们还需要结合以前的司法解释及相关案例来看。

(一)《最高人民法院关于死亡人的名誉权应受法律保护的函》(已失效)

该函是1989年4月12日最高人民法院答复天津市高级人民法院的函。其主要内容如下:

1. 吉文贞(艺名荷花女)死亡后,其名誉权应依法保护,其母陈秀琴亦有权向人民法院提起诉讼。

2.《荷花女》一文中的插图无明显侵权情况,插图作者可不列为本案的诉讼当事人。

3. 本案被告是否承担或如何承担民事责任,根据本案具体情况确定。

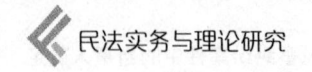

(二)《最高人民法院关于范应莲诉敬永祥等侵害海灯法师名誉权一案有关诉讼程序问题的复函》

该函是 1990 年 12 月 27 日最高人民法院答复四川省高级人民法院的函。其主要内容如下:

> 海灯死亡后,其名誉权应依法保护,作为海灯的养子,范应莲有权向人民法院提起诉讼。

由此可见,最高人民法院先后两次以司法解释的形式肯定了死者享有名誉权。

(三)《最高人民法院关于审理名誉权案件若干问题的解答》(已失效)

1993 年 8 月 7 日颁布的《最高人民法院关于审理名誉权案件若干问题的解答》中就死者名誉权在第五个问题中作出了统一规定:

> 死者名誉受到损害的,其近亲属有权向人民法院起诉。近亲属包括:配偶、父母、子女、兄弟姐妹、祖父母、外祖父母、孙子女、外孙子女。

(四)《最高人民法院关于确定民事侵权精神损害赔偿责任若干问题的解释》(已被修改)

2001 年 3 月 8 日颁布的《最高人民法院关于确定民事侵权精神损害赔偿责任若干问题的解释》第 3 条规定:

> 自然人死亡后,其近亲属因下列侵权行为遭受精神痛苦,向人民法院起诉请求赔偿精神损害的,人民法院应当依法予以受理:(一)以侮辱、诽谤、贬损、丑化或者违反社会公共利益、社会公德的其他方式、侵害死者姓名、肖像、名誉、荣誉;(二)非法披露、利用死者隐私,或者以违反社会公共利益、社会公德的其他方式侵害死者隐私;(三)非法利用、损害遗体、遗骨,或者以违反社会公共利益、社会公德的其他方式侵害遗体、遗骨。

该司法解释于 2020 年修正,其中第 3 条被修改为,死者的姓名、肖像、名誉、荣誉、隐私、遗体、遗骨等受到侵害,其近亲属向人民法院提起诉讼请求精神损害赔偿的,人民法院应当依法予以支持。《民法典》第 1181 条第 1

款规定，被侵权人死亡的，其近亲属有权请求侵权人承担侵权责任。关于近亲属的范围，《民法典》第 1045 条第 2 款规定，配偶、父母、子女、兄弟姐妹、祖父母、外祖父母、孙子女、外孙子女为近亲属。

从上述司法解释看，1989 年、1990 年司法解释适用了保护死者"名誉权"的用语，而 1993 年、2001 年司法解释则有意删去"权"字，规定了死者的"名誉""肖像"等概念，回避了名誉权的提法。这体现了学界观点由承认死者名誉权向不承认死者名誉权的一种倾向性转变，保护死者名誉等的理由是其近亲属受到精神损害。在知识产权法中，著作权、领接权中的人身权保护的理由同上。依《民法典》的规定该类案件的原告应是死者的近亲属，即死者的配偶、父母、子女、兄弟姐妹、祖父母、外祖父母、孙子女、外孙子女。

四、无民事行为能力人或限制民事行为能力人能否作为原告

案例 4

原告王某某（女）之子刘某某于 2007 年病故，其妻李某某于 2011 年与被告张某某结婚，带去儿子刘某（10 岁）。2012 年元月，李某某与王某某在处理刘某某的遗产时发生争执诉诸法院，经调解双方自愿达成如下协议：①刘某某所遗全部财产全留归刘某所有，他人无权私自处理；②房屋暂借给张某某居住，并由其看管房院和树木。2014 年秋，李某某病故，刘某仍随张某某生活。2015 年秋，张某某将上述刘某某所遗房产卖给了朱某某，价款已交付，但因他人借住未搬走未能交付买主朱某某使用。原告王某某得知后于 2016 年元月诉至法院，要求保护刘某的合法权益及宣布买卖关系无效。

该案王某某起诉后，法院受理该案，并依据《民法通则》第 18 条之规定，判决张某某与朱某某的房屋买卖合同无效，并判令张某某退还了朱某某的购房款。

但是，本案的诉讼主体是存在问题的。刘某自出生时起，其父母刘某某、李某某即为法定监护人，其他人并非刘某的监护人。刘某某病故后，李某某自己单独为刘某的监护人。李某某与张某某结婚后，刘某与张某某之间为继

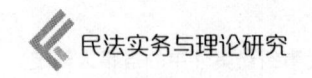

父子关系,且因刘某未成年又没有其他生活来源,二人之间有着实际上的抚养关系。我国《婚姻法》规定,父母包括生父母、养父母和有抚养关系的继父母。因此,刘某与张某某之间应为父子关系,张某某与李某某同为刘某的监护人。在李某某死后,刘某仍与张某某一同生活,张某某仍应为刘某的监护人,而其他人则不是刘某的监护人。依据现行法律规定,原告王某某作为刘某的祖母应当向法院申请撤销张某某监护人资格,然后申请王某某自己成为监护人,再以刘某的名义起诉张某某和朱某某之间的房屋买卖合同无效才是正确的解决途径。

五、车辆挂靠中主张保险赔偿的原告主体资格的认定

关于车辆挂靠中的被告的确定,《民法典》第 1211 条规定,以挂靠形式从事道路运输经营活动的机动车,发生交通事故造成损害,属于该机动车一方责任的,由挂靠人和被挂靠人承担连带责任。2020 年《最高人民法院关于适用〈中华人民共和国民事诉讼法〉的解释》第 54 条规定,以挂靠形式从事民事活动,当事人请求由挂靠人和被挂靠人依法承担民事责任的,该挂靠人和被挂靠人为共同诉讼人。依据上述司法解释和《民法典》的规定,挂靠人和被挂靠人都是被告,这一点是非常明确的。但是对于车辆挂靠涉及保险赔偿时,如何确定原告争议较大。下面我们看一则案例:

案例 5

甲为实际车主,将自己享有所有权的客运机动车辆,登记在某运输公司名下,并以该运输公司名义向保险公司投保。后实际车主甲驾车发生交通事故,故此直接向保险公司提起诉讼请求赔偿。被告某保险公司在诉讼中抗辩,原告非投保人,不具有原告诉讼主体资格,请求法院驳回原告起诉。

对于此类案件,司法实践中有三种观点。第一种观点认为,甲可以作为原告直接起诉保险公司,理由是甲作为挂靠车辆的实际车主,投保的一切费用由甲来支付,事故产生的损失已由甲先行垫付,因此甲可以直接起诉保险公司要求理赔;第二种观点认为,甲不可以作为原告直接起诉保险公司要求理赔,理由是本案涉及的是保险合同纠纷,根据合同的相对性,合同关系只

能发生在特定主体之间，只有合同的一方当事人才能向合同的另一方当事人基于合同提出请求或提起诉讼；第三种观点认为，甲和运输公司应一起作为原告要求保险公司理赔，理由是甲作为该事故车辆的实际车主，事故产生的损失也由其先行垫付，所以有权主张自己的损失，运输公司作为保险合同的一方当事人，理所应当地可以作为原告的身份要求理赔。

我们认为，该案中甲（即实际车主）可以作为原告，直接向保险公司主张权利。理由如下：

（一）机动车登记并非产生物权效力的登记

根据公安部多个文件规定，机动车登记仅是对车辆上路许可的登记，不涉及机动车所有权的设立。同时我国《物权法》规定，机动车登记是一种对抗第三人的效力，而机动车所有权则基于其为动产而适用交付产生物权效力的原则。因此，从所有权角度而言，本案中的机动车属于甲。尽管机动车行驶证登记人为某运输公司，但由于该案不涉及涉案标的车辆转让的事实行为，更不存在所谓善意第三人，所以该案标的车辆的归属本无异议。

（二）保险利益是主张保险赔偿的实质条件

《中华人民共和国保险法》（以下简称《保险法》）第12条第2、6款规定，财产保险的被保险人在保险事故发生时，对保险标的应当具有保险利益。保险利益是指投保人或者被保险人对保险标的具有的法律上承认的利益。第48条规定，保险事故发生时，被保险人对保险标的不具有保险利益的，不得向保险人请求赔偿保险金。通读《保险法》全文，除规定"保险事故发生时，被保险人对保险标的不具有保险利益的，不得向保险人请求赔偿保险金"外，并无对保险金请求权的行使有其他限制性规定。因此，根据《保险法》规定，向保险公司主张保险赔偿最核心的实质要件是对保险标的具有法律上认可的保险利益。

本案中，尽管甲非涉案保险合同的当事人，但在保险事故发生时其对保险标的具有保险利益，因此其具备履行法定的保险金请求权的主体资格。

（三）合同相对性是否可以突破

合同相对性是《合同法》和司法实践所必须依据的一项重要规则。该理论的核心内涵是合同仅于缔约人之间发生效力，对合同外的第三人不发生效力。但现代各国的合同立法都在一定程度上扩张了合同的效力范围，合同相对性原则也逐渐受到了冲击，出现了许多突破合同相对性的例外情况。例如我国《民法典》中的代位权制度、撤销权制度、债权转让制度、隐名代理制度、披露制度等都是突破合同相对性原则的具体表现。特别是《民法典》第1209条和第1210条（《侵权责任法》第49条和第50条）的规定明确了与本案类似的情况。其中第1209条规定，因租赁、借用等情形机动车所有人、管理人与使用人不是同一人时，发生交通事故造成损害，属于该机动车一方责任的，由机动车使用人承担赔偿责任；机动车所有人、管理人对损害的发生有过错的，承担相应的赔偿责任。第1210条规定，当事人之间已经以买卖或者其他方式转让并交付机动车但是未办理登记，发生交通事故造成损害，属于该机动车一方责任的，由受让人承担赔偿责任。与《侵权责任法》第49条和第50条相比，《民法典》删除了保险公司的强制保险责任等内容。上述法律规定情形虽与本案情形略有不同，但是其立法内涵已经十分明确——即便是非机动车登记人驾驶机动车造成交通事故，亦应承担赔偿责任。上述立法明显是"合同相对性的突破"这一法学原理在现行法律中的具体表现。综上所述，我们认为本案例中作为原告的甲具备该案诉讼主体资格。

六、挂靠施工纠纷中的原告主体确定

在司法实践中，挂靠施工纠纷案件有的是以被挂靠企业的名义起诉，有的是以实际施工人的名义起诉。被挂靠人是适格的起诉主体一般没有争议，但对于能否以实际施工人的名义直接起诉却存在很大争议。下面我们看一个案例。

案例6

甲公司（施工单位）与乙公司（建设单位）签订了建筑办公楼、仓库工程协议书，该工程（预）决算工程造价为210万元。该工程是由原告刘某某挂靠甲公司（施工单位）名义承建。该工程完工后经验收合格交付使用，审定预算总值为200万元，但一直未支付。因此原告刘某某向法院起诉，要求甲公司和乙公司支付工程款。乙公司辩称，原告不具备诉讼主体资格。原告无证据证明其直接或间接参与了办公楼、仓库建设的事实，因此原告与乙公司不存在任何合同关系，原告起诉乙公司没有任何事实与法律依据，应当驳回其起诉。被告甲公司辩称，原告刘某某承揽乙公司工程系挂靠我公司承建的。我公司只收到乙公司50万元的

工程款,该款项已支付给原告。原告诉称的尚欠工程款,我公司未收到,该款应属原告所有。

法院经审理认为,乙公司所建设的办公楼、仓库工程,由原告刘某某以挂靠甲公司的名义实际施工建设,该工程最终审定预算造价总值为200万元。根据依法保护双方当事人合法权益的原则,对因承包人的原因造成建设工程施工合同无效的,如果工程已经竣工、经过验收且质量合格的,应参照合同约定支付工程价款;实际施工人可以直接起诉发包人,请求发包人在拖欠工程款的范围内承担清偿工程款的责任。本案中,实际施工人刘某某所建设的办公楼、仓库工程已经竣工验收,且质量合格,故此,刘某某要求乙公司支付所欠工程款,事实清楚,理由充分,应予支持。

(一)挂靠人作为原告主张权利的法律依据

对于建设工程施工中的挂靠问题,《最高人民法院关于审理建设工程施工合同纠纷案件适用法律问题的解释(一)》第1条第1款第2项明确规定,没有资质的实际施工人借用有资质的建筑施工企业名义的,建设工程施工合同无效。然而,该司法解释第6条规定,建设工程施工合同无效,一方当事人请求对方赔偿损失的,应当就对方过错、损失大小、过错与损失之间的因果关系承担举证责任。损失大小无法确定,一方当事人请求参照合同约定的质量标准、建设工期、工程价款支付时间等内容确定损失大小的,人民法院可以结合双方过错程度、过错与损失之间的因果关系等因素作出裁判。对于起诉中的原告主体问题,该司法解释第43条规定,实际施工人以转包人、违法分包人为被告起诉的,人民法院应当依法受理。实际施工人以发包人为被告主张权利的,人民法院应当追加转包人或者违法分包人为本案第三人,在查明发包人欠付转包人或者违法分包人建设工程价款的数额后,判决发包人在欠付建设工程价款范围内对实际施工人承担责任。因此在建设施工合同纠纷中,属于挂靠的,实际施工人可向两个主体主张权利,一是与其有直接合同关系的转包人、分包人;二是与其没有直接合同关系的发包人,但是应追加转包人、分包人为当事人,发包人只在欠付工程价款范围内对实际施工人承担责任。上述司法解释的规定实际上是突破了合同相对性原理。

(二)挂靠人直接向发包人主张权利的条件

虽然最高人民法院的司法解释规定了挂靠人可以作为原告向发包人主张

权利，但是在实际案例中，也不是任何情况下实际施工人都有权利向发包人主张权利。在最高人民法院相继出现的两个案例——"天津建邦地基基础工程有限公司诉中冶建工集团有限公司建设工程施工合同纠纷案""曾贵龙与贵阳荣达房地产开发有限公司等建设工程施工合同纠纷上诉案"中，最高人民法院认定上述两案中的挂靠情形不适用 2004 年《最高人民法院关于审理建设工程施工合同纠纷案件适用法律问题的解释》（已失效）第 26 条第 2 款的规定，即挂靠情形下的实际施工人无权突破合同的相对性直接向发包方主张合同权利，除非有证据证明双方形成了事实上的施工合同关系。

在"天津建邦地基基础工程有限公司诉中冶建工集团有限公司建设工程施工合同纠纷案"中，最高人民法院认为：本案再审审查的争议焦点是天津建邦地基基础工程有限公司（以下简称"建邦地基公司"）是否有权向中冶建工集团有限公司（以下简称"中冶集团公司"）主张案涉 403 万元工程欠款。在挂靠施工情形中，存在两个不同性质、不同内容的法律关系，一为建设工程法律关系，二为挂靠法律关系，根据合同相对性原则，各方的权利义务关系应当根据相关合同分别处理。二审判决根据上述建邦地基公司认可的事实，认定建设工程法律关系的合同当事人为中冶集团公司和博川岩土公司，并无不当。建邦地基公司并未提供证据证明其与中冶集团公司形成了事实上的建设工程施工合同关系，因此，即便认定建邦地基公司为案涉工程的实际施工人，其亦无权突破合同相对性，直接向非合同相对方中冶集团公司主张建设工程合同权利。至于建邦地基公司与博川岩土公司之间的内部权利义务关系，双方仍可另寻法律途径解决。2004 年《最高人民法院关于审理建设工程施工合同纠纷案件适用法律问题的解释》第 26 条适用于建设工程非法转包和违法分包情况，不适用于挂靠情形。该解释第 2 条赋予主张工程款的权利主体为承包人而非实际施工人，建邦地基公司主张挂靠情形下实际施工人可越过被挂靠单位直接向合同相对方主张工程款，依据不足。

在"曾贵龙与贵阳荣达房地产开发有限公司等建设工程施工合同纠纷上诉案"中，最高人民法院认为：曾贵龙在一、二审中均主张其与泸州市佳乐建筑安装工程有限公司（以下简称"佳乐公司"）存在挂靠关系，其通过向佳乐公司缴纳管理费的方式借用佳乐公司施工资质承揽案涉工程。而在挂靠施工情形中，存在两个不同性质、不同内容的法律关系，一为建设工程法律关系，二为挂靠法律关系，根据合同相对性原则，各方的权利义务关系应当根据相关合同分别处理。本案中,《建设工程施工合同》和《建筑工程施工合同补充协议》载明的承包方均为佳乐公司,曾贵龙系以佳乐公司"委托代理人"身份签字,案涉建设工程施工合同主体应当认定为是贵阳荣达房地产开发有限公司(以下简称"荣达公司")与佳乐公司。而在佳乐公司与曾贵龙之间,根据曾贵龙向佳乐公司出具的《内部经营承包合同责任书》载明,"我已于2009年5月31日与公司签订了《内部承包协议》",虽然曾贵龙未提交该《内部承包协议》,但从《内部经营承包合同责任书》亦可看出双方对各自权利义务有比较明确的约定,曾贵龙与佳乐公司之间的内部权利义务关系应依据上述约定内容进行判定。曾贵龙并未提供证据证明其与荣达公司形成了事实上的建设工程施工合同关系,因此,即便认定曾贵龙为案涉工程的实际施工人,其亦无权突破合同相对性,直接向发包人荣达公司主张建设工程合同权利。荣达公司不是本案的适格被告,曾贵龙不能突破合同相对性直接向发包人荣达公司主张权利,本案已不符合《民事诉讼法》第119条规定的起诉条件。

最高人民法院的上述两个判决中均认为,原告(挂靠人)并未提供证据证明其与被告(发包人)形成了事实上的建设工程施工合同关系,故而不支持原告的诉请,由此我们也可以得出这样的结论:如果原告证明了其与被告之间存在事实上的建设施工合同关系,那么原告的主张即可被支持。在司法实践中,有很多实际施工人在起诉索要工程款时,首先选择的是起诉发包人而不是合同的相对方,或者不加区分地都作为被告,这种做法不但有悖于合同相对性的基本原则,而且也与《最高人民法院关于审理建设工程施工合同纠纷案件适用法律问题的解释》第26条整体条文的用意不符,其诉讼效果未必如意。基于以上,我们认为:在被挂靠方怠于行使合同权利时,可以把发包人列为被告提起诉讼,但发包人只在欠付的工程款范围内对实际施工人承担责任。如果挂靠人直接起诉发包人,必须证明其与发包人之间形成了事实上的施工合同关系。如果挂靠人无法提供证据证明其与发包人之间形成了事实上的施工合同关系,其必须有证据证明自己实际施工人的身份且案涉工程竣工并验收合格或经修复竣工验收合格。

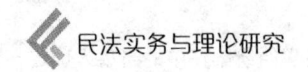

第三节 民事诉讼中被告主体的确定

一、确定被告主体资格的基本规则

民事诉讼中的当事人是指因民事权利义务关系发生争议或受到侵害，以自己的名义进行诉讼，并受人民法院的裁判或调解书约束的人。原告在起诉时要确定被告，即确定原告起诉谁的问题。民事诉讼中的诉分为确认之诉、给付之诉、变更之诉（形成之诉）三种类型。在确认之诉中，被告应当是与原告存在或不存在某种法律关系的对方当事人；在给付之诉中，被告应当是依据法律规定或合同约定负有向原告给付财产、行为、智力成果等法律义务的另一方当事人；变更之诉是因客观事实发生变化或出现法定事由，一方当事人要求解除或变更双方之间业已存在的法律关系的诉讼，故变更之诉中的被告应当是之前与原告存在某种法律关系的另一方当事人。

二、对于被告不适格的处理程序

我国《民事诉讼法》第119条规定的起诉条件中，关于被告的表述是"有明确的被告"。法律对于被告的要求，仅仅是"明确"，而非"恰当""正确""适格"。因此在起诉时，只要将被告基本信息列明即可，且现在人民法院实行案件受理登记制而非审查制，故而在起诉立案时一般不会遇到障碍，除非原告与其起诉的"被告"之间明显不存在法律关系，法院会作出不予受理的裁定。例如，在原告在诉状中明明写明是与张三签订了合同，但是却将李四作为被告起诉至法院，或者原告起诉时向法院提交的证据显示其与被告不存在任何法律关系等情况下，人民法院会作出不予受理的裁定。

但是即使在原告起诉时法院认为被告明确，却也会出现在实体审理中才发现该"被告"与原告之间不存在任何法律关系、被告主体不适格的问题。此种情况下，法院是应当裁定驳回起诉还是判决驳回诉讼请求？对此，理论界和实务界有两种观点，一种观点认为应当裁定驳回起诉，另一种观点认为应当判决驳回诉讼请求。从司法实践中看，大多数法院的裁判对此采用的是裁定驳回起诉。然而最高人民法院的一份裁定明确表明，正确的处理方式应当是判决驳回诉讼请求。下面看一看最高人民法院是如何论述的。

最高人民法院在"黄山金马集团有限公司与中国环境保护公司、黄山金马股份有限公司出资纠纷案"的民事裁定书中认为：修改前的2007年《民事诉讼法》第108条规定："起诉必须符合下列条件：（一）原告是与本案有直接利害关系的公民、法人和其他组织；（二）有明确的被告；（三）有具体的诉讼请求和事实、理由；（四）属于人民法院受理民事诉讼的范围和受诉人民法院管辖。"此条规定为原告起诉的条件，从法院立案工作角度而言，也是法院受理民事案件的条件。《民事诉讼法》对受理条件的规定首先要求原告与案件有直接利害关系，此为原告的主体资格问题，也称为原告的"适格性"，即适格原告应当是争议的法律关系的主体。但《民事诉讼法》对于被告的主体资格问题规定与之不同，仅要求起诉时"有明确的被告"，即原告能够提供被告住所地或住址、联系方式等信息，证明被告真实存在。至于被告是否为争议的法律关系主体、是否应当承担民事责任，并非人民法院审查受理时应当解决的问题。简言之，被告不存在是否"适格"的问题，仅存在是否"明确"的问题。人民法院不应以被告不是争议的法律关系中的义务主体或责任主体为由，裁定驳回原告对被告的起诉。只要原告提出了明确的被告，且符合其他起诉条件，人民法院就应当受理并进入实体审理程序，以判决形式对双方权利义务和民事责任作出裁判。如果人民法院经过依法审理，最终确认被告不应承担民事责任，可以判决驳回原告的诉讼请求。

依据最高人民法院上述裁定所阐述的理由，在案件审理过程中发现被告与原告之间不存在法律关系亦不承担法律责任情况下，人民法院应当判决驳回原告诉讼请求。

三、被吊销营业执照后，公司能否作为被告

案例7

小张是某IT公司员工。但该IT公司因违法经营被吊销营业执照，该公司即宣布与小张等员工解除劳动合同，但该公司仍拖欠小张等人3个月工资。小张等人向劳动仲裁委员会提起仲裁申请，要求该公司支付欠付的3个月工资和解除合同的经济赔偿。该公司收到申请书后未应诉，只是由其法定代表人向劳动仲裁委员会提交了一份书面意见，该意见中写道：公司已经没有继续经营的必要且已经吊销营业执照，不具备法人

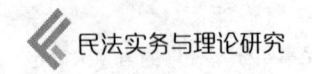

资格了，所以可以不支付小张等员工工资及经济补偿。

劳动仲裁委员会经过审理，认定该IT公司虽被吊销营业执照，但仍具备诉讼主体资格，裁决支持了小张等人的申请。

此案中的问题就是公司被吊销营业执照后，谁应当成为被告？对此，最高人民法院及一些地方高级人民法院发布了一些司法文件，对此问题进行了较为详细的规定。

(一)《最高人民法院关于企业法人营业执照被吊销后，其民事诉讼地位如何确定的复函》(法经〔2000〕24号函)

该函中的意见是：

> 吊销企业法人营业执照，是工商行政管理机关依照国家工商行政法规对违法的企业法人作出的一种行政处罚。企业法人被吊销营业执照后，应当依法进行清算，清算程序结束并办理工商注销登记后，该企业法人才归于消灭。因此，企业法人被吊销营业执照后至被注销登记前，该企业法人仍应视为存续，可以自己的名义进行诉讼活动。如果该企业法人组成人员下落不明，无法通知参加诉讼，债权人以被吊销营业执照企业的开办单位为被告起诉的，人民法院也应予以准许。该开办单位对被吊销营业执照的企业法人，如果不存在投资不足或者转移资产逃避债务情形的，仅应作为企业清算人参加诉讼，承担清算责任。

(二)《最高人民法院经济审判庭关于人民法院不宜以一方当事人公司营业执照被吊销，已丧失民事诉讼主体资格为由，裁定驳回起诉问题的复函》(法经〔2000〕23号函)

该函主要内容是：

> 吊销企业法人营业执照，是工商行政管理局对实施违法行为的企业法人给予的一种行政处罚。根据《中华人民共和国民法通则》第四十条、第四十六条和《中华人民共和国企业法人登记管理条例》第三十三条的规定，企业法人营业执照被吊销后，应当由其开办单位(包括股东)或者企业组织清算组依法进行清算，停止清算范围外的活动。清算期间，企业民事诉讼主体资格依然存在。本案中人民法院不应以甘肃新科工贸

有限责任公司（以下简称新科公司）被吊销企业法人营业执照，丧失民事诉讼主体资格为由，裁定驳回起诉。本案债务人新科公司在诉讼中被吊销企业法人营业执照后，至今未组织清算组依法进行清算，因此，债权人兰州岷山制药厂以新科公司为被告，后又要求追加该公司全体股东为被告，应当准许，追加的股东为共同被告参加诉讼，承担清算责任。

（三）《北京市高级人民法院关于企业下落不明、歇业、撤销、被吊销营业执照、注销后诉讼主体及民事责任承担若干问题的处理意见（试行）》

该意见中涉及"企业被吊销营业执照后的诉讼问题"的规定有如下几方面：

17. 企业被吊销营业执照后，无清算组织负责清理债权债务的，债权人可以起诉被吊销营业执照的企业和清算主体为共同被告。

债权人仅以被吊销营业执照的企业为被告起诉的，法院应予受理。

21. 债权人被吊销营业执照的，如已成立清算组清理债权债务，清算组作为原告参加诉讼，债权人在诉讼中的权利义务由清算组继受。

无清算组织的，清算主体可以申请加入诉讼作为共同原告；清算主体不申请加入的，不影响案件的继续审理。

40. 企业被吊销营业执照后，其权利能力、行为能力受到限制，应停止清算以外的经营活动。成立清算组的，由清算组为诉讼主体，清算组组长为负责人。未成立清算组的，法院在法律文书中应将企业列明，并在审理查明事项中说明企业被吊销营业执照的有关情况。

被吊销营业执照的企业法定代表人、负责人或委托代理人可以该企业法定代表人、负责人或委托代理人身份参加诉讼。对于法定代表人、负责人不能证明其身份的，应要求其出具工商行政管理部门或有关单位的证明。

（四）《广东省高级人民法院关于企业法人解散后的诉讼主体资格及其民事责任承担问题的指导意见》（粤高法［2003］200号，已失效）

该意见第1条规定：

企业法人被工商行政管理部门吊销营业执照、未经清算被注销、被撤销或企业自动歇业和视为自动歇业的，应认定该企业法人解散。企业法人解散后至其债权债务清理完毕前，法院应认定该企业法人为清算法人，具备民事主体资格。

从上述最高人民法院及地方高级人民法院的司法文件中我们明显可以看出，吊销营业执照的企业、公司可以作为民事诉讼中的原、被告当事人，但是在其为被告承担责任时，如果自身财产不足以清偿债务，其股东、开办人等负有清算义务的清算人在虚假出资、出资不实、出资未到位、抽逃资金、未尽保护公司企业资产义务、恶意处分资产、未清算完债务即注销等情形下要承担相应的民事责任。

四、彩礼返还之诉中的被告

案例 8

甲（男）与乙（女）经人介绍相识恋爱，双方父母约定礼金为 8.8 万元人民币。甲父母从自己的积蓄中拿出 8.8 万元，通过媒人交给了乙的母亲丙。甲乙双方因琐事吵架不断，后双方解除恋爱关系。甲向乙主张要求返还 8.8 万元彩礼，并诉至法院。法院受理后就本案原被告主体的确定发生分歧，存在两种观点。第一种观点认为，彩礼是基于缔结婚姻关系、男方付给女方的一定数额的钱物，甲乙为婚姻关系当事人；第二种观点认为，彩礼的实际给付人、收受人也应当列为诉讼当事人。

对于上述案件，最高人民法院的观点是，在彩礼返还之诉中，应当区别不同的情况进行处理。

（1）男女双方办理了结婚登记手续后，男方以女方为被告提起离婚诉讼，并在离婚诉讼中要求返还彩礼的，不列彩礼的实际给付人、实际收受人为第三人，而应以男女双方作为彩礼返还的权利人与义务人。一方以不是彩礼的实际给付人或者实际收受人为理由抗辩，拒绝返还彩礼的，不应予以支持。

（2）男女双方未办理结婚登记手续，男方提起诉讼要求返还彩礼的，由于彩礼的实际给付人与收受人并不局限于男女双方，还可能包括男女双方的父母或者其他近亲属，在彩礼的用途上，既有可能是女方个人所用，也有可能是女方家庭所用,还有可能为男女双方所组建的家庭所用。因此,一般可列女方为被告,如彩礼实际收受人为女方父母或其他人,则可考虑列实际收受人为共同被告。这样既符合婚约财产纠纷特质,也有利于真正解决纠纷。[1]

五、监护法律关系中的被告

案例 9

甲与乙都是 7 岁,为好朋友,经常在一起玩耍。某日甲与乙在奔跑玩耍,乙将甲推倒在地,导致甲两颗门牙被磕掉。事发后,甲在某医院诊断为牙齿冠折,支出治疗费 1000 余元。某司法鉴定所出具司法鉴定书,认定甲伤残等级为十级伤残。某人民医院出具《关于对甲后续治疗费用的补充意见》,认为甲 18 岁后可进行根管治疗及烤瓷冠修复,后续治疗费用约为 2.5 万元。甲的父母为此与乙的父母进行沟通,乙的父母不愿为此承担责任,甲准备向人民法院提起诉讼,应将谁列为被告?

在司法实践中,对无或限制民事行为能力人致他人损害案件的被告确定及责任承担问题,不同法院有不同的做法。常见的有:①由无民事行为能力人作被告,法定监护人承担责任;②由法定监护人作被告并承担责任;③由无民事行为能力人作被告,法定监护人作为第三人并承担责任;④由无民事行为能力人和法定监护人作为共同被告,法定监护人承担责任;⑤由无民事行为能力人和法定监护人作为共同被告。无民事行为能力人有财产的按《侵权责任法》第 32 条处理,若无民事行为能力人无财产或财产不足的,由作为法定监护人的被告承担责任。

对于上述五种方式,我们认为,最恰当的应为第五种。具体理由如下:

(1) 我国《婚姻法》第 23 条规定,在未成年子女对国家、集体或他人造成损害时,父母有承担民事责任的义务。

(2)《民法通则》第 133 条规定,无民事行为能力人、限制民事行为能力

---

[1] 肖峰:《最高院肖峰法官解读:彩礼的认定及返还》,载 http://www.360doc.com/content/16/0502/08/22513831_555530055.shtml,最后访问日期:2020 年 7 月 25 日。

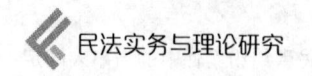

人造成他人损害的，由监护人承担民事责任。监护人尽了监护责任的，可以适当减轻他的民事责任。有财产的无民事行为能力人、限制民事行为能力人造成他人损害的，从本人财产中支付赔偿费用。不足部分，由监护人适当赔偿，但单位担任监护人的除外。《民法典》第34条第3款只是原则性规定了"监护人不履行监护职责或者侵害被监护人合法权益的，应当承担法律责任"，没有再具体规定监护人的责任问题。

（3）《侵权责任法》第32条规定，无民事行为能力人、限制民事行为能力人造成他人损害的，由监护人承担侵权责任。监护人尽到监护责任的，可以减轻其侵权责任。有财产的无民事行为能力人、限制民事行为能力人造成他人损害的，从本人财产中支付赔偿费用。不足部分，由监护人赔偿。《民法典》第1188条将上述规定中的"监护责任"修改为"监护职责"。

《侵权责任法》及《民法典》对《民法通则》的规定作了修改：首先，加重了监护人的责任。为了保护被侵权人的合法权益，使其受到损害能够全部得到赔偿，《侵权责任法》及《民法典》规定，对于无民事行为能力人、限制民事行为能力人赔偿后，其财产不足部分仍需监护人给予全部赔偿。其次，明确单位监护人应当承担与非单位监护人同样的责任。

（4）《最高人民法院关于适用〈中华人民共和国民事诉讼法〉的解释》第67条规定："无民事行为能力人、限制民事行为能力人造成他人损害的，无民事行为能力人、限制民事行为能力人和其监护人为共同被告。"本条明确了无民事行为能力人、限制民事行为能力人致人损害时，当事人如何确定的问题，解决了理论界一直争议的问题。

（5）《民法典》第1188条规定，无民事行为能力人、限制民事行为能力人造成他人损害的，其赔偿责任的承担，应当根据无民事行为能力人的财产状况作出如下处理：①无民事行为能力人、限制民事行为能力人本人财产足以支付赔偿费用的，判决由其承担责任，同时驳回对作为被告的监护人诉讼请求；②无民事行为能力人、限制民事行为能力人本人财产不足以支付赔偿费用的，判决由其承担责任，不足部分由作为被告的监护人赔偿；③无民事行为能力人、限制民事行为能力人本人无财产支付赔偿费用的，判决作为被告的监护人赔偿。

六、合伙法律关系中的被告

案例 10

某配送中心是起字号的个人合伙,但未登记也未领取营业执照,由甲、乙、丙、丁四人组成,乙代表配送中心向甲租赁房屋用于经营。因经营管理不善,该配送中心从 2012 年 1 月 1 日起停业,但没有腾空房屋交还给房主甲,配送中心的有关设备仍放在房屋内,导致甲的房屋被占用一年多不能出租,故甲要求乙支付该配送中心占用房屋期间的租金损失 2 万余元。

此案诉到法院后,对甲有权主张停业期间房屋被占用期间的租金损失无异议,但甲应向谁主张,即占用期间房屋的租金应由谁支付,产生了四种不同的意见:

第一种意见认为,甲可将乙作为被告,向乙主张。

第二种意见认为,甲可将乙、丙、丁三人作为被告,要求乙、丙、丁三人共同连带承担支付租金的责任,但应扣除自己应承担的部分。

第三种意见认为,甲不能将乙单独作为被告,也不能将乙、丙、丁三人作为共同被告,而应将配送中心作为被告,并由乙作为代表人,由某纯净水配送中心承担支付租金的义务。

第四种意见认为,甲可以将配送中心作为被告,但应将乙、丙、丁三人作为承担连带责任的被告。

我们认为第二种意见正确,理由如下:

(1)《民法通则》第 30~35 条对个人合伙的权利义务作出了规定。其中,第 33 条规定了个人合伙可以起字号,依法在核准登记的范围内从事经营,说明个人合伙虽不是法人,但也具备了独立的经营资格;第 35 条规定了合伙债务的承担方式,即合伙债务由合伙人按出资比例或者协议的约定,以各自的财产承担清偿责任,且该条第 2 款规定了"合伙人对合伙的债务承担连带责任"。

(2)《民通意见》第 45 条第 1 款对起字号的个人合伙在民事诉讼中的地位作出了明确的规定,"起字号的个人合伙,在民事诉讼中,应当以依法核准登记的字号为诉讼当事人,并由合伙负责人为诉讼代表人。合伙负责人的诉讼行为,对全体合伙人发生法律效力"。本案中的个人合伙虽有字号,但未登记。

(3)《最高人民法院关于适用〈中华人民共和国民事诉讼法〉的解释》第60条规定,在诉讼中,未依法登记领取营业执照的个人合伙的全体合伙人为共同诉讼人。个人合伙有依法核准登记的字号的,应在法律文书中注明登记的字号。全体合伙人可以推选代表人;被推选的代表人,应由全体合伙人出具推选书。

(4)本案中,配送中心不是领取营业执照的其他组织,而是个人合伙,虽然有字号,但未依法核准登记,因此,其被告应当是全体合伙人,但是甲本身又是债权人,故甲应将其他合伙人作为被告起诉。如果配送中心是领取营业执照的合伙企业,则可以只起诉配送中心,乙为代表人,在执行中,如果其财产不足以清偿债务,可以执行其他三个人的个人财产。但是两种情形均应扣去甲应承担的部分。

第一种意见将乙作为义务人,是错误地将乙作为四人合伙的负责人,将对外代表四合伙人进行经营活动的行为误认为是乙个人的行为,故将某纯净水配送中心租赁房屋的行为等同于乙个人的租赁行为,将四人合伙的经营行为视为甲的个人经营行为,混淆了个人经营与合伙经营的界限,因此,第一种意见不能成立。

第二种意见将乙、丙、丁三人作为共同义务人,要求乙、丙、丁三人共同承担连带支付余下租金的责任,此方式是正确的,但该租金作为一种债务,其性质是一种对外的合伙债务,合伙债务的清偿,按照法律规定,应由合伙人按出资比例或者协议的约定,以各自的财产承担清偿责任,且全体合伙人对合伙的债务承担连带责任。因此在承担连带责任时,应当扣除甲的部分。

第三种意见将合伙字号某纯净水配送中心作为义务人,由某纯净水配送中心承担支付租金的责任,不符合《民通意见》第45条中"依法核准登记的字号为诉讼当事人"的规定,也不符合《最高人民法院关于适用〈中华人民共和国民事诉讼法〉的解释》第60条"个人合伙有依法核准登记的字号"的规定。

第四种意见也不正确,因为该个人合伙未依法核准登记的字号,不可以将某纯净水配送中心作为义务人,而应将乙、丙、丁三人作为承担连带责任的被告。

七、个体工商户在诉讼中的地位及责任

个体工商户是指从事工商业经营的自然人或家庭。自然人以个人为单位或以家庭为单位从事工商业经营的，均为个体工商户。自然人从事个体工商业经营必须依法核准登记。个体工商户的登记机关是县级以上的工商行政管理机关。个体工商户经核准登记，取得营业执照后，才可以开始经营。个体工商户转业、合并、变更登记事项或歇业，也应办理登记手续。然而，当个体工商户涉及诉讼时，其当事人的确定是个十分复杂的问题。下面我们先看一个案例。

案例 11

2015 年，某公司以商标侵权为由对某超市提起诉讼。超市经营者的家属庭前陈述，该超市是个体工商户，经营者死亡，死亡证明办理中，超市的营业执照也在重新办理，于是，庭审延期。

按照现行法律，个体工商户作为被告，有以经营者或以字号为当事人两种情形，也有个人经营或家庭经营两种不同经营模式。经营者死亡，应当终结诉讼还是中止诉讼？由此牵出个体工商户在程序和实体问题上的双重纠结，应当对其进行名与实的思考。

（一）名与实的分离——个体工商户是个人还是组织

《民法通则》第 26 条规定，公民经核准登记从事工商业经营的，为个体工商户；第 29 条规定，个体工商户的债务，个人经营的，以个人财产承担。《中华人民共和国个人所得税法实施条例》第 6 条第 1 款第 5 项第 1 目规定，个体工商户从事生产、经营活动取得的所得，应纳个人所得税。根据上述条文，个体工商户几乎等同于公民个人。

《民法通则》第 26 条同时规定，个体工商户可以起字号。《个体工商户条例》及《个体工商户名称登记管理办法》规定，个体工商户需要申领营业执照，要有固定的组织形式、经营范围、经营场所等。

《民法典》第 54 条规定，自然人从事工商业经营，经依法登记，为个体工商户。个体工商户可以起字号。第 56 条第 1 款规定，个体工商户的债务，个人经营的，以个人财产承担；家庭经营的，以家庭财产承担；无法区分的，

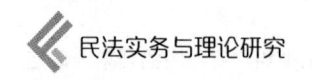

以家庭财产承担。

全国人大常委会法制工作委员会民法室在《中华人民共和国侵权责任法——条文说明、立法理由及相关规定》一书中解释，《侵权责任法》第35条劳务关系中的"接受劳务一方"仅指自然人，个体工商户的雇员因工作发生的纠纷，按照第34条用人单位的规定处理。第34条的"用人单位"包括企业、事业单位、国家机关、社会团体等，也包括个体经济组织等。《劳动法》第2条则将企业、事业组织、国家机关和个体经济组织统称为用人单位。根据以上条文及其解释，个体工商户是个体经济组织、用人单位。

《最高人民法院关于适用〈中华人民共和国民事诉讼法〉的解释》第59条规定，在诉讼中，个体工商户以营业执照上登记的经营者为当事人。有字号的，以营业执照上登记的字号为当事人，但应同时注明该字号经营者的基本信息。营业执照上登记的经营者与实际经营者不一致的，以登记的经营者和实际经营者为共同诉讼人。

综上所述，除在劳动法律关系中，个体工商户因其雇佣地位而被视为个体经济组织、用人单位外，一般情况下，个人工商户就其实质而言，是程序法或实体法上的一个或多个个人。换言之，《劳动法》《侵权责任法》等法律只是在涉及劳动关系时赋予个体工商户以组织的名义，个体工商户实质上还是个人。个体工商户的这种名与实的分离，体现在程序法上，是有字号的以字号为诉讼当事人，但应注明注册的经营者；没有字号的，以其经营者为当事人。体现在实体法上，则是其债务，包括纳税，均以经营者的个人财产承担，家庭经营的，以家庭财产承担。

（二）名与实的统一——经营者变更或死亡

《个体工商户条例》第10条第2款规定，个体工商户变更经营者的，应当在办理注销登记后，由新的经营者重新申请办理注册登记。家庭经营的个体工商户在家庭成员间变更经营者的，也需要办理变更手续。《个体工商户登记管理办法》第8条、第12条规定，家庭经营的，参加经营的家庭成员姓名应当同时备案，以家庭成员中主持经营者为登记申请人。

依照上述条款，并结合《民事诉讼法》有关中止诉讼、终结诉讼的规定，经营者变更或死亡时，至少会出现以下几种情形：

（1）个人经营的个体工商户，注销登记的，应当以经营者个人为当事人。

（2）因经营者死亡而变更经营者的，无论是否起字号，由于都是以经营者的财产承担债务,故应当注意经营者的遗产及继承人情况。有遗产和继承人的,应当中止诉讼,等遗产分配情况确定后再恢复诉讼,以遗产继承人为当事人。

(3) 原告经营者死亡,没有继承人,或者继承人放弃诉讼权利的,以及被告经营者死亡,没有遗产,也没有应当承担义务的人的,应当终结诉讼。

(4) 家庭经营的,由于登记的经营者只是家庭成员中的主持经营者,经营者变更无需注销登记,诉讼进程几乎不受影响,只需要将所列经营者进行变更即可。

(5) 家庭经营的,经营者死亡且其家庭成员注销登记的,则应当变更当事人,将经备案参加经营的家庭成员个人列为当事人。

通过归纳总结以上各种情形,说明名副其实、名实统一是确定个体工商户诉讼地位的必然要求。经营者不变、字号变更,是名变实不变,诉讼程序几乎不受影响;经营者不变或变更、字号登记注销,是名亡实存,需要变更当事人;个人经营者死亡,字号登记注销,是名亡实亡,诉讼将中止甚至终结。家庭经营模式下,登记经营者死亡,只是经营者人数的减少,诉讼程序几乎不受影响;但当家庭成员注销登记时,则是名亡实存的情形。

个体工商户名与实的统一,除了上述名副其实的要求外,还体现在经营者的身份统一及文书送达问题上。虽然个体工商户的诉讼代表人和债务承担者是其经营者,但是作为诉讼当事人,它有一定的组织形式和固定的经营场所。因此,诉讼文书的送达,可以直接或留置送达其经营地址,也可以直接或留置送达其经营者的住所。送达经营地址时雇员签收文书及送达经营者住所地时同住成年家属签收文书均应视为有效送达。

(三) 家庭经营模式下的复杂情形

现实生活中,个体工商户大多是个人经营,极少有家庭经营的情形。因为个人经营,个人负债;其他家庭成员可以参与经营,但没有必要备案登记,否则会把整个家庭的全部财产都牵扯进来。这是控制风险的常识。但在司法实践中,家庭经营模式会出现一些更为复杂的情形。例如,相关法律并没有对家庭成员的范围进行界定,如果参与经营并备案登记的只是部分家庭成员,经营者的遗产继承人与参与经营并备案的家庭成员可能会存在不一致的情形。在这种情况下,案件的审理和执行会存在类似于分家析产的问题,处理起来会异常复杂,需要特别注意。

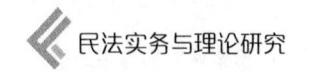

前述案件中,经营者死亡后,法院应当查明该个体工商户实质上是家庭经营还是个人经营。如果是个人经营,家庭其他成员不参与经营,还要看是否发生遗产继承等情况,最终决定是否变更诉讼当事人。

第四节　民事诉讼中第三人的确定

在民事诉讼中,除了原被告之外,还有一方当事人,即第三人。依据我国《民事诉讼法》的相关规定,第三人分为有独立请求权的第三人和无独立请求权的第三人。那么何为有独立请求权的第三人?何为无独立请求权的第三人?我们下面通过一些案例来进行深入探究。

一、有独立请求权的第三人

案例 12

2014 年 11 月,周某某经他人介绍,与谭某某、黄某某同往曾某某承包的工程处从事泥水工工作,约定日工资为 150 元。在周某某、谭某某、黄某某工作过程中,曾某某陆续支付了部分劳务工资。工程完工后,经结算,曾某某欠周某某工资 2550 元、谭某某工资 1690 元、黄某某工资 2250 元,共 6490 元。2014 年 1 月 24 日周某某、谭某某、黄某某向曾某某催讨工资款时,曾某某就所欠上述三人工资款共同出具了一张 7000 元欠条给周某某,并自愿多支付 510 元。收到欠条后重新确认了工资数额:周某某 3000 元、谭某某 1700 元、黄某某 2300 元。

2016 年周某某作为原告向法院提出诉讼,要求判令被告曾某某支付原告工资 7000 元,并承担相应的银行同期贷款利率的利息。谭某某、黄某某知道上述诉讼后,共同以第三人身份向法院提起诉讼,其诉讼请求是:①确认第三人谭某某、黄某某为本案所涉 7000 元工资的权利人之一;②请求被告曾某某向第三人谭某某支付工资 1700 元,向第三人黄某某支付工资 2300 元。

人民法院经审理后认为,原告周某某请求被告曾某某支付其 7000 元劳务费的部分诉讼请求没有事实依据,第三人谭某某、黄某某的请求有事实依据,且合法有效,遂判决被告曾某某向原告周某某支付劳务工资

3000元，向第三人谭某某支付劳务工资1700元，向第三人黄某某支付劳务工资2300元；并判令被告曾某某按照中国人民银行同期贷款利率向原告及第三人支付利息；驳回原告周某某其他诉讼请求。

上述案件就是一个涉及有独立请求权第三人参与诉讼的案例。有独立请求权第三人是指对他人之间争议的诉讼标的享有全部或部分实体权利，且认为已经开始的诉讼中的原被告侵害了自己的合法权益，并将本诉中的原被告作为被告，提出诉讼请求而参加诉讼的人。我国《民事诉讼法》第56条第1款规定，对当事人双方的诉讼标的，第三人认为有独立请求权的，有权提起诉讼。《最高人民法院关于适用〈中华人民共和国民事诉讼法〉的解释》第81条第1款规定，有独立请求权的第三人在参加诉讼时有权向人民法院提出诉讼请求和事实、理由，成为当事人。依据上述法律、司法解释的规定，该提起诉讼而参加到已经开始的诉讼中的人即为有独立请求权的第三人。

上述案件中，周某某、谭某某、黄某某是曾某某所写7000元欠条的共同债权人，但是周某某自己单独向法院提起诉讼，并且主张自己为该7000元债权的唯一权利人，要求被告曾某某向自己支付7000元，显然周某某的请求损害了实际共同债权人谭某某、黄某某的利益。谭某某、黄某某作为7000元债务的共同债权人，各自享有相应的债权份额。对于周某某单独向法院提起诉讼并主张自己独享该7000元债务的行为，谭某某、黄某某为维护自己的合法权益，以起诉的方式参加到周某某和黄某某已经开始的诉讼中，并且提出相应的诉讼请求，独立主张自己相应份额的债权，因而其是有独立请求权的第三人。

二、无独立请求权的第三人

案例13

2007年，蔡某某与高某某以及王某某合伙购买一车辆从事沙石运输。2009年初，高某某将案涉车辆卖与他人，出售款为6万元。蔡某某向人民法院起诉高某某，要求其向原告支付售车款2万元。诉讼中高某某抗辩称，该6万元售车款由王某某收取。法院通知王某某以第三人身份参加本案诉讼。王某某承认确实拿到6万元售车款，但是又抗辩称，在购

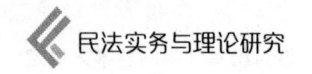

车人将 6 万元售车款交付给其之前,其就已将 2 万元款项支付给蔡某某,但未让蔡某某写收条。

法院经审理认为,案涉车辆系三人合伙购买,购买案涉车辆,原告出资了 1/3。案涉车辆现已卖与他人,出售款为 6 万元,原告理应获得其中 1/3 出售款。庭审过程中,被告陈述 6 万元出售款已由第三人王某某取得,第三人王某某虽对此予以认可,但陈述其已支付原告 2 万元款项。对于 2 万元款项的支付,第三人王某某并无证据加以证明,故依据相关法律的规定,第三人王某某应支付原告 2 万元车辆出售款。据此法院判决:无独立请求权第三人王某某于本判决发生法律效力之日起 10 日内支付原告蔡某某车辆出售款人民币 2 万元。

上述案例就是一个无独立请求权第三人参与诉讼的案例。无独立请求权第三人是指对他人之间的诉讼标的没有独立的实体权利,但是已经开始审理的案件的审判结果对其有法律上的利害关系,可能会影响其权利义务,为维护自身合法权益而参加到已经开始的诉讼中,并依附其中一方当事人进行诉讼的人。《民事诉讼法》第 56 条第 2 款规定,对当事人双方的诉讼标的,第三人虽然没有独立请求权,但案件处理结果同他有法律上的利害关系的,可以申请参加诉讼,或者由人民法院通知他参加诉讼。人民法院判决承担民事责任的第三人,有当事人的诉讼权利义务,这里的第三人即为无独立请求权的第三人。无独立请求权的第三人对本诉中原被告的诉讼标的并无独立的请求权,但本诉中案件的处理结果会对其产生有利或不利的后果。无独立请求权第三人又可分为原告型第三人与被告型第三人。原告型第三人,即有可能协助原告的主张,帮助原告胜诉,以维护自身的利益的第三人;被告型第三人,即有可能协助被告反驳原告的诉讼主张,以维护自身的利益的第三人。

上述案件中,案涉车辆系三人合伙购买,平摊购车费用。因被告高某某将车辆出售,但所得款项并未支付给原告,故原告蔡某某起诉被告高某某,要求高某某支付其应得的 2 万元。高某某表示其已经将出售车辆的价款全部给了王某某,王某某也是合伙人之一。王某某也认可全部售车款为自己所获。因此王某某虽然不是本案被告,但是在法律上有向蔡某某支付售车款的义务。

但是从原告起诉的角度看,蔡某某并未起诉王某某,王某某并非本案被告,法院追加王某某的法理依据又是什么?

人民法院在审理原告与被告的诉讼争议时,往往可能涉及第三人的民事权益,如果第三人没有参加这一诉讼,就不利于人民法院全面查明案件事实,彻底及时地解决纠纷。由于人民法院的判决或裁定对未参加诉讼的第三人是没有拘束力的,如果应参加诉讼的第三人由于未参加而重新提起独立的诉讼程序,不仅会造成人力、物力的浪费,拖延纠纷的彻底解决,同时还可能造成人民法院对同一纠纷内容作出前后矛盾的判决,或由于前案终审后业已执行而使新提起的案件终审后在执行上存在困难。为了保护第三人的合法权益,避免上述种种不利后果,彻底解决同一标的上相互关联的问题,应当追加或者允许第三人参加诉讼。第三人参加诉讼,符合诉讼经济原则的要求,能够节省时间和费用,简化诉讼程序。本案中人民法院也正是基于上述法理及相关法律的规定,追加王某某为第三人。

从本案实体角度看,王某某也承认自己应当将原告蔡某某应得的2万元给付给蔡某某,可其抗辩称已经支付给了蔡某某,但是没有向法院提供证据,因此法院判决其应当承担向原告蔡某某付款的义务。

三、第三人未参加诉讼的法律救济

案例 14

某银行于2010年10月与甲公司签订了一份贷款协议,贷款数额为2.7亿元人民币,甲公司以其正在建设的全部在建工程为该银行提供担保,并由房地局办理并发放了在建工程抵押证明。2012年12月该在建工程已经全部完工,并且取得了房屋产权证。但是某银行一直未将该在建工程抵押变更为正式抵押担保,该房地产登记簿上也未记载该在建工程抵押。

2013年8月,由于甲公司欠乙小贷公司7000万元借款未还,乙小贷公司经过在房地局查询,该房地产项目上没有任何担保,于是甲乙双方达成以房抵债协议,约定甲公司将其已经建好的部分房产抵顶其所欠乙小贷公司欠款本息。但是甲公司在以房抵债协议签订后一直未给乙小贷公司办理过户登记手续,故而乙小贷公司将甲公司诉至法院,要求其履行合同,办理过户登记。

本案一审中,甲公司抗辩称甲乙约定的房产已经抵押给银行,并且

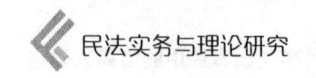

向某银行通知了本案诉讼情况，某银行负责人在一审庭审中携带在建工程抵押证明到庭，并向法庭说明了情况，但某银行一直未主动提起诉讼。

本案一审法院以在建工程抵押已经丧失法律效力，没有侵害某银行利益为由，支持了原告乙小贷公司的诉讼请求。甲公司不服提起上诉，某银行申请参加二审诉讼，二审法院未予准许，维持一审判决。

某银行认为自己的权益受到损害，寻求救济。关于某银行的救济途径，有两种意见，一种意见是以案外人身份向最高人民法院申请再审；另一种意见认为应当向人民法院提起第三人撤销之诉。

（一）第三人参加诉讼的方式

1. 有独立请求权的第三人

《民事诉讼法》第56条第1款规定，对当事人双方的诉讼标的，第三人认为有独立请求权的，有权提起诉讼。即有独立请求权的第三人是以起诉的方式参加已经开始的一审诉讼。

在司法实践中，有独立请求权的第三人参加诉讼时要提交《起诉书》，其格式是将有独立请求权的第三人列为原告，将本诉中的原告和被告均列为被告，然后写明自己的诉讼请求和事实理由。在司法实践中也有向法院提交《申请书》的情况，该申请书格式与诉状类似，但只列明申请人，不列被申请人，名称为《参加诉讼申请书》，然后写申请人基本情况，再写申请事项，即写明：贵院受理××（原告）诉××（被告）××纠纷一案，由于申请人是该案诉讼标的物的合法所有权人（或其他合法物权权益），对该标的物有独立请求权，申请人特根据《民事诉讼法》第56条之规定，申请以第三人的身份参加诉讼，提出独立诉讼请求。然后写明具体诉讼请求和事实与理由。

2. 无独立请求权的第三人

《民事诉讼法》第56条第2款规定，对当事人双方的诉讼标的，第三人虽然没有独立请求权，但案件处理结果同他有法律上的利害关系的，可以申请参加诉讼，或者由人民法院通知他参加诉讼。人民法院判决承担民事责任的第三人，有当事人的诉讼权利义务。即无独立请求权第三人是通过自己主动申请或者人民法院通知的方式参加到已经开始的一审诉讼中。

根据最高人民法院发布的诉讼文书格式，无独立请求权人参加诉讼应当向法院提交《申请书》，申请参加诉讼的为申请人，请求事项是：以无独立请求权的第三人参加你院（××××）……号……（写明当事人和案由）一案的诉讼。然后写明事实和理由等。

（二）第三人一审未参加诉讼，二审发现其应当参加的救济

《最高人民法院关于适用〈中华人民共和国民事诉讼法〉的解释》第327条规定，必须参加诉讼的当事人或者有独立请求权的第三人，在第一审程序中未参加诉讼，第二审人民法院可以根据当事人自愿的原则予以调解；调解不成的，发回重审。

这里的当事人既包括必须参加诉讼的共同原告、共同被告，也包括必须参加诉讼的第三人，即无论是有独立请求权的第三人还是无独立请求权的第三人，虽然一审未参加诉讼，但二审发现的，可以根据自愿原则调解结案，但是如果调解不成，则应发回重审。

（三）未参加一审、二审诉讼的第三人的救济

1. 第三人撤销之诉

《民事诉讼法》第56条第3款规定，因不能归责于本人的事由未参加诉讼的第三人（包括无独立请求权第三人和有独立请求权第三人），但有证据证明发生法律效力的判决、裁定、调解书的部分或者全部内容错误，损害其民事权益的，可以自知道或者应当知道其民事权益受到损害之日起6个月内，向作出该判决、裁定、调解书的人民法院提起诉讼。人民法院经审理，诉讼请求成立的，应当改变或者撤销原判决、裁定、调解书；诉讼请求不成立的，驳回诉讼请求。

《最高人民法院关于适用〈中华人民共和国民事诉讼法〉的解释》第292条规定了第三人提起撤销之诉的条件：①因不能归责于本人的事由未参加诉讼；②发生法律效力的判决、裁定、调解书的全部或者部分内容错误；③发生法律效力的判决、裁定、调解书内容错误损害其民事权益。

上述司法解释第295条规定，《民事诉讼法》第56条第3款规定的因不能归责于本人的事由未参加诉讼，是指没有被列为生效判决、裁定、调解书当事人，且无过错或者无明显过错的情形。包括：①不知道诉讼而未参加的；②申请参加未获准许的；③知道诉讼，但因客观原因无法参加的；④因其他不能归责于本人的事由未参加诉讼的。

根据最高人民法院发布的诉讼文书格式要求，第三人提起撤销之诉其名称仍为《民事起诉状》，提起撤销之诉之人为原告，原审判决中的原告与被告

均为被告，但生效判决、裁定、调解书中没有承担责任的无独立请求权的第三人仍为第三人。诉讼请求是撤销或者变更××××人民法院（××××）……号民事判决/民事裁定/民事调解书或撤销或变更××××人民法院（××××）……号民事判决/民事裁定/民事调解书第×项，如果还有其他请求的，应当写明其他诉讼请求。

2. 申请再审

（1）第三人申请再审的途径和法律依据。《民事诉讼法》第200条第8项规定，无诉讼行为能力人未经法定代理人代为诉讼或者应当参加诉讼的当事人，因不能归责于本人或者其诉讼代理人的事由，未参加诉讼的，人民法院应当再审。

第227条规定，执行过程中，案外人对执行标的提出书面异议的，人民法院应当自收到书面异议之日起15日内审查，理由成立的，裁定中止对该标的的执行；理由不成立的，裁定驳回。案外人、当事人对裁定不服，认为原判决、裁定错误的，依照审判监督程序办理；与原判决、裁定无关的，可以自裁定送达之日起15日内向人民法院提起诉讼。

从上述规定看，对于案外人对涉及自身利益生效判决、裁定有两种途径申请再审，一是因不能归责于本人或者其诉讼代理人的事由，未参加诉讼的，该条规定针对的是被遗漏的当事人申请再审；二是在人民法院执行生效判决裁定时，案外人提出执行异议，如果是执行程序本身并无错误，而是生效判决裁定错误，可以申请再审。但是如果判决、裁定本身并无错误，应当提起执行异议之诉。关于执行异议之诉我们下面详述。

（2）因不能归责的事由，未参加诉讼的第三人申请再审的条件。因不能归责于本人或其代理人事由而未参加诉讼的第三人申请再审的条件是未参加诉讼不是由于该第三人本人或其代理人的原因。具体来讲就是前述《最高人民法院关于适用〈中华人民共和国民事诉讼法〉的解释》第295条规定的没有被列为生效判决、裁定、调解书当事人，且无过错或者无明显过错的情形。包括：①不知道诉讼而未参加的；②申请参加未获准许的；③知道诉讼，但因客观原因无法参加的；④因其他不能归责于本人的事由未参加诉讼的。

（3）案外人在执行程序中申请再审的条件。第一，案外人申请再审以案外人提出执行异议为前置条件。《民事诉讼法》第227条的规定明确了案外人申请再审以案外人提出执行异议为前置条件，即案外人行使申请再审权利的，需要对人民法院的执行行为提出异议。只有在人民法院裁定驳回其执行异议后，该案外人仍不服，认为执行行为依据的原判决、裁定、调解书内容错误且损害其民事权益的，方可提出再审申请。

第二，案外人申请再审的期限为6个月。《民事诉讼法》第205条规定，当事人申请再审，应当在判决、裁定发生法律效力后6个月内提出；有本法第200条第1项、第3项、第12项、第13项规定情形的，自知道或者应当知道之日起6个月内提出。第227条比照《民事诉讼法》审判监督程序第205条的规定，设定申请再审的期限为6个月，自执行异议裁定送达之日起算。

第三，案外人申请再审向作出生效判决、裁定的原审人民法院提出。《民事诉讼法》第227条对此没有明确规定，但第56条规定第三人撤销之诉由原审人民法院管辖。第三人撤销之诉与案外人申请再审非常相似，为了增强两个程序的可识别性，依照最高人民法院的相关意见，案外人申请再审和第三人撤销之诉两个救济程序均可向原审人民法院提出。

3. 执行异议之诉

依照《民事诉讼法》第227条之规定，案外人在执行过程中提出了执行异议后被驳回，而且原判决、裁定本身并无错误的，可以自裁定送达之日起15日内向人民法院提起诉讼。该诉讼即为执行异议之诉。

根据《最高人民法院关于适用〈中华人民共和国民事诉讼法〉的解释》第305条和第464条的规定，案外人提起执行异议之诉，应当符合以下条件：

其一，应当符合《民事诉讼法》第119条规定的起诉条件；其二，案外人的执行异议申请已经被人民法院裁定驳回；其三，有明确的排除对执行标的执行的诉讼请求，且该诉讼请求与原判决、裁定无关；其四，自执行异议裁定送达之日起15日内提起；其五，案外人对执行标的提出异议的，应当在该执行程序终结前提出。

根据最高人民法院发布的诉讼文书格式要求，案外人为原告，以申请执行人为被告，或在被申请执行人反对案外人对标的物主张的实体权利时，将其列为共同被告，提起诉讼。其诉讼文书中诉讼请求：①不得执行……（写明执行标的）；②（请求确认权利的，写明：）……。之后是事实和理由：××××年××月××日，××××人民法院（××××）……号对……（写明当事人和案由）一案作出民事判决/民事裁定/民事调解书：……（写明判决结果）。××××年××月××日，×××对执行标的提出书面异议。××××人民法院于××××年××月××日

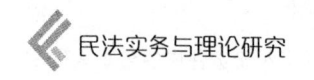

作出（××××）……执异……号执行异议裁定：驳回×××的异议。之后写明提出执行异议之诉的具体事实和理由。

提起执行异议之诉的案外人必须对执行标的物享有足以阻止标的物转让、交付的实体权利，如所有权人、共有权人、案外人的债权人为了保证债务履行已经对被执行标的物申请了保全等。

司法实践中，案外人提出执行异议之诉后，人民法院应当依照《最高人民法院关于人民法院办理执行异议和复议案件若干问题的规定》对案外人是否为涉案执行财产的权利人进行审查、判断。

（四）被遗漏的必要共同诉讼第三人申请再审与案外人在执行程序中申请再审的区别

二者区分的依据是案件是否进入执行程序。根据《民事诉讼法》第227条、《最高人民法院关于适用〈中华人民共和国民事诉讼法〉的解释》第423条的规定，案外人对驳回其执行异议的裁定不服，认为原判决、裁定、调解书内容错误损害其民事权益的，可以自执行异议裁定送达之日起6个月内，向作出原判决、裁定、调解书的人民法院申请再审。案外人申请再审的前置程序是其执行异议被裁定驳回。

被遗漏的必要共同诉讼第三人申请再审并不以执行异议被裁定驳回为前提。如果案件已经进入执行程序，被遗漏的必要共同诉讼第三人提出执行异议被裁定驳回的，应当依据《民事诉讼法》第227条和《最高人民法院关于适用〈中华人民共和国民事诉讼法〉的解释》第423条的规定，自执行异议裁定送达之日起6个月内，向作出原判决、裁定、调解书的人民法院申请再审；如果案件未进入执行程序，被遗漏的必要共同诉讼第三人则可依据《民事诉讼法》第200条第8项的规定，自知道或者应当知道生效裁判之日起6个月内申请再审。

（五）第三人和共同诉讼人的区别

从程序角度看，共同诉讼人只能提起再审而不能提起撤销之诉；从实体角度而言，必要共同诉讼人争议的诉讼标的是共同的，是争议法律关系的一方当事人，在同一法律关系中共同享有权利或者共同承担义务，对争议标的态度完全一致。有独立请求权的第三人提起的诉讼，与本诉的诉讼标的不是共同的，同本诉的原告或被告均无共同的权利、义务关系。若有独立请求权的第三人对诉讼标的持全部的权利，而排除其他任何人的权利，则应为对诉讼标的主张全部独立请求的第三人；若对诉讼标的不排除本诉原告的一部分权利，但本诉原告排除他的权利，则应为对诉讼标的主张部分独立请求权的第三人。当这类人主张的部分权利被本诉的原告承认时，他应以共同诉讼人资格参加诉讼。

（六）第三人撤销之诉和案外人申请再审只能择其一

《最高人民法院关于适用〈中华人民共和国民事诉讼法〉的解释》第303条规定，第三人提起撤销之诉后，未中止生效判决、裁定、调解书执行的，执行法院对第三人依照《民事诉讼法》第227条规定提出的执行异议，应予审查。第三人不服驳回执行异议裁定，申请对原判决、裁定、调解书再审的，人民法院不予受理。案外人对人民法院驳回其执行异议裁定不服，认为原判决、裁定、调解书内容错误损害其合法权益的，应当根据《民事诉讼法》第227条规定申请再审，提起第三人撤销之诉的，人民法院不予受理。

根据该规定，如果提起第三人撤销之诉被驳回，不得再以案外人身份申请再审；如果曾以案外人身份申请再审，就不得再提起第三人撤销之诉。换言之，两条救济权利应作排他适用。同时，从《民事诉讼法》整体原则、基本原则来理解，两种程序本质相同，如重复适用，则违反了《民事诉讼法》一事不再理的原则，影响生效判决或裁定的既判力。

前述案例14中，某银行选择了向最高人民法院申请再审，未选择提起第三人撤销之诉，也未提起执行异议及执行异议之诉。我们分析原因如下：

（1）其未提起撤销之诉的原因在于，该银行在一审中已经知道诉讼的发生，但其未提起诉讼参加到甲公司与乙小贷公司之间的诉讼中，二审只是申请参加诉讼，但是已经不能提起诉讼，其行为不符合《民事诉讼法》第56条规定的"因不能归责于本人的事由未参加诉讼"。

（2）某银行也未在本案执行过程中提出执行异议，更未提起执行异议之诉。原因在于在执行异议及执行异议之诉中，某银行必须证明自己对案涉标的物享有实体法上的权利。质言之，在执行异议或执行异议之诉中，某银行必须证明自己所持有的在建工程抵押证明就是抵押登记。从我国《物权法》及相关物权登记行政法规的规定看，因该抵押并未在物权登记簿上进行登记，故某银行主张其对案涉标的物享有实体上的权利的主张显然难以成立。

（3）某银行也未依据《民事诉讼法》第200条第8项提出再审，原因在于其仍然不能证明未参加诉讼的原因不是自身的原因。

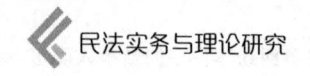

但是本案中某银行向最高人民法院提出再审申请，其依据的法律条款是《民事诉讼法》第 200 条第 2 项的规定，即原判决、裁定认定的基本事实缺乏证据证明。最高人民法院经书面审查认为，本案中某银行对案涉房产是否享有抵押权、案涉以物抵债协议的效力和履行等问题的认定和判决将涉及该银行的权利。本案一审期间，甲公司以诉争房屋为在建工程已抵押给案外人、房产买卖合同无效进行抗辩，某银行在二审中也申请作为当事人参加诉讼，但一审、二审法院未依据《民事诉讼法》第 56 条、《最高人民法院关于适用〈中华人民共和国民事诉讼法〉的解释》第 327 条的规定，将某银行作为当事人，实属不当。再审申请人的申请符合《民事诉讼法》第 200 条第 2 项规定的情形，依据《民事诉讼法》第 204 条、第 206 条裁定：指令某省高级人民法院再审本案。

从最高人民法院的该裁定依据的法律规定看，该裁定书中的裁判理由是认为一审、二审法院未追加某银行参加诉讼"实属不当"，其意思是遗漏了必须诉讼的当事人（第三人）。依此理由，其应当适用的法律条款应当是《民事诉讼法》第 200 条第 8 项的规定。但是该裁定在引用法律条款时却引用的是《民事诉讼法》第 200 条第 2 项，即"原判决、裁定认定的基本事实缺乏证据证明的"。两者风马牛不相及，该裁定明显不妥。

对于本案裁定中所谓的"基本事实缺乏证据证明"是指哪个基本事实，该裁定书表达含糊。我们的理解是最高人民法院认为一审、二审法院认定的"在建工程抵押已经超过期限，因而无效"的这一事实缺乏证据证明。

但从最高人民法院上述裁定可以明显看出，其裁判理由是遗漏了必须参加诉讼的当事人，但是适用的法律却是"原判决、裁定认定的基本事实缺乏证据证明"。再换一个思路，如果最高人民法院在裁判理由中直接认定一审、二审法院认定的"在建工程抵押无效"事实缺乏证据证明，然后适用《民事诉讼法》第 200 条第 2 项规定，这样裁判是否合适？我们认为，这样处理在程序上仍然存在问题。《民事诉讼法》第 227 条规定，案外人对执行异议裁定不服的，认为原裁判有错误的，依照审判监督程序处理。其意思是，案外人提出再审的前置条件必须是提出执行异议，并且在执行异议被驳回后认为原判决裁定有错误，且损害自身利益的才可以提出再审。这里就产生一个问题，未参加诉讼的第三人依据《民事诉讼法》第 200 条第 2 项规定提出再审申请，是否应在满足《民事诉讼法》第 227 条规定的前置条件后方可提出？我们认为，应当满足提出执行异议并被驳回的前置条件。《民事诉讼法》第 200 条第 2 项的规定指的是原裁判错误，与第 227 条规定的再审条件是一致的。因此，如果案外人（第三人）认为原裁判有错误，只有在提起执行异议被驳回后才能提起再审。

严格来讲，本案中的银行不能提出第三人撤销之诉，也不能依据《民事诉讼法》第 200 条第 8 项规定提出再审申请。若在执行中提出执行异议及执行异议之诉，如前所述，也没有胜诉的可能。最高人民法院裁定中的裁判理由是遗漏了必须参加诉讼的当事人，但适用法律部分隐含的意思却是一审、二审法院认定的"在建工程抵押无效"事实缺乏证据证明。该裁定的正确性显然值得商榷。

第八章
民事法律关系客体

一、民事法律关系客体的涵义

民事法律关系的客体是指民事法律关系中的权利和义务共同指向的对象，也就是民事权利的客体，又被称为民事权利的标的。

民事法律关系的建立总是为了保护某种利益、获取某种利益或分配、转移某种利益。因此，民事法律关系客体所承载的就是利益，是民事权利和民事义务联系的中介。这些利益虽有不同的分类方式，但可归结为物质利益和非物质利益两大类，具体包括物、行为、智力成果、人身利益四种。

在民事诉讼中，当事人间最终的争议焦点都会集中到上述四种客体之上。如在侵权纠纷中，最终要判定侵权人的行为是否合法，是否造成了对权利人的物、智力成果或人身权益的侵害；如在买卖合同纠纷中，最终要判定当事人是否交付了合同约定的标的物，是否履行了合同约定的义务、行为等；再如在确认之诉中，最终要判定双方当事人哪一方对争议的物享有权利或双方当事人是否存在某种人身关系等。

二、标的、标的物、物、财产、诉讼标的

（一）标的

标的就是客体，客体就是标的，两者都指民事主体的民事权利和民事义务所指向的对象（事物），共有四种类型：物、行为、智力成果和人身利益。

（二）标的物

标的物，当标的为有形物的时候，我们将其称为标的物，如在买卖合同中，我们就将买卖的标的称为标的物。客体（标的）依权利的种类不同而不同：物权的客体是物；担保物权的客体可以是权利；债的客体是债务人的行为，称为给付；知识产权的客体是权利人的智力成果；人格权的客体是存在于权利人自身的人格要素,如生命、健康、身体、肖像、姓名、隐私;身份权的客体是权利人一定的身份关系。

(三) 物

1. 涵义

物是指存在于人体之外,具有一定形体、占据一定空间,能够为民事主体所支配和利用,满足人的一定需求,具有一定价值和使用价值的物体。物是最广泛的客体。

2. 特点

(1) 须为有体物。所谓有体物,是指具有一定形态,能够为人的感官所感触到。物的有体性是随着人们对自然界支配能力的增强而不断扩张的。如电、声、光、热等自然力,原来人们不认为其是有体物,但在现代,其物质性则已为人们所承认。民法上的物须为有体物,只有物理学上的物质才能作为法律上的物。《民法典》第115条规定:"物包括不动产和动产。法律规定权利作为物权客体的,依照其规定。"本条中的权利不是物,而是法律关系,其在特定情况下也能成为物权的客体。

(2) 须存在于人身之外。现代民法上,人是权利主体,不能作为权利客体,因而人身不能成为法律上的物。不仅人身不能为物,人身上的某一部分,在未与人身脱离前也不能为物。以人的器官为交易对象的,不受法律保护,法院不能强制执行。如以某人的肾为交易对象,而在人身上的肾未脱离人身前不能为物,不能用于交易,因此,请求强制执行关于某人肾协议的要求不能得到满足。但在特殊情况下,一些人体组成部分在脱离人身体之后可以成为物,如头发、血液、合法被移植之器官等。

(3) 须能为人力所实际控制和支配。民法上的物是为主体所有的,可用于交换的物。若不能为人力所控制和支配,就不能为特定主体所有,从而也就不能用于交易。所以,就算是物理学上的物质,若不能为人力所实际控制和支配,也不是民法上的物。如电、热、光、气等,在人们不能支配前,不为物;而在人们能够实际控制和支配后,则为物。因此,民法上物的范围随着人类对自然界支配能力的增强而不断扩大。

(4) 须能满足人们的生产或生活需要。能够满足人们的生产或生活需要,才是有用的,才可用于交易。若不能满足人们的生产或生活需要,则不具有使用价值和价值,也就不为民法上的物。例如,普通的一粒粮并无用处,不

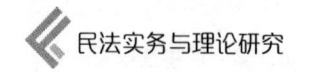

为物,但若为一粒种子,就能满足人们的特别需要,属于物。

3. 分类

(1) 动产和不动产。不动产是指不具有可移动性的物,即不能以一般方法移动或者移动后会损害其价值的物。动产是指具有可移动性的物,即以一般方法可以移动且移动后不会损害其价值的物。二者区分的意义在于其法律上的性质不同,如存在的物权种类不同——用益物权只存在于不动产之上,留置权只存在于动产上;再如公示方法不同——动产是交付转移所有权,而不动产是变更登记发生物权变动效力。另外在民事诉讼法中有关于不动产专属管辖的特别规定。

(2) 主物与从物。笔者曾经看到过一个故事:

> 某人卖小猫,用一碗作为喂食器具,某古董商看见,便要买猫,小猫价格甚高,古董商不问仍买下小猫,走时要连喂食猫的碗一起带走,说碗乃猫的附属物,应一起卖给他。某人一笑,曰:"该碗如果被你拿走,我的猫就无法卖得高价"。

这个故事中的古董商想利用一般生活常识中将"碗"认为是猫的从物这一观念而占个便宜,但是卖猫的人更聪明,其利用了一般人会以为他会将碗连同猫一起出售的心理将猫卖得高价。当买猫人要拿走碗的时候,点破了猫碗比猫贵,不是猫的附属物。

根据两个物在物理上相互独立,而在经济用途上又相互联系的关系,我们可以将物分为主物与从物。凡是两种以上的物相互配合,因一定经济目的结合在一起时,起主要作用的物是主物。属于同一主体、非主物的成分且配合主物的使用而起辅助作用的物为从物。如遥控器是电视的从物,鼠标是电脑的从物。

主从物的认定标准:

第一,两者虽皆为独立之物,但一物成为另一物的构成部分者不为从物。如树枝上的果实、安装好的门窗、桌子的抽屉、汽车的轮胎均为一物的构成部分,即两物或多物结合在一起无法分离,分离后会破坏该物的构造,使该物不完整。

第二,从物为主物常用(非一时之用)之保护、利用、装饰等辅助附属之物的不为从物。具有保护作用的附属物，如刀和鞘、眼镜和眼镜盒、鸟和笼子；具有利用功能的附属物，如小船和桨、马和鞍、房屋和隔扇、茶壶和盖子、电视机和遥控、电脑和鼠标、钥匙和锁、汽车和备胎、灭火器和手柄、三脚架和安全标志等。

第三，交易习惯认可。如普通怀表上的金链子、黄金鸟笼、火炉上的烟囱、楼梯上的绒毡地毯、天花板上的豪华吊灯等一般不认定为从物。

第四，主物为特定之物。如酒杯不是酒的从物，但是装酒的瓶子是酒的从物。

第五，从物附属于主物。房屋旁搭建的厨房、车库、猪圈、锅炉房、马鞍、桨等，供其使用。

第六，主从物所有权同属一人。如承租人购买安装的拉门、隔扇不是房屋从物。

区分主从物的法律意义是"从随主原则"，即主物之处分及于从物。如在买卖主物时，除另有约定，买卖标的一般包括从物。

案例1

> 甲向乙出售某房屋，已办理过户登记。交付房屋前，甲着手拆除厕所和猪圈，以将所得砖瓦另作他用。乙知悉后前往制止，甲辩称房屋买卖合同并未就厕所和猪圈的归属作出约定，自己有权拆除。

从法律上看，本案房屋所有权移转时，厕所、猪圈的所有权亦归乙所有，故甲无权拆除，其辩称没有法律依据。

主物抵押当然及于从物。但关于主物的事实行为不涉及从物，如留置权取得、主物的抛弃、时效取得等，除非从物与主物一起，否则该物权之变化不涉及从物。另外法律上还有从权利随主权利、从义务随主义务、从行为附属于主行为等。但此规定为任意性规定，当事人可依约定排除其适用。

案例2

> 甲因不对乙支付到期的汽车修理费，乙对汽车行使留置权。由于汽车上没有工具箱和备胎，乙要求甲交出工具箱和备胎。

虽然工具箱和备胎均为汽车的从物，但是，如果债务人未将从物移交留置权人占有，则留置权的效力不能及于留置物的从物。因此乙对未占有的工具箱和备胎不享有留置权，更无权要求甲交出。

我国法律、司法解释对主从物进行了明确规定：

第一，《民法典》第631条规定，因标的物的主物不符合约定而解除合同的，解除合同的效力及于从物。因标的物的从物不符合约定被解除的，解除的效力不及于主物。

第二，《民法典》第320条规定，主物转让的，从物随主物转让，但是当事人另有约定的除外。

第三，《最高人民法院关于适用〈中华人民共和国民法典〉有关担保制度的解释》（以下简称《担保制度的解释》）第40条规定，从物产生于抵押权依法设立前，抵押权人主张抵押权的效力及于从物的，人民法院应予支持，但是当事人另有约定的除外。从物产生于抵押权依法设立后，抵押权人主张抵押权的效力及于从物的，人民法院不予支持，但是在抵押权实现时可以一并处分。

（3）原物和孳息物。根据两物间的一物由另一物所生的关系，物可分为原物和孳息物，孳息又分为天然孳息和法定孳息。天然孳息是指由物的自然属性所生的收益，例如母鸡下的蛋；法定孳息是指依法律关系所生的收益，例如利息。

原物和孳息的区分意义：

第一，决定物所产生利益的归属。除法律另有规定或当时人另有约定外，孳息归原物的所有人收取。

第二，对于买卖来说，原物交付之前的孳息，归出卖人所有，交付之后的孳息归买受人所有。

第三，对于质押来说，质物的孳息，由质权人收取。

第四，对于抵押来说，从抵押物被法院扣押时起，由抵押权人收取孳息。

（4）特定物与种类物。特定物是指自身具有特殊的质量、构造、性能或者外部特征，或者被权利人指定而特定化，不能以其他物代替的物。种类物是指仅以品种、规格、型号或者度量衡加以确定的物。种类物与特定物的区别不是绝对的，种类物可经过民事主体的选择、确定而成为特定物。

特定物与种类物的区分意义：

第一，有些法律关系只能以特定物为客体或标的。

第二，当事人可以约定特定物的所有权在实际交付前转移，种类物的所有权一般在实际交付后转移。

第三，物意外灭失的法律后果不同。

（四）财产

财产在民法上是一个多含义的词。财产有时指物；有时是指各种权利的总体，包括物权、债权、知识产权等；有时指一切具有经济价值的物质利益，甚至也包括债务。我们有时候将财产分称为积极财产（权利）和消极财产（债务）。

（五）诉讼标的

1. 诉讼标的的涵义

民事诉讼标的又称为诉的标的或诉的客体，是当事人双方争议和法院审判的对象，即双方当事人之间发生争议时要求人民法院进行裁判的民事法律关系。民事权利义务关系发生争议并诉诸法院，要求人民法院对争议作出裁判时，民事法律关系才成为诉讼标的。诉讼标的由诉讼请求和原因事实加以特定，其中任一要素为多数时，则诉讼标的为多数。诉讼请求是指代表请求审判的原告提出的准确、简洁的主张；原因事实，又称为诉讼理由，是指原告向人民法院请求司法保护所依据的案件事实。

2. 诉讼标的的识别

诉讼标的作为当事人争议并要求法院进行审判的对象，在具体的民事案件中应根据什么标准予以识别，是世界各国民事诉讼法学者争论最激烈的问题之一。对于诉讼标的的识别，主要有三种学说，即传统诉讼标的理论、新诉讼标的理论和新实体法理论。从整体上看，新诉讼标的理论，也即以诉讼请求和原因事实特定诉讼标的的理论，在理论界已占据统治地位。

3. 诉讼标的的意义

诉讼标的，是任何一起民事案件都必须具备的。诉讼标的是整个诉讼的核心。诉讼标的的核心地位具体表现在以下几个方面：首先，当事人的攻击和防御都围绕着诉讼标的而进行；其次，法院的判决是对诉讼标的的最终处理；最后，诉讼标的还是法院判定当事人是否重复起诉的根据——如果前诉的诉讼标的与后诉的诉讼标的相同，则当事人不得就该诉讼标的向法院再行起诉。

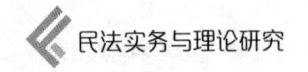

民事诉讼法律关系的客体，是指诉讼法律关系主体之间诉讼权利义务所指向的对象，它既包括需要查明的案件事实，也包括当事人之间争议的民事实体权利义务关系。诉讼标的，是指当事人之间发生争议的、请求法院裁判的民事权利义务关系，它是诉的一个要素。诉讼标的只是诉讼法律关系客体内容的一部分，绝不能将它们画等号。

民事法律关系客体，如前所述，是指民事法律关系中的权利和义务共同指向的对象，包括物、行为、智力成果、人身权益四种类型，其与诉讼标的、民事诉讼法律关系的客体也不相同。

三、司法实践中涉及特殊物的问题

下面我们看两个司法实践中的特殊物诉讼问题。

（一）遗体是否属于法律关系客体

案例3

原告李某之父死后，李某将其父遗体送到安阳市殡仪馆，办完手续后，商定于1993年12月20日举行遗体告别仪式后火化。但是被告安阳市殡仪馆因工作失误，提前将李父遗体火化。为怕原告方知道，殡仪馆遂用另一具遗体冒充。12月20日，李家在殡仪馆举行遗体告别仪式，有270余人参加。仪式进行过程中，有人发现玻璃棺内的遗体不是原告之父，死者子女上前辨认后，亦确认系他人。顿时，吊唁大厅内一片混乱。原告及其亲属精神上因此受到极大伤害。原告要求赔偿损失，在《安阳日报》上公开赔礼道歉，确认其父骨灰，退还工作人员所收的小费。被告安阳市殡仪馆承认工作失误，对原告的要求没有异议。

法院经审理认为，安阳市殡仪馆由于工作失误，将原告李某父亲的遗体提前火化，致使原告等人向一个素不相识的人吊唁，造成精神上的创伤和经济上的损失。殡仪馆的行为已构成对原告名誉的侵害，应承担相应的民事责任，赔偿损失并赔礼道歉。

本案在民事案件中较为罕见。作为民事法律关系的客体，民法学上的物，特指人身以外的物质。就一般意义而言，人是动物的一种，存在于天地万物之间，也是一种物质存在。然而，在法律上，人却是享有独立人格的民事权利主体。自奴隶制被废除以来，人本身在法律上就不再被作为权利的客体。因此，现代民法明确将人身排除在物的观念之外，能作为法律关系客体的物只能是存在于人身之外的物。不过，民法也从不反对把从人体分离的某些部分如毛发、血液等视为物并成为权利客体。本案的特殊性在于，诉讼争议所涉及的客体是尸体，而对于尸体在法律上的地位，学术界历来有不同看法。否定的说法认为，如果把尸体作为权利客体，则继承人可以使用、收益并抛弃，这是与法律和道德相违背的，所以尸体不能成为法律上的物。与之相反的观点则认为，尸体是没有思维和生命现象的肉体，故尸体不是人身，在符合法律和社会公共秩序要求的情况下，尸体也可以成为民法上的物。

尸体在一定意义上是一种对于死者亲属以至全社会都具有重要意义和价值的物，它符合法律上物的特征，是法律关系的客体。从这个角度考虑，根据上述第二种意见将此案定为承揽合同纠纷也是不无道理的。此案所涉及的民事法律关系客体是什么、被告究竟侵害了原告的哪些民事权利、是否存在违约责任与侵权责任的竞合？这些问题，值得进一步思考和讨论。

1. 尸体是特殊物

（1）尸体是包含确定的人格利益的特殊物。尸体是人死后的躯体，是人死后身体的转化物，也是死者生前拥有的人格利益的延伸，包含了人类对自己生命尊严的尊重。同时，尸体也包含了死者亲人更多的情感因素，成为亲人祭奠与悼念的对象，包含了亲人巨大的精神利益。

因此，尸体本身具有特定的人格利益。尸体所包含的这种人格利益因素，不仅属于死者本人，更会对其近亲属的利益以及社会利益产生影响。对尸体的侮辱与毁坏，既是对死者人格的亵渎，也是对人类尊严的毁损，不为死者亲属及全社会所容忍。

（2）尸体是具有社会伦理道德内容的特殊物。亲人逝世，亲属对其遗体举行祭奠仪式以示对亲人不幸逝世的悲痛与缅怀，以至祭奠、供奉死者亡灵，都是从古流传至今的常见习俗。几千年的社会伦理使人们对尸体有一种天然的崇敬感，亲属对亲人尸体格外的尊重体现了家庭和家族的伦理观念。在社会文化中，"死者为大"的观念体现了人们对死者的人格尊重，社会舆论不能容忍侵害死者尸体的行为。

2. 尸体的法律保护和处分权归属问题

（1）尸体受法律保护。尸体作为丧失生命的人体物质形态，其民法上的实质意义为身体权这一客体在权利主体死亡后的法益延续，法律保护的是身体权的延续利益。世界各国民法都对人死后的人格利益予以保护，尸体中所包含的人格利益也不例外，因此，尸体本身是受法律规制和保护的。2020年《最高人民法院关于确定民事侵权精神损害赔偿责任若干问题的解释》第3条规定，死者的姓名、肖像、名誉、荣誉、隐私、遗体、遗骨等受到侵害，其近亲属向人民法院提起诉讼请求精神损害赔偿的，人民法院应当依法予以支持。由此可见，非法侵害死者的遗体，其近亲属可以请求精神损害赔偿。

（2）尸体的处分权主体。那么，何者有权对死者尸体进行处分呢？尸体是人身体的死后延伸，对尸体的保护是对人身体权保护的延伸。毫无疑问，死者生前基于自己的人身享有对自己尸体的处分权，其可以遗嘱的形式处分自己的尸体，并由其亲属或遗嘱执行人来实现。在死者生前没有处分意思表示的情况下，其尸体的处分权即归属于死者的亲属。虽然这种处分权的行使必然受到法律和公序良俗的限制，但是亲属对尸体享有管理、保护和埋葬等权利，享有捐献尸体及尸体的部分器官、组织以及收取相应补偿款的权利，当死者尸体受到侵害时，享有防止侵害、排除妨碍、赔偿损失的请求权。因此，任何人均不能在不通知亲属的情况下擅自利用尸体或将尸体进行火化，否则既伤害了亲属对于死者的感情，也侵害了亲属依法享有的对死者尸体的相应权利。

（二）死胎是否属于物

案例4

2005年3月4日凌晨，原告焦某因腹中胎儿胎动消失5天，腹痛14余小时，转入被告北京某医院。入院时查体诊断为重度妊娠高血压综合征，胎死宫内。该医院急诊行剖宫产手术。同日上午9时，医院向原告及其丈夫交代了病情，并建议其对死胎进行尸检，原告之夫彭某签字表示不同意尸检。3月7日被告将死胎按照医疗废物自行处理。3月9日原告得知被告已对死胎按医疗废物处理完毕，即与被告发生争议。

原告诉至法院称，原告曾在北京市大兴区的一家私人诊所治疗感冒，其间出现脚肿、腿肿的情况，后来全身浮肿，胎动一天比一天少。孩子死后，原告到大兴区红星派出所报案，控告私人诊所非法行医。被告私自处理死胎的行为，致使原告追究私人诊所责任的证据丢失，因此要求被告赔偿经济损失、误工费和精神损害赔偿等共计 4.5 万余元，并公开赔礼道歉。

法院经审理认为：原告在被告医院经剖腹产手术娩出死胎后，虽表示不同意尸检，但未表示同意由医院处理死胎。目前，对死胎如何处置，医疗机构管理部门尚无明确规定。我国现行法律规定，死胎不具有法律人格，不享有民事权利，故死胎不属于尸体。但其具有物的属性，死胎应归娩出死胎的产妇所有，产妇享有对死胎的合法处分权。医院未经原告同意，按照医疗废物自行处理死胎，侵犯了原告的知情权，并给原告造成一定的精神痛苦，故医院应承担侵权责任。考虑到医疗机构管理部门对死胎的处理尚无明确规定，故医院赔偿原告精神抚慰金的数额法院予以适当酌定，同时医院应向原告赔礼道歉。因此，法院判决被告赔偿原告焦某精神抚慰金 2000 元，并就其侵权行为以书面形式向焦某赔礼道歉。

本案也是一个涉及特殊物的典型案件。医院未经死胎所有权人同意，擅自处理死胎，构成侵权行为。其给所有权人造成的财产损失应予赔偿。由于本案中，原告未能提供因被告的侵权行为给自己造成了财产损失的相应证据，所以法院对原告这部分请求未予支持。

同时，由于死胎是一种具有一定人格利益的特殊的物，所以因侵权行为对死胎所有权人造成精神上的损害亦应给予适当赔偿，但我国法律目前并未对此作出明确规定。根据 2001 年《最高人民法院关于确定民事侵权精神损害赔偿责任若干问题的解释》（已被修改）第 3 条第 3 款的规定，"非法利用、损害遗体、遗骨，或者以违反社会公共利益、社会公德的其他方式侵害遗体、遗骨"的，近亲属可以起诉请求赔偿精神损害。2020 年修正后的该司法解释第 3 条中也明确了死者的遗体、遗骨等受到侵害，侵权人应当向死者近亲属承担侵权责任。由于死胎与尸体的相类似性，法院可以对该规定进行类推适用以填补法律漏洞，对侵害死胎的行为处以精神损害赔偿，充分保护死胎所有权人的利益。

第九章
民事诉讼中诉讼请求的依据
——民事权利、民事利益和义务

第一节 民事权利与民事利益

案例1

1991年8月15日，原告广西广播电视报社向广西合山市人民法院提起诉讼，原告诉称：本报自1979年创刊后，经广西广播电视厅和中国电视报社同意，取得刊登广西电视台和中央电视台节目预告的权利。原告与中国电视报社签订协议：中国电视报社向原告提供中央电视台节目预告表，由原告在其报纸上刊登或转载，每期付给中国电视报社稿酬80元。原告根据广西广播电视厅桂发字（1987）35号文件精神，与广西电视台口头协商将其一周的电视节目预告表由原告刊登，每期付给广西电视台稿酬100元。就禁止擅自刊登有关电视节目预告问题，原告曾在《广西广播电视报》上多次发出声明，其他刊登的报纸都停止了刊登，只有被告仍继续在每星期一出版的该报中缝刊登广西电视台和中央电视台节目预告，被告的行为已经侵犯了原告的版权。为此，请求法院判令被告立即停止其未经原告许可擅自刊登广西电视台和中央电视台一周电视节目预告的侵权行为，公开赔礼道歉，赔偿原告经济损失1万元。

被告广西煤矿工人报社辩称：被告的报纸从1987年起至今一直刊登广西广播电视节目预告是事实。国家版权局1987年12月12日《关于广播电视节目预告转载问题的意见》中指出：电视节目预告应视为新闻消息，不属版权保护的作品范围。《中华人民共和国著作权法》明确规定，时事新闻不受法律保护，时事新闻不论作者、出版者均不享有版权。国家版权局一位负责人在《就著作权法若干问题答记者问》中说："广播电视节目预告本身视为时事新闻不属著作权保护范围；但作为整体的广播电视报刊是受著作权保护的，将整张广播电视报复印下来出售才是侵权行为。"被告既没有将原报上的电视节目预告和文章翻印，也未将其整张广播电视报复印下来出售。因此，原告起诉被告侵犯了其版权是毫无法律依据的，其根本没有侵权，不同意原告要其赔礼道歉并赔偿损失。

广西煤矿工人报社认为，广西广播电视报社在广西区版权局的裁定未经过正当的法律程序、未成为事实之前，即抢先在《广西广播电视报》和广西电视台广西新闻中登载和播出其被裁定处罚的消息，使其名誉受到极大损害。为此，广西煤矿工人报社提出反诉，要求法院判令广西广播电视报社在同样的新闻媒体上赔礼道歉，赔偿经济损失2万元。

本案一审法院认为，电视节目预告属预告性新闻范围，本身应视为时事新闻。对于时事新闻，无论新闻单位或个人都不享有著作权，任何人都可以自由使用，不受限制。原告认为被告侵权是没有法律依据的。电视节目预告是为了方便电视观众和读者更充分有效地利用信息来丰富文化生活，是服务性的。原告认为被告在其报上摘登电视节目预告表是侵权行为，是没有理由的，为此，原告诉被告侵权，本院不予支持。原告在区版权局的裁定尚未发生法律效力之前在该报和广西电视台登载和播出裁定内容，使被告名誉受到损害，被告反诉理由成立，要求原告在同样的新闻媒介上登载或播出赔礼道歉文章，予以支持。判决：①驳回原告的诉讼请求；②原告在《广西广播电视报》上公开向被告赔礼道歉，驳回被告反诉原告赔偿经济损失2万元的诉讼请求。本案诉讼费410元，由原告承担；反诉费810元，被告承担760元，原告承担50元。

广西广播电视报社不服一审判决，向柳州地区中级人民法院提起上诉。

二审法院认为：电视节目预告表是电视台通过复杂的专业技术性劳动制作完成的，电视台对其劳动成果，应享有一定的民事权利。根据我国目前的实际情况，对电视台所享有的这一民事权利，应予以适当的法律保护。但电视节目预告表不具有著作权意义上的独创性，因而不宜适用著作权法保护。上诉人通过协议方式有偿取得的广西电视台和《中国电视报》一周电视节目预告，在广西地区以报纸形式向公众传播的使用权，应予以保护。被上诉人未经许可，擅自无偿摘登上诉人一周电视节目预告表，而有偿地提供给公众，不符合《中华人民共和国民法通则》的有关原则，违反了有关部门作出的已被报业所普遍接受的"可以转载广播电视报所刊当天和第二天的广播电视节目预告，但不得一次转载或摘登一周（或一周以上）的广播电视节目预告，如需要转载整周的广播电视节目预告，应与有关广播电视报协商"的规定，侵犯了广西广播电视报社的权利，应承担相应的民事责任。

二审法院最终依据《中华人民共和国民法通则》第四条、第一百三十四条第一款第一、七、十项之规定，作出（1994）柳地法民终字第127号判决：①维持合山市人民法院（1991）合法民判字第46号民事判决的第二项中关于驳回被告反诉原告赔偿经济损失2万元的诉讼请求的内容；②撤销该判决第一项和第二项中关于原告在《广西广播电视报》公开向被告赔礼道歉的内容；③广西煤矿工人报社立即停止摘登《广西广播电视报》一周电视节目预告表的侵权行为；④广西煤矿工人报社赔偿给广西广播电视报社经济损失5万元，限于本判决生效后10天内付清；⑤广西煤矿工人报社应在该报登报向广西广播电视报社公开赔礼道歉。

上述案例中，双方当事人及一审、二审法院争议的核心焦点是：原告电视节目预告表是否享有权利？如果享有，是何种权利？

从著作权法角度而言，电视节目预告表不属于作品，原告不享有著作权。但是原告取得刊登广西电视台和中央电视台节目预告的权利支付了相应的对价，而被告无偿将原告通过支付对价获得的电视节目预告表复制并获得利益，明显不符合民法的基本原则。二审法院认为"电视节目预告表是电视台通过复杂的专业技术性劳动制作完成的，电视台对其劳动成果，应享有一定的民事权利。根据我国目前的实际情况，对电视台所享有的这一民事权利，应予以适当的法律保护"，但并没有指明该权利是何种权利。二审法院改判的实体法依据是《民法通则》第4条、第134条第1款第1、7、10项之规定。其中《民法通则》第4条规定的是"民事活动应当遵循自愿、公平、等价有偿、诚实信用的原则"；《民法通则》第134条第1款第1、7、10项规定了"停止侵害、赔偿损失、赔礼道歉"三种民事责任方式。从二审法院适用的法律来看，我们仍然不能明确法院究竟确认原告享有何种权利。即便从我国现行有效的法律规定看，确实没有任何法律规定电视台对其制作的电视节目预告表享有何种权利。

上述问题的产生根源在于，法律保护的对象既包括法律明确规定的民事权利，同时也保护法律虽未明文规定但民事主体合法享有的民事利益。在民事诉讼中，并非原告必须享有法律明确规定的民事权利才能获得胜诉，对于法律没有明确规定的民事权益，人民法院也予以相应保护。

一、民事权利

《民法典》第一编"总则"第五章冠名为"民事权利"，在该章中明确规定了我国民事权利的类型。

（一）人身权

（1）一般人格权。包括人身自由、人格尊严权。

（2）具体人格权。包括自然人的生命权、身体权、健康权、姓名权、肖像权、名誉权、荣誉权、隐私权、婚姻自主权等权利；法人、非法人组织的名称权、名誉权、荣誉权等权利。

（3）个人信息权。即自然人的个人信息不得非法收集、使用、加工、传输他人个人信息，不得非法买卖、提供或者公开他人个人信息。

（4）身份权。包括自然人因婚姻、家庭关系等产生的人身权利受法律保护。

（二）财产权

（1）物权。物权是权利人依法对特定的物享有直接支配和排他的权利，包括所有权、用益物权和担保物权。物包括不动产和动产。法律规定权利作为物权客体的，依照其规定。物权法定，物权的种类和内容，由法律规定。

（2）债权。债权是权利人请求特定义务人为或者不为一定行为的权利。其类型包括合同、侵权行为、无因管理、不当得利以及法律的其他债。

（3）知识产权。知识产权是权利人依法就知识产权客体享有的专有的权利。知识产权客体包括：①作品；②发明、实用新型、外观设计；③商标；④地理标志；⑤商业秘密；⑥集成电路布图设计；⑦植物新品种；⑧法律规定的其他客体。

（4）继承权。自然人合法的私有财产，可以依法继承，继承人依法享有继承权。

（5）投资性权利。民事主体依法享有股权和其他投资性权利。

（6）虚拟财产权。即数据、网络虚拟财产。

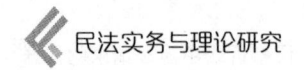

（三）关于特殊民事权利的特别规定

未成年人、老年人、残疾人、妇女、消费者等特殊的民事权利主体享有法律特别规定的民事权利。

（四）其他民事权利

民事主体享有法律规定的其他民事权利。

二、民事利益

无论理论上如何争论，当下的客观事实是，在民事诉讼中，法院既保护民事主体享有的法律明确规定的民事权利，也保护法律未明确规定为权利的民事利益。如本章开篇的案例中，电视节目预告表不属于著作权法保护的客体，原告不享有著作权，但是也没有任何法律规定其为何种权利，因此我们无法将其归入现行法律规定的权利体系中，但它显然是原告所享有的利益，故而法院虽未明确其为何种权利，也通过判决予以保护。当然该判决中直接认定原告对电视节目预告表享有民事权利这一点值得商榷，更准确的表述应当为原告享有"民事权益"或"合法权益"。就实体法而言，我国现行法律中，民事主体除了享有法律明确规定的权利外，也享有法律未明确规定的民事利益。《民法典》第3条规定，民事主体的人身权利、财产权利以及其他合法权益受法律保护，任何组织或者个人不得侵犯；第126条进一步明确规定，民事主体享有法律规定的其他民事权利和利益。另外，《反不正当竞争法》第2条第2款也规定，不正当竞争行为，是指经营者在生产经营活动中，违反本法规定，扰乱市场竞争秩序，损害其他经营者或者消费者的合法权益的行为。值得注意的是，《民法典》将《侵权责任法》第2条删除，但在"侵权责任编"第一章一般规定的第一个条文，即第1164条规定"本编调整因侵害民事权益产生的民事关系"，而没有像《侵权责任法》第2条那样详细列举各种具体权利。

从上述立法中，我们可以看出，我国立法上没有用"民事权利"概括民事主体享有的全部利益，而是采用了二分法，将其区分为民事权利和民事利益两部分。因此，所谓"民事权益"，我国理论界的通说认为既包括法律明确规定的各项具体权利，也包括法律虽然没有明确规定但合法的人格及财产利益。[1]我们可以从形式上将民事权利与民事利益进行区别：民事权利是法律

---

[1] 葛云松：《〈侵权责任法〉保护的民事权益》，载《中国法学》2010年第3期，第38页。

明确规定赋予民事主体的"权利",而民事利益一般未经法律明确规定为权利,但其能给民事主体带来财产或人格上的利益。这种利益本身具有合法性,不违反法律规定。因此,在司法实践中,当民事主体自身利益受到损害时,首先根据法律上明确规定的权利寻求保护,如果没有法律明确规定的权利,则退而以民事利益请求保护,特别是通过适用《民法典》第 1164 条和《反不正当竞争法》第 2 条的规定来寻求保护。

在司法实践中,民事利益主要是通过《民法典》中的"侵权责任"及以《反不正当竞争法》为代表的相关特别法予以保护的,但也并非所有的关于民事利益的诉讼都会受到法院支持。一般而言,对于那些与受害人关系密切、可以合理预见其行为可能会给受害人利益带来损害或受害人基于合理信赖而被侵权人损害利益的,或者侵权人虽与受害人关系不那么密切,但侵权人主观上具有故意或存在重大过失的,法院支持该种侵权成立。另外,法院在涉及民事利益保护的侵权诉讼中也会考虑被控侵权人行为自由与受害人利益保护之间的平衡。毕竟大多数民事利益没有被法律明确规定,在民法原则上,没有限制就是自由,因此法院对于此类案件大多会在保护受害人利益与维护社会公众自由之间找到一个平衡点。

第二节 民事责任

案例 2

同村人甲给了小朋友乙几个香蕉,甲的父亲丙看到后并未反对。后另一小朋友丁来找小朋友乙一起玩耍,乙将甲给的香蕉也给了丁一个,丁吃后不小心卡在喉咙处,窒息抢救无效死亡。丁的父母戊、戌起诉甲、丙,请求判决两被告共同向原告赔偿丁的死亡赔偿金、丧葬费、误工费、交通费、住宿费及精神损害抚慰金等。一审法院判决驳回原告诉讼请求,二审法院维持原判。

一审法院没有支持原告的诉讼请求的理由主要有以下几方面:①被告甲将香蕉给了小朋友乙,未直接给丁,甲的行为没有过错,亦与丁的死亡没有因果关系;②丁已经五岁,有独自进食的能力,被告丙对丁不负有法定监护职责,未对丁独自进食香蕉进行监护也是基于普通人对事实的合理判断及善意信赖，且在发现丁倒地不醒后，及时通知了戊、戌并协助送丁前往就医，已实施了合理的救助行为，因此，丙没有主观故意或过失做出侵害丁的行为，丙在事件中亦无过错；③甲将香蕉分给小朋友乙食用和小朋友乙将香蕉分给丁食用都是邻里朋友之间善意的分享行为，该行为本身并不会造成死亡的结果。丁的死亡是由于在进食过程中一时咬食过多、吞咽过急的偶发因素致窒息死亡，是无法预见而令人惋惜的意外事件。甲、丙的行为与丁死亡这个严重的损害后果之间只存在事实的联结，但并不存在法律上的因果关系。两被告没有追求或放任损害结果的发生，均没有法律上的过错或道德上的不当。两原告痛失爱女确属不幸，但仅因为事实上的关联，而将不幸归咎于法律上没有过错、道德上亦无不当的两被告，这不是法律所追求的公平正义。

二审法院除了支持上述理由外另外还特别指出，从民法的基本价值立场出发，民法应鼓励民事主体积极地展开社会交往，如果将小孩之间分享无明显安全隐患食物的行为定性为过失，无疑限制人之行为自由，与过错责任原则的立法宗旨不符。

该案作为典型案例被公布于《最高人民法院公报》之中，其所总结的裁判要旨是：民法鼓励民事主体积极开展合法、正当的社会交往。行为人在正常社会交往活动中实施的行为本身不具有危害性，因意外因素造成他人的权益受到损害的，如行为人无过错，且其行为与损害结果之间无任何因果关系，行为人依法不承担赔偿责任。[1]

一、民事责任的理解

传统大陆法系国家的民法典中并没有民事责任专章，而是将民事责任视为债，在债法中予以规定。根据债为"给付"这一理念，给付的客体包含财产、行为等，即便是不具有财产性质的民事责任也属于债的一种。将民事责任作为民法典的专章，始创于我国《民法通则》"民事责任"一章，打破了传统民法典将责任视为债的理念，责任与债分离，且独立成章。自此以后，我国诸多法律都有"责任"一章，"责任"也不仅限于民事责任，还包含了

---

[1] 该案例刊载于《最高人民法院公报》2016年第11期。

行政责任、刑事责任等。

《民法典》第176条规定，民事主体依照法律规定和当事人约定，履行民事义务，承担民事责任。由该法律规定可以看出，民事责任产生的逻辑是一方民事主体享有权利，另一方民事主体承担义务，承担义务的一方不履行义务，则产生民事责任。换言之，民事责任是民事主体违反民事义务而产生的法律后果。我国民事立法中的民事责任正是基于"民事权利——民事义务——民事责任"三位一体的理论设立的。

民事责任来源于两方面，一是当事人约定，二是法律规定。

当事人约定民事责任的典型表现是合同法律关系中的约定责任。但合同法律关系中的民事责任并非全部是由当事人约定的，在当事人没有约定或者约定无效的情况下，则应适用法律规定的民事责任。如在货物买卖合同中约定"买方不按时支付货款，自逾期之日起按日万分之五承担违约责任"即为约定责任。但即使双方没有约定"日万分之五"的违约责任，若买方未按时支付货款，也要按照合同法的规定继续支付货款并向卖方承担相应民事责任，如按照银行同期贷款利率计算的违约金等法定责任。

法律规定的民事责任主要体现在侵权、无因管理、不当得利等方面。如《民法典》第1179条规定，侵害他人造成人身损害的，应当赔偿医疗费、护理费、交通费、营养费、住院伙食补助费等为治疗和康复支出的合理费用，以及因误工减少的收入。造成残疾的，还应当赔偿辅助器具费和残疾赔偿金；造成死亡的，还应当赔偿丧葬费和死亡赔偿金。再如，《民法典》第237条规定，造成不动产或者动产毁损的，权利人可以请求修理、重作、更换或者恢复原状。《民法典》第121条规定，没有法定的或者约定的义务，为避免他人利益受损失而进行管理的人，有权请求受益人偿还由此支出的必要费用；《民法典》第122条规定，因他人没有法律根据，取得不当利益，受损失的人有权请求其返还不当利益。

由上可知，所谓民事责任，是指当事人违反民事义务（包括约定义务和法定义务）而应承担的民法上的不利后果。上述案例中，当事人之间不存在合同法律关系，因此对于是否应当承当责任以及如何承担责任，当事人之间不存在约定。要解决该纠纷，只能看法律对此有无规定以及如何规定。

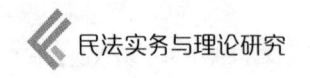

二、按份责任与连带责任

二人以上承担民事责任的方式有两种，一种是按份责任，一种是连带责任。两种责任的产生的依据既可能是当事人的约定，也可能是法律的规定。

（一）按份责任

《民法典》第177条规定，二人以上依法承担按份责任，能够确定责任大小的，各自承担相应的责任；难以确定责任大小的，平均承担责任。该条规定的即是按份责任。按份责任可以约定，如数人共同对某一债务提供保证，并约定每个保证人承担相应的份额，即约定了按份保证责任。再如《民法典》第1231条规定的"两个以上侵权人污染环境、破坏生态的，承担责任的大小，根据污染物的种类、浓度、排放量，破坏生态的方式、范围、程度，以及行为对损害后果所起的作用等因素确定"，就是法定按份责任。

相比于连带责任，按份责任最基本的特点是对于损害后果各方当事人按照比例各自承担承担责任，一方当事人只就自己应承担的部分承担责任，而对于其他责任人应承担的部分不负任何责任。下面我们看一则案例。

案例3

甲、乙一同饮酒完毕后，甲酒后驾驶无牌号摩托车，乙坐在摩托车后。行驶途中到某十字路口，摩托车撞在马路中间隔离带上失控，撞向正在行驶的未减速的丙驾驶的出租车上，导致甲、乙死亡，两车损坏的交通事故。公安机关的《道路交通事故认定书》认定：甲是造成此交通事故的主要原因，负主要责任；丙是次要原因，负次要责任；乙无责。乙的继承人遂以出租车公司、保险公司、甲的继承人、丙为共同被告向人民法院提起民事诉讼，要求出租车公司、甲的继承人与丙共同连带赔偿超出保险公司责任限额部分的损失。本案在审理过程中最大的争议是甲继承人与丙承担的是连带责任还是按份责任？

本案发生于《民法总则》颁布之前，当时的法律依据是《民法通则》及相关司法解释。《民法通则》第130条规定，二人以上共同侵权造成他人损害的，应当承担连带责任。但甲、丙是否构成共同侵权在实践中是有争议的。2003年《最高人民法院关于审理人身损害赔偿案件适用法律若干问题的解释》第 3 条规定，二人以上共同故意或者共同过失致人损害，或者虽无共同故意、共同过失，但其侵害行为直接结合发生同一损害后果的，构成共同侵权，应当依照《民法通则》第 130 条规定承担连带责任。二人以上没有共同故意或者共同过失，但其分别实施的数个行为间接结合发生同一损害后果的，应当根据过失大小或者原因力比例各自承担相应的赔偿责任。

按照依照上述法律解释，在同一损害后果是由数个原因造成的情况下，其责任的承担分为两种形式，一种是数个行为人之间承担连带责任，另一种是数个行为人之间根据过错大小和原因力比例按份承担责任。其中，只要是共同故意侵权、共同过失侵权，或虽无共同故意、共同过失，但其侵害行为直接结合发生同一损害后果的，应承担连带责任。按份承担责任的条件是二人以上没有共同故意或者共同过失，但分别实施的数个行为间接结合，从而发生同一损害后果。

本案中最核心的争议就在于甲与丙的行为是直接结合还是间接结合。从本案事实看，首先，甲、丙之间不存在意思联络，因而不是共同故意，也不存在共同过失。其次，从时空角度看，甲的行为发生在马路中间的隔离带上，丙的行为发生在马路中间，相隔一段距离，甲的行为在先，丙的行为在后，有时间上的不同，且丙所开出租车是被撞的，其对乙死亡这一损害的后果是一个消极行为，并非主动行为，不符合"直接结合"中各侵权行为必须是积极的侵权行为这一特点。因此，最终法院判决甲的继承人与丙按比例承担责任。

《民法典》对上述问题作了进一步明确的规定，其中第 1168 条规定，二人以上共同实施侵权行为，造成他人损害的，应当承担连带责任；第 1171 条规定，二人以上分别实施侵权行为造成同一损害，每个人的侵权行为都足以造成全部损害的，行为人承担连带责任。第 1171 条规定的是二人以上分别实施侵权行为造成统一损害，能够确定责任大小的，各自承担相应的责任；难以确定责任大小的，平均承担责任。上述案例如按照《民法典》的规定，也应当按照比例承担责任。

（二）连带责任

《民法典》第 178 条第 1 款规定，二人以上依法承担连带责任的，权利人有权请求部分或者全部连带责任人承担责任。

连带责任的承担可以约定，如在数人对同一债务人债务提供担保时，可以约定数人共同对该债务承担连带保证责任。在某些特定情形下，法律明确规定了连带责任的承担,《中华人民共和国公司法》(以下简称《公司法》)第63条规定,一人有限责任公司债务承担,股东不能证明公司财产独立于股东自己的财产的,应当对公司债务承担连带责任,这就是法定连带责任。下面我们再看一则案例。[1]

案例4

甲公司及乙公司股东均为王某某、倪某。丙公司股东为张某某(王某某之妻,占90%股份)、吴某。三个公司经理均为王某某,财务负责人均为凌某,出纳会计均为卢某,工商手续经办人均为张某,三个公司的其他管理人员也交叉任职。三个公司经营范围重合,均从事相关业务,相互之间共用统一格式的《业务手册》《经销协议》,并在对外宣传中区分不明。同时三个公司共用结算账户,对外支付均为王某某的签字;开具收据时,三者的财务专用章混合使用;三公司所有债权债务、销售量、业绩、账务均计算在一个公司名下进行业务往来。

后因丙公司拖欠丁公司货款未付,丁公司以甲、乙、丙三公司及实际控制人王某某以及其他股东为共同被告,向人民法院起诉要求各被告对所欠原告款项共同承担连带责任。其理由是三公司人格混同,三公司实际控制人王某某以及其他股东的个人资产与公司资产混同,故请求三个公司及王某某等个人对欠款承担连带清偿责任。最终该案的一、二审法院均判决三公司对欠款承担连带清偿责任,但王某某等个人不承担责任。

两级人民法院判决三公司承担连带责任的理由均是三公司之间构成人格混同。主要的事实依据是三公司人员混同、业务混同、财务混同,法律依据是《公司法》第20条第3款"公司股东滥用公司法人独立地位和股东有限责任,逃避债务,严重损害公司债权人利益的,应当对公司债务承担连带责任"的规定。由于没有证据证明其实际控制人王某某及其他股东等个人财产与公司财产混同,故未支持原告要求王某某等个人与公司承担连带责任的请求。

在此特别强调一点,连带责任的承担原则上讲必须有法律的明确规定或

---

[1] 该案例根据最高人民法院指导案例15号——徐工集团工程机械股份有限公司诉成都川交工贸有限责任公司等买卖合同纠纷案〔(2011)苏商终字第0107号〕改编。

当事人的约定。如果既无法律明确规定，也无当事人约定，不承担连带责任。上述指导案例中在法律没有明确规定的情况下突破了原则，但是该案判决符合法律的价值和精神。我国现行法律规定的连带责任主要有以下几种情形：

1. 共同侵权责任

依据《民法典》"侵权责任编"等相关规定，共同侵权应承担连带责任的情形包括：①共同故意或共同过失侵权；②虽无共同故意、共同过失，但其侵害行为直接结合发生同一损害后果，构成共同侵权的；③虽无共同故意或共同过失，但每个个体所实施的侵权行为都足以造成被侵权的全部损害后果；④共同危险行为之连带责任；⑤网络服务提供者知道网络用户利用其网络服务侵害他人民事权益，未采取必要措施的，与该网络用户承担连带责任；⑥以买卖等方式转让拼装或者已达到报废标准的机动车，发生交通事故造成损害的，由转让人和受让人承担连带责任；⑦《民法典》第1241条规定的所有人将高度危险物交由他人管理的，所有人有过错的，与管理人承担连带责任；⑧《民法典》第1242条规定的非法占有高度危险物造成他人损害的，所有人、管理人不能证明对防止他人非法占有尽到高度注意义务的，与非法占有人承担连带责任。

2. 共同债务

债务人为二人以上，各债务人对共同债务承担连带责任。如甲乙二人共同向丙借款100万元，甲乙二人为共同债务人，对该100万元债务承担连带责任。

3. 合伙债务

依据《民法典》《中华人民共和国合伙企业法》等规定，个人合伙、企业间的合伙联营等合伙人对合伙债务承担连带责任。

4. 委托代理中的连带责任

《民法典》的"代理"一章均规定了在一些特殊情况下的连带责任，包括：①《民法典》第164条第2款规定了代理人和相对人恶意串通，损害被代理人合法权益的，代理人和相对人应当承担连带责任。②《民法典》第167条规定了代理人知道或者应当知道代理事项违法仍然实施代理行为，或者被代理人知道或者应当知道代理人的代理行为违法未作反对表示的，被代理人和代理人应当承担连带责任。

在《民法通则》和《民通意见》的"代理"一章中还规定了一些应当承

担连带责任的情形,包括:①《民法通则》第 65 条第 3 款规定,委托书授权不明的,被代理人应当向第三人承担民事责任,代理人负连带责任。②《民法通则》第 66 条第 4 款规定了第三人知道行为人没有代理权、超越代理权或者代理权已终止还与行为人实施民事行为给他人造成损害的,由第三人和行为人负连带责任。③《民通意见》第 22 条规定,监护人可以将监护职责部分或者全部委托给他人。因被监护人的侵权行为需要承担民事责任的,应当由监护人承担,但另有约定的除外;被委托人确有过错的,负连带责任。④《民通意见》第 81 条规定,委托代理人转托他人代理的,应当比照《民法通则》第 65 条规定的条件办理转托手续。因委托代理人转托不明,给第三人造成损失的,第三人可以直接要求被代理人赔偿损失;被代理人承担民事责任后,可以要求委托代理人赔偿损失,转托代理人有过错的,应当负连带责任。

《民法通则》《民通意见》已被废止,在上述情况下就不存在承担连带责任的问题了。

5. 保证中的连带责任

《民法典》第 686 条第 2 款规定,当事人在保证合同中对保证方式没有约定或者约定不明确的,按照一般保证承担保证责任。这是一个重大修改。《担保法》第 12 条规定,同一债务有两个以上保证人的,保证人应当按照保证合同约定的保证份额,承担保证责任。没有约定保证份额的,保证人承担连带责任,债权人可以要求任何一个保证人承担全部保证责任,保证人都负有担保全部债权实现的义务。第 18 条第 1 款规定,当事人在保证合同中约定保证人与债务人对债务承担连带责任的,为连带责任保证。第 19 条规定,当事人对保证方式没有约定或者约定不明确的,按照连带责任保证承担保证责任。因此《民法典》实施后,如果保证合同中没有约定保证方式的,将视为一般保证,而非连带保证。

《票据法》第 50 条规定,被保证的汇票,保证人应当与被保证人对持票人承担连带责任。第 51 条规定,保证人为二人以上的,保证人之间承担连带责任。第 68 条第 1 款规定,汇票的出票人、背书人、承兑人和保证人对持票人承担连带责任。

6. 《中华人民共和国民用航空法》中规定的连带责任

《中华人民共和国民用航空法》第 136 条第 3 款规定,托运行李或者货物的毁灭、遗失、损坏或者延误,旅客或者托运人有权对第一承运人提起诉讼,旅客或者收货人有权对最后承运人提起诉讼，旅客、托运人和收货人均可以对发生毁灭、遗失、损坏或者延误的运输区段的承运人提起诉讼。上述承运人应当对旅客、托运人或者收货人承担连带责任。第 159 条规定，未经对民用航空器有航行控制权的人同意而使用民用航空器，对地面第三人造成损害的，有航行控制权的人除证明本人已经适当注意防止此种使用外，应当与该非法使用人承担连带责任。

7. 共同承揽人的连带责任

《民法典》第 786 条规定，共同承揽人对定作人承担连带责任，但是当事人另有约定的除外。

8. 《公司法》上的连带责任

我国《公司法》也明确规定了一些情形下的连带责任，主要包括：①《公司法》第 20 条第 3 款规定了股东滥用公司法人独立地位和股东有限责任，逃避债务，严重损害公司债权人利益的，应当对公司债务承担连带责任；②《公司法》第 30 条规定了股东出资不足时，公司设立时的股东承担连带责任；③《公司法》第 63 条规定了一人有限责任公司债务承担，股东不能证明公司财产独立于股东自己的财产的，应当对公司债务承担连带责任；④《公司法》第 93 条规定了发起人出资不实时，其他发起人承担连带责任；⑤《公司法》第 94 条第 1、2 款规定了股份有限公司不能成立时，对设立行为所产生的债务和费用以及对认股人已缴纳的股款并加算银行同期存款利息，发起人承担连带责任；⑥《公司法》第 176 条规定了公司分立前的债务承担，由分立后的公司承担连带责任。

连带责任是连带责任人对外的责任，权利人可以向其中任何一个连带责任人主张权利，连带责任人不得以未向其他连带责任人主张权利为由抗辩。连带责任人中的任何一人承担了责任后，责任消灭。但对内而言，连带责任人的责任份额根据各自责任大小确定；难以确定责任大小的，平均承担责任。实际承担责任超过自己责任份额的连带责任人，有权向其他连带责任人追偿。

三、民事责任形式

民事责任形式是指民事主体依法承担民事责任的方式。《民法典》第 179 条规定了承担 12 种民事责任的方式，包括：①停止侵害；②排除妨碍；③消除危险；④返还财产；⑤恢复原状；⑥修理、重作、更换；⑦继续履行；

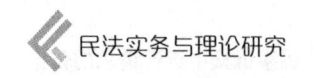

⑧赔偿损失；⑨支付违约金；⑩消除影响、恢复名誉；⑪赔礼道歉；⑫惩罚性赔偿责任。上述民事责任的方式，可以单独适用，也可以合并适用。

在民法理论中，民事责任分为违约责任和侵权责任。上述 12 种责任形式有些单纯适用于侵权责任，如停止侵害、排除妨碍、消除危险、消除影响、恢复名誉、赔礼道歉；有些单纯适用于违约责任，如继续履行、支付违约金；还有一些既可作为侵权责任的承担形式也作为违约责任的承担形式，如返还财产、恢复原状、修理、重作、更换、赔偿损失、惩罚性赔偿。

另外，从上述民事责任内容本身的角度，还可以将上述责任方式分为财产类责任、精神类责任和行为类责任。财产类责任包括返还财产、恢复原状、赔偿损失、支付违约金、惩罚性赔偿；精神类责任包括消除影响、恢复名誉、赔礼道歉；行为类责任包括停止侵害、排除妨碍、消除危险、修理、重作、更换、继续履行。

四、民事责任的免除与减轻

司法实践中也会出现这样一些特殊情形：从表面看，一个民事主体的行为造成了他人的损失，但是该行为是由其他因素引发的，故虽然该行为造成他人损害，但行为主体不承担民事责任或减轻其民事责任。依照我国现行法律规定，因不可抗力、正当防卫、紧急避险、救助他人等造成他人损害的，行为人不承担民事责任或减轻其民事责任。

（一）不可抗力

1. 关于不可抗力的理解

所谓不可抗力，是指不能预见、不能避免并不能克服的客观情况。我国《民法通则》《民法总则》《合同法》《侵权责任法》《民法典》等法律对于不可抗力基本都定义如上。其中，"不能预见"是指根据现有的技术水平及行为人自身的能力，行为人在主观上对某个客观事件的不能预见；"不能避免并不能克服"是指客观事件的发生已经超出行为人的控制能力范围，行为人对于所发生的客观事件不能控制，无法避免，也不能克服；"客观情况"是指所发生的是独立于人的行为之外的客观事件，而非某个个人的行为。这里的客观事件包括自然现象，如地震、洪灾等；也包括社会事件，如战争、罢工、暴动等。"客观情况"的规定主要是为了排除第三人个人行为所引发的责任。虽然当事人不能预见第三人造成的损害，但是第三人损害不属于"独立于人的行为之外"的范畴，因此第三人损害导致的当事人责任不一定能依照不可抗力的规定予以免除，其应否承担责任应当依据相应法律进行判断。如《民法典》第593条规定，因第三人的过错造成的违约，当事人应当依法向对方承担违约责任。而当事人一方和第三人之间的纠纷，依照法律规定或者按照约定处理。再如《民法典》第182条第1款规定，因紧急避险造成损害的，由引起险情发生的人承担民事责任。下面我们通过一则案例进一步理解不可抗力在司法实践中的应用。

案例5

2013年12月，甲钢铁公司（以下简称"甲公司"）与乙铁矿公司（以下简称"乙公司"）签订了一份铁矿石买卖合同，约定甲公司在2013年一年内向乙公司购买12万吨铁矿石，每个月1万吨，价格随行就市，根据市场价格每个月的20号双方以书面方式确定下一个月的铁矿石价格。但2013年国内铁矿市场价格大跌，乙公司生产的铁矿石成本大于市场价格，故不愿再履行合同。甲公司诉至法院，要求法院判令乙公司承担违约责任，赔偿损失，继续履行合同。乙公司抗辩，铁矿石价格大跌，销售价低于成本，属于不可抗力，要求免责。

法院经审理认为，不可抗力指的是不能预见的客观情况。本案中，案涉货物铁矿石的价格在合同签订后确实有较大幅度下跌，但铁矿石的市场价格本身波动较大，乙公司没有证据证明该市场价格波动超出市场因素的影响，该价格波动仍属于商业风险的范畴，仍属于可预见范畴，不属于不可抗力情形。另外，不可抗力一般指客观情况造成合同事实不能履行。本案中，合同实际上能够继续履行，只是合同履行后乙公司经营发生亏损，但不是不能履行。因此乙公司以不可抗力要求免责的抗辩理由不能成立。

上述案例中，法院指出市场价格的变化是可以预见的，属于正常的商业风险，而且客观上该合同仍然可以继续履行，而非事实履行不能，故而不属于不可抗力。

2. 不可抗力免责的例外

《民法典》第180条第1款规定，因不可抗力不能履行民事义务的，不承担民事责任。法律另有规定的，依照其规定。第 590 条规定，当事人一方因不可抗力不能履行合同的，根据不可抗力的影响，部分或者全部免除责任，但是法律另有规定的除外。因不可抗力不能履行合同的，应当及时通知对方，以减轻可能给对方造成的损失，并应当在合理期限内提供证明。当事人迟延履行后发生不可抗力的，不免除其违约责任。

依据上述法律规定，当出现不可抗力时，一般情况下可以免除当事人的违约或侵权责任。然而，在一些特殊情形下，虽然出现不可抗力，但不免除当事人的责任或仅减轻当事人的责任。下面我们看一则案例。

案例 6

2016 年 1 月 1 日，甲自然人与乙旅行社签订了某地十日游旅游合同，并向乙旅行社支付了全部的费用 2 万元人民币。合同约定的旅游出发日期为 2016 年 3 月 8 日。2016 年 3 月 8 日，甲前往了集合地点，但突然得知目的地发生地震。甲便告知乙旅行社因地震属于不可抗力并出于自身安全考虑决定取消行程，并要求退还相应费用，遭乙旅行社拒绝。甲在被拒绝后向人民法院提起诉讼，认为由于不可抗力造成合同不能履行，其无法去目的地旅游，要求乙旅行社退还其全部费用。

乙旅行社答辩称，当天飞往目的地的航班全部正常起飞，旅行社也没有收到取消航班和旅游的任何官方通知，除了甲提出退团外，其余客人均正常出行。而且，乙旅行社已向目的地接团的旅游公司支付了全部费用，没有余款可以退还。

法院经审理后认为，所谓不可抗力，是指不能预见、不能避免并不能克服的客观情况。虽然地震属于不可抗力，但在本案中，飞往目的地的航班照常起飞、乙旅行社也未收到旅游目的地旅游局取消旅游的官方通知等，因此不可抗力没有构成对合同履行的阻碍，不能作为免责事由。甲系因自身原因单方提出解除合同，不能免责，应承担相关违约责任。

上述案例中虽然发生了地震这种不可抗力现象，但是该地震并未影响航班出行，也未造成旅游的客观不能，因此甲以不可抗力为由要求免除其解除合同的违约责任不能得到支持。法律并非规定只要出现不可抗力就免责，实际生活中往往还存在一些例外情形。

（1）法律特别规定的例外情形。即在某些特定情形下，虽然损害是由于不可抗力造成的，但法律明确规定当事人不免责。如《民法典》第1236条规定，从事高度危险作业造成他人损害的，应当承担侵权责任。此条款没有像第1239、1240条一样规定不可抗力免责。再如第1237条规定，民用核设施或者运入运出核设施的核材料发生核事故造成他人损害的，民用核设施的营运单位应当承担侵权责任；但是，能够证明损害是因战争、武装冲突、暴乱等情形或者受害人故意造成的，不承担责任。此条规定的两项免责是由是战争和受害人故意，战争只是不可抗力的一种情形，而对于其他常见的地震、洪涝灾害、罢工等不可抗力情形仍不免责。第1238条规定，民用航空器造成他人损害的，民用航空器的经营者应当承担侵权责任；但是，能够证明损害是因受害人故意造成的，不承担责任。此条只将受害人故意规定为免责条件，不可抗力也不予免责。法律规定上述情形下不可抗力不免责的原因在于，上述活动均为高度危险活动，采用的是无过错原则，其承担责任是出于其本身具有的高度危险。

（2）部分损害后果并非不可抗力造成。《民法典》第590条第1款规定，当事人一方因不可抗力不能履行合同的，根据不可抗力的影响，部分或者全部免除责任，但是法律另有规定的除外。由此可以看出，如果全部损害后果并非都是由不可抗力造成的，仅就不可抗力造成的损害后果部分免责，非不可抗力造成的损害后果仍不予免责。

（3）当事人迟延履行后发生不可抗力。《民法典》第590条第2款规定，当事人迟延履行后发生不可抗力的，不能免除责任。依据该规定，当事人一方履行迟延后发生不可抗力导致合同不能履行不能免责。法律这样规定的原因在于如果当事人没有迟延履行，发生的不可抗力就不会对合同履行产生影响。此种情形下虽有不可抗力情形的参与，但合同不能履行实际上是迟延履行一方导致的，故不免除其责任。

上述情形中，损害后果与当事人自身过错之间存在关联性，免除其责任明显不符合民法上公平原则的要求，故法律规定部分损害后果并非不可抗力造成和当事人履行迟延后发生不可抗力不能免责或不能全部免责。

（二）正当防卫

案例7

帝都公司承建天天旺公司宿舍楼及厂房工程。在工程施工过程中，王某某等人受雇于帝都公司劳务分包人王某中，在施工现场提供劳务。王某中因工程造价结算等事宜与天天旺公司产生争议，王某某及案外人张某某等人认为王某中拖欠其劳务费系天天旺公司拖欠工程款导致，故到天天旺公司门前拉白布横幅，写有天天旺公司拖欠农民工血汗钱等侮辱性内容。王某喜系天天旺公司工作人员（办公室副主任），现场将白布横幅撕下收走，王某某、张某某等人为了要回横幅，便强行进入天天旺公司厂区追逐王某喜。期间，张某某手持铁锹，砍打天天旺公司大门，要求保安开门让其进入，门打开后，王某某、张某某等人进入厂区并与王某喜发生推搡。数分钟后，王某某、张某某等人通过天天旺公司大门自行离开，张某某离开时仍手持铁锹。随后，王某某起诉王某喜与天天旺公司，称在推搡过程中，王某喜打伤其头部，故请求人民法院判令王某喜、天天旺公司赔偿其医疗费、误工费等损失合计 6070.42 元。

　　本案二审法院认为，正当防卫是指针对不法侵害行为的人，采取制止不法侵害的行为，对不法侵害造成损害，但该损害未超过必要及合理限度的，不承担责任。本案中，王某某等人与天天旺公司之间并无债权债务纠纷，也无证据证明天天旺公司存在恶意拖欠建筑工人劳务费的事实，其采取的在天天旺公司门口悬挂写有侮辱性内容的白布横幅的维权方式侵害了天天旺公司合法权益，对公司正常的生产经营秩序也产生影响。退一步讲，即使天天旺公司与王某某等人存在经济纠纷，其也应通过合法方式主张相应权利。王某喜作为天天旺公司的工作人员，为维护公司利益，采取将白布横幅取走的方式阻止不法侵害行为，该方式并无不当。张某某、王某某等人为了取回横幅继续实施侵害行为，采取用铁锹砍砸天天旺公司大门等方式，强行进入厂区围堵王某喜。虽然王某某、张某某等人进入天天旺公司大门后与王某喜发生冲突的情形位于该公司监控盲区，但张某某手持铁锹与多人共同围堵王某喜的行为，侵害王某喜的人身权利，也使王某喜处于危险状况下，同时也进一步扰乱天天旺公司正常的生产经营秩序。王某喜为维护自身权益及公司权益不受不法侵害，与张某某等人发生推搡行为，以摆脱张某某等人的围堵纠缠，应属于正当防卫。天天旺公司提供的监控视频可以清晰地显示，王某某等人与王某喜发生冲突后自行离开天天旺公司厂区，身体状况并无明显外伤痕迹，其提供的门诊病历出院记录中的详细入院经过等内容均未显示存在明显外伤，仅向医生口诉存在额顶部触痛，其枕部存在脂肪瘤也与本次冲突无关。虽然出院诊断写有"头皮挫裂伤"，但在查体记录中并无对应受伤部分的描写。据此，可以认定王某某存在的身体伤害显著轻微，说明王某喜的防卫行为造成王某某的侵害并未超过必要限度，不应承担赔偿责任。故依据《中华人民共和国侵权责任法》第三十条之规定，判决驳回王某某诉讼请求。[1]

该案是一起典型的民事正当防卫案例，一审法院认为防卫过当，判决被告承担部分责任，但二审法院认定正当防卫，并驳回了原告的诉讼请求。

1. 民法中的正当防卫涵义的理解

在我国民事法律规范中，只规定了正当防卫的法律后果是不承担民事责任或减轻民事责任，但并没有对正当防卫的概念进行规定。如《民法通则》第128条规定，因正当防卫造成损害的，不承担民事责任。正当防卫超过必要的限度，造成不应有的损害的，应当承担适当的民事责任。《民法总则》第181条规定，因正当防卫造成损害的，不承担民事责任。正当防卫超过必要的限度，造成不应有的损害的，正当防卫人应当承担适当的民事责任。《侵权责任法》第30条规定，因正当防卫造成损害的，不承担责任。正当防卫超过必要的限度，造成不应有的损害的，正当防卫人应当承担适当的责任。《民法典》第181条的规定与《民法总则》第181条的规定完全相同。因此，在民事案件司法审判实践中，大多数法官在认定民事侵权中的正当防卫时都自觉或不自觉地适用刑法中的正当防卫概念。我国《刑法》第20条第1款规定，为了使国家、公共利益、本人或者他人的人身、财产和其他权利免受正在进行的不法侵害，而采取的制止不法侵害的行为，对不法侵害人造成损害的，属于正当防卫。应该说，由于我国民事立法中对于正当防卫的概念缺乏相应的规范，导致法官在审理民事案件时出于无奈只能借助刑法中的正当防卫概念。如上述案例中，二审法院在判决书中认为："正当防卫是指针对不法侵害行为的人，采取制止不法侵害的行为，对不法侵害造成损害，但该损害未超过必要及合理限度的，不承担责任。"法院在判决中还将正当防卫表述为："根据我国《侵权责任法》的规定，正当防卫是指当公共利益、他人或本人的

---

[1] 本案根据江苏省宿迁市中级人民法院（2017）苏13民终1980号民事判决书编写。

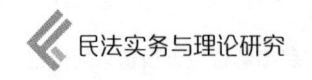

人身或其他利益受到不法侵害时,行为人所实施的防卫行为。"由此可见,司法实践中,民法中的正当防卫概念与刑法中的正当防卫概念基本相同。

2. 民事正当防卫构成要件

虽然刑法中的正当防卫与民法中的正当防卫在立法的目的、价值、法律后果等方面存在差异,但就构成要件而言,两者应是基本相同的。

(1) 必须是针对不法侵害。正当防卫必须是针对不法侵害行为。如果没有不法侵害存在,就不得进行所谓的正当防卫。下面我们看一个案例:

案例 8

原告与被告均是某小区居民。2015 年 4 月 15 日晚上 11 时许,原告酒后遛狗回家,路过被告所住 4 号楼时,小狗跑进被告家楼道,原告在进去追小狗的过程中,由于楼道漆黑,无意间碰到了一个地下室的铁门,听到有东西掉落的声音,原告出于好奇上前查看,此时,楼道灯亮了,传来了下楼和说话的声音,被告和一青年持棍从楼上下来,对原告大声质问,原告告诉他们自己是 1 号楼居民,因为小狗跑进楼道才跟进来,并下意识提到有个地下室的门没上锁。被告和那个青年不由分说,抡起棍子就打,将原告打翻在地,原告起身立即报警,但被告二人仍然继续殴打原告,致原告多处受伤,鼻骨骨折,法医鉴定轻微伤,伤残十级。经派出所调解无果,请求法院依法判令被告赔偿原告医疗费、误工费、残疾赔偿金、被扶养人生活费、交通费、鉴定费、精神损失费等共计 94 916 元。

被告辩称,从未见到原告所述小狗,原告正在盗窃过程中被发现,对其殴打是正当防卫。

法院认为:本案系身体权纠纷,上诉人主张其行为是正当防卫,不应当承担对被上诉人的赔偿责任。本院认为,根据我国《侵权责任法》的规定,正当防卫是指当公共利益、他人或本人的人身或其他利益受到不法侵害时,行为人所实施的防卫行为。正当防卫所针对的是不法侵害,而本案中上诉人并未提供证据证实被上诉人的行为是不法侵害,相关司法机关也未认定被上诉人实施的是犯罪行为,因此上诉人主张自己是正当防卫的理由不能成立。[1]

---

[1] 本案根据山东省青岛市中级人民法院 (2016) 鲁 02 民终 7444 号民事判决书编写。

本案中，被告对原告的侵害其实是建立在假象防卫的基础上——原告并未实施不法侵害，但被告自以为原告实施了不法侵害行为，故被告的行为不构成正当防卫，法院没有支持被告的正当防卫抗辩。

由于民事侵权和刑事犯罪本质上都是侵害他人人身、财产的不法行为，只是侵害的程度不同而已，从这个角度而言，民事正当防卫和刑法中的正当防卫在本质上是相同的。

（2）必须是在不法侵害正在进行的时候。民事正当防卫必须针对正在进行的不法侵害，如果不法侵害还未发生或已经实施完毕，不构成正当防卫。下面这则案例就是不构成正当防卫的典型案例。

案例 9

2015 年 6 月 17 日 17 时许，刘某某在九龙坡区滩子口雨田超市外向廖某某讨要 100 余元欠款未果而发生口角，刘某某击打廖某某额头，廖某某还手将其打倒在地，刘某某遂抓起啤酒瓶追打廖某某头部并刺伤其腰部。事发当日，原告被送往医院住院治疗 1 天，被诊断为：①脑震荡；②左眉弓、顶部皮肤裂伤；③左侧开放性部分腰大肌断裂；④背部两处皮肤裂伤；⑤右第一掌骨基底骨折；⑥左肺挫伤等。原告为治疗伤情共计产生医疗费 36 151.3 元，被告为其垫付 25 000 元。原告廖某某向法院起诉，要求被告赔偿其医疗费等。被告抗辩称，是原告先动手，自己是正当防卫。

法院经审理认为：公民享有生命健康权。原告作为欠款人被催还款项后应基于诚实信用及时还清欠款，消除纠纷发生源头而不应引发双方口角激发矛盾，其对自身损害后果存在过错，应自行承担相应责任。被告作为债权人催还款项未果后，理应保持冷静并考虑进一步采取合理合法方式及手段追偿欠款，不应参与口角而引发抓扯厮打，甚至使用酒瓶严重伤害原告身体，其行为明显不属正当防卫，对原告损害后果存在主要过错，应承担主要赔偿责任。

本案中，被告先动手是引起纠纷的原因，有一定过错，但原告击打被告后立即被被告打倒，其不法侵害行为已经停止，而被告此时仍用酒瓶击打其头部、腰部，造成严重伤害，因此，被告的后续行为不构成正当防卫。

(3) 正当防卫不能超越一定限度。正当防卫是对于不法侵害行为的制止，因此在防卫过程中就可能会进行暴力打击，因此正当防卫本身就可能会给不法侵害人人身造成一定程度的伤害，一般而言，这种伤害应当与不法侵害行为程度相当，即只要能起到阻止不法侵害行为的作用即可，超出这一限度的还是应当承担相应责任。下面一则案例就是如此。

案例 10

柯某某（女）、张某某（男）系夫妻关系，柯某某经营"爱尚理发店"。刘某某经常到柯某某经营的理发店理发，双方由此认识。双方认识后至事发前，刘某某经常到理发店内骚扰柯某某，有时甚至对柯某某进行猥亵。2016年6月22日上午，刘某某又到理发店骚扰柯某某，双方发生口角。当晚7时许，刘某某再次到理发店骚扰柯某某，双方发生口角，继而互相拉扯、扭打。在双方拉扯的过程中遇柯某某的丈夫张某某来到理发店，张某某见此情况后即上前与柯某某一起用手扇刘某某的脸部，致刘某某口鼻流血。刘某某受伤后前往红安县人民医院住院治疗6天，花费医疗费3580.20元，经诊断为鼻骨骨折、多处软组织损伤，医嘱休息40天。

法院经审理认为：柯某某在反抗被上诉人对其猥亵的过程中用手予以反击的行为是正当防卫。张某某为制止被上诉人刘某某对其妻子的猥亵而给予的击打亦构成正当防卫，但是正当防卫不应过度。《中华人民共和国侵权责任法》第三十条规定，因正当防卫造成损害的，不承担责任。正当防卫超过必要的限度，造成不应有的损害的，正当防卫人应当承担适当的责任。柯某某、张某某二人因防卫超过限度造成被上诉人刘某某不应受到的损害的，应承担20%的赔偿责任。

本案中，刘某某骚扰甚至猥亵柯某某就是一种不法侵害，柯某某与张某某对其进行制止并用手击打刘某某面部是一种正当防卫，但是造成刘某某鼻骨骨折就超出了正当防卫的限度，对此应承担相应责任，法院认为其应当承担20%责任基本正确。

3. 刑事附带民事案件中的正当防卫

在刑事附带民事诉讼案件中，一般而言，如果刑事案件认定被告人构成刑事正当防卫，在民事案件中被告人的民事正当防卫抗辩也会被认定成立，被告人既无需承担刑事责任也无需承担民事赔偿责任。当然，如果法院认定正当防卫超过必要限度，被告人既要承担相应的刑事责任，也要承担部分民事责任。下面这则案例就是一起被告人构成正当防卫既无需承担刑事责任也无需承担民事责任的典型案例。

案例 11

孙某某、李某某、张某某因故对尹某某怀恨在心。孙某某电话威胁尹某某，扬言要在尹某某身上留记号。三人当即密谋强行将尹某某带到山下旅馆关押两天。2003年9月某晚23时许，三人酒后上山来尹某某住处伺机等候。次日凌晨2时许，孙某某见尹某某等人已经睡觉，便踹开尹某某居住的女工宿舍小院的木门而入，并敲打女工宿舍的房门叫尹某某出屋，遭尹某某拒绝。凌晨3时许，孙某某、李某某、张某某三人再次来到女工宿舍外，继续要求尹某某开门，又被尹某某拒绝后，遂强行破门而入。孙某某直接走到尹某某床头，李某某站在同宿舍居住的被告人吴某某床边，张某某站在宿舍门口。孙某某进屋后，掀开尹某某的被子，欲强行带尹某某下山，遭拒绝后，便殴打尹某某并撕扯尹某某的睡衣，致尹某某胸部裸露。吴某某见状，下床劝阻。孙某某转身殴打吴某某，一把扯开吴某某的睡衣致其胸部裸露，后又踢打吴某某。吴某某顺手从床头柜上摸起一把刃长14.5厘米、宽2厘米的水果刀将孙某某的左上臂划伤。李某某从桌上拿起一把长11厘米、宽6.5厘米、重550克的铁挂锁欲砸吴某某，吴某某即持刀刺向李某某，李某某当即倒地。吴某某见李某某倒地，惊悚片刻后，跑出宿舍给饭店经理拨打电话。公安机关于当日凌晨4时30分在案发地点将吴某某抓获归案。经鉴定，李某某左胸部有2.7厘米的刺创口，因急性失血性休克死亡。

检察机关以故意伤害（致人死亡）向人民法院提起公诉，要求追究吴某某刑事责任，李某某家属提起附带民事诉讼，要求吴某某承担民事赔偿责任。

人民法院经审理认为：涉案女工宿舍，是单位向女服务员提供的休息和处理个人隐私事务的住所。未经许可闯入女工宿舍，严重侵犯住宿人的合法权利。本案中，孙某某、李某某、张某某事前曾预谋将尹某某带到山下关押二天,要在尹某某身上留下记号;继而三人上山要求进入女工宿舍,在遭到拒绝后就破门而入图谋不轨。《刑法》第二十条第一款规定:"为了使国家、公共利益、本人或者他人的人身、财产和其他权利免受正在进行的不法侵害,而采取的制止不法侵害的行为,对不法侵害人造成损害的,属于正当防卫,不负刑事责任。"第三款规定,"对正在进行行凶、杀人、抢劫、强奸、绑架以及其他严重危及人身安全的暴力犯罪,采取防卫行为,造成不法侵害人伤亡的,不属于防卫过当,不负刑事责任。"孙某某等人在凌晨3时左右闯入女工宿舍后,动手殴打女服务员、撕扯女服务员的衣衫,这种行为足以使宿舍内的女服务员因感到孤立无援而产生极大的心理恐慌。在自己和他人的人身安全受到严重侵害的情况下,被告人吴某某持顺手摸到的一把水果刀指向孙某某,将孙某某的左上臂划伤并逼退孙某某。此时,防卫者是受到侵害的吴某某,防卫对象是闯入宿舍并实施侵害的孙某某,防卫时间是侵害行为正在实施时,该防卫行为显系正当防卫。当孙某某被被告人吴某某持刀逼退后,李某某又举起长11厘米、宽6.5厘米、重550克的铁锁欲砸吴某某。对李某某的行为,不应解释为是为了制止孙某某与吴某某之间的争斗。在进入女工宿舍后,李某某虽然未对尹某某、吴某某实施揪扯、殴打,但李某某是遵照事前的密谋,与孙某某一起于夜深人静之时闯入女工宿舍的。李某某既不是一名旁观者,更不是一名劝架人,而是参与不法侵害的共同侵害人。李某某举起铁锁欲砸吴某某,是对吴某某的继续加害。吴某某在面临李某某的继续加害威胁时,持刀刺向李某某,其目的显然仍是为避免遭受更为严重的暴力侵害。无论从防卫人、防卫目的还是从防卫对象、防卫时间看,吴某某的防卫行为都是正当的。由于吴某某是对严重危及人身安全的暴力行为实施防卫,故虽然造成李某某死亡,也在《刑法》第二十条第三款法律许可的幅度内,不属于防卫过当,依法不负刑事责任。被告人吴某某于夜深人静之时和孤立无援之地遭受了殴打和欺辱,身心处于极大的屈辱和恐慌中。此时,李某某又举起铁锁向其砸来。面对这种情况,吴某某使用手中的刀子进行防卫,没有超过必要的限度。要求吴某某慎重选择其他方式制止或避免当时的不法侵害的意见,没有充分考虑侵害发生的时间、地点和具体侵害的情节等客观因素,不予采纳。综上所述,被告人吴某某及其辩护人关于是正当防卫,不负刑事责任亦不承担民事赔偿责任的辩解理由和辩护意见，符合法律规定，应予采纳。起诉书指控吴某某持刀致死李某某的事实清楚，证据确实充分，但指控的罪名不能成立。据此，人民法院依照《中华人民共和国刑事诉讼法》第一百六十二条第二项和《中华人民共和国民法通则》第一百二十八条的规定判决：①被告人吴某某无罪；②被告人吴某某不承担民事赔偿责任。

上述案例中，被告人吴某某虽然造成了李某某的死亡结果，但是就客观事实而言，吴某某行为属于刑法中的正当防卫，不应承担刑事责任，人民法院的认定是完全正确的。人民法院在刑事案件中认定了被告人的行为属于正当防卫，同时认定了吴某某的行为在民事案件中也属于正当防卫，不承担民事责任。

(三) 紧急避险

1. 紧急避险概念的理解

与正当防卫一样，在我国现行民事立法中，也没有对紧急避险的概念进行明确规定，只规定了由险情引发人承担损害后果。如《民法通则》第129条规定，因紧急避险造成损害的，由引起险情发生的人承担民事责任。如果危险是由自然原因引起的，紧急避险人不承担民事责任或者承担适当的民事责任。因紧急避险采取措施不当或者超过必要的限度，造成不应有的损害的，紧急避险人应当承担适当的民事责任。《民法总则》第182条规定，因紧急避险造成损害的，由引起险情发生的人承担民事责任。危险由自然原因引起的，紧急避险人不承担民事责任，可以给予适当补偿。紧急避险采取措施不当或者超过必要的限度，造成不应有的损害的，紧急避险人应当承担适当的民事责任。《侵权责任法》第31条规定，因紧急避险造成损害的，由引起险情发生的人承担责任。如果危险是由自然原因引起的，紧急避险人不承担责任或者给予适当补偿。紧急避险采取措施不当或者超过必要的限度，造成不应有的损害的，紧急避险人应当承担适当的责任。《民法典》第182条与《民法总则》第182条内容完全相同。

因此，在民事案件审判中，对于紧急避险概念的理解一般也是借助于刑法上紧急避险的概念。《刑法》第21条第1款规定，为了使国家、公共利益、本人或者他人的人身、财产和其他权利免受正在发生的危险，不得已采取的损害另一较小合法权益的行为,造成损害的,不负刑事责任。如一份民事判决中,法院对于紧急避险的表述是:"紧急避险是指为了使国家、公共利益、本人或者他人的人身、财产和其他权利免受正在发生的危险,不得已采取的紧急避险行为,造成损害的,不负民事责任,由引起险情的人承担民事责任。如果危险是由自然原因引起的,紧急避险人不承担民事责任或者承担适当的民事责任。"

2. 紧急避险的责任承担

依据我国现行法律规定,在紧急避险造成损害后果的案件中,其法律责任分不同情况而定:

(1)险情引起人承担责任。在紧急避险中造成了损害,险情由他人引起,但是避险人本身没有过错,在此情况下,由险情引起人承担责任,紧急避险人不承担责任。下面一则案例就是一起典型的由他人引起的紧急避险案例。

案例 12

朱某系某客运公司售票员。2015年7月15日15时40分,公交车行驶至一人行横道处,恰遇宋某某驾驶的普通摩托车在前方违章变道时不慎摔倒,驾驶员郑某见状紧急制动避险,致售票员朱某摔倒受伤。交警部门勘验后,认定宋某某负事故全部责任,郑某、朱某无责任。朱某当天被送往医院住院治疗,支出医疗费若干元人民币。

朱某向人民法院起诉宋某某,要求其赔偿原告医疗费、误工费、营养费等。

法院经审理认为,引起险情发生的人应对因紧急避险造成的损害承担责任。宋某某在驾驶摩托车违章变道时不慎摔倒,公交车驾驶员郑某见状紧急制动避险,致该车售票员朱某因惯性摔倒受伤。宋某某违章变道系引发险情的直接原因,交警部门认定宋某某负事故全部责任,郑某、朱某无责任,客观合理,依法予以采信,宋某某应对朱某的损害后果承担赔偿责任。遂判令被告全额赔偿原告医疗费、误工费等。

上述案例中,紧急避险人郑某在宋某某违章变道摔倒后采取紧急避险措施,紧急刹车,造成售票员朱某受伤,经交警部门认定,郑某、朱某均没有责任,宋某某负全责。因此,对于朱某受到的损害,紧急避险人郑某不承担责任，险情引起人宋某某承担全部责任。

（2）险情引起人承担部分责任。在因紧急避险而发生的损害赔偿案件中，险情虽然是由其他人引起，但是紧急避险人在紧急避险过程中采取措施不当，即对于损害后果的发生，紧急避险人自身也有过错，故也应承担部分责任。我们看下面这则案例。

案例 13

2010年11月14日傍晚，被告崔某某骑两轮摩托车途径某村，当行至被告焦某某大理石材厂门口时，被告焦某某家的一条白色狗从厂门口跑到路上追咬被告崔某某，被告崔某某在躲避追咬过程中将在路边行走的原告董某某撞伤，原告随即被送至医院住院治疗19天，原告伤情经诊断为左胫腓骨骨折，花费医疗费10 849.54元。依据原告书面申请，法院委托某司法鉴定所对原告的伤残等级程度进行鉴定，鉴定结论为十级伤残。

法院经审理认为：因紧急避险造成损害的，由引起险情发生的人承担责任。紧急避险采取措施不当或者超过必要的限度，造成不应有的损害的，紧急避险人应当承担适当的责任。饲养的动物造成他人损害的，动物饲养人或者管理人应当承担侵权责任。本案中，被告焦某某家饲养的狗从其厂门口跑出追咬在该村路上骑摩托车正在行驶的被告崔某某，被告崔某某在躲避追咬过程中将原告董某某撞伤，原告损害后果系由被告焦某某饲养的狗引起，其作为引起险情发生的狗的饲养人和管理人，未尽到看管责任，应对原告的损害后果承担民事赔偿责任。被告崔某某在险情发生前未尽到机动车驾驶人的高度注意义务，在紧急避险时采取的处置措施不当，存在一定的过错，理应对原告的损害后果承担适当的民事赔偿责任。综合以上案情，本院确定被告焦某某对原告的损害后果承担60%的赔偿责任、被告崔某某对原告的损害后果承担40%的赔偿责任为宜。至于被告焦某某辩称该案系原告董某某与被告崔某某之间的交通事故人身损害赔偿关系，被告崔某某在不具备机动车驾驶资格的情况下骑摩托车将原告撞伤，原告损害后果与其无关，因该案原告的损害后果是被告焦某某家饲养的狗在追咬被告崔某某过程中，被告崔某某采取避险措施不当造成的，与被告崔某某有无驾驶资格不存在因果关系，本案应系紧急避险损害责任纠纷，故本院对其该辩称意见不予采纳。

（3）险情由自然原因引起时紧急避险人的责任。在紧急避险案件中，如果险情是由自然原因引起的，紧急避险人不承担责任，或者可以适当给予补偿。另外，在自然原因引起的紧急避险中，如果避险人采取的措施不当或超过必要限度，也应当承担部分责任。我们看下面这则案例。

案例 14

黄某某在一处宽约 6.5 米的路基上种植果树，并向村民小组交纳一定费用。该路基上除黄某某种植的果树外，还有此前村民小组种植的部分果树。路基东北向为某村内河，与某村其他内河连接且水系相通；路基西南向为农田和厂房，其中包括李某某耕作种植柑树的 13 亩农田，农田与某村内河流之间为该路基相隔，该路基为耕作通道和防洪内堤。

2015 年 10 月 3 日至 10 月 9 日期间，受台风"彩虹"影响普降大雨，某村内大面积受浸，李某某耕作的农田由于深吕内河水位超高漫顶，该路基受浸严重，最深处达 0.9 米。2015 年 10 月 4 日左右，李某某向某村民委员会和村民小组反映受灾情况，并提出挖起该路基一边的泥土填高路基的防洪建议，从而防止李某某耕作农田在内的两个花木场、两间厂房被水浸。某村民委员会和南安第一村民小组的工作人员组织李某某与黄某某对填高路基一事进行协商，双方因赔偿数额无法达成一致而协商无果。2015 年 10 月 8 日 14 时，因外江退潮，某村内河通过水闸进行排涝。当日 15 时，李某某租来挖掘机在该路基挖开 2.3 米和 1.2 米宽的两条渠道，让路基西南向农田的积水通过渠道排入路基东北向的内河流。同时，李某某使用挖掘机将路基西南侧约长 200 米至 250 米的部分泥土挖出，填至路基东北侧。李某某在挖掘过程中将黄某某修建在路基入口处的长 4.1 米、宽 3.4 米的砖墙铁皮顶构筑物损坏，并损毁了部分果树。李某某挖掘后不久，黄某某阻止了挖掘并报警。经司法所组织调解，黄某某与李某某未能就损失赔偿达成一致意见，黄某某故于 2015 年 11 月 27 日诉至法院。

法院经审理认为：包括李某某耕作的农田在内的该路基西南向的农田和厂房，在受台风"彩虹"影响期间受浸严重，李某某在该路基东北

第九章　民事诉讼中诉讼请求的依据

向某村内河水位下降时将该路基挖开两条渠道用于排水，将路基西南侧的部分泥土挖出填至路基东北侧，因而损坏黄某某的财物。依照《中华人民共和国侵权责任法》第三十一条的规定，所谓紧急避险，是指为了使社会公共利益、本人或他人的合法权益免受更大的损害，在迫不得已的情况下采取的牺牲其中较轻的利益，保全较重利益的行为。本案中李某某挖掘路基的行为属于紧急避险，其行为具有正当性。因本案中的危险是由于台风"彩虹"影响所致，属于由自然原因引起的危险，按《中华人民共和国侵权责任法》中关于紧急避险责任承担的规定，如果危险是由自然原因引起的，紧急避险人不承担责任或者给予适当补偿。结合本案案情，该路基为耕作通道和防洪内堤，本身具有一定的防洪功能，在该路基上种植果树对通行及防洪必然产生一定影响。在黄某某的财物受损事实确已发生，且原告、被告对于本案损失均没有过错的情况下，本院依据公平原则，兼顾各方利益的平衡，综合考虑原告、被告的经济状况、黄某某的损失情况、李某某因避险而受益的状况，酌定李某某应补偿黄某某经济损失5560元。

上述案例中，李某某的开挖路基损坏黄某某的果树及其他财产的行为是为了避免因暴雨产生的洪涝灾害造成更大的财产损失，故其构成紧急避险，且该险情是由自然原因引起的。人民法院认为李某某的避险行为不存在过错，也没有不当，但是由于该行为也避免了李某某自己的损失，李某某在该行为中有一定的受益，故根据公平原则，判决李某某承担部分损失，也是合情合理的。

人民法院在该案的判决书中也详细论述了本案符合紧急避险的构成要件，其具体论证如下：

构成紧急避险应当符合下列条件：

1. 必须有合法的权益会受到损害的紧急危险。该路基西南向的农田和厂房在2015年10月3日至10月9日期间受浸严重，并且已遭受损失，如不及时将积水排出并且将路基垫高，包括李某某耕作的农田在内的农田及厂房的损失将更加扩大。事发时，路基西南向的农田和厂房的受浸状况属于急迫、现实的危险，本院认定2015年10月8日李某某挖掘路基时，存在合法的权益将会受到损害的紧急危险情形。

2. 采取避险措施必须为不得已。该路基西南向的农田和厂房与某村内河流之间为该路基相隔，该路基为防洪内堤。在当时的情况下，如不及时通过该路基排水并且修缮路基，则不能保障路基西南向农田和厂房的财产权益，本院认定李某某挖掘路基的措施为不得已而实施。

3. 具有避险意识。李某某在挖掘路基前曾向当地村委会和村民小组提出过填高路基的防洪建议，并与黄某某就此事进行过协商，李某某挖掘路基是出于保护其本人和他人的财产免受继续水浸危险的目的，本院认定李某某挖掘路基的行为具有避险意识。

4. 避险行为不得超过必要的限度。该路基西南向的农田和厂房在受台风"彩虹"影响期间大范围受浸，李某某为了减少损失而挖掘路基给黄某某的财产造成损害，综合路基西南向农田和厂房的财产损失和黄某某的财产损失，李某某挖掘路基所导致的黄某某的财产损害明显小于路基西南向农田和厂房可挽回的财产损失。李某某在路基上开挖两条渠道用于排水，属于合理的避险措施。李某某同时将路基西南侧的部分泥土挖出填至路基东北侧，虽不是基于当场排水的需要，但该行为是为了保障在路基东北向内河水位再次出现上涨时，路基西南向的农田和厂房不会再次受浸。结合当时的水文记录，在李某某挖掘路基后的第二日即2015年10月9日，路基东北向的内河再次出现了漫顶现象，李某某用泥土垫高路基东北侧的避险措施具有合理性。同时，因路基宽约6.5米且事发时因降雨多日土地松软，普通运输车辆难以进入，虽然使用挖掘机现场取土填高路基的方法并不是唯一的避险措施，但在控制险情的现实情况下，该方法能迅速开始作业并及时垫高路基东北侧，本院认定李某某在路基处就地取土垫高东北侧的避险措施亦属合理。因路基两侧黄某某均种植有果树，李某某在取土过程中不可避免的将会损坏部分果树，经本院现场勘验路基及黄某某在路基入口处搭建的构筑物的宽度，在不拆除构筑物的情况下，挖掘机无法进入路基进行作业。综合勘验结果，李某某在挖掘作业过程中损坏部分果树、构筑物的行为并未超出必要限度。

综上，本院认定李某某挖掘路基的行为符合紧急避险的构成要件，属于紧急避险。本案案由应为紧急避险损害责任纠纷，而非财产损害赔偿纠纷。

(四) 紧急救助

案例 15

2016 年 8 月 3 日下午 4 时至 5 时许, 岳某某、王某某所有的牌号为鲁 J12345 的泵车在前往施工地点的路上, 因下雨路滑倾倒在路边。正好在同一工地施工的刘某某驾驶其所有的鲁 S54321 号吊车路经此地, 遂对岳某某、王某某的泵车进行救援。在救援过程中, 因钢丝绳断裂, 泵车滚下路基, 砸在路基下张某某的房子上, 造成泵车及张某某房屋受损的事故。事故造成房屋损失 65 000 元, 支付第二次施救费用、拖车费 40 000 元。岳某某、王某某赔偿张某某房屋损失后, 起诉刘某某, 要求其赔偿损失 105 000 元。

人民法院经审理后认为, 刘某某自愿实施了无偿救援行为, 且钢丝绳断裂系超重造成, 刘某某没有过错。根据《民法总则》第一百八十四条"因自愿实施紧急救助行为造成受助人损害的, 救助人不承担民事责任"的规定, 刘某某作为救助人, 不承担本案的赔偿责任, 驳回原告对刘某某的诉讼请求。

我国《民法典》第 184 条规定, 因自愿实施紧急救助行为造成受助人损害的, 救助人不承担民事责任。本案中, 刘某某出于好意, 对岳某某、王某某侧翻的泵车进行救助, 而且是无偿救助。由于泵车超重造成吊车钢丝断裂使得泵车滚落下路基并造成张某某房屋受损, 这一过程中刘某某本身并无过错。《民法典》第 184 条对出于善意无偿帮助他人的行为予以鼓励, 以此弘扬中华民族传统的乐于助人的良好风尚, 而非过于苛责乐于助人的人。本案人民法院的判决符合法律规定的本意, 符合公平正义的法律基本原则。

(五) 受害人的故意与过错

《侵权责任法》第 26 条规定, 被侵权人对损害的发生也有过错的, 可以减轻侵权人的责任; 第 27 条规定, 损害是因受害人故意造成的, 行为人不承担责任。《民法典》第 1173 条规定, 被侵权人对同一损害的发生或者扩大有过错的, 可以减轻侵权人的责任。第 1174 条规定, 损害是因受害人故意造成的，行为人不承担责任。与《侵权责任法》第 26 条的规定相比，《民法典》第 1173 条一方面在"损害"之前增加了"同一"这一定语；另一方面在"损害的发生"之后增加了"或者扩大"，删除了"也"字。修订后的《民法典》，表述更为周严。

根据上述法律规定，在发生侵权损害后果之后，侵权人并非必然承担全部责任，如果受害人有过错，也存在着可以减轻责任或不承担责任的情况。下面我们看两则案例：

案例 16

2014 年 11 月 1 日起，原告顾某甲与其妻杨某某经人介绍在被告甲公司内从事塑料造粒工作。薪水计算方式为按照两人共同造粒的吨数，以 170 元/吨计算。原告与其妻杨某某接受被告法定代表人张某某的父亲张某和被告的厂长戴某某的管理。原告与其妻杨某某居住在被告甲公司内。造粒机在生产过程中曾发生故障，张某对造粒机进行维修。2014 年 11 月 30 日原告在张某修理造粒机后进行塑料造粒工作过程中，造粒机加热温度未控制在适宜温度，因加热温度过高，喷出塑料液体，烫伤原告的面颈右上肢。被告法定代表人张某某及其父亲张某一起将原告送往医院住院治疗。原告住院 44 天，于 2015 年 1 月 13 日出院，被告法定代表人张某某的妻子顾某乙支付了医疗费 14 964.65 元。2015 年 6 月 19 日，苏州同济司法鉴定所出具苏同司鉴所〔2015〕临鉴字第 1139 号司法鉴定意见书，鉴定意见为：①被鉴定人顾某甲在工作中意外致面部烫伤遗留面部明显色素改变超过 25%，影响容貌，构成九级伤残。②被鉴定人顾某甲的误工期限为四个月，护理期为伤后一人护理二个月，营养期为二个月。原告支出鉴定费 2520 元。原告起诉甲公司，要求其赔偿残疾赔偿、误工费、护理费、营养费、住院伙食补助费、精神损害抚慰金、鉴定费合计 172 296 元。

人民法院经审理认为，原告在提供劳务过程中遭受人身损害，接受劳务者的被告应当承担赔偿责任。但原告已在该公司就造粒工作做了一个月，应当对造粒机的情况有所了解，自身应当注意安全，在造粒机进行加热时应当远离造粒机的正面，因此，原告对事故的发生存在一定的过失，因此对自身的损失，承担 30% 的责任。被告应当对员工进行安全操作培训，聘请正规的维修工或厂家对该机器进行维修，并应当对操作工人尽到安全保障义务，被告未能履行上述注意义务对于原告的损失应当承担70%的责任。

上述案例中，原告受雇于被告，与被告形成雇佣关系，并非劳动法律关系。原告在从事雇佣人指定的工作中受伤，雇佣者应当承担责任，但对于该损害后果，原告自身也没有尽到注意义务，有一定过错，因此法院根据《侵权责任法》第26条的规定减轻了被告的赔偿责任。

案例 17

原告杨某与被告龙某系邻居。二人自2013年6月以来，因盖房发生多次纠纷，两次诉至法院。杨某于2014年7月22日又开始在公用通道末端修建围墙，2014年7月23日下午2时许，龙某及其家人得知杨某正在修建围墙的情况后前来制止，在制止过程中双方发生争吵，龙某与其兄弟随即对围墙进行拆除。事后，杨某以自己在其合法的土地使用权范围内，未妨碍他人使用权益的前提下，修建围墙，防护家庭安全，是合法使用和修建行为，龙某无任何合法依据对其围墙进行摧毁属于非法行为，并且龙某以人多势众的盛势，寻机殴打杨某及家人，性质恶劣为由，诉至法院要求依法判决：①责令被告龙某停止对原告杨某围墙的破坏；②责令被告龙某赔偿因被告打烂围墙的损失共720元等。

法院经审理认为，不动产的相邻权利人应当按照有利生产、方便生活、团结互助、公平合理的原则，正确处理相邻关系。原告杨某房屋旁的通道是被告龙某历来走到其菜地的必经通道。被告龙某有权在历史形成的通道上通行，原告杨某在通道末端修建围墙的行为，客观上妨碍了被告龙某的通行权益。被告龙某拆除围墙，对围墙的损害是因原告杨某的故意而造成，被告龙某采取私力救济的方式维护通道畅通，其行为并无不当，不应承担赔偿责任。据此，依照《中华人民共和国侵权责任法》第二十七条之规定，判决驳回原告杨某的诉讼请求。

上述案例中，虽然被告损毁了原告所建设的围墙、造成了原告的损失，但是原告修建该围墙的目的是故意妨碍被告的通行，因此被告采取自力救济的形式拆毁该围墙的行为是合法的。相反，原告建围墙的行为恰恰违背了法律和道德，该损失是原告故意侵权行为引发的后果，故被告不应当承担责任。法院的判决符合法律规定，也符合现实中的道德观念。

（六）第三人过错

《侵权责任法》第 28 条规定，损害是因第三人造成的，第三人应当承担侵权责任。《民法典》第 1175 条的内容与《侵权责任法》第 28 条的内容相同。因此，在发生侵权纠纷时，如果损害后果系案外第三人造成，被告可以此为抗辩理由，拒绝承担民事责任。下面就是一则典型的案外第三人造成损害的案例。

案例 18

被告万某某承接某建筑工程。2017 年 2 月 4 日，因工地拖运钢材的货车陷入泥坑，被告万某某雇请明大汽车公司起重车欲将陷入泥坑的货车拖出泥坑。起重车在拖拉货车过程中，将货车的"后吊环"拉断。该"后吊环"弹起后将在同一工地施工的原告涂某某小腿砸伤，致原告涂某某"左胫腓开放性骨折"。原告受伤后被送往医院共住院治疗，造成各项损失 15 万余元。原告涂某某起诉被告万某某要求其赔偿原告损失。

法院经审理认为，《中华人民共和国侵权责任法》第二十八条规定，损害是因第三人造成的，第三人应当承担侵权责任。本案中，原告涂某某人身受损害的直接原因是明大汽车公司的起重车在操作过程中操作不当导致，明大汽车公司是实际侵权人。故被告万某某关于应由实际侵权人明大汽车公司承担的辩解意见，本院予以采纳。遂驳回原告的诉讼请求。[1]

（七）情势变更

案例 19

2006 年 4 月 26 日，原告鹏伟公司以 4678 万元竞得鄱阳湖永修县水域 6、7、8 号采区采砂权。随后，鹏伟公司陆续向永修县非税收入管理局交纳 8228 万元，该局出具了相应金额的收费票据，8228 万元的收费项

---

〔1〕 本案根据鄂州市华容区人民法院（2018）鄂 0703 民初 65 号民事判决书编写。

目名称均为"采区拍卖款"。2006年5月10日,县采砂办与鹏伟公司正式签订《鄱阳湖永修县6、7、8号采区采砂权出让合同》(以下简称《采砂权出让合同》)。

自2006年7月以后,江西省持续高温干旱天气,降雨偏少,长江江西段出现同期罕见枯水位,鄱阳湖水大量流入长江,水位急剧下降,出现自20世纪70年代初期以来罕见的低水位。2006年8月18日,因鄱阳湖水位过低造成运砂船难以进入采区,鹏伟公司被迫停止采砂。为此,鹏伟公司致函采砂办要求解决开采时间缩短、砂源不足等问题。2007年8月,鹏伟公司向法院提起民事诉讼,请求解除其与采砂办签订的《采砂权出让合同》;采砂办、永修县政府退还鹏伟公司多支付的拍卖成交款4727万元(含税费);诉讼费用由采砂办、永修县政府承担。

本案终审法院经审理认为,采砂办通过公开拍卖的方式与鹏伟公司签订的《采砂权出让合同》系当事人的真实意思表示,合同内容不违反法律、行政法规的禁止性规定,应认定为合法有效。根据原审查明的事实,鹏伟公司在2006年5月10日签订《采砂权出让合同》后即开始采砂工作,至2006年8月18日停止采砂,共计开采100天。停止采砂的原因是:自2006年7月以后,江西省持续高温干旱天气,降雨偏少,长江江西段出现同期罕见枯水位,鄱阳湖水大量流入长江,水位急剧下降,出现自20世纪70年代初期以来罕见的低水位。因鄱阳湖水位过低造成运砂船难以进入采区,鹏伟公司被迫停止采砂。根据江西省水文局档案资料记载,2006年8月18日湖口水道星子站日平均水位为13.05米,该水位自1970年以来一般出现在10月中下旬以后。对上述事实双方均无异议。故可以认定,受36年未遇的鄱阳湖罕见低水影响,鹏伟公司采砂提前结束,该自然灾害与鹏伟公司的亏损具有直接的因果关系。对此,鹏伟公司和采砂办均无异议。

公平原则是当事人订立、履行民事合同所应遵循的基本原则。《最高人民法院关于适用〈中华人民共和国合同法〉若干问题的解释(二)》第二十六条规定,"合同成立以后客观情况发生了当事人在订立合同时无法预见的、非不可抗力造成的不属于商业风险的重大变化,继续履行合同对于一方当事人明显不公平或者不能实现合同目的,当事人请求人民法院变更或者解除合同的,人民法院应当根据公平原则,并结合案件的实际情况确定是否变更或者解除"。本案中，鹏伟公司所享有的鄱阳湖永修段采砂权虽然是通过竞拍方式取得的，但竞拍只是鹏伟公司与采砂办为订立《采砂权出让合同》所采取的具体方式，双方之间的合同行为仍应受《中华人民共和国合同法》的调整。鹏伟公司在履行本案《采砂权出让合同》过程中遭遇鄱阳湖36年未遇的罕见低水位，导致采砂船不能在采砂区域作业，采砂提前结束，未能达到《采砂权出让合同》约定的合同目的，形成巨额亏损。这一客观情况是鹏伟公司和采砂办在签订合同时不可能预见到的，鹏伟公司的损失也非商业风险所致。在此情况下，仍旧依照合同的约定履行，必然导致采砂办取得全部合同收益，而鹏伟公司承担全部投资损失，对鹏伟公司而言是不公平的，有悖于合同法的基本原则。鹏伟公司要求采砂办退还部分合同价款，实际是要求对《采砂权出让合同》的部分条款进行变更，符合合同法和本院上述司法解释的规定，本院予以支持。

根据采砂办《推介书》《可行性报告》载明的投资回报计算方法推算，鹏伟公司开采2306.7015万吨湖砂收入为5534余万元，其开采实际天数为100天，即每日收入55.34万元。按此进度，要收回成本，抵消其已支付的8228万元采砂权价款及税费，鹏伟公司至少应采砂149天。另根据一审查明的事实，2006年8月18日，因鄱阳湖水位过低造成运砂船难以进入采区，鹏伟公司被迫停止采砂。据江西省水文局档案资料记载，在此时点，鄱阳湖湖口水道星子站日平均水位为13.05米，该水位自1970年以来一般出现在10月中下旬以后。据此推算，如未遇到自1970年以来的极低水位，鹏伟公司的采砂时间应当可以至160日左右。上述两种推算方法所确定的采砂期限与采砂办的《推介书》和《可行性报告》中对采砂期的宣传是基本吻合的。根据损失共担的公平原则，结合本案的实际情况，本院酌定采砂办应补偿鹏伟公司6、7、8号采区采砂共计30日。鉴于鄱阳湖采砂具有较强的季节性，且取得采砂权需经较为严格的行政许可程序，双方在本院二审中对补偿采期问题不能达成一致，采砂办应当退还部分采砂权出让价款以替代采期补偿。

鹏伟公司一审请求采砂办退还其多支付的拍卖成交款4727万元，该项诉讼请求实际包含两项内容，即要求采砂办退还部分采砂权出让价款，同时退还其多缴纳的各种税费。纳税人缴纳税收及向行政机关缴纳规费不是平等主体之间的民事行为，不宜作为民事案件审理，故对鹏伟公司要求采砂办退还部分采砂税费的诉讼请求本案不予审理，鹏伟公司可向有关行政机关另行主张权利或作为行政案件另行起诉。鹏伟公司支付的8228万元拍卖成交款中，采砂权出让价款为4678万元，以采砂期限130日计算，每日为35.98万元，鹏伟公司实际少采砂30天，故采砂办应返还鹏伟公司采砂权出让价款1079.54万元。综上，依照《中华人民共和国合同法》第五条、《最高人民法院关于适用〈中华人民共和国合同法〉若干问题的解释（二）》第二十六条等判决江西省永修县人民政府、永修县鄱阳湖采砂管理工作领导小组办公室于本判决生效之日起30日内退还成都鹏伟实业有限公司采砂权出让价款1079.54万元。[1]

上述案例应该是最高人民法院于2009年4月24日发布《合同法解释（二）》后以"情势变更"为依据作出的第一例典型案例，对各级人民法院的司法审判实践具有指导意义。

1. 情势变更的立法发展

情势变更原则在我国《合同法》中并未规定，但在20世纪90年代《合同法》起草过程中，有关专家就已提出要将情势变更写入《合同法》，最终由于种种原因，正式颁布的《合同法》中删除了关于情势变更的规定。但在司法实践中，情势变更的情形经常出现。于是，2007年6月29日第十届全国人民代表大会常务委员会第二十八次会议通过的《劳动合同法》（已被修改）第40条和第41条中规定了情势变更。其中，第40条第3项规定，有下列情形之一的，用人单位提前30日以书面形式通知劳动者本人或者额外支付劳动者一个月工资后，可以解除劳动合同：劳动合同订立时所依据的客观情况发生重大变化，致使劳动合同无法履行，经用人单位与劳动者协商，未能就变更劳动合同内容达成协议的。第41条第1款第4项规定，有下列情形之一，需要裁减人员20人以上或者裁减不足20人但占企业职工总数百分之十以上的，用人单位提前30日向工会或者全体职工说明情况，听取工会或者职工的意见后，裁减人员方案经向劳动行政部门报告，可以裁减人员：其他因劳动合同订立时所依据的客观经济情况发生重大变化，致使劳动合同无法履行的。

---

[1] 本案根据最高人民法院（2008）民二终字第91号民事判决书编写。

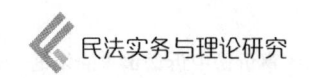

最高人民法院发布的《合同法解释（二）》第26条规定了合同中的情势变更。《合同法解释（二）》第26条规定，合同成立以后客观情况发生了当事人在订立合同时无法预见的、非不可抗力造成的不属于商业风险的重大变化，继续履行合同对于一方当事人明显不公平或者不能实现合同目的，当事人请求人民法院变更或者解除合同的，人民法院应当根据公平原则，并结合案件的实际情况确定是否变更或者解除。

另外，《联合国国际货物销售合同公约》第79条也规定了情势变更。该条规定，当事人对不履行义务，不负责任，如果他能证明此种不履行义务，是由于某种非他所能控制的障碍，而且对于这种障碍，没有理由预期他在订立合同时能考虑到或能避免或克服它或它的后果。

《民法典》第533条规定，合同成立后，合同的基础条件发生了当事人在订立合同时无法预见的、不属于商业风险的重大变化，继续履行合同对于当事人一方明显不公平的，受不利影响的当事人可以与对方重新协商；在合理期限内协商不成的，当事人可以请求人民法院或者仲裁机构变更或者解除合同。人民法院或者仲裁机构应当结合案件的实际情况，根据公平原则变更或者解除合同。

《民法典》关于情势变更的规定，相较于司法解释的规定而言，主要有以下两方面的不同：其一，删除了情势变更适用于"非不可抗力"限定，因此，《民法典》实施之后不可抗力事件可适用情势变更原则，扩大了情势变更外延及适用范围；其二，《民法典》在情势变更中增加了合同双方自行协商机制。即当发生了情势变更情形继续履行合同显失公平之时，受不利影响的当事人有权与对方重新协商。合理期限内无法协商一致，当事人可申请法院或仲裁机构变更或者解除合同，法院或者仲裁机构应当结合案件的实际情况，根据公平原则变更或者解除合同。情势变更原则创设目的在于，当发生了不可归责于合同当事人客观情况时，法律给予当事人突破合同严守原则、申请变更或者解除合同的权利，这是民法公平原则的具体体现。同时，《民法典》中的情势变更条款，既体现了民法中的诚实信用原则，也体现了私法意思自治和契约自由原则。因此《民法典》中的情势变更条款相较于司法解释的规定更加完善

2. 情势变更原则的涵义及构成要件

所谓情势变更，是指合同成立以后，在合同履行过程中，签订合同时的

客观情况发生了当事人在订立合同时无法预见的、非商业风险的重大变化，导致继续履行合同对于一方当事人明显不公平或者不能实现合同目的的情形。

依据我国相关法律的规定，情势变更原则的适用应当具备如下要件：

（1）必须有情势变更的客观事实存在。这是适用该原则的前提。"情势"即是签订合同的基础，是当事人签订合同时所立足的客观环境，亦是其预见合同发展未来之基础。"变更"即是指合同生效后至履行完毕前上述基础发生异常变动，从而使得合同当事人依据原来成立之基础不复存在。

（2）时间上，变更必须发生于合同生效以后、合同关系终止以前。如果情势变更发生在合同成立之前或合同成立之时，则说明当事人签订合同时即依据其变更的基础，则无所谓情势变更。如果情势变更发生在合同亦已履行终止以后，这时合同关系已归于消灭，亦无适用情势变更之余地。因此，只有合同赖以成立的情势于合同履行期间发生变更，才有可能适用之。

（3）情势变更须为当事人不可预见，亦无过错。情势变更是双方当事人均无法预见的，且当事人双方都对其无过错。如果是由于当事人双方或一方的过错而导致的客观事实变化，即一方或双方当事人因主观过错导致合同无法履行，则不能适用情势变更原则。

（4）情势变更不属于商业风险。如果属于商业风险，如价格上涨、物价波动、第三人因素等导致继续履行合同对于一方当事人明显不公平或者不能实现合同目的，不能适用情势变更原则。

（5）情势变更发生之后，继续履行合同对一方当事人明显不公平。这是情势变更条款的核心内容。只有在发生情势变更后继续履行合同会造成一方当事人造成明显不公平后果的，才能适用该条款。反言之，即便发生情势变更，但合同继续履行给当事人没有造成不公平后果，或者虽然造成一定的不公平后果，但是不是非常明显的，也不能适用该条款。

（6）合理期限内协商不成，才可以向法院或仲裁机构提出变更或解除合同。依据《民法典》规定，情势变更发生之后，受不利影响的当事人可以与对方重新协商，只有在合理期限内协商不成的，才可以请求人民法院或者仲裁机构变更或者解除合同。

（7）情势变更的适用必须由当事人提出，人民法院不能主动适用该原则变更或解除合同。最高人民法院在（2016）最高法民终342号民事判决书中明确指出，当事人在诉讼中未提出以此理由变更或解除合同的，司法实践中

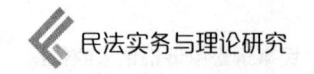

法院不能主动适用该原则。

3. 情势变更的法律后果及适用审核程序

在诉讼中,当事人请求人民法院适用情势变更原则变更或者解除合同的,人民法院应当根据公平原则,并结合案件的实际情况确定是否变更或者解除,而非完全免除当事人的责任。

同时依据《最高人民法院关于正确适用〈中华人民共和国合同法〉若干问题的解释(二)服务党和国家的工作大局的通知》规定,如果根据案件的特殊情况,确需在个案中适用的,应当由高级人民法院审核,必要时应提请最高人民法院审核。最高人民法院司法解释的上述内容主要是因为情势变更制度在我国当时的法律中没有规定,而是由司法解释创设的一项制度,为保证该条款适用的统一性而作出上述规定。但《民法典》并未规定该内容。从理论上讲,各级人民法院都有权独立适用法律规定,无需上级法院审核。因此《民法典》实施后,各基层人民法院及中级人民法院适用情势变更条款无需再经高级人民法院审核。

(八)公平责任

案例 20

2016年5月26日下午,原告邵某甲与被告刘某甲在第二节课后相约玩耍,在被告刘某甲追逐原告邵某甲的过程中,原告邵某甲不慎撞到墙上,导致受伤。第三节课上课后,其班主任秦某得知原告受伤,遂与原告的父母联系,原告母亲将其带回就医。当晚秦某又与被告刘某甲的父母联系,告知缘由,被告刘某甲的父母表示先让对方诊治。此后,秦某多次组织双方协议解决,虽然双方均表示愿意协商解决,但终因承担费用的数额未达成一致意见。后原告法定代理人以原告名义起诉被告及其法定代理人,要求其赔偿其经济损失。

法院经审理认为,原告及被告均是少年,而少年时代是天真烂漫时期,活泼好动是少年的天性,嬉戏打闹、共同追逐玩耍是少年活泼好动最直接的表现形式之一,人们不可能也无法加以禁锢,从对少年成长教育的角度来看,也是正常的,不应当加以限制。在此过程中,虽然意外可以提前预防,但却无法绝对避免。根据原告、被告提交的证据,结合证人秦某的证言及对学生调查的录音等证据,不能证明被告是基于故意或者过失这一侵权的行为直接导致原告撞墙受伤的后果。原告受到的伤害是在相约玩耍的过程中意外所致，在此过程中没有直接侵权行为的发生，根据原告及被告所处的年龄阶段及双方追逐玩耍行为的危险性及双方对危险性的认知能力判断，原告受伤的事实属于意外事件，原告、被告均没有过错。

法律规定，当事人对造成损害都没有过错的，可以根据实际情况，由当事人分担民事责任。且原告与被告共同玩耍的行为，其结果是共同分享其中的乐趣，缓解和释放学习中的压力，双方各自在玩耍中受益。作为受益的一方，也应该给予一定经济补偿。被告为限制行为能力人，无独立承担民事责任的能力，其民事责任应由其监护人刘某丙承担。依据《中华人民共和国侵权责任法》第二十四条判决被告补偿原告邵某甲经济损失共计人民币5000元，由其监护人刘某丙负责偿还。[1]

司法实践中经常会出现虽然发生损害结果，但双事人均无过错的案例。对于此情况，《侵权责任法》第24条规定，受害人和行为人对损害的发生都没有过错的，可以根据实际情况，由双方分担损失。《民法典》第1186条规定，受害人和行为人对损害的发生都没有过错的，依照法律的规定由双方分担损失。如前所述，《民法典》和《侵权责任法》的区别在于，对于损失，《侵权责任法》规定的是"根据实际情况，由双方分担"，而《民法典》规定的是"依照法律的规定由双方分担"。此即为公平责任。所谓公平责任，是指双方当事人对损害结果的发生均无过错，且不能适用无过错责任要求行为人承担赔偿责任，但如果不补偿受害人遭受的损失又显失公平的情况下，由人民法院依照法律规定，根据当事人的财产状况及其他实际情况，责令行为人对受害人的财产损失给予适当补偿的一种责任形式。公平责任适用于侵权责任领域，我国合同法领域没有这一责任形态。

上述案例，人民法院是按照公平责任处理的，这一处理结果也是符合客观实际情况的。此案例明显也不属于"自甘风险"，但是《民法典》实施后，人民法院可能就不能作出上述判决了，因为法律没有规定此种情形可以适用公平责任，原告就无法获得任何补偿。因此，《民法典》关于公平原则的严格

---

[1] 本案例根据邹城市人民法院（2016）鲁0883民初2940号民事判决书编写。

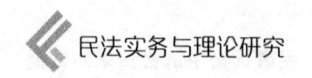

适用将会造成某种不公平的后果，对此问题需要司法实践部门认真研究。

五、见义勇为中的民事责任

案例 21

2017 年 10 月 23 日晚，王某某在广德县政府护城河河边玩耍，因其编织的柳条圈落到护城河里，王某某为捞柳条圈不慎落水，在一边打电话的黄某某为了抢救王某某而跳下护城河，后王某某被其他人救上岸，黄某某不幸溺水身亡。黄某某死亡后，王某某支付给黄某某父母 20 000 元。2017 年 11 月 14 日，黄某某父母亲向法院起诉请求判令被告赔偿原告死亡赔偿金 234 400 元、丧葬费 27 565 元，合计 261 965 元，扣除前期被告已支付的 20 000 元，尚应补偿 241 965 元。

法院经审理认为：自然人享有生命健康权。根据《民法总则》第一百八十三条有关"因保护他人民事权益使自己受到损害的，由侵权人承担民事责任，受益人可以给予适当补偿。没有侵权人、侵权人逃逸或者无力承担民事责任，受害人请求补偿的，受益人应当给予适当补偿"之规定，本案中黄某某为了抢救落水的王某某而跳下护城河后不幸溺水身亡，其行为系为了保护他人民事权益使自己受到损害，故根据上述法律规定，在没有侵权人的情况下，受害人黄某某的父母亲请求补偿的，受益人王某某应当给予适当补偿。依据《民法总则》第一百一十条、第一百八十三条之规定，法院结合黄某某死亡后给原告造成的损失，酌情确认王某某应给予原告经济补偿为全部损失的 40%，即 104 788 元，扣除已支付的 20 000 元，尚应补偿原告经济损失 84 788 元。[1]

见义勇为是中华民族传统美德。但在社会生活中，常常会出现见义勇为者死亡或本身受到伤害却无法得到赔偿的情形，造成了"英雄流血又流泪"的悲剧。对此，《民法典》第 183 条特别规定，因保护他人民事权益使自己受到损害的，由侵权人承担民事责任，受益人可以给予适当补偿。没有侵权人、侵权人逃逸或者无力承担民事责任，受害人请求补偿的，受益人应当给予适

---

[1] 本案根据广德县人民法院（2017）皖 1822 民初 4277 号民事判决书编写。

当补偿。根据上述法律规定，对于见义勇为者受到的损害，首先应当由侵权人承担民事责任，在侵权人承担了责任以后，受益人仍可以对见义勇为者给予适当补偿；如果没有侵权人或者侵权人逃逸无法找到，或侵权人没有经济能力赔偿，此时受益人应当给予见义勇为者适当补偿。

六、损害公共利益的民事责任

《中华人民共和国英雄烈士保护法》第2条第2款规定，近代以来，为了争取民族独立和人民解放，实现国家富强和人民幸福，促进世界和平和人类进步而毕生奋斗、英勇献身的英雄烈士，功勋彪炳史册，精神永垂不朽。根据该条规定，英雄烈士指的是近代以来，为了争取民族独立和人民解放，实现国家富强和人民幸福，促进世界和平和人类进步而毕生奋斗、英勇献身的人。但在现实生活中，经常出现一些侮辱、诽谤、丑化英雄烈士的事件，严重伤害了英雄烈士亲属及人民群众的感情。对此，《民法典》第185条规定，侵害英雄烈士等的姓名、肖像、名誉、荣誉，损害社会公共利益的，应当承担民事责任。依据该条规定，损害英雄烈士相关社会公共利益的，应当承担相应的民事责任。然而，在司法实践中，保护英雄烈士名誉的主体并不固定，而是根据个案情况来确定的。一般而言，对于仍然活着的"英雄"，由其本人依法主张权利，这一点没有任何争议。但是已经去世的英雄和烈士的名誉应由谁来保护，司法实践中有以下几种情况。

（一）由英雄烈士的近亲属提起诉讼

案例22

2018年5月8日，被告西安摩摩公司通过其自媒体账号"暴走漫画"，在"今日头条"上发布了时长1分09秒的短视频。短视频中的主持人头戴玩偶帽，辅以肢体动作、语调语气变化并在背景声中的阵阵笑声下，发表言词内容。其中有"为人进出的门紧锁着！为狗爬出的洞敞开着！一个声音高叫着！爬出来吧！无痛人流！"的言辞内容，最后以"更夸张的是啊"对英文句子的中文音译内容收尾。涉案1分09秒视频后在互联网上被广泛传播，被"凤凰科技""中国青年网""网易新闻""搜狐""新浪网"等多家媒体报道或者转载报道，引发舆论关注。文化行政管理部门针对该行为采取了封禁等处理措施。引发舆论关注后，西安摩摩公司通过微博等形式发布了澄清涉案视频以及对该视频中错误行为予以道歉的内容,并于当月公开发布了《致叶挺将军家人的一封信》。西安摩摩公司在前述公开信中称,其公司2014年制作的视频内容中因错误引用革命先烈作品,被媒体报道后引发争议,给社会和叶挺家属造成了影响和伤害,已组织人员学习叶挺英烈事迹,进行诚恳道歉。

叶挺是我国著名的军事家,中国人民解放军的创建者之一。20世纪40年代,叶挺在被国民党反动派羁押期间创作了《囚歌》,以表明其坚贞不屈,为理想信念奋斗的志气。叶挺《囚歌》的全文为:"为人进出的门紧锁着,为狗爬出的洞敞开着,一个声音高叫着:爬出来吧,给你自由!我渴望自由,但我深深地知道——人的身躯怎能从狗洞子里爬出!我希望有一天,地下的烈火,将我连这活棺材一齐烧掉,我应该在烈火与热血中得到永生!"

叶挺之子、孙、孙女等人作为原告向人民法院提起诉讼,请求:①判令被告西安摩摩公司停止侵犯叶挺同志英雄事迹和精神的行为;②判令被告西安摩摩公司在国家级媒体上公开对原告进行书面赔礼道歉;③判令被告西安摩摩公司赔偿原告精神抚慰金共100万元;④判令被告西安摩摩公司承担本案诉讼费用。

法院经审理认为,叶挺烈士在皖南事变后于1942年在狱中创作的《囚歌》充分体现了叶挺百折不挠的革命意志和坚定不移的政治信仰。该诗表现出的崇高革命气节和伟大爱国精神已经获得全民族的广泛认同,是中华民族共同记忆的一部分,是中华民族精神的内核之一,也是社会主义核心价值观的体现,是中华民族宝贵的精神财富,同时也是叶挺享有崇高声誉的基础。

关于被告西安摩摩公司篡改《囚歌》内容并在网络平台上传涉案视频的行为是否构成对叶挺名誉侵害的问题。法院认为,英雄烈士的姓名、肖像、名誉、荣誉受到法律保护。任何组织和个人不得在公共场所、互联网或者利用广播电视、电影、出版物等,以侮辱、诽谤或者其他方式侵犯英雄烈士的姓名、肖像、名誉、荣誉。任何组织和个人不得将英雄烈士的姓名、肖像用于或者变相用于商标、商业广告,损害英雄烈士的名誉、荣誉。本案中,被告西安摩摩公司在其制作的视频中将叶挺烈士生前创作的《囚歌》:"为人进出的门紧锁着,为狗爬出的洞敞开着,一个声音高叫着：爬出来吧，给你自由"篡改为"为人进出的门紧锁着！为狗爬出的洞敞开着！一个声音高叫着！爬出来吧！无痛人流！"。该视频于《中华人民共和国英雄烈士保护法》施行之际，即在网络平台上发布并传播，引发了众多新闻媒体的报道，引起社会公众的关注及网民的评论，造成了一定的社会影响。该视频内容亵渎了叶挺烈士的大无畏革命精神，损害了叶挺烈士的名誉，不仅给叶挺烈士亲属造成精神痛苦，也伤害了社会公众的民族和历史感情，损害了社会公共利益，故被告西安摩摩公司行为具有违法性且其主观过错明显，据此认定被告西安摩摩公司行为已侵害了叶挺烈士的名誉，应当承担侵权责任。

依照《中华人民共和国民法总则》第一百八十五条等法律、司法解释规定，判决被告西安摩摩信息技术有限公司于本判决生效之日起三日内在三家国家级媒体上公开发布赔礼道歉公告，向原告赔礼道歉，消除影响。该公告须连续刊登五日，公告刊登媒体及内容需经本院审核，逾期不执行，本院将在相关媒体上刊登本判决书的主要内容，所需费用由被告承担；并赔偿原告精神损害抚慰金共计100 000元。[1]

本案中，被告篡改革命烈士叶挺的诗词作品用于语言污秽的广告，伤害了烈士家属及广大人民群众对叶挺烈士崇敬备至的感情，也损害了社会公共利益。对此侵权行为，2001年《最高人民法院关于确定民事侵权精神损害赔偿责任若干问题的解释》第3条规定，自然人死亡后，其近亲属因下列侵权行为遭受精神痛苦，向人民法院起诉请求赔偿精神损害的，人民法院应当依法予以受理：①以侮辱、诽谤、贬损、丑化或者违反社会公共利益、社会公德的其他方式，侵害死者姓名、肖像、名誉、荣誉；②非法披露、利用死者隐私，或者以违反社会公共利益、社会公德的其他方式侵害死者隐私；③非法利用、损害遗体、遗骨，或者以违反社会公共利益、社会公德的其他方式侵害遗体、遗骨。作为叶挺烈士的亲属，叶挺的儿子、孙子、孙女有权利维护叶挺烈士的荣誉，其作为原告提起本案诉讼符合法律规定。

---

〔1〕 本案根据安市雁塔区人民法院（2018）陕0113民初8937号民事判决书编写。

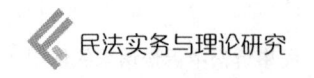

(二) 在英雄烈士近亲属不起诉讼的情况下,人民检察院应当提起诉讼

案例 23

2018 年 5 月 12 日下午,淮安市清江浦区恒大名都小区高层住宅发生火灾,在解救被困群众时,消防战士谢勇不幸从火场坠亡。5 月 13 日,公安部批准谢勇同志为烈士并颁发献身国防金质纪念章;5 月 14 日,中共江苏省公安厅委员会追认谢勇同志为中国共产党党员;江苏省副省长、省公安厅厅长刘旸签发命令追记谢勇同志一等功;淮安市人民政府追授谢勇"灭火救援勇士"荣誉称号。

2018 年 5 月 14 日,被告曾云对谢勇烈士救火牺牲一事在微信群中公然发表"不死是狗熊,死了就是英雄""自己操作失误掉下来死了能怪谁,真不知道部队平时是怎么训练的""别说拘留、坐牢我多(都)不怕"等侮辱性言论,歪曲烈士谢勇英勇牺牲的事实。该微信群共有成员 131 人。

2018 年 5 月 18 日,谢勇近亲属向江苏省淮安市人民检察院出具声明一份,内容为:"我们系谢勇烈士的近亲属,曾云近日在网上捏造事实、侮辱谢勇烈士的言论,严重侵害了谢勇烈士的名誉,对曾云的侵权行为,我们作为谢勇的近亲属,声明不对曾云提起民事诉讼,我们相信并支持检察机关提起诉讼,追究曾云的侵权责任。"谢勇父亲谢孝华、母亲谢喜英等近亲属在该份声明上签字。江苏省淮安市人民检察院向法院提出诉讼请求:判令被告曾云通过媒体公开赔礼道歉、消除影响。

法院经审理认为,《中华人民共和国英雄烈士保护法》第二十五条规定,对侵害英雄烈士的姓名、肖像、名誉、荣誉的行为,英雄烈士的近亲属可以依法向人民法院提起诉讼。英雄烈士没有近亲属或者近亲属不提起诉讼的,检察机关依法对侵害英雄烈士的姓名、肖像、名誉、荣誉,损害社会公共利益的行为向人民法院提起诉讼。本案中,因谢勇烈士的近亲属已经出具声明表示对曾云的侵权行为不提起民事诉讼,故江苏省淮安市人民检察院作为公益诉讼起诉人提起本案诉讼,主体适格、程序合法。

另根据《中华人民共和国民法总则》第一百八十五条的规定,侵害英雄烈士的姓名、肖像、名誉、荣誉,损害社会公共利益的,应当承担民事责任。《中华人民共和国英雄烈士保护法》第二十二条规定,英雄烈士的姓名、肖像、名誉、荣誉受法律保护。任何组织和个人不得在公共场所、互联网或者利用广播电视、电影、出版物等，以侮辱、诽谤或者其他方式侵害英雄烈士的姓名、肖像、名誉、荣誉。英烈精神是弘扬社会主义核心价值观和爱国主义精神的体现，全社会都应当认识到对英雄烈士合法权益保护的重要意义，有责任维护英雄烈士的名誉和荣誉等民事权益。本案中，被告曾云利用微信群，发表带有侮辱性质的不实言论，歪曲烈士谢勇英勇牺牲的事实。因该微信群成员较多且易于传播，被告的此种行为对谢勇烈士不畏艰难、不惧牺牲、无私奉献的形象造成了负面影响，已经超出了言论自由的范畴，构成了对谢勇烈士名誉的侵害。网络不是法外之地，任何人不得肆意歪曲、亵渎英雄事迹和精神。诋毁烈士形象是对社会公德的严重挑战，曾云的行为侵犯了社会公共利益。因此，江苏省淮安市人民检察院要求被告曾云通过媒体公开赔礼道歉、消除影响的诉讼请求合理、合法，本院应予支持。综上，依照《中华人民共和国民法总则》第一百八十五条等法律之规定，判决被告曾云于本判决生效之日起七日内在本地市级报纸上公开赔礼道歉。〔1〕

  本案中，谢勇烈士的亲属虽然可以提起民事诉讼，向被告主张权利。但是由于种种原因，谢勇烈士的亲属放弃了这一权利，但其发表声明支持检察机关提起诉讼。《民事诉讼法》第55条规定，对污染环境、侵害众多消费者合法权益等损害社会公共利益的行为，法律规定的机关和有关组织可以向人民法院提起诉讼。人民检察院在履行职责中发现破坏生态环境和资源保护、食品药品安全领域侵害众多消费者合法权益等损害社会公共利益的行为，在没有前款规定的机关和组织或者前款规定的机关和组织不提起诉讼的情况下，可以向人民法院提起诉讼。前款规定的机关或者组织提起诉讼的，人民检察院可以支持起诉。虽然该条中没有明确人民检察院可以对侵害英雄烈士名誉等行为提起诉讼，但该规定明确了人民检察院对于"损害社会公共利益的行为"有提起诉讼的权利。《中华人民共和国英雄烈士保护法》第25条进一步明确规定，对侵害英雄烈士的姓名、肖像、名誉、荣誉的行为，英雄烈士的近亲属可以依法向人民法院提起诉讼。英雄烈士没有近亲属或者近亲属不提

---

〔1〕 本案根据江苏省淮安市中级人民法院（2018）苏08民公初1号民事判决书编写。

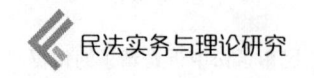

起诉讼的,检察机关依法对侵害英雄烈士的姓名、肖像、名誉、荣誉,损害社会公共利益的行为向人民法院提起诉讼。负责英雄烈士保护工作的部门和其他有关部门在履行职责过程中发现第1款规定的行为,需要检察机关提起诉讼的,应当向检察机关报告。英雄烈士近亲属依照第1款规定提起诉讼的,法律援助机构应当依法提供法律援助服务。因此,本案中人民检察院提起本案诉讼是符合法律规定的。

(三) 侵害不特定英雄烈士名誉的,由人民检察院提起诉讼

案例 24

萧山烈士陵园系杭州市萧山区委、区政府为纪念在第一次国内革命战争、第二次国内革命战争、抗日战争、解放战争、社会主义革命和社会主义建设时期牺牲的萧山籍烈士和外地籍在萧山牺牲的烈士而修建,是杭州市和萧山区的"爱国主义教育基地"。陵园内英名录碑镌刻了246名烈士的英名,纪念馆内陈列和展示了246名烈士的生平事迹和遗物、实物。

被告李青翰、吴定涛二人于2018年12月30日晚10时许下班后回到萧山区城厢街道某小区住处,与另三名同事相约玩雪拍照。吴定涛身着由李青翰提供的仿纳粹军服,与李青翰一行前往位于北干山的萧山烈士陵园。在烈士陵园广场山门前,被告李青翰、吴定涛用手机拍摄了大量照片。李青翰还拍摄了军服袖子、帽子等细节照片。当晚11时许,李青翰将其中一张用图案挡住头部的合影照,与另两张袖子和帽子的细节照,发布于其账号为58×××95,昵称为"功课做好了吗?",好友数为1940人的QQ空间,并配文"冻死足矣?"。稍后,李青翰又将以"萧山烈士陵园"字样为背景的单人照,发布在评论栏中。之后上述照片被人截屏发送给微博用户"上帝之鹰_5zn"。"上帝之鹰_5zn"在其个人微博上发布并予以谴责。上述照片遂被不断转发扩散,引发广大网民热议。涉"萧山烈士陵园自拍"相关内容被各大新闻网站予以转载,短时间内即达36 800余条。网民纷纷表示被告李青翰、吴定涛的行为亵渎烈士,应受到相应惩罚,并向英雄烈士亲属及社会公众赔礼道歉。

2019年1月10日,萧山烈士陵园的部分烈士亲属向浙江省杭州市人民检察院出具书面声明,表示李青翰、吴定涛的行为严重亵渎、侮辱烈

士，侵害了烈士的荣誉，但不提起民事诉讼，希望检察机关提起民事公益诉讼，追究李青翰、吴定涛的侵权责任。

2019年1月30日，浙江省杭州市人民检察院在《检察日报》发布诉前公告。公告期满后，无烈士近亲属提起民事诉讼。浙江省杭州市人民检察院遂向法院提起民事公益诉讼，请求判令二被告通过省级（以上）媒体公开赔礼道歉、消除影响。

庭审中，被告李青翰、吴定涛对其违法行为表示悔过并道歉。

法院经审理认为：英雄烈士为争取民族独立和人民解放，实现国家富强和人民幸福，促进世界和平和人类进步作出了不朽的贡献。英雄烈士的事迹和精神，是中华民族的共同历史记忆，也是社会主义核心价值观的重要体现。全社会都应当崇尚、学习、捍卫英雄烈士，英雄烈士的荣誉神圣不可侵犯。

被告李青翰、吴定涛作为中华人民共和国公民，对英雄烈士以及烈士陵园所蕴含的精神价值，应具有一般公民的认知和觉悟，应当知道身着仿制的纳粹军服，在庄重肃穆的烈士安息之地肆意摆拍的行为，会侵害英雄烈士的荣誉权。特别是李青翰还自述具有一定的军事历史知识并熟练掌握各项互联网工具，对网络传播的开放性、扩散性、交互性等特点有充分了解，更应预见上述照片发布于网络后，可能会迅速扩散、传播，其损害范围、损害后果及社会负面影响更甚，但被告李青翰出于个人炫耀之目的，将照片发布于QQ空间，致使在网络空间内快速扩散，短期内转载量就高达三万余条，造成恶劣的社会影响。二被告轻视英雄先烈，无视公众感情，蔑视法律尊严，主观过错明显。其行为侮辱和亵渎了英雄烈士的荣誉，伤害了烈士亲属及社会公众的情感，损害了社会公共利益和社会道德评价秩序，后果严重，依法应当承担相应的民事法律责任。二被告以"文化水平低，法律意识淡薄，思想单纯"为由进行辩解，否认其主观故意，不能成立，本院不予采信。

英烈不容玷污，谁伤害了公众的民族和历史感情，就要受到法律的惩处。鉴于英雄烈士近亲属未提起民事诉讼，浙江省杭州市人民检察院依法提起本案民事公益诉讼，要求判令二被告在省级（以上）媒体公开赔礼道歉、消除影响，于法有据，本院依法予以支持。根据《民法总则》第一百八十五条等法律、司法解释之规定，判决被告李青翰、吴定涛于本判决生

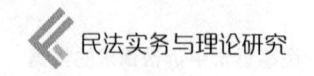

效之日起十日内,在浙江省省级(以上)媒体公开赔礼道歉、消除影响。[1]

本案中,二被告的侵权行为并未针对特定或具体的英雄烈士,因此某一位英雄烈士的亲属提起诉讼都不足以代表整个烈士陵园中的所有烈士。但是人民检察院负有维护公共利益的职责,因此在类似于本案的情形下,人民检察院可以直接提起诉讼,而无需征求烈士亲属的意见。

另外,还需要注意一点,从上述案例中我们可以看出,在司法实践中,如果是人民检察院提起的公益诉讼,一般而言不主张精神损害赔偿,而英雄烈士亲属提起的诉讼,一般会主张精神损害赔偿。

七、侵权责任与违约责任竞合

在司法实践中,经常会遇见因一个行为产生两个或两个以上诉权的纠纷。最为典型的就是因违约行为,造成了对方当事人的人身、财产损害。对此,《民法典》第186条规定,因当事人一方的违约行为,损害对方人身权益、财产权益的,受损害方有权选择请求其承担违约责任或者侵权责任。下面就是一起典型的因违约产生的违约和侵权竞合的案例。

案例 25

2016年4月20日左右,原告陈某来上海打工。被告银越公司法定代表人黄某某雇佣原告安装空调,每天200元,每天结算。2016年4月30日,两被告签订《美的空调工程项目购销合同》,约定由被告银越公司向被告欣洋钢公司出售美的空调并由被告银越公司负责安装调试;被告银越公司施工前,被告欣洋钢公司负责清除施工现场的障碍物,使现场具备施工条件,并须将电源接到被告银越公司指定安装设备室内外机所需的位置;被告欣洋钢公司负责空调设备及附属材料的进场验收、工程竣工验收,负责保护好进场材料及安装后的设备,防止被盗和损坏。2016年7月15日,陈某在使用铝合金梯子登高搭冷凝水管时,因触碰到旁边的电线引起触电导致从梯子上摔下倒地昏迷。经治疗后鉴定为x级伤残。后几方协商不成,原告遂向人民法院提起诉讼,要求二被告赔偿原告医

---

[1] 本案根据浙江省杭州市中级人民法院(2019)浙01民初1126号民事判决书编写。

疗费、残疾补偿金等各项费用若干元人民币。

法院经审理后认为，根据《民法总则》规定，因当事人一方的违约行为，损害对方人身权益、财产权益的，受损害方有权选择请求其承担违约责任或者侵权责任。本案中陈某明确选择以侵权责任法关于共同侵权的规定来起诉要求两被告承担按份责任，本院可予准许。又根据侵权责任法规定，二人以上分别实施侵权行为造成同一损害，能够确定责任大小的，各自承担相应的责任；难以确定责任大小的，平均承担赔偿责任。被侵权人对损害的发生也有过错的，可以减轻侵权人的责任。本案的争议焦点之一在于谁应该为陈某此次损害结果承担责任。陈某系因在登高作业时因电线短路触电从高处坠落导致受伤，导致触电的电线系临时拉出，现场强电机房由被告欣洋钢公司管理和控制，拉线操作必须经过被告欣洋钢公司的同意和配合，且该根电线系应被告欣洋钢公司工作人员要求而拉出，故被告欣洋钢公司对该电线具有管理义务，现陈某因该电线绝缘皮破损漏电导致触电，被告欣洋钢公司理应承担侵权责任。而被告银越公司作为雇主，未核实员工是否具有从事空调安装的相关资质，未对原某进行培训，未向其提供安全帽，导致陈某触电坠落致颅骨多处骨折，其在管理上亦存在重大过失，亦应为陈某的受伤承担侵权责任。而陈某自身作为有完全行为能力的成年人，在明知自己无空调安装资质的情况下仍从事空调安装工作，已属不当，而在工作中又疏于注意和保护自身安全，登高作业未佩戴安全帽，疏于观察工作环境可能存在的安全隐患，导致接触绝缘皮破损的电线而触电，故陈某自身对其损害的形成亦有过错。本院综合本案相关情况，确定对陈某此次损害，由被告银越公司承担35%的责任，被告欣洋钢公司承担35%的责任，陈某自负30%的责任。[1]

本案中原告与被告银越公司存在雇佣合同（口头），形成雇佣合同法律关系。虽然合同中没有约定银越公司应当对原告的人身安全负有保障义务，但是法律规定在劳务、劳动合同中，用（人）工单位都负有保障劳动者人身安全的法定义务，即便在合同中未约定，该义务仍构成合同义务。因此，原告

---

[1] 本案根据上海市浦东新区人民法院（2017）沪0115民初43089号民事判决书编写。

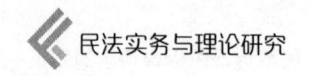

完全可以依照雇佣合同关系要求被告银越公司承担因未尽到安全保障义务给其造成的人身损害责任。

《民法典》第186条规定，因当事人一方的违约行为，损害对方人身权益、财产权益的，受损害方有权选择请求其承担违约责任或者侵权责任。同时，《民法典》第1192条第2款规定，提供劳务期间，因第三人的行为造成提供劳务一方损害的，提供劳务一方有权请求第三人承担侵权责任，也有权请求接受劳务一方给予补偿。接受劳务一方补偿后，可以向第三人追偿。本案也是一起侵权责任纠纷。对于因违约产生的侵权案件，法律赋予当事人选择权，即可以选择违约之诉向人民法院提起诉讼，也可以选择侵权之诉向人民法院提起诉讼。当然，违约之诉的被告只能是合同相对方，而侵权之诉中，可以将非合同当事人但负有侵权责任的其他当事人作为被告。因此本案中，原告选择了侵权之诉，并将非合同当事人的欣洋钢公司也作为被告是完全正确的，其选择侵权之诉和其诉讼请求均得到了人民法院的支持。

八、民事责任优先

司法审判实践中，同一民事主体因同一行为既承担民事责任，也承担行政或刑事责任。如果该民事主体的财产能够足额承担全部的民事、行政、刑事责任，就没有讨论的余地。但是如果被告人的财产只能承担部分责任，那么就存在哪种责任在先的问题。对此《民法典》第187条规定，民事主体因同一行为应当承担民事责任、行政责任和刑事责任的，承担行政责任或者刑事责任不影响承担民事责任；民事主体的财产不足以支付的，优先用于承担民事责任。我们看下面这则案例。

案例26

2015年3月至2017年10月，被告人王某某在无任何审批手续的情况下，私自开设塑料颗粒加工厂，大量生产作业并将未经任何环保处理的废水及废料残渣直接排放至院内渗坑中。经司法鉴定，废塑料加工后的废渣、废塑料加工原料及混合物、暗管排放厂房外的废水底泥均属于危险废物。2018年1月4日，被告人王某某到昌图县公安局投案并对自己的犯罪事实如实供述。

辽宁省昌图县人民检察院以辽铁昌检公诉刑诉（2018）87号起诉书

指控被告人王某某犯污染环境罪,向法院提起公诉。诉讼期间,昌图县人民检察院提起附带民事公益诉讼,请求判令被告人对破坏的生态恢复原状,对污染物进行无害化处理。

法院经审理认为:被告人王某某违反国家规定,用渗坑的方式排放有毒物质,严重污染环境,其行为已构成污染环境罪。公诉机关指控的罪名成立,应予支持。被告人王某某为谋求私利污染环境,公益诉讼人要求其对污染的环境恢复原状,并作无害化处理,符合法律规定,本院应予支持。故对被告人王某某依照《中华人民共和国刑法》第三百三十八条、《中华人民共和国民法总则》第一百八十七条等相关法律、司法解释之规定,判决被告人王某某犯污染环境罪,判处拘役4个月,并处罚金人民币2万元;责令被告人王某某对其污染的环境恢复原状,并作无害化处理,限本判决发生法律效力后30日内完成。[1]

本案中,被告承担的财产责任有两项,一项是罚金2万元人民币,另一项是对其污染的环境恢复原状,并作无害化处理。恢复被污染的环境需要被告人花费一定数量的人、财、物方可完成。假如经预算,被告人因恢复被污染的环境所需资金已经远远超出其全部财产的总额,此时被告应当先交罚金,用剩余的资金恢复被污染的环境,还是应当用其全部财产先恢复被污染的环境?依据《民法总则》第187条规定,本案被告应当先用其全部财产恢复被污染的环境,而不能先交2万元罚金,再用剩余的财产恢复被污染的环境。

第三节 民事法律关系的发生、变更与消灭

案例 27

某老板已婚,但与其女秘书关系密切。一日向女秘书许诺:"一周内给你在某小区买一套住房"。但后来该老板一直未履行诺言给女秘书购买房屋。女秘书就向老板说,你必须给我在某小区买一套住房。因为我已经向你发出要约,你也同意了,即作出承诺了,根据合同法规定,要约、承诺一旦完成,咱们之间就建立了合同关系,你不买,就是违约了,如

---

[1] 本案根据昌图县人民法院(2018)辽1224刑初80号刑事判决书编写。

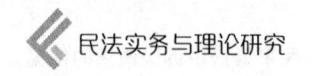

果再不买，我就向法院起诉你！

本案虽然荒唐可笑，但是其中涉及的法律问题却不简单。从民法角度看，女秘书要求老板给其买房产的前提是双方之间必须已经建立起一种合同法律关系。就虽然表面看女秘书发出要约，老板承诺，似乎存在要约、承诺的完成，但是老板作出的"一周内给你在某小区买一套住房"的承诺是合同法上的承诺，还是戏谑之言？如果是戏谑之言，则双方之间未建立起合同法律关系，则女秘书的要求当然得不到法律的支持。再进一步，即便老板做出的承诺是合同法上的承诺，还要考虑是否违反法律效力性强制性禁止性规定，是否违反公序良俗？即该承诺还存在是否合法有效的问题？另外还要考虑，即便老板做出的承诺生效，这也是一个无偿赠与合同，赠与合同在财产未交付前是否生效？能否被撤销？等等。

一、民事法律事实

民事法律关系的发生、变更、消灭，是指因一定的民事法律事实出现，民事主体之间形成民事权利义务关系，或原有的民事法律关系发生了变化（包括主体变更，客体变更和内容变更），或原有的民事法律关系的终结。

民事法律事实是指符合民事规范，能够引起民事法律关系发生、变更、消灭的客观现象。

二、民事法律事实的类型

法律事实的种类繁多，民法上根据事实是否与人的意志有关，将其分为事件和行为两大类。

（一）事件

事件是与人的意志无关的法律事实。事件本是自然现象，只有能引起民事法律关系的变动，才被认为属于法律事实。事件与人的意志无关，且不直接含有人的意志性的事实，反之，就是行为。事件的法律后果由法律直接规定，行为的法律后果的内容则既可能是根据行为人意志的内容来确定的，也可能是法律直接规定的，这与行为自身的种类有关。

民法中的事件包括人的出生、死亡、时间经过、不可抗力及其他等。

1. 人的出生和死亡

自然人的出生导致该自然人人身权利的产生,并产生亲权法律关系等;自然人的死亡导致继承关系的发生,也可导致婚姻法律关系的消灭等。

2. 时间的经过

一定时间的经过可以依法导致一定法律后果的发生。如根据时效制度的规定,时效期间的届满,可以使权利人的权利归于消灭;除斥期间届满,形成权消灭;保证期间届满,保证债务消灭等;知识产权法定保护时间的届满,当事人享有的专利权、商标权及著作权归于消灭,等等。

3. 不可抗力

不可抗力是指不能预见、不能避免,也不能克服的客观情况,包括自然灾害(地震、台风、冰雹、洪水等)和社会变故(如战争、政变等)。不可抗力的出现可以使合同关系发生变更或解除,也可以使当事人免除侵权责任等。

4. 意外事件

民法上的意外事件是指由于非当事人故意或过失所引起的事故。即事件的发生是当事人所不能预见的,且当事人主观上没有任何过错。如突生疾患、交通事故、遭遇劫匪等。

就我国现行民事立法而言,意外事件在民法中并没有被直接规定为免责事由。《侵权责任法》及现行《民法典》只规定了被侵权人过错、受害人故意、第三人过错、不可抗力、正当防卫和紧急避险等六种情形,其中并没有将意外事件纳入减责和免责的事由之列。因此,不可抗力是为国际惯例和各国合同法所明确的法定免责事由,而意外事件则不是法定免责事由。但是在司法实践中,法院在涉及该类案件判决时,当事人对意外事件所引起的法律后果一般不承担法律责任,或按照公平原则由受益人适当补偿,或根据实际情况,由当事人分担责任。即意外事件也能够产生、变更、消灭法律关系的法律效果,是民事法律事实之一。

5. 其他

除上述情形之外,在符合法律规定和合同约定的情况下,其他自然现象和客观事实,也可成为法律事实而引起民事法律后果。

(二)行为

行为是与人的意志有关的法律事实。行为是法律要件中最常使用的法律

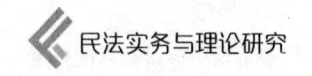

事实。行为虽与人的意志有关，但根据意志是否需明确对外作意思表示，行为又被划分为表意行为和非表意行为。

1. 表意行为和非表意行为

（1）表意行为是行为人通过意思表示，旨在设立、变更或消灭民事法律关系的行为。表意行为是合法的表意行为，因行为人有预期的效果意思，所以，该行为能产生当事人意欲达到的民事法律关系产生、变更和消灭的效果。

（2）非表意行为是行为人主观上没有产生民事法律关系效果的意思表示，客观上引起法律效果发生的行为。如侵权行为，行为人主观上并没有效果意思，但客观上却导致赔偿的发生。

2. 事实行为、民事法律行为

（1）事实行为。事实行为是法律仅凭行为所产生的一定事实而直接赋予其法律后果的行为。该行为引起一定的法律后果，与行为人的主观意志无关。我国民法上的事实行为主要包括不当得利、无因管理及民事主体所进行的生产劳动、创作、发明创造等活动，也是引起民事法律关系产生的事实行为。如到大山中采集蘑菇，就是劳动事实行为。

（2）民事法律行为。民事法律行为是民事主体通过意思表示设立、变更、终止民事法律关系的行为。民事法律行为可以依行为人的意愿而产生民事权利义务产生、变更或消灭的后果。这种行为以行为人的意思表示为基本特征，即法律直接根据行为人的意思表示赋予其法律效果。如订立合同的行为、设立遗嘱的行为、委托授权行为等。民事法律行为是产生、变更或消灭民事法律关系最主要的法律事实。民事法律行为自成立时生效，但是法律另有规定或者当事人另有约定的除外。因此民事法律行为还包括效力待定的民事法律行为、可变更、撤销的民事法律行为和无效的民事法律行为。

前些年，我国理论界一直存在着"民事法律行为是否为合法有效"的争议。随着《民法总则》的颁布，该争议基本消失。因为《民法总则》中明确了效力待定、可变更、可撤销、无效的情形也称为民事法律行为。《民法总则》之所以作出这样的规定，其原因在于作为"法律行为"最早的创始者，萨维尼将"法律行为"表述为"行为人创设的其意欲的法律关系而从事的意思表示"。即法律行为是以意思表示为核心的行为，法律行为成立的关键在于当事人是否通过适当的方式将其内心意思表现出来，以及意欲达到的法律效果，这仅仅是一种事实判断，而非价值判断。换言之，法律行为这一概念解决的是该行为在法律上是否成立问题，而不解决是否发生法律效力问题。

法律行为的合法性是法律行为价值的判断，如果将合法性作为民事法律行为的本质属性，则会造成国家意志对于司法自治的不当干预。换言之，在1986年的《民法通则》中将合法性作为民事法律行为的本质属性是因为当时的立法背景下，国家当然要干预个人的意思自治。《民法总则》的修改回归了民法的私法自治精神。即只要符合意思表示的形式要件，该法律行为即宣告成立，至于是否能够产生相应的法律效果，则需要经过法律承认。另外在充分承认民法自治的原则前提下，即便民事法律行为合法性存在瑕疵，也不必然导致无效，如欺诈、胁迫、乘人之危等情形下，如果受害方没有在除斥期间内提出撤销请求，该法律行为仍然是有效的。对此问题《民法典》完全继承了《民法总则》的规定。

第四节　意思表示

案例 28

> 甲与乙签订一份合同，合同约定甲出资40万元，购买乙一栋房产永久使用权。合同签订后，甲占有房屋，并对房屋进行了装修营业。合同履行10年后，乙反悔，声称当年签订的合同无效，要求甲腾出房屋，甲不同意，认为永久使用权就是房屋所有权，其已经根据合同取得了涉案房产。双方遂诉至法院。

上述案例中双方当事人签订了购买房屋永久使用权合同，意思表示一致，有明确的标的，都具有完全民事行为能力，该合同成立没有问题。即双方通过意思表示使得原来不存在任何关系的双方当事人建立了民事法律关系。但双方当事人到底是何种法律关系实践中颇有争议。

第一种观点认为，我国《物权法》中明确规定的物权种类中没有永久使用权这样一个物权。根据物权法定主义，永久使用权不属于法定的物权种类，该合同内容违反物权法定原则，应为无效合同。甲返还乙的房屋，乙返还甲的四十万元，但应扣除十年房屋使用费，房屋使用费的标准参照同地段同样用途的房屋租金。

第二种观点认为，该合同虽然不发生双方当事人约定的房屋永久使用权转移的法律效力,但是并不违反法律的效力性强制性、禁止性规定,仍然有效,但是其应转化为租赁合同,以租赁合同法律关系确定双方当事人权利义务。《合同法》第 214 条第 1 款规定,租赁期限不得超过 20 年。超过 20 的,超过部分无效。根据《合同法》上述应当认定双方当事人签订的合同为租赁合同,期限为 20 年。

第三种观点认为,双方当事人虽然在合同里约定的是永久使用权,但真实的意思表示出卖房屋所有权,双方当事人之间实际上已经建立起了买卖合同关系,乙主张合同无效要求甲腾出房屋的请求不能得到支持,甲主张房屋买卖关系应当得到支持。

我们认为,上述第三种观点较为合理。从实践中的案例看,虽然双方当事人约定的是购买房屋永久使用权,但其真实的意思表示是购买房屋产权。该行为应当认定为通谋虚伪行为,表面的购买房屋永久使用权的意思表示因非当事人真实意思表示,故而无效;被掩盖的意思表示,即房屋买卖的意思表示要根据法律规定审查效力。如果涉案房屋是违章建筑等不能交易的房产,则应当认定该合同无效,如果不存在上述无效的因素,则该类合同应当认定为合法有效的房屋买卖合同。

一、意思表示的概念

民事法律行为以意思表示为核心要素,因此,认识民事法律行为,便须从意思表示入手。只有将意思表示的要素予以厘清,方能真正理解和把握民事法律行为及其法律要件。

所谓意思表示是行为能力适格者将意欲实现的私法效果的内心意思发表于外的行为。意思存于内心,是不能发生法律效果的。当事人要使自己的内心意思产生法律效果,就必须将意思表现于外部,即将意思发表。发表则须借助语言、文字或者表意的形体语言。意思表示所发表的意思,不是寻常意思,而是体现为民法效果的意思,亦即关于权利义务取得、丧失及变更的意思。

二、意思表示与相关概念的区别

(一) 事实通知与意思表示

事实通知又称观念通知,其表示的是某种事实,而非意思。合同法中规定的承诺迟到通知、债权让与通知等虽也都是表示，但客体却是事实，而不是意思。作为意思表示，其表示客体必须是意思，意思之外的表示，不能成立意思表示。《民法典》第486条规定，受要约人超过承诺期限发出承诺，或者在承诺期限内发出承诺，按照通常情形不能及时到达要约人的，为新要约；但是，要约人及时通知受要约人该承诺有效的除外。《民法典》第546条规定，债权人转让债权，未通知债务人的，该转让对债务人不发生效力。债权转让的通知不得撤销，但是经受让人同意的除外。这里的通知就是事实通知，而非意思表示。

（二）意思通知与意思表示

虽然也是一定意思的表示，然而其效果却不取决于意思，而是取决于法律的规定，即为意思通知，以与作为民事法律行为要素的意思表示相区别，如催告、拒绝要约等。两者的区别在于民事法律行为的效果是由当事人意思表示决定，而意思通知虽有表示意思的行为，但法律效果不由该表示的意思内容决定的表示之意思。

三、意思表示的类型

（一）明示和默示

民事法律行为以意思表示为核心要素，所以民事法律行为形式，就是意思表示形式。《民法典》第140条规定，行为人可以明示或者默示作出意思表示。沉默只有在有法律规定、当事人约定或者符合当事人之间的交易习惯时，才可以视为意思表示。即民事法律行为以意思发表的载体作为分类标准，可分为明示和默示两种形式。区分明示与默示的法律意义，在于若非法律特别规定，以民事法律行为处分权利的，须经当事人明示始得成立。

1. 明示

明示是使用直接语汇实施的表示行为，除常见的口头语言、文字、表情语汇外，还包括依习惯使用的特定形体语汇，如举手招呼出租汽车，即表示有租用该车之意。

（1）口头形式。

（2）书面形式。

书面形式的特点是繁难不便，但却有郑重庄严和"白纸黑字，铁案如山"的优点。

书面形式又分一般书面形式和公证、登记等特别书面形式。公证形式即以公证书对民事法律行为加以证明的形式。民事法律行为除法定必须公证的以外，是否办理公证，应依当事人意思决定。

登记则是国家主管行政机关对于民事主体资格和物权变动等事实通过实质审查，予以确认并在专门登记簿上加以登录的管理手段。设立法人和个体工商户、取得和变更不动产物权、结婚等民事法律行为，依法必须登记。凡法定登记行为，只有依法完成登记才能发生效力。

2. 默示

默示形式是含蓄或者间接表达意思的方式。默示所包含的意思，他人不能直接把握，而要通过推理手段才能理解。因此，默示形式只有在有法律规定或交易习惯允许时才被使用。按默示时的作为和不作为又可划分为：

（1）推定。即行为人用语言外的可推知含义的作为间接表达内心意思的默示行为。所谓可推知，是从该行为中，一般人能够容易地推知其意思的内容。例如租赁合同届满，承租人继续交付租金并为出租人接受，便可推知其表示要延展租赁期间。

（2）沉默。即行为人依法或者依约以不作为间接表达内心意思的默示行为。不作为即缄默、沉默不语。

《民法通则》第66条规定了本人知道他人以本人名义实施民事行为而不作否认表示的，视为同意。但《民法典》实施后此情形仍视为同意就需要认真研究。《民法典》第171条第2款规定，无权代理情形下，相对人可以催告被代理人自收到通知之日起30日内予以追认。被代理人未作表示的，视为拒绝追认。根据该规定，被代理人知道无权代理情形的时间节点是在相对人通知之后，而《民法通则》第66条规定的情形不仅包括了相对人通知之后知道的情形，还包括在无权代理人一开始行为之时就已经知道的情形。如果被代理人一开始就知道代理人没有获得授权而为代理行为的，是否应当认定为其同意进而认定代理行为有效？《民法典》第140条第2款规定，沉默只有在有法律规定、当事人约定或者符合当事人之间的交易习惯时，才可以视为意思表示。显然我们无法得出"本人知道他人以本人名义实施民事行为而不作否认表示的，视为同意"是一种交易习惯的结论。此种情形法律未作明确规定，更谈不上当事人的约定，因此此种情形不应再视为被代理人同意。

另外，《民法典》第145条第2款规定的法定代理人未作表示的，视为拒绝追认。《民法典》第 1124 条第 2 款规定受遗赠人到期没有表示的，视为放弃受遗赠。上述情形都属法定沉默意思表示的形式。

此外，当事人可以约定以沉默作为意思表示。

(二) 有相对人的意思表示与无相对人的意思表示

意思表示，依其是否以向相对人实施为要件，划分为有相对人的表示与无相对人的表示。

向相对当事人作的意思表示，为有相对人的意思表示，如要约与承诺、债务免除、合同解除、授予代理权等。意思表示有相对人时，如果意思表示到达相对人有传递的在途时间，则该意思表示以到达相对人时生效。

为无相对人的意思表示，如遗嘱、捐助行为等，类似"自说自话"，该意思表示自完成时生效。

有相对人的意思表示还可以作进一步的划分：

1. 对特定人的表示和对不特定人的表示

须以特定人为相对人的意思表示是对特定人的表示，例如承诺、允许、撤销等；无需向特定人实施的意思表示是对不特定人的表示，例如悬赏广告等。区分的意义在于须以特定人为相对人的意思表示，对于非特定人不生效。

2. 对话表示和非对话表示

有相对人的双方表示，依其相对人是否处于可同步受领和直接交换意思表示的状态，而划分为对话表示和非对话表示。口头或者打电话直接订立合同是对话表示；相反，通过信函交往或者经使者传达而订立合同，则属非对话表示。

区分的意义在于，非对话表示，意思表示有在途时间，而对话意思表示则无，法律对两者何时生效、撤回的规定不一样。

四、意思表示的构成要素

一般认为，意思表示由内心意思与该意思的外部表示两个要素构成，该两个要素在构成上又分为：客观要件，即表示行为；主观要件，包括行为意思、表示意思、效果意思。

(一) 行为意思

即表意人是基于内心自觉意识从事某项行为，例如举手招呼计程车，向特定人发出购买钢材的邀约，对他人发出的邀约予以承诺等。行为意思要求

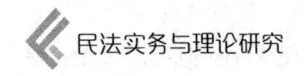

行为人的行为必须出于行为人自觉意识，而非仅有行为外观。此要件强调的是行为人的意思自由，即只有表示行为是表意人在具有行为意思的前提下自愿实施的表意行为，才符合意思自治要求，才可能被认定为意思表示。例如在卖喜儿的契约上虽有杨白劳按的手印，但是却是被黄世仁让他的狗腿子们按着杨白劳强迫他按的手印，此时杨白劳就没有"行为意思"。

（二）效果意思

即行为人欲依其表示发生特定法律效果的意思，这是意思表示构成的核心。民事主体的内心意思是意思表示以及法律行为制度的起点和效力根源。效果意思所关注的是行为人的内心追求，是行为人内心所想达到的法律效果。但是效果意思并不要求民事主体能够意识到准确的法律效果，而仅仅只要求民事主体在内心追求某一法律效果。例如在租赁合同中承租人内心追求的法律效果是"支付一定租金获得某物的租赁"；再如在买卖合同中，出卖人内心追求的法律效果是"以一定价格出卖自己的物品"等。这里的"支付一定租金获得某物的租赁"和"以一定价格出卖自己的物品"就是意思表示中的效果意思。

（三）表示意思

即行为人能够认识到其行为具有某种法律行为上意义。表示意思强调的是行为人不仅希望产生自己追求的法律效果，而且基于该目的的外在行为的法律意义其必须理解清楚，实际是对一个"理性人"的基本要求。例如顾客向自动售货机中投币，该顾客此时的行为是在知道其投币行为将失去货币换得货物的基础上做出的行为，其有表示的意思。再如，某人站在马路边上挥手，一出租车司机看到就将出租车开到其面前，但该人却对出租车司机说，他在和对面的人挥手打招呼，不是打车。城市中朝出租车挥手意味着打车，但是该人挥手却是和马路对面的熟人打招呼，他没有打车的表示的意思。

（四）表示行为

指外在的行为（作为或不作为）而言，即在客观上可以认为其在表示某种效果意思。其以书面、口头或形体语言等形式将内心意思外部化。表示行为是内心意思被外在感知的途径，只有经过表示行为，表意人的意愿（目的意思、效果意思）才能实现。表示行为须为自由自觉的行动。例如，某甲向某乙写了一封邀约函，但是该函件却不小心遗失。函件遗失后某甲也就没有再向某乙发出邀约的想法，但该遗失的信函，恰恰落到某乙手中。此时由于某甲没有做出意思表示的行为，故即便某乙获得该邀约函，也不是某甲的真正意思表示。

五、意思表示的效果

（一）意思表示的拘束力

意思表示的拘束力，是指意思表示的成立效力。意思表示作成后，将要影响表意人、相对人或第三人的利益。故意思表示一旦成立，表意人须受其约束，非依法律，不得擅自撤回或者变更的法律效力。例如表意人发出订立合同的要约，相对人即产生承诺权；表意人抛弃某物的所有权，他人占有该物即不构成非法占有或者不当得利行为。

（二）意思表示拘束力的发生

意思表示拘束力自何时发生，事关双方当事人的根本利益，故法律对于意思表示拘束力发生有明确规定。

1. 有特定相对人的意思表示

《民法典》第137条规定，以对话方式作出的意思表示，相对人知道其内容时生效。以非对话方式作出的意思表示，到达相对人时生效。以非对话方式作出的采用数据电文形式的意思表示，相对人指定特定系统接收数据电文的，该数据电文进入该特定系统时生效；未指定特定系统的，相对人知道或者应当知道该数据电文进入其系统时生效。当事人对采用数据电文形式的意思表示的生效时间另有约定的，按照其约定。

2. 无相对人的意思表示

《民法典》第138条规定，无相对人的意思表示，表示完成时生效。法律另有规定的，依照其规定。

3. 对不特定相对人的意思表示

《民法典》第139条规定，以公告方式作出的意思表示，公告发布时生效。

4. 意思表示的撤回

《民法典》第141条规定，行为人可以撤回意思表示。撤回意思表示的通知应当在意思表示到达相对人前或者与意思表示同时到达相对人。

《民法典》第485条规定，承诺可以撤回。承诺的撤回适用本法第141条的规定。

(三) 意思表示的解释

《民法典》第 142 条规定，有相对人的意思表示的解释，应当按照所使用的词句，结合相关条款、行为的性质和目的、习惯以及诚信原则，确定意思表示的含义。

无相对人的意思表示的解释，不能完全拘泥于所使用的词句，而应当结合相关条款、行为的性质和目的、习惯以及诚信原则，确定行为人的真实意思。

六、意思表示瑕疵及其类型化[1]

案例 29

某服装厂（被告）携服装样品到某商厦（原告）处协商签订服装购销合同。商厦同意订货，并于当天签订了合同。当时，服装厂称样品用料为纯棉布料，商厦主管人看后也认定是纯棉布料，对此没有异议。双方在合同中约定：服装厂向商厦提供按样品及样品所用同种布料制作的女式裙若干件，总价款为 36 万元。一个月后由服装厂将货物送到商厦营业地，商厦按样品验收后于 1~5 天内将全部货款一次付清。一个月后，服装厂按合同约定的时间将货物运送到了指定的地点，商厦验货后认为数量、质量均符合合同约定，于是按约定的时间向服装厂支付了货款。

但是，15 天后，有一位顾客购买此裙后认为不是纯棉布料，要求退货。商厦立即请有关部门进行检验，后证实确实女裙与样品质地相同，但不是纯棉布料，里面含有 15% 的化纤成分。商厦认为服装厂有欺诈行为，于是函告服装厂前来协商，要求或者退货或者每件成品降低价款 10 元。

服装厂则辩称：其厂业务员去南方某市购买此布料时是按纯棉布料的价格购买的，有发票为证，且当时拿样品给商厦看时，商厦也认为是纯棉布料，因而不存在欺诈行为，至多是重大误解，双方都有责任，因此不同意退货，如果退货每件成品只能降低 5 元，为此双方经过多次协商均未达成一致意见。

---

[1] 参见李小华：《意思表示瑕疵类型化分析》，载《法制与社会》2008 年第 26 期，第 11~12 页。

本案是重大误解还是欺诈？民事法律行为以意思表示为核心要素，若意思表示有瑕疵，将要影响到民事法律行为的效力，使当事人的意思无法达成预定的目的。但是不同的意思表示瑕疵对于民事法律行为效力的影响是不同的，因此意思表示瑕疵究竟有哪些类型我们需要认真研究。

前已详述，意思表示包括内心意思与外在行为两个方面，内心意思又包括效果意思、行为意思及表示意思三个要素。意思表示是否存在瑕疵就要考察如下两个方面：一是效果意思的产生是否自由、自愿即是否真实；二是行为意思、效果意思、表示意思三个要素与客观表示行为是否一致。因此，从意思表示瑕疵产生的原因上看，它就包括两大类：效果意思的产生不真实及内心意思与外在行为不一致。另外，还有一种情形，即虽然双方意思表示、自愿、真实、一致，但由于损害第三人合法利益，故而法律规定其无效。因此我们将意思表示瑕疵分为三种类型。

（一）效果意思的产生不真实

效果意思的产生不真实，是指表意人非出于真正的自由、自愿而作出的意思表示。根据非出于自由、自愿的情形表意人是否知道可分成知道与不知道两类。

不知其意思表示不真实的情形，就是受欺诈的意思表示。它是指因他人之欺诈行为陷于错误而作出的意思表示。也就是说，表意人作出的意思表示是非真实的，即其效果意思的产生不真实，但他在作出意思表示的时候不知该意思表示是不真实的，他之所以作出该意思表示，是因为对方欺诈而导致的。

知道其意思表示不真实的情况下，一般说来表意人不会作出该意思表示，但也非绝对。例如表意人有可能出于游戏的心理或无奈而作出非真意的意思表示。根据此种瑕疵产生的原因是否仅存在于表意人自身还是外界因素或是二者的结合，我们可将之分为戏谑表示（原因仅存在于表意人自身）、受胁迫的意思表示（原因仅存在于外部）与危难被乘的意思表示（原因存在于表意人自身与外部因素的结合）。

所谓戏谑表示，也叫游戏表示，是指吹嘘、开玩笑或出于礼貌的考虑做出的不严肃的表示。表意人有理由认为对方不会认为此种表示是真的，这也是与欺诈的不同之处。这种意思表示不真实的原因完全是表意人自身，是表意人自主选择的结果。但法律上一般认为该意思表示不产生法律效力，即戏

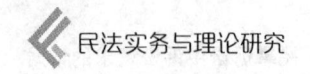

谑行为不构成民事法律行为。

因此，效果意思不真实的意思表示瑕疵类型包括：欺诈、戏谑、胁迫、乘人之危四种类型。其中的戏谑作出的意思表示不形成民事法律行为，不产生民事法律效果，属于无效民事法律行为；欺诈、胁迫、乘人之危按照《民法典》规定，均属于可撤销民事法律行为。

（二）内心意思与外在行为不一致

内心意思与外在行为不一致，根据是否因表意人自身的原因引起可分为因自身原因引起的不一致与非因自身原因引起的不一致。

因自身原因引起的不一致根据是出于自身的故意还是无意可分为故意的不一致与无意的不一致。

非因自身原因引起的不一致可能来自相对方，也可能来自第三人。来自相对方的不一致统一纳入了效果意思产生的不真实中，因此此处就剩下来源于第三人的不一致。

1. 故意的不一致

在故意的不一致中，根据故意仅存于表意人之一方或存于表意人与相对人双方，又可分为真意保留与通谋虚伪表示。

（1）单方的故意不一致：真意保留。真意保留，是指表意人虽然做出了该意思表示，但该意思表示却不是其真实意思，真实意思保留在心里，其自身也不想受该意思表示的拘束。与戏谑不同的是，在此表意人有使得相对人不知道该真意保留的意思，也就是说表意人就是让相对人认为他表示出的意思就是真实的意思。

真意保留的法律效力，理论上一般认为，如果相对人是善意的，相对人根据该意思表示作出的民事法律行为为合法有效民事法律行为；如果相对人是非善意的，依据该意思表示作出的民事法律行为无效。

（2）双方的故意不一致：通谋虚伪表示。通谋虚伪表示又被称之为串通虚假表示，是指表意人明知是非真实意思表示，且与相对人通谋而为的意思表示。就相对人而言不仅明知表意人作出的意思表示非其真意，且就表意人非真意之意思表示作出为非真意之合意。通谋虚伪行为分为两种情形，一种是只有一个虚假的意思表示作出的民事法律行为，没有掩盖其他行为。如甲没有任何原因假意将自己的房屋卖给乙，乙也明知甲不是真正将房屋买给自己，双方签订了一份房屋买卖协议。此种情形在司法实务中甚少；另一种是通过一个通谋虚伪表示掩盖另一个真实意思表示。此种情形在司法实务中是常例。

在我国现行法律上，通谋表示表现有两种情形：

第一，《民法典》第 146 条规定的通谋虚伪。《民法典》第 146 条规定，行为人与相对人以虚假的意思表示实施的民事法律行为无效。以虚假的意思表示隐藏的民事法律行为的效力，依照有关法律规定处理。

通谋虚伪行为指的是行为人与相对人共同作出虚假的意思表示实施的民事法律行为。依据《民法典》第 146 条第 1 款的规定，同谋虚伪行为本身因其意思表示的不真实故而无效；而对于通谋虚伪行为掩盖下的行为，如果被掩盖行为本身并不存在无效之因素，该行为有效；但如果被掩盖行为自身存在无效之其他因素，则被掩盖行为也属无效。

案例 30

父亲为了将其房产无偿赠与儿子以达到不给女儿的目的，在老伴去世后未进行遗产分割的情况下，与儿子签订了一份房屋买卖合同，将价值 100 万元的房产以 100 元的价格卖给儿子。

此例中，父亲与儿子签订的房屋买卖合同属于同谋虚假的意思表示，其真实意思并非房屋买卖；在这一虚假的意思表示掩盖之下是真正的房屋赠与意思表示。按照《民法典》规定，房屋买卖合同属于通谋虚假意思表示，该行为无效；对于被掩盖的房屋赠与行为，由于无权处分了其他继承人的合法财产，未得到其他继承人同意的情况下，也属于无效行为。

案例 31

甲融资租赁公司与乙机械施工公司签订了一份的《融资租赁合同》，但并不存在真实的租赁物，甲公司将 3000 万元借贷给乙公司。

此例中，由于不存在真实的融资租赁物，故而其所谓的融资租赁合同是无效的，但双方在融资租赁合同掩盖之下的借贷合同，如果不存在其他无效因素的情形下，该借贷合同仍然是有效的。

第二，合法形式掩盖非法目的。《合同法》第 52 条第 3 项规定，有下列情形之一的，合同无效：以合法形式掩盖非法目的。《民法典》将此规定全部删除。因此《民法通则》及《合同法》中以合法形式掩盖非法目的的规定，在《民法典》实施后，需要结合《民法典》146条的规定予以处理。首先，"合法形式"的行为，因其意思表示的不真实，故而无效；其次，被掩盖的"非法目的之行为"需要根据"目的"本身是否存在无效之因素判断，而不能简单地以"目的非法"就认定其必然无效。如果该目的行为本身违反了法律、行政法规的强制性、禁止性的效力性规定，或违反公序良俗则无效，如果该目的行为仅仅是违反了法律、行政法规的管理性规定，该目的行为仍然有效。

通谋虚伪与真意保留的区别在于：真意保留是一方当事人独自为非真意表示，通谋虚伪表示是双方当事人通谋为非真意表示。

2. 无意的不一致：错误（重大误解）

《民通意见》第71条规定，行为人因对行为的性质、对方当事人、标的物的品种、质量、规格和数量等的错误认识，使行为的后果与自己的意思相悖，并造成较大损失的，可以认定为重大误解。《民法典》仅在第147条中规定了基于重大误解实施的民事法律行为，行为人有权请求人民法院或者仲裁机构予以撤销，并未将《民通意见》中的上述内容吸收到《民法典》中。司法实践中仍可以参考《民通意见》的该条规定精神，对是否构成重大误解进行判断。该条规定实际上就是意思表示错误的规定，但其范围小于理论上的错误意思表示。

错误是指表意人出于错误或不知其意思表示与效果意思不一致之情形。错误与心中保留和通谋虚伪表示在意思表示不一致之处在于虽然都是非真意表示，但前者为无意识的非真意表示，后者则是有意识的非真意表示。

错误意思表示的构成是：其一，有一个意思表示；其二，该意思表示中内心真意与外在表示行为不一致；其三，该不一致非表意人所明知；其四，该错误在主客观上均为严重，反言之，如果错误不严重，则仍属真实意思表示。判断错误是否严重的标准是，在主观上，如果没有该种错误，表意人即不为该种内容之表示；在客观上，如果通常有理性之人，在该种情形下，如果没有错误，亦不会为此错误表示。

3. 来源于第三人的不一致：传达错误

所谓传达错误，是指由于传达人（第三人）的原因将表意人的意思表示错误传达给相对人。在传达错误中，表意人作出的意思表示是真实的，但由于第三人在传达意思表示过程中改变了表意人的意思表示，使得相对人受领的意思表示与表意人的表示不一致。由于传达人一般是由表意人选任的，故而对此情况我国《民通意见》第 77 条规定，意思表示由第三人义务转达，而第三人由于过失转达错误或者没有转达，使他人造成损失的，一般可由意思表示人负赔偿责任。但法律另有规定或者双方另有约定的除外。《民法典》对此问题也没有具体规定，司法实践中亦可参照《民通意见》的规定精神认定责任承担者。

（三）意思表示自由、自愿、真实、一致，但无效

《民法典》第 154 条规定，行为人与相对人恶意串通，损害他人合法权益的民事法律行为无效。

恶意串通，也称恶意通谋。恶意相对于善意，明知或应知某种行为会造成他人（包括国家、集体或第三人，下同）的损害，而故意为之即为恶意。如果双方当事人或一方当事人不知或不应知道其行为的损害后果，不构成恶意。串通是指双方事先存在着通谋，即双方都希望通过实施某种行为而损害他人的利益，既可以是当事人事先达成一致的协议，也可以是一方作出意思表示，而对方或其他当事人明知实施该行为所达到的非法目的，而用默示的方式表示接受。恶意串通即是双方当事人明知该行为损害他人利益，而互相配合或共同实施该行为。

在恶意串通中，虽然双方当事人作出的意思表示是真实的，也是自由、自愿的，且双方意思表示也达成一致，但是由于依据双方意思表示作出的民事法律行为损害了第三人合法权益，出于保护社会公共利益目的，法律规定，依据该意思表示作出的民事法律行为无效。

（四）案例分析

再回到上述案例 29 中。对于上述，存在以下不同意见：

第一种意见认为，被告某服装厂将含化纤 15% 的布料当作纯棉布料制成成品，卖给原告，并告知为 100% 纯棉，与事实不符，已构成欺诈，原告享有合同撤销权，可以请求变更解除合同，赔偿损失。

第二种意见认为，原被告双方签订合同是基于对合同标的质量的错误认识，属于重大误解，原告方享有合同撤销权，因为合同已履行完毕，撤销合同、恢复原状将给双方造成更大的损失，所以应对合同的价格条款予以变更，

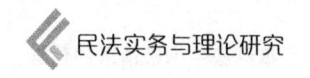

兼顾双方的利益。

第三种意见认为，虽然原告基于重大误解，享有合同撤销权，但由于原告在一年的除斥期间内没有行使撤销权，该权利消灭，原告解除合同的请求不予支持，因顾客退货而造成的损失应根据过错程度由双方承担。

我们认为：商厦和服装厂在订立合同过程中都未认识到女裙布料非纯棉，服装厂并非故意隐瞒该事实。对于服装厂而言，虽然其意思表示与外在行为不一致，但其原因在于对标的物材料本身认识的错误，而非故意作出意思表示与客观行为的不一致，是意思表示错误。故而服装厂不构成欺诈，而属于重大误解。

第五节　民事法律行为

案例 32

某县政府为鼓励县属酒厂多创税利，县长与酒厂厂长签订合同约定：酒厂如果完成年度税收 100 万元的指标，第二年厂长和全厂职工都可以加两级工资。

问题：该合同属于什么性质的行为？

《民法典》第 133 条规定，民事法律行为是民事主体通过意思表示设立、变更、终止民事法律关系的行为。本案例中，县长与酒厂厂长签订的合同中约定的酒厂完成年度税收指标及厂长和全厂职工都可以加两级工资均不属于民法上的后果，且县长与酒厂厂长之间的行为并非平等的民事主体之间的行为，不符合民事法律行为的要件和特征。因此，该行为不属于民事法律行为，而是一种行政合同。

一、民事法律行为的涵义

民事法律行为是指民事主体以设立、变更、终止民事权利和民事义务为目的的具有法律约束力的合法民事行为。民事法律行为以意思表示为核心，属于民事法律事实之一，在司法实务中的意义在于它是设立、变更、消灭民事法律关系最常见的因素。关于民事法律行为的概念在我国立法上有一个变化的过程。《民法通则》中的民事法律行为的上位概念是民事行为,具有表意性和目的性,排除了事实行为;同时民事法律行为是合法行为,以适法性为特征,不包括无效民事行为、可变更、可撤销民事行为以及效力待定民事行为。而在《民法总则》中,民事行为这一概念不再被使用,取而代之的是民事法律行为。民事法律行为强调的是"意思表示",不再以其合法性为其成立要件。即民事法律行为是民事主体实施的以发生民事法律后果为目的,以意思表示为核心构成要素,意欲使得法律关系发生、变更或消灭的行为。

二、民事法律行为类型

民事法律行为依据不同标准被分为若干类型,不同的民事法律行为其成立、生效、法律后果是不同的,这是民事法律行为分类的实践意义所在。

(一) 单方民事法律行为、双方民事法律行为、多方民事法律行为

《民法典》第134条第1款规定,民事法律行为可以基于双方或者多方的意思表示一致成立,也可以基于单方的意思表示成立。这一分类的实践意义在于,单方民事法律行为只需一方当事人作出意思表示,民事法律行为即可成立。如物之所有权人作出抛弃物的所有权意思表示,即发生物权消灭的法律后果;双方民事法律行为与多方民事法律行为需以双方当事人或多方当事人意思表示达成一致方可成立民事法律行为。如合同行为需以双方当事人就合同的标的、价款、履行期限等达成一致方可成立。

(二) 有偿民事法律行为和无偿民事法律行为

这一分类标准是一方当事人取得权利有无对价。如果双方互负对待给付,则属于有偿民事法律行为。如买卖合同是典型的有偿民事法律行为;如果只有一方获取利益,另一方没有获得对待给付,则属于无偿民事法律行为。如赠与是典型的无偿民事法律行为。即便在赠与合同中附义务,但此义务与赠与行为不构成对待给付,故仍属无偿法律行为。

(三) 诺成性民事法律行为和实践性民事法律行为

在双方民事法律行为中,根据民事法律行为在意思表示之外,是否以标的物的交付为成立要件,可以把民事法律行为分为诺成性民事法律行为和实践性民事法律行为。

诺成性民事法律行为是当事人双方意思表示一致即可成立的行为,它不以标的物的交付为要件。实践性民事法律行为是除当事人意思表示一致之外,

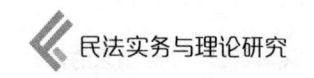

还需要交付标的物才能成立的民事法律行为。实践性民事法律行为因为有交物这个特点，又被称为要物行为。区分意义在于：实践性民事法律行为，仅有意思表示，行为还不算成立，只有当按照该意思表示完成标的物交付时，行为才告成立，才能发生设定民事权利义务的效果。实践性民事法律行为因意思表示完成，还不能发生效力，所以，属于民事法律行为成立的例外，通常须按约定或法律规定确定。

根据我国现行法律的规定，自然人借贷、保管、定金、质押等合同就属于实践性民事法律行为，此外的双方民事法律行为如未有约定的，应认定其为诺成性行为。

（四）要式民事法律行为和非要式民事法律行为

要式民事法律行为，是指依据法律规定必须采用法律规定的特定形式，才能成立或生效的民事法律行为。非要式民事法律行为是指法律没有特别规定其生效的形式要件的民事法律行为。在我国物权行为和票据行为是典型的要式民事法律行为。如物权的设立、变更、消灭必须经登记方发生法律效力，此即为要式民事法律行为。再如票据行为的要式性体现在书面形式上。票据行为即票据意思表示必须记载于票据的票面，采取口头和默示的形式则不能成立。记载于票据以外的其他载体的，也不能发生票据行为的效力。另外一些法律特别规定了某些民事法律行为必须采用书面形式，或必须经过登记、审核批准等才发生法律效力，此类民事法律行为也属于要式民事法律行为。

在司法实务中，要式民事法律行为属于特别规定，如果没有法律特别规定，一般的民事法律行为均为非要式民事法律行为。

（五）主民事法律行为和从民事法律行为

根据民事法律行为相互间的关系，民事法律行为可以分为：主民事法律行为和从民事法律行为。主民事法律行为只需以自身要素为生效要件并不需要以其他民事法律行为的存在而单独存在的民事法律行为。从民事法律行为是指除应当具备民事法律行为基本要素外，还要依赖于另一个民事法律行为的存在为前提，被依赖的为主民事法律行为，依赖的为从民事法律行为。保证、抵押、质押等担保合同行为是典型的从民事法律行为。区分的意义在于，原则上讲，从民事法律行为的效力除要考虑其自身要素外，还依赖于主民事法律行为，即如果主民事法律行为无效，原则上从民事法律行为也无效。

（六）单务民事法律行为与双务民事法律行为

这一分类的标准是当事人之间民事权利和民事义务的构成。单务民事法律行为是指民事法律行为的一方当事人负有义务，而另一方当事人仅享有权利。比如，赠与行为中的赠与人负有交付赠与物的义务，而受赠人则享有请求赠与人给付赠与物的权利。双务民事法律行为则是指民事法律行为的双方当事人均承担义务，也都享有权利，而且，彼此的权利和义务相互关联、互为条件，一方的义务就是另一方的权利。比如买卖合同中出卖人和买受人的权利和义务就是相互对应的。

（七）物权行为（处分行为）、债权行为（负担行为）

依据法律行为的内容是物权处分还是负担债务为标准，将民事法律行为分为物权行为和债权行为。物权行为，是指以物权的设立、移转、变更或消灭为目的的法律行为。我国《民法典》第209条第1款规定，不动产物权的设立、变更、转让和消灭，经依法登记，发生效力；未经登记，不发生效力，但是法律另有规定的除外。物权行为又称为处分行为。严格来讲，处分行为的范围大于物权行为，处分行为包括物权行为和准物权行为，如债务免除、债权转让等。

债权行为是指以发生债权债务为其内容的民事法律行为，亦称负担行为或债务行为。包括单独行为（如悬赏广告）和合同（如买卖合同、租赁合同）等。

物权行为（处分行为）直接使某种权利（特别是物权）发生、变更或消灭的法律效力，而负担行为仅为他人创设一项和多项请求权的法律行为。

依据客观生活，债权行为与物权行为的关系分为如下三种情形：①仅有债权行为而无物权行为，如加工、承揽、劳务、居间、技术服务等，不以物权变动为目的的债权合同；②仅有物权行为而无债权行为，如物之所有权的抛弃、继承权之放弃等；③物权行为与债权行为并存，货物买卖合同是此类的典型。即该买卖合同的签订是债权行为，货物与货币的交付为物权行为。

物权行为理论来源于德国著名法学家萨维尼1840年出版的《现代罗马法体系》中。在该书中，萨维尼认为：交付是一个独立存在的契约，因为交付行为本身既具有意思表示，又具有外在行为，因此交付已经具备作为一个独立契约的条件。既然交付是一个独立契约，那么，它就不可能与原因行为是一个法律关系，而是其原因行为之外的另一法律关系。按萨维尼的观点，交付中不但有意思表示，而且这个意思表示是一个与当事人在原因行为（负担行为）中所为的意思表示性质不同的意思表示，在原因行为中当事人所作的意思表示要承担债法上的或其他法律上的义务；而在交付中，当事人所作的意思表示是要完成物权变动。因此民事法律行为就被分为物权行为（处分行为）和债权行为（负担行为）。即以发生给付目的的法律行为，是债权行为，也称为负担行为；以发生物权变动为目的的法律行为称为物权行为，又称处分行为。

德国法上的物权行为理论主要包括三个原则：分离原则、无因原则、物权变动的形式主义原则。在我国立法上，采用了分离原则和物权变动形式主义原则，但对于无因性原则则未予明确，司法实践中分歧很大。

1. 分离原则

分离原则是指将权利主体承担的移转标的物的交付义务的法律行为与其完成物权的各种变动的行为作为两个法律行为，前者为原因行为，是债权行为（负担行为），后者为物权行为（处分行为）。我国《民法典》第215条规定，当事人之间订立有关设立、变更、转让和消灭不动产物权的合同，除法律另有规定或者当事人另有约定外，自合同成立时生效；未办理物权登记的，不影响合同效力。这就是我国立法上将物权行为和债权行为相分离的表现。物权行为和债权行为相分离原则也被包括最高人民法院在内的司法机关在司法判决中所认可，如在最高人民法院（2013）民提字第90号民事判决书中最高人民法院认为：

> 根据《物权法》第十五条规定之精神，处分行为有别于负担行为，解除合同并非对物进行处分的方式，合同的解除与否不涉及物之所有权的变动，而只与当事人是否继续承担合同所约定的义务有关。本案中，蜀都实业公司确实仍然对该房屋享有所有权，但这并不意味着其可在不符合当事人约定或者法律规定的情形下随意解除双方之间的合同关系。在双方房屋买卖法律关系成立并生效后，蜀都实业公司虽系该房屋的所有权人，但其应当依约全面、实际履行其在房屋买卖法律关系项下的义务。二审判决认为在买卖标的物转移之前，所有人对自己的标的物享有占有、使用、收益、处分的权利，进而认定蜀都实业公司有权选择处分财产的方式解除合同，并判决迅捷公司将房屋腾退给蜀都实业公司，违

背了《合同法》保障交易安全的基本原则，系对《物权法》的错误理解与适用，本院对此予以纠正。

《民法典》删除了《合同法》第51条关于无权处分的规定。民法学界著名学者梁慧星教授在多个场合明确提出，从《民法典》中删除《合同法》第51条规定的无权处分规则会造成非常严重的后果并引发非常重大的社会问题。[1] 梁慧星教授的这一观点引起了立法机关的重视，并专门就此问题征询了全国人大宪法和法律委员会委员孙宪忠教授的意见。孙宪忠教授认为，我国立法上已经采取了"债""物"区分原则，因此不必规定无权处分合同效力问题。[2] 孙宪忠教授的观点得到大多数学者的支持，也最终被《民法典》所采纳。由此可以看出，我国民法立法上已经明确承认了债、物区分的理论。

2. 物权变动的形式主义原则

在物权行为中，由于物的交付的意思表示是一种主观上的抽象，所以，必须有一个具有公示性的行为来表达或者说是记载这一物的合意，即没有该公示行为，物权行为不能成立，不能发生物权的设立、变更和废止的法律效力。为此动产以交付为其公示方式，不动产以登记为公示方式。我国《民法典》第209条第1款规定，不动产物权的设立、变更、转让和消灭，经依法登记，发生效力；未经登记，不发生效力，但是法律另有规定的除外。第224条规定，动产物权的设立和转让，自交付时发生效力，但是法律另有规定的除外。由此可见，我国立法上对于物权变动也采用了形式主义原则。

3. 无因原则

从我国现行法律规定看，我国立法上已经承认了物权行为和债权行为这一概念，同时也确立了物权行为和债权行为的分离原则和物权变动的形式主义原则。但是对于物权行为无因性原则立法上没有确认反而规定了物权行为的有因性，司法实务中各级人民法院的判决也不支持物权行为无因性理论。

所谓无因原则是指物权行为在其效力和结果不依赖其原因（债权）行为

---

[1] 梁慧星：《关于民法典分则草案的若干问题》，载《法治研究》2019年第4期，第8页。梁慧星教授在上海市高级人民法院举办"名人大讲堂"系列讲座第三讲"关于民法典分则草案的若干问题"时提出该观点。2019年12月15日，梁慧星教授在西南政法大学深圳校友会成立十周年纪念大会上再次提出该问题。

[2] 孙宪忠：《关于无权处分问题的几点看法》，载中国法学网，http://iolaw.cssn.cn/bwsf/201912/t20191223_5063741.shtml?from=timeline，最后访问日期：2020年2月2日。

而独立成立，即原因（债权）行为的无效或者撤销不能导致物的履行行为的当然无效和撤销。理由是物权行为的履行是基于物权行为中的合意，而不是基于原因行为（如债的合同），所以物的履行行为是物的合意的结果。按照物权行为无因性原则理论，在债权行为无效或被撤销的情况下物权行为仍然有效，其法律效果是无论债权（即原因行为）是否有效，物权行为（即不动产物权登记变动、动产交付）均为有效，受让人取得物之所有权，因而无论其如何处分，都有效，即便第三人主观上非善意也发生物权再次变动的法律效力。原所有权人只能依据不当得利要求返还。但是我国立法中并未采用此项原则。

《民法典》第311条第1款规定，无处分权人将不动产或者动产转让给受让人的，所有权人有权追回；除法律另有规定外，受让人取得该不动产的或者动产的所有权。根据该条规定，首先，无权处分情况下不发生物权变动效果，原所有权人有权追回被无权处分的动产或不动产；其次，第三人可以善意取得该所有权，但该善意取得的条件十分严苛，包括：①第三人在受让该动产或不动产时主观上是善意的；②受让人支付了合理的对价；③转让的不动产或者动产依照法律规定应当登记的已经登记，不需要登记的已经交付。这就是我国《民法典》中的物权的善意取得制度。

从我国《民法典》中的善意取得条件看，其明确规定第三人取得物权的条件之一是支付了合理对价，而非仅仅强调其主观上的善意和物权变动的形式主义。同时，物权法还规定，第三人善意取得不动产或者动产的所有权的，原所有权人有权向无处分权人请求赔偿损失。此处明确规定了原所有权人有权要求"赔偿损失"，其实质意义是将无权处分认定为侵权行为，而非依据不当得利要求返还。因此，我国《民法典》及司法实务中均采取物权行为的独立性，但不认可物权行为的无因性原则，而是采用物权行为的效力受其原因行为影响，即有因性原则。

（八）有因民事法律行为和无因民事法律

有因民事法律行为和无因民事法律行为的分类是基于两个民事法律行为先后发生，前一行为是后一行为的原因，后一行为是前一行为的结果。如果不存在前后发生的且互为因果的两个民事法律行为，则此种分类就失去了法律意义。

如前所述，所谓无因民事法律行为是指民事法律行为的效力和结果不依赖其原因行为而独立成立，原因民事法律行为的无效或者撤销不能导致履行行为的当然无效和撤销。所谓有因民事法律行为是指民事法律行为的效力和结果依赖其原因行为，原因民事法律行为的无效或者撤销必然导致履行行为的当然无效和撤销。所谓有因、无因民事法律行为不仅在物权行为和债权行为之上，还存在于票据行为之上。

票据行为的无因性是世界立法通例。但我国《票据法》第10条中关于"票据与其基础关系"的规定是：票据的签发、取得和转让，应当遵循诚实信用的原则，具有真实的交易关系和债权债务关系。票据的取得，必须给付对价，即应当给付票据双方当事人认可的相对应的代价。第21条关于"出票行为的有效条件"规定，汇票的出票人必须与付款人具有真实的委托付款关系，并且具有支付汇票金额的可靠资金来源。不得签发无对价的汇票用以骗取银行或者其他票据当事人的资金。由此有人认为我国立法上不承认票据的无因性。但是这种认识是片面的。

我们认为，我国立法上对于票据行为采用的是相对无因性原则，票据行为的无因性并不是指票据行为没有原因，而是指票据行为作出后，票据的原因关系对已生效的票据行为没有影响。2020年《最高人民法院关于审理票据纠纷案件若干问题的规定》第13条规定，票据债务人以《票据法》第10条、第21条的规定为由，对业经背书转让票据的持票人进行抗辩，人民法院不予支持。依据该司法解释规定，即便票据当事人违反了《票据法》第10条、第21条等规定，签发、取得和转让了没有真实交易关系、债权债务关系、委托付款关系的票据，票据关系并不必然无效。只要票据本身符合《票据法》规定的要价，票据关系依然可以有效，票据债务人就应当按照票据记载的事项对票据债权人承担票据责任。

三、以赠与为例分析各类民事法律行为之认定

案例33

原告武某某系郑某（女）与武某（男）婚生女儿。郑某与武某婚姻存续期间共有两套房产，其中一套A房产系武某单位房改房，产权证记载房屋权属人为武某。另一套B房产系双方婚姻关系存续期间购买的商品房。武某与郑某协议离婚时，在离婚协议中约定，B房产归郑某所有，

A 房产归武某所有，女儿武某某由武某抚养等。双方离婚后不久，郑某与武某在某区公证处办理了公证，该公证书载明：A 房产，虽以武某名义登记，但武某和郑某自愿决定将这一共有财产全部赠与女儿武某某，今后该房的权利义务均与赠与人无涉。后双方又签订一份《补充协议》，约定在民政部门办理离婚手续时所附的协议无效，明确了 A 房产（即讼争房）归女儿武某某所有。

因武某一直未承担抚养责任，女儿武某某实际一直由母亲郑某抚养，为此郑某起诉至人民法院，请求变更抚养权。某区人民法院经审理作出了民事调解书，变更为武某某由郑某抚养。后因武某未予变更上述讼争房产的权属，郑某遂以原告武某某的名义向法院提起诉讼，请求武某将讼争房交付武某某、办理房产过户手续等。

在庭审中，被告武某辩称：其不同意原告的诉讼请求。赠与公证书及《补充协议》确有将讼争房赠与女儿武某某之意，但这是以享有女儿抚养权为前提条件，赠与协议实际是附条件的。现在女儿已不由被告抚养，讼争房又是其单位分配的福利房，现在自己无房可居住，故该房理应归自己所有。

经审理，人民法院认为：本案是房产赠与纠纷，原告请求的是履行经公证的房屋赠与协议。被告武某所签的将 A 房产赠与原告武某某的协议，经公证确认，合法有效，应予履行。被告在补充协议中再次作了将讼争房归属武某某的意思表示，这是其确认并有证据证明的事实。因此，被告理应依约履行房屋赠与的法定义务。根据《中华人民共和国合同法》第一百八十八条的规定，经过公证的赠与合同，赠与人不交付赠与财产的，受赠人可以要求交付。现被告不履行交付赠与房产的义务，故原告作为受赠人有权请求赠与人依约履行交付义务。

至于被告称房产赠与是以其拥有原告抚养权为前提的附条件协议，但未能提供相关证据予以证实，且赠与协议所附条件只能基于相对方即受赠人所设定，而抚养权则是基于原告与父母之间的关系而产生，这是两个不同的法律关系。另被告以其无房居住等为由拒绝履行房屋赠与协议，鉴于被告属国家公务员，目前并无充分证据证明被告经济状况显著恶化，故被告并不存在《中华人民共和国合同法》第一百九十五条所规定的不予履行赠与合同的情形，因此被告以上述理由不同意履行房产赠与协议，理由亦不充分。综上所述，原告请求被告办理讼争房过户手续、履行房产赠与协议合法有据，本院予以支持。判决被告武某于本判决书送达之日起一个月内，办理北京市某区某新村某苑 A 栋 13 号 701 房产的过户手续。

问题：

1. 赠与是单方民事法律行为还是双方民事法律行为？是否只需一方当事人的意思表示就可以成立？
2. 赠与是单务民事法律行为还是双务民事法律行为？
3. 赠与是诺成性民事法律行为还是实践性民事法律行为？
4. 赠与是要式民事法律行为还是非要式民事法律行为？
5. 赠与是负担行为还是处分行为？
6. 赠与是有因行为还是无因行为？
7. 本案中被告能否撤销赠与？

（一）赠与是双方民事法律行为

单方民事法律行为是基于一方当事人的意思表示即可成立的民事法律行为。双方民事法律行为是基于双方当事人的意思表示一致而成立的民事法律行为。除了法律另有规定以外，单方民事法律行为自行为人独立表达其意思时即可成立，而双方民事法律行为则自双方当事人意思表示一致时成立。

《民法典》第 657 条规定，赠与合同是赠与人将自己的财产无偿给予受赠人，受赠人表示接受赠与的合同。由此可见，赠与必须经赠与人与受赠人就赠与事项意思表示达成一致方可成立，因此，赠与是双方法律行为。

（二）赠与是单务民事法律行为

所谓单务民事法律行为是指民事法律行为的一方当事人负有义务，而另一方当事人仅享有权利。双务民事法律行为则是指民事法律行为的双方当事人均承担义务，也都享有权利，而且，彼此的权利和义务相互关联、互为条件，一方的义务就是另一方的权利。在赠与行为中的赠与人负有交付赠与物的义务，而受赠人则享有请求赠与人给付赠与物的权利。其权利义务都是单方面的，故而赠与是单务民事法律行为。

（三）赠与是诺成性民事法律行为

如前所述，诺成性民事法律行为是当事人双方意思表示一致即可成立的

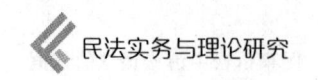

行为，它不以标的物的交付为要件；实践性民事法律行为是除当事人意思表示一致之外，还需要交付标的物才能成立的民事法律行为，又被称为要物行为。

赠与合同的性质到底是实践合同还是诺成合同对赠与合同的撤销尤为重要。《民通意见》第128条中规定，公民之间赠与关系的成立，以赠与物的交付为准。赠与房屋，如根据书面赠与合同办理了过户手续的，应当认定赠与关系成立；未办理过户手续，但赠与人根据书面合同已将产权证交于受赠人，受赠人根据赠与合同占有、使用该房屋的，可以认定赠与有效，但应令其补办过户手续。根据这一规定，赠与是实践性民事法律行为，未交付标的物，赠与这一民事法律行为不成立。

但《民法典》第657条规定，赠与合同是赠与人将自己的财产无偿给予受赠人，受赠人表示接受赠与的合同。很显然，合同法中并未将赠与物的交付作为赠与成立的要件，而是规定双方当事人意思表示达成一致赠与合同即成立。因此合同法把赠与合同规定为诺成合同。根据新法优于旧法，法律优于司法解释的法律解释原则，现在应以《民法典》为准，即赠与合同属于诺成合同，而非实践性合同。

（四）赠与是非要式民事法律行为

要式民事法律行为与非要式民事法律行为的区别在于法律是否特别规定了该民事法律行为必须采用特别的形式要件，如果有此类规定，则属于要式民事法律行为，如果没有，则属于非要式民事法律行为。在我国《民法典》中并未规定赠与合同必须采用某种特别形式要件，故而其为非要式民事法律行为。

（五）赠与是负担行为

处分行为，是指以物权的设立、移转、变更或消灭为目的的法律行为。负担行为是指以发生债权债务为其内容的民事法律行为。处分行为直接使某种权利（特别是物权）发生、变更或消灭的法律效力，而负担行为仅为他人创设一项和多项请求权的法律行为。

在赠与法律关系中，赠与人为自己设定将自己财产无偿赠与给受赠人的义务，而非直接使得赠与物发生物权变动，故而赠与行为属于负担行为，而非处分行为。

(六) 赠与既非无因民事法律行为也非有因民事法律行为

如前所述，有因民事法律行为和无因民事法律行为的分类是基于两个民事法律行为先后发生，前一行为是后一行为的原因，后一行为是前一行为的结果，且以后一民事法律行为的效力是否受前一民事法律行为影响为标准进行的划分。但是如果不存在前后发生的且互为因果的两个民事法律行为，则此种分类就失去了法律意义。在赠与法律关系中，虽然赠与人出于各种原因和理由作出赠与意思表示，但是这属于赠与的主观目的或动机，而非原因行为，即便出现瑕疵也是依据意思表示规则进行认定，如出于胁迫、欺诈、重大误解等赠与，可依据意思表示规则认定其赠与意思表示的效力。由于不存在前后发生的且互为因果的两个民事法律行为，故而其既非无因民事法律行为也非有因民事法律行为，在此认定赠与是有因还是无因民事法律行为没有意义。

(七) 赠与的撤销

赠与合同的撤销是指赠与人及其他撤销权人在合同有效成立后，依照法律规定行使撤销权，使合同归于无效的行为。一般可分为两种，即任意撤销和法定撤销。

1. 任意撤销

赠与合同的任意撤销是指赠与合同成立后，赠与财产的权利转移之前，赠与人可以根据自己的意思不再为赠与行为。法律规定赠与的任意撤销，源于赠与的无偿行为。尤其是有的赠与合同的订立，是因一时情感因素而欠考虑，如果绝对不允许赠与人撤销，则对赠与人太过苛刻，也有失公允。所以我国《民法典》第658条第1款规定，赠与人在赠与财产的权利转移之前可以撤销赠与。撤销只能针对已经生效的合同撤销，如果未成立、未生效就不存在撤销合同的问题。如果是实践合同，未交付标的物，合同未成立，也就不存在撤销问题。由此也可以证明我国合同法对赠与规定的是诺成合同，而非实践合同。

但是，如果对赠与人的撤销赠与不加任何限制，则等于赠与合同无任何拘束力，这不符合诚信原则的要求，对受赠人有失公平。所以对于赠与人的任意撤销必须加以一定的限制。

我国《民法典》第658条第2款则规定，经过公证的赠与合同或者依法不得撤销的具有救灾、扶贫、助残等公益、道德义务性质的赠与合同，不适

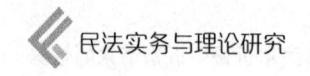

用前款规定。

2. 法定撤销

赠与合同的法定撤销是指在出现法律规定的可以撤销的特定情形时，允许赠与人或其继承人、法定代理人行使撤销权，撤销赠与合同。

由于赠与从源头上来说是一种恩惠，但是如果受赠人接受赠与以后，不但没有感激之情，反而恩将仇报，以怨报德，实施了侵害赠与人利益的行为，或者不履行赠与合同约定的义务，甚至不履行法律规定的义务，给赠与人精神上、物质上造成了损害。此时仍要求赠与人恪守赠与义务，既不合情也不合理。为了保护赠与人的合法权益，法律规定赠与人或其继承人、法定代理人在符合法定条件时可撤销赠与合同，而且这种撤销权的行使有溯及效力，无论赠与标的物给付与否，都可发生使赠与合同失其效力的作用。

我国《民法典》第663条规定，受赠人有下列情形之一的，赠与人可以撤销赠与：①严重侵害赠与人或者赠与人近亲属的合法权益；②对赠与人有扶养义务而不履行；③不履行赠与合同约定的义务。赠与人的撤销权，自知道或者应当知道撤销事由之日起一年内行使。

3. 不履行赠与

《民法典》第666条规定，赠与人的经济状况显著恶化，严重影响其生产经营或者家庭生活的，可以不再履行赠与义务。

4. 《民法典》第658条和第663条之间的适用问题

《民法典》第658条规定了赠与人在赠与财产的权利转移之前可以撤销赠与。经过公证的赠与合同或者依法不得撤销的具有救灾、扶贫、助残等社会公益、道德义务性质的赠与合同或者经过公证的赠与合同，不适用前款规定。

第663条规定，受赠人有严重侵害赠与人及其近亲属的合法权益、不履行抚养义务、不履行赠与合同约定义务等特定情形，赠与人可以行使法定撤销权撤销赠与。

上述两条之间如何适用？即适用第658条是否还必须符合第663条规定的条件？换言之，赠与人在赠与财产的权利转移之前撤销赠与是否必须具备第663条规定的情形之一？具有救灾、扶贫等社会公益、道德义务性质的赠与合同或者经过公证的赠与合同，是否在有第663条规定的情形时也不能撤销？

我们可以做以下理解：

首先，只要赠与财产未转移所有权之前，赠与人都可以任意撤销赠与，但具有救灾、扶贫等社会公益、道德义务性质的赠与合同或者经过公证的赠与合同除外。

其次，只要具备法定撤销事由，不论赠与合同以何种形式订立，甚至经过公证，不论赠与的财产是否已交付，也不论赠与是否属于社会公益和道德义务性质，享有撤销权的人均可以撤销赠与。理由是赠与本是使受赠人取得利益的行为，如果受赠人对赠与人有加害行为或者其他忘恩负义行为的，赠与就失去道义基础，因此法律应赋予赠与人有撤销赠与的权利。

四、民事法律行为的形式

我国民事立法确认民事法律行为可采用的形式包括：明示形式和默示形式两大类。

（一）明示形式

所谓明示形式就是行为人用积极的、直接的、明确的方式表达其内部意思于外部，具体包括用言语进行表达内心意思的口头形式；用文字表达内心意思的书面形式及其他形式，所谓其他形式具体可表现为视听资料形式和须经特定主管机关履行特定手续的特殊书面形式，诸如公证、审核批准、登记等。

《民法典》第135条规定，民事法律行为可以采用书面形式、口头形式或者其他形式；法律、行政法规规定或者当事人约定采用特定形式的，应当采用特定形式。

1. 口头形式

口头形式是行为人通过言语表达其内心意思而成立的民事法律行为，诸如当事人之间当面交谈、电话联系等。口头形式是社会公众在社会生活中广泛适用于民事法律行为的形式。其优点是快捷、迅速，但是，因其缺乏客观记载，在发生纠纷时难于取证，所以，口头形式大多用于即时清结的小额交易行为，而金额较大的、非即时清结的民事法律行为，则不宜采用口头形式。

2. 书面形式

书面形式是行为人以文字符号表达内心意思而成立的民事法律行为。书面形式的优点是通过文字符号将行为人所实施民事法律行为的内容客观地记载于一定的载体上，成为确定当事人权利和义务的依据，有利于防止民事活动中的异议和便于民事纠纷的处理。根据我国《民法典》第469条规定，当

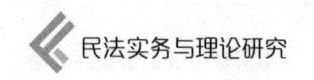

事人订立合同，可以采用书面形式、口头形式或者其他形式。书面形式是合同书、信件、电报、电传、传真等可以有形地表现所载内容的形式。以电子数据交换、电子邮件等方式能够有形地表现所载内容，并可以随时调取查用的数据电文，视为书面形式。

3. 其他形式

（1）视听资料，就是行为人通过录音、录像等所反映的声音和形象以及电子计算机所储存的资料表现民事法律行为内容的形式。

（2）公证就是由公证机关对于民事法律行为的真实性和合法性予以审查并加以证明的方式。公证的作用仅仅是证明民事法律行为是真实的和合法的。当发生争议时，经过公证的民事法律行为具有最强的证据力，当事人不得以其他形式的证据否认公证的效力。应当强调的是，我国法律行为未经公证的，并不影响其法律效力。

（3）审核批准就是指依法必须经有关主管机关审核批准才能成立的民事法律行为。

（4）登记形式就是指依法必须向有关主管机关办理登记才能生效的形式。在我国，基于不动产的公信原则，与不动产（如房屋、土地、交通工具等）相关的民事法律行为一般都依法要办理登记。这是此类民事法律行为的必备形式。

（二）默示形式

默示形式是指不依赖语言或文字等明示形式，而通过某种事实即可推知行为人的意思表示而成立的民事法律行为形式。行为人虽然并没有作出明示的意思表示，但根据法律的规定，可以认定行为人的某种客观事实状态就是表达同意进行民事活动的意思。

《民法典》第140条规定，行为人可以明示或者默示作出意思表示。沉默只有在有法律规定、当事人约定或者符合当事人之间的交易习惯时，才可以视为意思表示。

法律对民事法律行为的默示形式是有严格限定的。只有在法律明确规定或当事人约定的情况下才能认定行为人以默示的形式表示其意思，例如，我国《民法典》第1124条规定，继承开始后，继承人放弃继承的，应当在遗产处理前，以书面形式作出放弃继承的表示；没有表示的，视为接受继承。受遗赠人应当在知道受遗赠后60日内，作出接受或者放弃受遗赠的表示；到期没有表示的，视为放弃受遗赠。

五、民事法律行为的成立

案例 34

甲公司采购员王某到乙公司洽购滚齿机。经当场试机操作，王某对该机成色、质量、性能等表示满意。洽谈中，乙公司要按单价 4 万元出售。王某无法决定，双方便达成以下口头协议：乙公司对这一部滚齿机暂不处理，待王某回甲公司向领导汇报后，若同意购买，便如数汇款；否则，即视为不买，乙公司可另作处理。后甲公司给乙公司汇去人民币 4 万元，注明系购买滚齿机之货款。货款汇出后不久，甲公司重新研究决定不再购买该机，遂要求乙公司退货，但被拒绝。为此，两公司发生纠纷。

甲公司认为，汇款是订货款，滚齿机尚未启运，买卖没有成交。同时，购买滚齿机的目的是专为生产减速器之用，后因机械公司生产减速器计划改变，故不再需要该项设备，所以理应退款、退货。乙公司认为，买卖滚齿机的合同已经成立。双方订立的口头协议是合同成立的基础，甲公司的汇款是双方议定的合同成立的条件。因此，甲公司要求退款、退货是单方面违约行为。

处理本案的关键在于正确把握两公司之间买卖滚齿机的法律行为是否成立和有效这一中心环节。《民法典》第 134 条第 1 款规定，民事法律行为可以基于双方或者多方的意思表示一致成立，也可以基于单方的意思表示成立。《民法典》第 143 条规定，具备下列条件的民事法律行为有效：①行为人具有相应的民事行为能力；②意思表示真实；③不违反法律、行政法规的强制性规定，不违背公序良俗。

双方民事法律行为意思表示一致方才成立，同时具备《民法典》第 143 条规定的三个要件时才能生效，并依法产生法律约束力。

本案中，双方当事人意思表示已经达成一致，即合同已经成立。对于效力问题，首先，两公司都具有相应的民事行为能力，都是在其核准登记的生产经营和业务范围内活动；其次，本案中两公司签订购买滚齿机合同的民事法律行为意思表示是真实的；最后，本案中不存在违反法律、行政法规的强制性规定，也不违背公序良俗。

应当指出，并不是所有的民事法律行为在成立以后，都可以直接在当事人之间发生法律效力，正如本案中两公司虽口头上订立了购买滚齿机合同，但并未立即发生法律效力，必须在按照约定的条件——如数汇款后才发生法律效力。

以上是民事法律行为成立、生效的实质要件，除此以外，还应具备形式要件。《民法典》第135条规定，民事法律行为可以采用书面形式、口头形式或者其他形式；法律、行政法规规定或者当事人约定采用特定形式的，应当采用特定形式。

本案中两公司签订的合同形式就属于明示的口头形式，双方当事人均以口头的形式明确向对方表示了自己的意思并付诸行动。其形式也符合法律规定。因此，本案买卖合同已经成立，且合法有效，双方当事人都必须严格遵守法律行为的规定，不得随意变更和终止。甲公司的理由不能成立。

（一）民事法律行为成立的一般要件

民事法律行为的一般成立要件有三：当事人（民事法律行为主体）、标的（民事法律行为客体）、意思表示（民事法律行为内容）。

《民法典》第134条规定，民事法律行为可以基于双方或者多方的意思表示一致成立，也可以基于单方的意思表示成立。法人、非法人组织依照法律或者章程规定的议事方式和表决程序作出决议的，该决议行为成立。

（二）特殊成立要件

特殊成立要件是成立某一具体民事行为除一般条件外的其他特殊事实要素。

（1）实践行为（要物行为除意思表示外还）须交付标的物。例如：定金合同、保管合同、借用合同、自然人之间的借款合同都是实践合同，自标的物交付时成立。

（2）要式法律行为须作成法定形式。例如：遗嘱必须依照《继承法》的规定做成法定形式（五种），否则遗嘱未成立。

《民法典》第135条规定，民事法律行为可以采用书面形式、口头形式或者其他形式；法律、行政法规规定或者当事人约定采用特定形式的，应当采用特定形式。

六、民事法律行为的生效

（一）民事法律行为生效一般要件

《民法典》第 136 条第 1 款规定，民事法律行为自成立时生效，但是法律另有规定或者当事人另有约定的除外。第 143 条规定，具备下列条件的民事法律行为有效：①行为人具有相应的民事行为能力；②意思表示真实；③不违反法律、行政法规的强制性规定，不违背公序良俗。

依据上述法律规定及民法理论，民事法律行为成立后并不一定发生法律效力，而是要符合法定要件之后，方可发生法律效力。民事法律行为生效要件包括四个方面：①行为人具有相应的民事行为能力；②意思表示真实；③内容不违反法律或者社会公共利益；④标的需确定、可能。

上述四个要件中，前三个要件是我国《民法典》中的明确规定，而第四个要件则是民法理论上的要件，在实务中也具有实际意义。

（二）标的确定、可能

标的确定、可能，是指民事法律行为的可以实现。民事法律行为的不可能实现称为标的不能。可以分为以下几种：

1. 事实不能与法律不能

事实不能是指行为所规定的事项在事实上不可能实现，如买卖合同的标的物已经灭失；法律不能是指因法律上有禁止性规定而致不能，如合同以禁止流通物为标的物。法律不能构成违法行为。如果标的事实不能产生于民事法律行为之前，如根本不存在意思表示的标的物，导致民事法律行为不成立；如果标的事实不能产生于民事法律行为之后，则导致民事法律行为的解除，如合同签订后标的物灭失；如果标的物属于法律不能，即法律禁止该标的物流通（买卖毒品）则民事法律行为无效。

2. 自始不能与嗣后不能

自始不能是指行为的内容从行为开始时即可认定是无法实现的，如房屋买卖合同成立之前该房屋已将焚毁；嗣后不能是指行为的内容在行为成立时实现尚属可能，只是在行为成立以后由于事实上或法律上的原因致使不能。如上述房屋买卖合同在签订后房屋被焚毁。嗣后不能只能导致行为的解除，并不影响行为的生效；自始不能的，行为不成立。

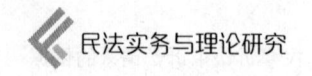

3. 部分不能与全部不能

全部不能是指行为的内容全部不具备实现的可能性；部分不能指的是行为的部分内容不具备实现的可能性。全部不能的，该行为应为无效或不成立；部分不能的，部分无效，其余可能部分应有效，但一部分不能使行为目的不能实现者，应全部无效。

4. 永久不能与一时不能

永久不能是指行为的内容永久不可能实现；一时不能是指行为的内容暂时不可能实现，嗣后可能实现。永久不能，行为无效；一时不能，并不影响民事法律行为的生效。

5. 客观不能与主观不能

客观不能是指不能的原因与当事人无关，如房屋因地震被损毁；

主观不能是指不能的原因存在于当事人，客观不能使民事法律行为无效或解除，主观不能只有在相对人知其不能时，才使民事法律行为无效。

（三）民事法律行为的特别生效要件

（1）附条件的民事法律行为，条件成就时，民事法律行为生效。

（2）附期限的民事法律行为，期限到来之时民事法律行为生效。

（3）法律特别规定应当具备某种形式时，民事法律行为只有符合该特别形式的情形下才生效。

（4）其他特别生效要件。法律特别规定或当事人特别约定的特殊情形下才生效的民事法律行为，具备该特殊情形时民事法律行为才生效。

七、民事法律行为的效力形态

民事法律行为的效力可以分为有效民事法律行为、效力待定民事法律行为、可撤销民事法律行为、无效民事法律行为。

有效民事法律行为是指具备民事法律行为生效的实质要件和形式要件，能够依据当事人意思表示发生法律效力的民事法律行为。在司法实务中，即便当事人不对民事法律行为的效力发声质疑，因涉及国家、社会及他人合法利益，人民法院或仲裁机构都要对民事法律行为的效力进行查明和论证，这是作出民事判决、裁定和仲裁裁定的基础。

效力待定民事法律行为是指民事法律行为已经成立，但其是否发生法律效力有待于追认权是否追认的民事法律行为。

可撤销民事法律行为是指民事法律行为已经成立且生效，但由于意思表示存在瑕疵，故而赋予民事主体在一定期限内通过诉讼或仲裁撤销该民事法律行为使其归于无效的民事法律行为。

无效的民事法律行为是指民事法律行为虽然成立，但是由于欠缺法定生效要件，故而不产生当事人意思表示内容效力的法律行为。无效民事法律行为并非不产生法律效力，而是不产生其意思表示所追求的法律效果的法律效力，有可能产生其他法律效力，如双方恶意串通的民事法律行为不发生双方当事人合同约定内容的法律效力，但恶意串通行为给他人造成损害的，产生赔偿他人损失的法律效力。

我国民法中关于民事法律行为的效力只有上述四种情况，关于合法有效的民事法律行为是正常的民事法律行为的效力状态，我们不再赘述，下面分别就民事法律行为效力的非正常状态予以详述。

八、效力待定民事法律行为

效力待定民事法律行为又称效力未定民事法律行为，是指民事法律行为已经成立，但其是否能发生法律效力尚不能确定，还待于有追认权的民事主体是否追认来确定其效力的民事法律行为。

（一）效力待定民事法律行为类型

我国现行法律中，效力待定民事法律行为类型主要有四种：

1. 限制民事行为能力人实施的依法不能独立实施的民事法律行为

限制民事行为能力人实施的与其年龄、智力、精神健康状况不相适应的民事法律行为效力待定。包括双方行为，如合同行为，也包括单方行为，如抛弃所有权等。

2. 无权代理行为

无权代理是指没有代理权、超越代理权或代理权终止后代理人仍以被代理人名义实施的民事法律行为。

3. 未经债权人同意的债务转移行为

我国《民法典》第551条规定，债务人将债务的全部或者部分转移给第三人的，应当经债权人同意。债务人或者第三人可以催告债权人在合理期限内予以同意，债权人未作表示的，视为不同意。

依此规定，债务人未取得债权人同意而转让其债务的，转让行为在债权

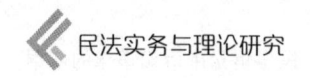

人追认前，该行为的效力待定。

(二) 效力待定民事法律行为的催告、追认与撤销

效力待定民事法律行为由于其效力在行为成立时尚不能确定，只有经过有追认权的民事主体在一定期限内作出是否追认的意思表示方可确定其效力。如果在追认期内追认权人明确表示不予追认或经过追认期后未作追认的，该民事法律行为无效，如果在追认期内追认权人作出追认的意思表示，该民事法律行为有效。而且法律也赋予了善意相对人在有追认权的民事主体在追认之前撤销的权利。

如《民法典》第145条规定，限制民事行为能力人实施的纯获利益的民事法律行为或者与其年龄、智力、精神健康状况相适应的民事法律行为有效；实施的其他民事法律行为经法定代理人同意或者追认后有效。相对人可以催告法定代理人自收到通知之日起30日内予以追认。法定代理人未作表示的，视为拒绝追认。民事法律行为被追认前，善意相对人有撤销的权利。撤销应当以通知的方式作出。

还有，《民法典》第171条第1、2款规定，行为人没有代理权、超越代理权或者代理权终止后，仍然实施代理行为，未经被代理人追认的，对被代理人不发生效力。相对人可以催告被代理人自收到通知之日起30日内予以追认。被代理人未作表示的，视为拒绝追认。行为人实施的行为被追认前，善意相对人有撤销的权利。撤销应当以通知的方式作出。

九、可撤销民事法律行为

(一) 欺诈

案例35

王某花费20万元在某购物中心购买了一只18K金劳力士手表。该购物中心将某钟表质量监督检测中心对该表作出外观件经过改装的检验鉴定证书交给王某。后王某将该表送修时，劳力士特约维修店以表非原厂出品拒绝维修。王某便将某购物中心起诉至法院称，某购物中心隐瞒手表为仿制劳力士手表的事实属欺诈行为，故要求某购物中心退还货款，增加一倍赔偿等。

但一审法院驳回王某的诉讼请求，王某上诉后二审法院驳回王某的上诉，维持一审判决。

一审、二审法院未支持王某诉讼请求的原因是某购物中心将某钟表质量监督检测中心对该表作出外观件经过改装的检验鉴定证书交给了王某，这表明对于该手表并非原装而是经过了改装的事实告诉了原告王某，而王某对此并未提出异议，因此某购物中心并未隐瞒该商品的具体情况，原告王某对于手表的真实情况是知晓的，其也并未做出错误的意思表示，故本案某购物中心不存在欺诈。

1. 欺诈的概念

所谓欺诈，是故意欺骗他人，使之陷于错误的行为。受欺诈而实施的行为，则是由于他人的欺诈行为陷于错误，进而作出的意思表示。《民通意见》第68条规定，一方当事人故意告知对方虚假情况，或者故意隐瞒真实情况，诱使对方当事人作出错误意思表示的，可以认定为欺诈行为。《民法典》第148条规定，一方以欺诈手段，使对方在违背真实意思的情况下实施的民事法律行为，受欺诈方有权请求人民法院或者仲裁机构予以撤销。

2. 欺诈的构成要件

（1）在欺诈人方面：①须有欺骗他人的行为。欺诈行为是故意把不真实的情况表示给别人，无论虚构事实、歪曲事实或者隐匿事实均属之。欺诈既可以表现为积极行为，也可以表现为消极行为。但消极行为尤其是沉默，则必须是法律、合同或者商业习惯上有告知事实的义务，而未告知时才能构成欺诈。②须有欺诈故意。欺诈故意，是指具有欺骗他人的故意，这种故意的含义包括两层：一是使相对人陷于错误的故意，即行为人明知自己所表示的情势不真实，并且明知相对人有陷入错误的可能；二是有使相对人陷于错误而作出意思表示的故意。这两种故意从根本上妨碍了被欺诈人意思形成的自由。

（2）在被欺诈人方面：①须被欺诈人因受欺诈而陷于错误。被欺诈人陷于错误与欺诈人的欺诈行为之间须有因果关系。如果被欺诈人并不陷于错误，或者虽然陷于错误，但该错误不是受欺诈而产生，则欺诈行为不能成立。②须被欺诈人因错误而作出意思表示，即错误与意思表示之间也须有因果联系。如果被欺诈人虽然陷于错误，但是并没有因之而作出意思表示；或者虽有意思表示，却不是因错误所致，欺诈行为也不能成立。

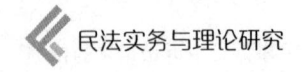

3. 欺诈的法律效力

欺诈是在一方当事人采取欺骗手段使当事人陷入错误而做出的意思表示，如果当事人知道事实真相便不会做出该意思表示，因此该意思表示并非当事人的真实意愿，故而该意思表示存在瑕疵，故而并非当然法律效力。《民法通则》第58条将因欺诈作出的意思表示规定为无效，而《合同法》第52条规定以欺诈的手段订立合同，如果损害国家利益，则为无效合同；第54条将因欺诈订立的合同的效力规定为可撤销或可变更。《民法典》第148条和第149条将因欺诈作出的意思表示的效力规定为可撤销，删除了合同法中规定的可变更规定。《民法典》中删除了《合同法》第52条和第54条的规定，统一适用《民法典》第148条和第149条的规定。

（二）胁迫

案例36

> 陈某开办某拉丝厂，该厂的用电是通过该镇供电站为拉丝厂设立的一条专线。某夏日，该供电站站长的小舅子张某送来一卡车西瓜，要求陈某买下，陈某拒绝，当晚拉丝厂的电就被停掉。电站站长告知陈某线路需要检修。第二天，张某再次将西瓜拉来，并说只要陈某买下西瓜，电就可以送上。陈某无奈，只得以高于市场的价格买下全部西瓜。当晚电也真的就来了。

该案例中陈某购买张某的西瓜并非出于自愿，而是因为在陈某拒绝了张某的要求后，张某的姐夫利用其手中职权中断了陈某开办的拉丝厂的电力供应，使其生产停顿，如果陈某第二次拒绝张某的要求，其损失更大，故而不得已购买了张某的西瓜。此案中张某与其姐夫双方串通，以断电的手段强迫张某购买其西瓜在民法上就是胁迫。

1. 胁迫的概念

胁迫是因他人的威胁或者强迫，陷于恐惧而作出的不真实意思表示。威胁是指以预告未来的损害使相对人精神感到恐惧。强迫是指以对相对人或其亲属的身体强制或伤害。当事人因受胁迫而作出的不真实的意思表示，即胁迫行为。《民通意见》第69条规定，以给公民及其亲友的生命健康、荣誉、名誉、财产等造成损害或者以给法人的荣誉、名誉、财产等造成损害为要挟，迫使对方作出违背真实的意思表示的,可以认定为胁迫行为。《民法典》第150条仅规定了受胁迫行为的法律效力,对于胁迫的具体表现形态没有作出具体规定。因此,在今后的司法实践中,仍可参照《民通意见》上述规定的精神,对是否构成胁迫进行认定。

2. 胁迫的构成要件

(1) 在胁迫人方面:①须有胁迫行为存在。胁迫是不正当地预告危害,以使他人陷于恐怖的行为。②须有胁迫的故意。胁迫人的故意包括两个方面:第一,须有胁迫相对人使之产生恐惧的故意;第二,须有使相对人因恐惧而作出意思表示的故意,即胁迫的目的在于使相对人作出迎合性意思表示。③须预告危害属于不正当。所谓不正当,即违背诚实信用原则和公认的道德准则。违法当然属于不正当,但不正当却不一定都违法。例如,某甲对某乙说:"如果不签订合同,则告发你私拿回扣的事。"私拿回扣属于违法甚至犯罪行为,检举该违法犯罪行为本身合法,但是以检举其违法犯罪为要挟,强迫对方签订合同的主观目的明显不正当。被胁迫者即便签订了合同也非其意思自由的表达。

(2) 在被胁迫人方面:①须因受到胁迫而产生恐惧。如果胁迫人纵然施加胁迫,但被胁迫人并不因此恐惧,或虽有恐惧,但恐惧并不是因胁迫而生,就不能构成受胁迫而实施的可撤销民事行为。②须因恐惧作出意思表示。即胁迫人的意思表示与其恐惧须有因果联系。而且,其意思表示,又须迎合胁迫人的意思作出。这两个方面必须同时存在,如果被胁迫人并不因胁迫而恐惧,就不能构成受胁迫而实施的行为。进一步看,即使被胁迫人产生恐惧,但是所实施的行为却不迎合胁迫人的意思,也还是不能构成受胁迫而实施的行为。因为,受胁迫而实施的行为,其实质在于行为人的意思形成和表示均受到不正当干涉。

3. 胁迫的法律效力

胁迫是在一方当事人采取威胁、强迫手段使当事人陷入恐惧而做出的意思表示,如果当事人未被威胁、强迫便不会做出该意思表示,因此该意思表示并非当事人的真实意愿,该意思表示存在瑕疵,故而并非当然法律效力。与欺诈一样,《民法通则》第58条将因胁迫作出的意思表示规定为无效,而《合同法》第52条规定以胁迫的手段订立合同,如果损害国家利益则为无效合同;第54条将因胁迫订立的合同的效力规定为可撤销或可变更。《民法典》

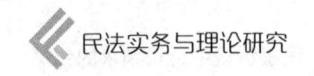

第 150 条将因胁迫作出的意思表示的效力规定为可撤销,删除了《合同法》中规定的可变更规定。

(三) 重大误解

我们看两个案例:

案例 37

一男子在旅店住房,房中的酒架上有许多酒且有标价,男子未注意标价以为是免费的于是喝了。男子的行为是否构成意思表示?旅店要求其付款,他能否拒付?

该案可以用意思表示及合同法原理解答:旅店将明码标价的洋酒放在房间内,构成了以实物形式提出的买卖合同要约,该男子取而饮之构成承诺。双方达成了买卖合同。但是值得注意的是,在男子喝酒时误以为是免费,因而重大误解,原则上可请求法院予以撤销,但是在撤销前该合同仍然是有效的。即便通过法院认定其重大误解,撤销了合同,其法律后果是返还,但是因为原物已经无法返还,最公平的处理是该男子在市场上买一瓶与被喝的洋酒同样品牌、重量、包装的酒,或赔偿该酒的市场价,而非酒店标明的价格。这一后果与如果该男子知道该酒非免费而喝的法律后果是不一样的。明知非免费而喝就是按照酒店发出的邀约进行了承诺,同意了酒店标出的酒的价格,该合同合法有效,就应当按照酒店标明的价格支付款项。

案例 38

某教授做讲座有一签名本,要买其书籍的人就签名,一学生迟到误以为是签到用的,所以签了。学生是否必须购买该教授的书?

本案学生的签字行为不构成重大误解,重大误解要求行为人对其行为的法律效果有认识,只是认识有偏差。而本案中虽然教授放置签名本的行为构成要约,但是该学生的签字行为并不构成承诺。如前所述,民法中的意思表示包括行为意思、表示意思、效果意思和表示行为,该学生欠缺表示意思和效果意思,所以不构成承诺的意思表示,因而双方也并未达成买卖合同,自然不用付款购书。

1. 重大误解的概念

重大误解行为是基于重大错误认识而实施的意思表示。所谓重大误解，《民通意见》第71条的解释是行为人因对行为的性质、对方当事人、标的物的品种、质量、规格和数量等的错误认识，使行为的后果与自己的意思相悖，并造成较大损失的，可以认定为重大误解。鉴于《民法典》第147条对重大误解的具体内涵亦未作出明确规定，因此司法实践中仍可参照《民通意见》上述关于重大误解的精神，判断是否构成重大误解。

2. 重大误解的构成要件

（1）须有错误认识。所谓错误认识，既包括表意人方面的错误，也包括受意人的误解。前者是发动型错误，后者则是受动型错误。错误的形态多种多样，包括民事法律行为主体、标的、价格、数量、履行时间、地点、法律关系等都可能发生认识错误而造成重大误解。如将张三当作李四而与之签订合同；把鎏金当作纯金；把市斤当成公斤；把借用误认为租赁等。

（2）须当事人不知道其认识错误。即当事人非故意发生了认识上的错误。如果是故意搞错，那就属于欺诈或虚伪行为，而不再是误解行为。

（3）须错误性质严重。轻微的认识错误因对双方利益损害不大，故而一般轻微的误解不影响意思表示的效力，只有错误性质比较严重或后果重大，才构成民法上的重大误解。何为重大？何为严重？一般应从表意人的角度审视，司法实践中的标准是，如果没有此误解，就不会做出该意思表示。

3. 司法实践中对重大误解判断的规则

（1）解释先行于错误。在判断是否属于重大误解的时候，应当先解释意思表示的客观意义，再判断该客观意义与其内心真意之间是否发生重大错误认识。如前述误喝洋酒案中，我们应这样解释：首先，应当认为酒店标价陈列洋酒系发出了订立买卖合同的要约，男子饮用洋酒的行为系作出购买该酒的承诺，酒店与该男子建立了洋酒买卖合同；其次，为了保护该男子的意思自治，其内心意思（赠与的承诺）与经由解释的客观意思（买卖的承诺）不一致；再次，我们得出该男子对其行为的性质发生错误认识，且符合重大误解的构成要件，故其享有撤销合同的权利；最后，该男子撤销合同后，应对酒店承担缔约过失责任或返还不当得利的责任，即其须按照市场价格支付价款。

如果我们不遵循这一解释规则，就会得出酒店与该男子的意思表示不一

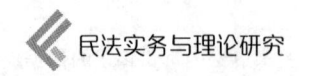

致，既不成立买卖合同，也不成立赠与合同。这样一来，事情就无法处理了，也与重大误解没有关系，但是这种解释方法是错误的解释方法。

（2）标的物错误认识的认定。①只有对标的物的性质发生重大认识错误，才属于重大误解，而仅仅只是对其价值认识错误不构成重大误解。例如某甲有一古字画，乙认为其价值100万元，故而与甲经讨价还价以60万元成交。但是经鉴定机构鉴定，该字画价值只有40万元。此时，乙不属于重大误解。理由就是乙仅仅对字画的价值认识错误，而非对其性质发生认识错误。换个角度，如果甲乙二人都认为该字画属于古字画，乙以60万元够得，但是经鉴定这是一幅赝品。此时就是重大误解了，因为双方当事人都对标的物的性质认识发生重大错误。②对标的物性质的错误，限于"意思表示作出时"发生的错误，对于未来发生情况的错误认识，属于投机的范围，不构成重大误解。

案例39

甲刚将自己的房产以100万元的价格出卖给乙，且交付了房屋，但尚未办理过户登记。一个月后，政府公布将该房屋所在地规划为商业中心，致使该房屋的市价猛增至200万元。

此例中，甲在合同签订时对于房产价值的认识没有任何错误，只是由于客观条件变化使该房屋大大增值，故不属于重大误解。当然此例有可能符合情势变更情形，可以通过诉讼以情势变更为由要求变更合同。

（3）误载不害真意。若当事人就意思表示已经达成一致，仅仅用错了词，不属于重大误解，按照其一致的意思表示确定法律行为的内容和效力。

案例40

甲、乙双方签订的合同载明：甲向乙出售100吨舟山黄鱼。甲、乙订立合同时都以为"舟山黄鱼"是小黄鱼，但是舟山黄鱼实际上是大黄鱼。大黄鱼要比小黄鱼贵得多。

在此例中，甲、乙双方一致的意思表示是"小黄鱼"，仅用错了词写成了"舟山黄鱼"（大黄鱼），因此甲、乙间成立有效的小黄鱼买卖合同，而非大黄鱼买卖合同。这就是误载不害真意，而非重大误解。

（4）狭义的动机错误。

案例 41

甲男误以为乙女单身，为向其求爱在某商场购买了价值不菲的钻戒。但乙女已经结婚，不接受其所赠钻戒。

甲男向商场购买钻戒只是动机错误，其对于买卖合同主体、标的均未发生错误认识，因而不构成重大误解。

4. 重大误解与欺诈的区别

案例 42

张某与尚某签订了一份二手车买卖合同，约定尚某将一辆已经使用了 6 年多的二手车以 4 万元价格卖给张某。双方均履行了协议。张某以为，按照一般轿车报废时间为 15 年，该车还可以跑近 10 年。但不久后，张某进行车检时发现该车原为出租车，还有一年多就报废了。于是张某向法院起诉称，尚某故意隐瞒车辆已经接近报废年限这一重大事实，导致对他所购车辆的质量和性质产生错误认识，属欺诈，要求法院判决变更车辆价款，判令尚某返还多付的车价款，并承担所有的诉讼费用。尚某答辩称，张某在订立合同时对该车状况是了解的，根本不存在欺诈，并要求法院驳回张某的诉讼请求。

法院经审理认为，张某跟尚某签订的汽车转让协议法院认定有效，根据汽车报废标准的规定，出租车的使用年限为 8 年，而非营运轿车的使用年限为 15 年。尚某称，签订合同时已告知原告该车原为出租车，但未提供任何证据。结合汽车转让合同中的价格条款，按一般人的生活经验应当认定张某所购的车辆原为出租车，但车辆行驶证上也未载明该车为营运车辆，导致张某在订立合同时误认为该车为非营运车辆，还能再使用 8 年多时间，所以，张某和尚某之间的合同属因重大误解而订立的合同，张某要求变更协议价格条款，应予支持。判决变更双方订立的二手车买卖合同价格条款，车价款由 4 万元变更为鉴定值 2 万元。尚某于本判决生效后 10 日内返还张某车款 2 万元。

本案原告以欺诈为由要求变更合同，而法院则以重大误解变更了合同价款。那么重大误解和欺诈有何区别？虽然重大误解和因欺诈都违背了表意人的内心真实意愿，都是表意人的错误认识，表示意思与效果意思的不一致，其法律效果都是可撤销，但二者的区别仍然是明显的：其一，重大误解的表意人的错误认识来源于自身对民事法律关系中某一因素的误解，与法律关系的另一方当事人的行为无关。而被欺诈的表意人的错误认识则是由欺诈人的欺诈行为所引起，其错误认识与欺诈行为具有因果关系；其二，重大误解的表意人的对方当事人主观上没有欺骗对方的故意，而被欺诈人的错误意思表示则为欺诈人所知，并且是其所期望达到的结果；其三，重大误解以给当事人造成较大损失为构成要件，而民事欺诈则不以此为构成要件。只要被欺诈人因欺诈行为而为错误意思表示，无论有无损失发生均构成欺诈，损失的存在可以作为欺诈人承担侵权责任的要件。

上述案例中，由于没有证据证明尚某在签订合同中时故意隐瞒交易标的物为出租车的故意，因此法院认定为重大误解，而非欺诈。

5. 重大误解的法律效力

《民法通则》第 59 条和《合同法》第 54 条都规定，重大误解的法律后果是可变更或可撤销。《民法典》第 147 条规定重大误解的法律后果是可撤销，删除了可变更的规定。

（四）乘人之危之显失公平

案例 43

某年夏天，天降数天暴雨将甲所在村庄淹没。甲因爬到一棵大树上方逃得性命。正好乙划船过来，甲向其发出求救。乙将船划到甲所在大树底下，表示可以救甲一命，但要求甲事后必须支付其 5 万元救命费，甲表示同意。甲下到船上后乙拿出纸笔，甲给乙写了一张 5 万元的欠条。后来乙向甲索要 5 万元欠款，甲不给，乙便诉至法院，要求被告甲给付 5 万元的劳务费。甲提出反诉，声称自己所写 5 万元欠条是处于危难之际乙迫使自己写的，请求法院撤销该欠条。法院经审理查明以上事实，法院认为甲乙之间不存在欠款关系，所谓的 5 万元欠条，是乙乘甲处于危难之际逼迫甲作出的意思表示，属于乘人之危而为的民事法律行为，应当予以撤销，并判决驳回乙的诉讼请求。

第九章　民事诉讼中诉讼请求的依据

1. 对本案的评析

在《民法通则》和《合同法》中，将乘人之危和显失公平分别规定，但是在《民法典》中将二者合并为一个条款，即第151条。关于"乘人之危"的概念，《民通意见》第70条规定，一方当事人乘对方处于危难之机，为牟取不正当利益，迫使对方作出不真实的意思表示，严重损害对方利益的，可以认定为乘人之危；关于"显失公平"，《民通意见》第72条规定，一方当事人利用优势或者利用对方没有经验，致使双方的权利与义务明显违反公平、等价有偿原则的，可以认定为显失公平。《民法典》第151条规定，一方利用对方处于危困状态、缺乏判断能力等情形，致使民事法律行为成立时显失公平的，受损害方有权请求人民法院或者仲裁机构予以撤销。

乘人之危和显失公平是不同的影响意思表示真实性的因素。乘人之危是因危难处境被他人不正当利用，不得已而作出对自己严重不利的意思表示；而显失公平是一方当事人利用优势或者利用对方没有经验，致使另一方作出的双方权利与义务明显违反公平、等价有偿原则的意思表示。但是二者也有相通之处：第一，根据《民通意见》，显失公平的表现形式是一方当事人利用优势或者利用对方没有经验，其中的利用优势与乘人之危中的对方处于危难之机在很多情况下是一个事物的两个方面，如一方当事人母亲患有恶疾，马上需要巨额手术费需要变卖房产，该当事人就处于劣势，而买房子另一方明显处于优势。如果买房子一方利用对方急需用钱压低房价，其实就是乘对方处于危难之间，利用自己一方的交易优势获得了不当利益；第二，二者都可能造成不公平的结果。根据《民通意见》规定，乘人之危只有在一方当事人谋取了不当利益，另一方当事人利益受到严重损害方可构成，显然这一结果就不公平的；同样根据《民通意见》的规定，显失公平其结果必须是不公平的。因此，虽然从理论上而言，乘人之危和显失公平是两种不同的影响意思表示真实性的因素，但是从司法实践的角度看，乘人之危和显失公平往往是相伴相生，司法实践的案例中很少出现只有其中一种因素。因此《民法典》将二者合并为一个条款，即显失公平的结果只有是在因乘人之危行为才造成的影响意思表示的效力。

上述案例中，甲处于危难之际，乙划船经过，甲处于劣势，乙处于优势，以利用自己的优势要求甲承诺支付自己5万元救命费，甲迫于无奈只能同意，并写下欠条。虽然生命无价，但显然乙索要的5万元的救命费明显是利用了甲处于危难之际，而乙处于优势地位；且5万元费用明显远远超出乙支出正常费用的数额，乙明显获得了不当利益，而甲的利益严重受损，乙的请求当然不能获得支持。

我们再进一步深入研究，如果我们从无因管理角度看，乙的行为属于无因管理，如果乙只向甲索要2000元费用，甲也同意，那么此时，虽然甲处于危难之际，乙也处于优势地位，但乙并未向甲索要高额费用，只是要求其支付高于一般情况下的费用，其结果并未严重损害甲的利益，此时，就应支持甲的请求。

2. 乘人之危之显失公平的构成要件

乘人之危之显失公平须具备以下要件：

（1）利益受损一方。①处于危困之际或缺乏判断能力。利益受损一方当事人在作出意思表示之时处于危险、困难或缺乏判断能力。即利益受损一方当事人在做出意思表示之时，在经济上的困窘，或生命、身体、健康、名誉、自由等方面面临或者陷于危险或困难，或由于年龄、经验、知识、能力等方面欠缺，对事物认识严重不足。②意思表示并非其自愿。即利益受损一方当事人如果处于正常情况下就不会作出该意思表示，但由于处境危困迫于无奈而使自己的意思表示迎合对方当事人的意思表示；或由于判断力不足而作出意思表示。

（2）获利一方。获利一方当事人明知对他人处于危险、困难或缺乏判断能力而加以利用。

（3）结果明显不公平。即依据该意思表示作出的民事法律行为的后果对利益受损一方严重不利，违反了公平原则。

（4）因果关系。即利益受损一方当事人意思表示之作出是获利一方当事人利用危困或缺乏判断力的结果。

3. 乘人之危之显失公平的法律效果

在乘人之危或利用他人缺乏判断力的而实施的行为情况下，利益受损一方当事人的意思形成和表示，都受到了对方当事人的不正当干涉，违背了意思自由原则，因而其意思表示有瑕疵，故而其法律效力并非当然有效。原来的《民法通则》第58、59条和《合同法》第54条都将因乘人之危和显失公平作出的意思表示的效力规定为可撤销、可变更；《民法典》第151条将其效力规定为可撤销。

十、无效民事法律行为

（一）无效民事法律行为类型

1. 无民事行为能力人和限制民事行为能力人实施的民事法律行为

《民法典》第144条规定，无民事行为能力人实施的民事法律行为无效。第145条第1款规定，限制民事行为能力人实施的纯获利益的民事法律行为或者与其年龄、智力、精神健康状况相适应的民事法律行为有效；实施的其他民事法律行为经法定代理人同意或者追认后有效。《民通意见》第6条规定，无民事行为能力人、限制民事行为能力人接受奖励、赠与、报酬，他人不得以行为人无民事行为能力、限制民事行为能力为由，主张以上行为无效。

《民法典》第144条却将无民事行为能力人所实施的全部民事法律行为的效力规定为无效。因此从立法字面意义看，无民事行为能力人无论实施何种民事法律行为都应是无效的。从理论角度而言，无民事行为能力人不能表达自己的意思，因而其所为的民事法律行为是无效的。但是无民事行为能力人所实施的日常生活中简单的民事法律行为，如5岁儿童自己乘坐公交车投币、6岁儿童放学后替妈妈买酱油、7岁儿童放学后买一支铅笔等行为明显也是民事法律行为，其是否有效？根据日常生活经验，这些行为仍然是有效的。对此问题，在《民法总则》的制定过程中就发生过争议。如梁慧星教授负责的《中国民法典草案建议稿·总则编》建议取消无民事行为能力类别[1]，也有一些学者认为"无民事行为能力制度既无法克服无民事行为能力制度的固有缺陷，又严重与加强儿童、成年精神障碍者权益保护的人权发展现状相脱离，充满无视法理时代变迁、不顾世界最新立法趋势固执地沿袭旧法的保守气息"，故明确提出废除该制度[2]。而且在司法实践中，只要无民事行为能力人实施的日常生活中简单的民事法律行为不伤害自身的健康和利益，也不会被认定为无效。

当然无民事行为能力人所实施的复杂的合同行为、抛弃、立遗嘱等单方民事法律行为一概无效。

---

[1] 参见中国民法典立法研究课题组：《中国民法典草案建议稿》（第2版），法律出版社2011年版，第6页、第22~23页。

[2] 参见朱广新：《民事行为能力制度的立法完善——以〈中华人民共和国民法总则（草案）〉为分析对象》，载《当代法学》2016年第6期，第9页。

2. 通谋虚伪行为

案例 44

2012 年底，正拓公司对民生银行有 7000 余万元的逾期贷款无法归还。罗某某向民生银行南昌分行工作人员提出，由有色金属公司向上海红鹭公司购买阴极铜，以商业承兑汇票形式支付货款；再由红鹭公司持该票据向民生银行南昌分行申请贴现，罗某某承诺会确保红鹭公司将所得贴现款用于归还正拓公司的逾期贷款。2012 年 9 月，民生银行南昌分行与有色金属公司、正拓公司签订协议，进行商业汇票贴现，由罗某某与其妻陶某某承担连带保证责任。之后，有色金属公司向红鹭公司开具票面金额为 1.1 亿元的商业承兑汇票，罗某某等与民生银行南昌分行签订《担保合同》，民生银行南昌分行办理商业承兑汇票贴现业务，向红鹭公司支付 1.04 亿元贴现款。正拓公司所欠民生银行南昌分行的逾期贷款已用票据贴现款归还，其余贴现款亦被罗某某实际使用。2013 年 6 月，票据到期，民生银行南昌分行向有色金属公司账户扣收余款遭拒付。此后，民生银行南昌分行向出票人（承兑人）有色金属公司、贴现申请人红鹭公司多次催收，均遭拒。由此引发纠纷。此后，上海市黄浦区人民法院作出刑事判决，认定有色金属公司、罗某某犯骗取贷款罪。后民生银行南昌分行起诉有色金属公司、红鹭公司及保证人罗某某、陶某某等。此案一审判决后，当事人不服上诉到最高人民法院。最高人民法院（2017）最高法民终 41 号民事判决书认为：

民生银行南昌分行与有色金属公司在本案中的真实意思表示是借款；案涉票据活动是各方通谋虚伪行为，所涉相关民事行为应属无效，民生银行南昌分行依法不享有票据权利；本案应按虚假意思表示所隐藏的真实法律关系处理。

关于通谋虚伪，最高人民法院认为：首先，有色金属公司与民生银行南昌分行均明知本案票据开立、贴现及系列合同签订的真实意思表示是借款，只是就民生银行南昌分行而言，其上述行为的主要目的在于能够实现正拓公司归还其逾期贷款，而有色金属公司的目的则除了用该笔借款归还正拓公司的逾期贷款外，还能够再继续获得一部分借款以解决其资金困难问题。其次，对于红鹭公司而言，虽按其所述，其系出于赚取差价签订了案涉合同及相关文书，红鹭公司并不知晓有色金属公司与民生银行南昌分行借新还旧、转嫁风险的真实意图，但是红鹭公司至少明知其与正拓公司、有色金属公司分别签订的《阴极铜购销合同》没有真实交易内容。故对于本案票据的签发、取得和转让不具有真实的交易关系，红鹭公司账户收到的票据贴现款的用途亦并非用于向正拓公司支付票据项下《阴极铜购销合同》的货款，有色金属公司、民生银行南昌分行、红鹭公司均属明知。三方虽然明知本案票据项下无真实交易关系，但出于不同真实目的，相互合谋实施了该票据行为，属于通谋虚伪行为。因此，本案票据活动是各方伪装行为，所掩盖、隐藏的真实行为实际是借款。根据《中华人民共和国民法通则》第五十五条规定及2017年10月1日起施行的《中华人民共和国民法总则》第一百四十六条规定，民事法律行为应当意思表示真实，行为人与相对人以虚假的意思表示实施的民事法律行为无效，以虚假的意思表示隐藏的民事法律行为的效力，依照相关法律规定处理。据此，本院对本案通谋虚伪的票据活动所订立的《阴极铜购销合同》及其《补充协议》《贴现宝合作协议》《贴现申请书》《担保合同》，均确认无效。虽然上述票据活动所涉合同均因属各方伪装行为而应认定为无效，民生银行南昌分行依法不得享有票据权利。

关于如何处理本案纠纷问题，最高人民法院认为：本案中，民生银行南昌分行与有色金属公司之间通谋虚伪行为隐藏的真实意思表示是借款，因此双方之间形成的真实法律关系应是借款关系。由于双方之间的借款为其真实意思表示，且不违反法律和行政法规的禁止性规定，该借款行为应属有效。故有色金属公司应当向民生银行南昌分行归还上述欠款本金及利息。

最终判决江西省有色金属公司于本判决发生法律效力之日起十日内向民生银行南昌分行偿还所欠借款59 536 969.19元及利息，保证人罗某某、陶某某是江西省有色金属公司的关联方，明知为借贷而自愿提供保证，故二人对上述欠款本金及利息承担连带责任；罗某某、陶某某承担连带责任后有权向江西省有色金属公司追偿。

本案是最高人民法院以通谋虚伪法律规定为依据作出的第一例判决，具有借鉴意义。

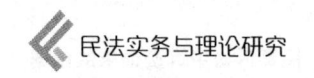

《民法典》第 146 条规定,行为人与相对人以虚假的意思表示实施的民事法律行为无效。以虚假的意思表示隐藏的民事法律行为的效力,依照有关法律规定处理。

依据上述法律规定,所谓的通谋虚伪行为是指表意人与相对人事先通谋,并一致对外作出虚假的、非自己真意的意思表示。从意思表示理论角度看,通谋虚伪行为最基本的特征是双方当事人之间欠缺效果意思。该条将民事法律行为分为两类:伪装行为,即以虚假的意思表示实施的民事法律行为因意思表示的虚假故而必然无效;被隐藏行为,即以虚假的意思表示隐藏的民事法律行为根据被隐藏行为本身的性质而定,如果该被隐藏行为违反了效力性强制性规定或违反公序良俗原则,也无效,但如果被隐藏行为不存在其他无效情形,则应为有效。

《民法总则》与《民法典》中对《民法通则》中规定的"以合法形式掩盖非法目的"情形效力未作出明确规定,该情形如何处理?我们认为,首先,依照本条规定,"以合法形式掩盖非法目的"中具有"合法形式的合同"系伪装行为,应归于无效;其次,"以合法形式掩盖非法目的"中"非法目的"的合同系被隐藏行为,其效力依据相关法律规定处理,不一定仅因其具有"非法目的"就是无效的,应考察其是否违反法律、行政法规的强制性规定或公序良俗,才能决定其是否应归于无效。

3. 恶意串通行为

案例 45

法院经审理查明:甲公司与乙集团存在商业合作关系,因发生争议,双方《和解协议》中约定甲公司因乙集团将旗下丙公司的全部资产,包括土地使用权、建筑物和固着物、所有的设备及其他财产抵押给甲公司,作为偿还债务的担保。后因丙公司未配合进行资产抵押,甲公司申请执行。

丙公司、丁公司、戊公司的直接或间接控制人均为王某某及其妻子儿女。

2006 年 5 月 8 日,丙公司将其国有土地使用权、厂房、办公楼和生产设备等全部固定资产以 2569 万元转让给丁公司,其中国有土地使用权作价 464 万元、房屋及设备作价 2105 万元。王某某和妻子分别作为丙公司与丁公司的法定代表人在合同上签名。

丙公司不仅未能积极配合甲公司到相关部门办理资产抵押登记，反而置双方的《和解协议》于不顾，与丁公司签订买卖合同，将本应抵押给甲公司的土地、厂房、设备等资产转让给丁公司。

丁公司在同一银行的账户转入2500万元，丙公司当日从该账户汇出1300万元、1200万元两笔款项至乙集团旗下关联公司戊公司账户，用途为往来款。

2008年2月21日，丁公司与戊公司（无自己的办公场所，借用其他公司一间办公室，成立后只买一块地，向丁公司付款569万元后无实际经营，账户上也没钱，每年财务报表都他人代做）签订《买卖合同》，将上述土地使用权及地上建筑物、设备等，总价款为2669万元，其中土地价款603万元、房屋价款334万元、设备价款1732万元卖给约定戊公司。戊公司仅向丁公司付款569万元，此后未付其余价款。

因上述系列行为，债务人丙公司已无可供执行的财产，导致无法执行，债权人甲公司遂诉至福建高级人民法院，请求确认合同无效，买受人将取得的合同项下财产返还给财产所有人。

福建高级人民法院支持了债权人的诉讼请求，最高人民法院二审维持了一审判决。

最高人民法院认为：

丙公司、丁公司、戊公司相互之间订立的合同构成"恶意串通，损害第三人利益"，主要理由是：

1. 在丙公司、丁公司的合同签订和履行过程中，关联公司的实际控制人之间系亲属关系，且王某某之妻、王某某分别作为两公司法定代表人在合同上签署。因此，可认定在签署以及履行合同过程中，买受人丁公司对债务人丙公司的状况是非常清楚的。

2. 丁公司购买丙公司的资产并未根据相关会计师事务所的评估报告作价，一审法院根据债务人的资产负债表载明的固定资产价值与买卖合同中资产作价对比后发现，二者存有1000多万元的差别，据此认定存在"不合理的低价"。

丁公司在明知债务人丙公司欠债权人甲公司巨额债务的情况下，以明显不合理低价购买债务人的主要资产，足以证明其与债务人在签订合同时具有主观恶意，属恶意串通，且该合同的履行足以损害债权人甲公司的利益。

3. 丁公司虽向丙公司账户转账2500万元，但该转账并未注明款项用途，且丙公司于当日将2500万元分两笔汇入其关联企业戊公司账户；同时，法院又根据丙公司和丁公司当年的财务报表，并未体现该笔2500万元的入账或支出，而是体现出丁公司尚欠丙公司"其他应付款"一亿多元。一审法院据此认定丁公司并未实际支付价款是合理的。

4. 从公司注册登记资料看，戊公司成立时股东构成及股权变化的过程中可以看出，戊公司在与丁公司签订《买卖合同》时对转让的资产来源以及丙公司对甲公司的债务是明知的。

5. 《买卖合同》约定的价款为2669万元，与丁公司购入该资产的约定价格相差不大。戊公司除已向丁公司支付569万元外，其余款项未付。一审法院据此认定戊公司与丁公司签订《买卖合同》时恶意串通并足以损害债权人利益，并无不当。[1]

《民法典》第154条规定，行为人与相对人恶意串通，损害他人合法权益的民事法律行为无效。

所谓恶意串通是指实施民事法律行为的双方当事人在主观上有恶意损害他人合法权益的共同意思联络，客观上共同实施了损害国家、集体或者第三人利益的行为。从上述指导案例即可看出，在司法实践中认定双方当事人是否存在恶意串通主要从合同签订与履行的过程、各方当事人之间是否存在关联关系、是否存在"不合理的低价"、买方是否明知卖方存在巨额债务等方面来加以判断的。

通谋虚伪与恶意串通有相似之处，但不完全一致，两者存在交叉。一方面，恶意串通当然是通谋，但恶意串通之下所为的民事法律行为未必都是虚伪表示，恶意串通双方所作的意思表示有可能是真实的，比如债权人与债务人恶意串通骗取担保人担保的行为，双方真实的意思就是进行借贷，就是要担保人担保借贷。另一方面，通谋虚伪表示虽通常也是以损害第三人为目的，

---

[1] 本案例根据最高人民法院指导案例33号——瑞士嘉吉国际公司诉福建金石制油有限公司等确认合同无效纠纷案〔（2012）民四终字第1号〕编写。

但却不以损害第三人为必备的要件,有时是出于人情,如子女为免父母推辞不接受,和卖方通谋假意称某贵重物品很便宜。如上可见,通谋虚伪表示与恶意串通二者存在差别。通谋虚伪表示主要考察的是当事人是否具有效果意思,而恶意串通行为,现行法是从当事人主观上有无恶意以及目的是否违法的角度去界定其效力。

4. 违反法律、行政法规的强制性规定的民事法律行为

案例46

2008年甲电大与乙公司签订《合作开发协议书》,约定甲电大出让土地使用权作为投资,乙公司以现金全额投资并独立开发建设学府铭苑;甲电大有权按约定获取2500万元人民币、教学用房、运动场的开发效益,且不承担项目开发建设风险;乙公司享有独自开发部分的土地使用权。2011年,甲电大向乙公司发出《解除函》,称因市政府决定对学校临街出让土地以招拍挂方式公开进行交易,学校已无法履行《合作开发协议书》,决定解除此协议。乙公司因此向某省高级人民法院提起诉讼,请求判令甲电大立即全面履行《合作开发协议书》。甲电大答辩称,双方签订的《合作开发协议书》性质是土地使用权转让合同,该合同违反了《国有资产评估管理办法》第三条第一项、《城镇国有土地使用权出让和转让暂行条例》第十九条、《城市房地产管理法》第三十九条,且该土地使用权没有通过招、拍、挂的方式转让,也违反了《事业单位国有资产管理暂行办法》第二十八条的规定,因此,该合作开发协议应当认定无效。

某高级人民法院判决驳回乙公司的诉讼请求。乙公司不服该高级人民法院判决,向最高人民法院提起上诉,最高人民法院判决:撤销某高级人民法院的判决;甲电大继续履行与乙公司签订的《合作开发协议书》。

最高人民法院认为,"因'违反法律、行政法规的强制性规定'而无效的合同,是指违反了法律、行政法规中的效力性强制性规定,法律、行政法规中的管理性强制性规定不能作为认定合同无效的依据。……《国有资产评估管理办法》《招标拍卖挂牌出让国有建设用地使用权规定》和《事业单位国有资产管理暂行办法》系行政规章,而《城市房地

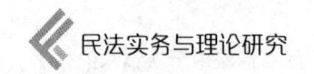

产管理法》第三十九条第二项、《城镇国有土地使用权出让和转让暂行条例》第十九条为法律、行政法规中的管理性强制性规定，均不能作为认定合同无效的依据。甲电大关于合同无效的主张，缺乏法律依据，本院不予支持。乙公司和甲电大之间订立的《合作开发协议书》是双方当事人真实的意思表示，不违反法律、行政法规的强制性规定，合同有效"。

《民法典》第 153 条规定，违反法律、行政法规的强制性规定的民事法律行为无效，但是该强制性规定不导致该民事法律行为无效的除外。违背公序良俗的民事法律行为无效。

所谓的"强行性规定"通常以"应当""必须""不得"等词语表示。从对民事法律行为效力影响角度看，强制性规定有两种类型，一类是效力性强制性规定，一类是非效力性或管理性强制性规定，只有违反效力性强制性规定的才导致民事法律行为无效。

如何区分效力性强制性规定和管理性强制性规定，在理论与实务界关于区分管理性和效力性的强制性规定较为统一的观点主要有以下几方面：

第一，法律、行政法规是否明确规定了违反该规定的民事法律行为无效。如果法律、行政法规明确规定了违反该规定的民事法律行为无效，则属于效力性规定。如《中华人民共和国中外合资经营企业法实施条例》第 20 条第 1 款规定，合营一方向第三者转让全部或部分股权的，须经合营他方同意，并报审批机构批准，向登记管理机构办理变更登记手续。第 4 款规定，违反上述规定的，其转让无效。

另外，我们还需要注意一点，在有些情况下，违反（包括未遵循）法定的行政审批程序，民事法律行为的法律效力是未生效，而非无效。如《中外合资经营企业法实施条例》第 14 条规定，合营企业协议、合同和章程经审批机关批准后生效，其修改时同。再如《探矿权采矿权转让管理办法》第 10 条第 1、3 款规定，申请转让探矿权、采矿权的，审批管理机关应当自收到转让申请之日起 40 日内，作出准予转让或者不准转让的决定，并通知转让人和受让人。批准转让的，转让合同自批准之日起生效。

还有一种情形，就是未经行政机关核准、审批等，虽然不影响合同本身的效力，但是合同标的物不发生物权变动的效力。如著名的 IPAD 商标纠纷案中，苹果公司的影子公司 IP 公司虽然与台湾唯冠公司签订了包括唯冠公司在大陆注册的 IPAD 商标在内的全部商标转让合同，但是依据我国《商标法》第 42 条第 1、4 款规定，转让注册商标的，转让人和受让人应当签订转让协议，并共同向商标局提出申请。转让注册商标经核准后，予以公告。受让人自公告之日起享有商标专用权。因此，即便认定 IP 公司与台湾唯冠公司签订的商标转让合同有效，但是由于未经国家商标局核准，因而不发生商标权转让的法律效果。

第二，法律、行政法规虽然没有明确规定违反该规定的民事法律行为无效，但是违反该规定的后果是严重侵害国家、集体和社会公共利益，或严重违反公序良俗原则，该强制性规定也属于效力性规定。如在"瓦房店市泡崖乡人民政府诉大连顺达房屋开发有限公司土地租赁合同纠纷案"中，最高人民法院认为：

> 案涉租赁合同无效的原因在于：《中华人民共和国森林法》第十五条规定，"下列森林、林木、林地使用权可以依法转让，也可以依法作价入股或者作为合资、合作造林、经营林木的出资、合作条件，但不得将林地改为非林地：……"。《中华人民共和国土地管理法》第六十三条规定，"农民集体所有的土地的使用权不得出让、转让或者出租用于非农业建设……"因此，判断某项规定属于效力性强制性规定还是管理性规定的根本在于违反该规定的行为是否严重侵害国家、集体和社会公共利益，是否需要国家权力对当事人意思自治行为予以干预。土地制度是我国的根本制度，保护森林关系到国家的根本利益，违反上述规定改变林地用途，将会损害国家、集体和社会公共利益。因此，上述规定属于效力性强制性规定。本案泡崖乡政府违反上述规定将属于农民集体所有的林地租赁给顺达公司，用于军事训练，改变了林地用途，故应当认定无效。

第三，如果法律、行政法规的强制性规定仅事关当事人个人利益的，那么该规定仅仅就是为了行政管理或秩序管理需要的，此种情形一般为管理性强制性规定。

如《物权法》规定，以专利、商标等知识产权为标的进行质押的，应当签订书面合同。在司法实务中，如果双方当事人没有签订书面合同，但是确实办理了质押登记，此种情形下质押行为当然有效，而不会因没有签订书面合同就认定该质押无效。再如，在著作权法中也规定，当事人进行著作财产权转让也应当签订书面合同，但是如果当事人没有签订书面合同就将著作财产权转让，同样有效。类似强制性规定就属于只规范当事人个人行为，目的明显是为了管理需要，故而其不属于效力性规范，而属于管理性规范。

如《最高人民法院关于信用社违返商业银行法有关规定所签借款合同是否有效的答复》（法经［2000］27号函）中认为：《中华人民共和国商业银行法》第39条是关于商业银行资产负债比例管理方面的规定。它体现中国人民银行更有效地强化对商业银行（包括信用社）的审慎监管，商业银行（包括信用社）应当依据该条规定对自身的资产负债比例进行内部控制，以实现盈利性、安全性和流动性的经营原则。商业银行（包括信用社）所进行的民事活动如违反该条规定的，人民银行应按照《中华人民共和国商业银行法》的规定进行处罚，但不影响其从事民事活动的主体资格，也不影响其所签订的借款合同的效力。

还有，最高人民法院在"河南花园置业有限公司与河南鑫苑置业有限公司土地使用权转让合同纠纷上诉案"［（2006）民一终字第26号］中认为，《中华人民共和国城市房地产管理法》第37条和第38条的规定是行政管理部门对不符合规定条件的土地在办理土地使用权权属变更登记问题上所作出的行政管理性质的规定，而非针对转让合同效力的强制性规定。

对于效力性强制性规定的认定，《九民纪要》中规定：人民法院在审理合同纠纷案件时，要依据《民法总则》第153条第1款和《合同法解释（二）》第14条的规定慎重判断"强制性规定"的性质，特别是要在考量强制性规定所保护的法益类型、违法行为的法律后果以及交易安全保护等因素的基础上认定其性质，并在裁判文书中充分说明理由。下列强制性规定，应当认定为"效力性强制性规定"：强制性规定涉及金融安全、市场秩序、国家宏观政策等公序良俗的；交易标的禁止买卖的，如禁止人体器官、毒品、枪支等买卖；违反特许经营规定的，如场外配资合同；交易方式严重违法的，如违反招投标等竞争性缔约方式订立的合同；交易场所违法的，如在批准的交易场所之外进行期货交易。关于经营范围、交易时间、交易数量等行政管理性质的强制性规定，一般应当认定为"管理性强制性规定"。

十一、附条件、期限的民事法律行为

民事法律行为可以附条件，也可以附期限。无论是附条件还是附期限都是对民事法律行为的效力起到延缓作用，即延缓民事法律行为效力的发生。《民法典》第158条规定，民事法律行为可以附条件，但是根据其性质不得附条件的除外。附生效条件的民事法律行为，自条件成就时生效。附解除条件的民事法律行为，自条件成就时失效。第160条规定，民事法律行为可以附期限，但是根据其性质不得附期限的除外。附生效期限的民事法律行为，自期限届至时生效。附终止期限的民事法律行为，自期限届满时失效。

（一）附条件的民事法律行为

案例 47

> 原告刘某某与被告赵某某签订了一份《房屋租赁合同》，刘某某将自有的一套房屋租赁给赵某某，租期3年，年租金6800元。且合同约定，因刘某某儿子正在美国留学，并申请办理绿卡，但不一定能够办理成功，因此，如果刘某某儿子刘某玉从美国回国工作时即终止租赁关系，以便供儿子儿媳居住。合同履行至第二年时，刘某玉夫妇留学归来，刘某某即请求解除租赁合同，但赵某某认为租赁合同尚未到期，不同意搬出，并表示除非刘某某愿意承担另租房屋的租金，否则不同意解除合同。双方协商不成，原告刘某某便诉至法院，请求解除合同，并要求被告限期搬出。人民法院通过审理认为，双方当事人在合同中约定了租赁合同的解除条件，现该条件已经成就，合同应当解除。判决解除合同，赵某某在一定期限内搬出该房屋。

所谓附条件民事法律行为是指双方当事人在民事法律行为中设立一定的事由作为条件，以该条件的成就与否作为决定该民事法律行为效力产生或解除的根据的民事法律行为。《民法典》第159条规定，附条件的民事法律行为，当事人为自己的利益不正当地阻止条件成就的，视为条件已经成就；不正当地促成条件成就的，视为条件不成就。

从学理角度而言，民事法律行为所附条件应当符合以下要求：①条件应具有未来性，即条件应当是尚未发生的事实，已经发生的事是不得作为所附

条件；②条件具有客观上的或然性，即条件应当是当事人在约定时不知道其将来是否必然发生的客观情况，如果必然发生，则属于期限；③条件应具有意定性，即条件应当是当事人依其意志所选择的事实；④条件应具有合法性，即条件应当是符合法律要求的事实；⑤条件应具有特定的目的性，即条件应当是约定用于限制民事法律行为效力的事实；⑥不得与法律行为的主要内容相矛盾。如果相互矛盾，应认为行为人的效果意思有矛盾，可以解释为该行为人不欲作出该法律行为，不具有真正的效果意思，因而该法律行为无效。

（二）附期限的民事法律行为

所谓附期限法律行为，是指当事人在法律行为中设定一定的期限，并把期限的到来作为法律行为效力发生或消灭根据的法律行为。附期限的法律行为和附条件的法律行为一样，都是为了控制未来的风险而采取的限制法律行为效力的做法。所附的条件和期限实际上都是对法律行为的特别生效要件的约定。所谓附期限，是指当事人以将来客观确定到来的事实，作为决定法律行为效力的附款。

期限具有如下特点：①期限是法律行为的组成部分，原则上应当由法律行为的当事人自由约定。期限作为法律行为的一种附加内容，它与法律行为的其他内容一起共同构成了附期限的法律行为。至于法律所规定的法定期限，如行使撤销权的期限等，不属于附期限的法律行为所称的期限；②期限的作用是限制法律行为效力的，如果约定了生效期限和终止期限，则法律行为的效力在时间上受到限制。生效期限直接决定着法律行为效力的发生时间，消灭期限决定法律行为效力的消灭时间；③期限是以将来确定事实的到来为内容。期限是必然到来的，期限到来时，法律行为必然生效或终止。如果所约定的事实不是必然发生的，而是具有不确定性，那么就属于附条件而非附期限。

（三）附条件、附期限与约定合同履行期限的区别

案例 48

王某与林某合伙经营布匹期间，销售给某服装厂价值 5 万元的布，该服装厂收到布后迟迟没有付款。后来，王某、林某二人决定不再进行合伙经营。原合伙期间所产生的一切债权归王某享有，王某给付林某人

民币3万元整。于是,王某给林某出具一张欠条,该条上写着"今欠林某人民币3万元整。归还期,到收回服装厂欠款后归还"。在王某向服装厂积极索要欠款,但是没有收回服装厂的欠款的情况下,林某多次向王某索要欠款,王某以未收回服装厂的欠款为由拒不偿还。林某向法院起诉,要求王某归还所欠款项。

王某欠林某3万元钱的事实清楚,但关键是王某以未收回服装厂的欠款为由拒不归还的理由能否成立?

对于本案的处理,有两种意见。一种意见认为,双方当事人约定的"收回服装厂欠款后归还"欠款是一个条件,即债务人王某付款的条件是"收回服装厂欠款",但王某至今未收回服装厂欠款,故而归还林某欠款的条件未成就,王某不应归还林某欠款。另一种意见认为,"收回服装厂欠款后归还"欠款是一个履行期限的约定,且系约定不明。双方可以补充协议付款时间,约定不成,按合同条款或交易习惯确定,无法确定的,在给对方一个合理期限的前提下,林某可随时要求王某履行。

我们认为第二种意见较为合理。理由如下:

附条件的民事法律行为中所附的条件是将来可能发生也可能不发生的客观情况,并以此作为民事法律行为生效或失效的依据。就本案而言,若将"收回服装厂欠款后归还"视为附条件,可能产生两种后果:条件成就时,王某须履行还款义务;条件不成就时,王某应当免除还款义务,林某债权实体权利消灭。从本案双方当事人内心真实的意思表示看,双方当事人并没有以"服装厂不归还欠款"作为王某彻底免责的意思表示,而是将"服装厂归还欠款"作为王某归还林某欠款的一个期限。同时,如前所述,附条件的民事法律行为中,条件的本质特征是所附条件是否发生的不确定性,而所附期限,则在将来一定会届至。本案中,双方当事人预期的后果显然仅有一种,那就是因服装厂对王某负有还款义务,欠债还钱天经地义,服装厂肯定是要归还欠款的,照常理判断该期限一定会届至。双方主观上均无免去王某还款义务的意思表示,只是不知服装厂具体何时归还欠款。

如前所述,所谓附期限,是指当事人以将来客观确定到来的事实,作为决定法律行为效力的附款。附期限中所附的期限决定法律行为效力的开始或消灭。本案中双方当事人"收回服装厂欠款"的约定并不决定合同本身的法

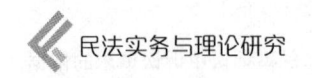

律效力,即既未延缓合同生效时间,也不存在消灭合同效力的意思,因此不属于法律行为的附期限。

而约定合同履行期限指的是双方当事人在合同中约定的履行合同义务的时间,在履行限期到来之前,债务人不需要履行合同义务,债权人也不能请求债务人履行债务,即便债权人主张,债务人也有权拒绝,但并不影响合同本身的法律效力。本案双方当事人"收回服装厂欠款后归还"的约定其真实的意思表示是"债务人收回服装厂欠款的时候就归还债权人欠款",这是双方对债务(合同)履行期限的约定。另外,若将"收回服装厂欠款后归还"视为约定履行期限,只产生一种后果,那就是王某当然负有还款义务,只是履行时间早晚的问题。王某仅能行使期限未届至的抗辩权,但其付款义务仍存在,林某实体权利不消灭。

此外,由于"收回服装厂欠款后"是一个不明确的时间概念,因此属于当事人对履行期限约定不明的情形,根据《民法典》第 511 条第 4 项规定,履行期限不明确的,债务人可以随时履行,债权人也可以随时请求履行,但是应当给对方必要的准备时间。因此法院可直接判决王某在一定时间内向林某履行还款义务。

上述类似案例在司法实践中大量发生,绝大多数法院最终都是通过上述思路解决,支持原告的诉讼请求。

第六节 名与实的民事法律行为效力——以以物抵债为例

在我国司法实践中,表面看是一种法律关系但实质上是另一种法律关系的现象比较突出,最为典型的就是司法实践中争议颇多的以物抵债问题。在以物抵债中,双方当事人原先存在债的法律关系,但因债务不能履行,双方当事人就原先债的法律关系进行了变更,约定以房产等物冲抵原先债务。在此过程中,各法律行为的效力问题较为复杂。对此问题,最高人民法院于 2019 年 11 月 8 日发布的《九民纪要》有指导性意见。

一、债务履行期届满后达成的以物抵债协议

依据《九民纪要》第 44 条的规定,履行期届满后达成的以物抵债协议,如无侵害第三人合法权益、虚假诉讼等情形的,协议有效,但人民法院不予

以调解书的方式予以确认。[1]

二、债务履行期届满前达成的以物抵债协议

依据《九民纪要》第 45 条的规定，债务履行期届满前达成以物抵债协议，抵债物尚未交付债权人，债权人请求债务人交付的，人民法院应当向其释明，其应当根据原债权债务关系提起诉讼。经释明后当事人仍拒绝变更诉讼请求的，应当驳回其诉讼请求，但不影响其根据原债权债务关系另行提起诉讼。

三、让与担保

《九民纪要》第 71 条规定了让与担保。所谓的让与担保就是债务人或者第三人与债权人订立合同，约定将财产形式上转让至债权人名下，债务人到期清偿债务，债权人将该财产返还给债务人或第三人，债务人到期没有清偿债务，债权人可以对财产拍卖、变卖、折价偿还债权。《九民纪要》规定让与担保合同合法有效。但是合同如果约定债务人到期没有清偿债务，财产归债权人所有的，该部分约定无效，但不影响合同其他部分的效力。

但《九民纪要》并不认定让与担保的物权变动的效力，第 71 条第 2 款规定，当事人根据让与担保合同约定，已经完成财产权利变动的公示方式转让至债权人名下，债务人到期没有清偿债务，债权人请求确认财产归其所有的，人民法院不予支持，但债权人请求参照法律关于担保物权的规定对财产拍卖、变卖、折价优先偿还其债权的，人民法院依法予以支持。债务人因到期没有清偿债务，请求对该财产拍卖、变卖、折价偿还所欠债权人合同项下债务的，人民法院亦应依法予以支持。《民法典》第 388 条与《担保制度的解释》第 68 条对让与担保制度进行了进一步完善。

---

[1]《九民纪要》第 44 条：当事人在债务履行期限届满后达成以物抵债协议，抵债物尚未交付债权人，债权人请求债务人交付的，人民法院要着重审查以物抵债协议是否存在恶意损害第三人合法权益等情形，避免虚假诉讼的发生。经审查，不存在以上情况，且无其他无效事由的，人民法院依法予以支持。当事人在一审程序中因达成以物抵债协议申请撤回起诉的，人民法院可予准许。当事人在二审程序中申请撤回上诉的，人民法院应当告知其申请撤回起诉。当事人申请撤回起诉，经审查不损害国家利益、社会公共利益、他人合法权益的，人民法院可予准许。当事人不申请撤回起诉，请求人民法院出具调解书对以物抵债协议予以确认的，因债务人完全可以立即履行该协议，没有必要由人民法院出具调解书，故人民法院不应准许，同时应当继续对原债权债务关系进行审理。

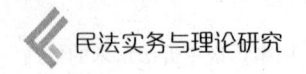

四、以物抵债效力的司法认定

下面,我们以最高人民法院公告的几则案例来看一下在司法实践中如何认定以物抵债的法律效力。

(一)债务未届清偿期的以物抵债约定无效

案例49

朱某与某公司签订商品房买卖合同后第二日,某公司向朱某借款1100万元,为保证还款,朱某与该公司约定用公司开发的某小区14套商铺作抵押,抵押方式为和某公司签订商品房买卖合同,并办理备案手续,开具发票。双方约定如某公司偿还借款,朱某将抵押手续(合同、发票、收据)退回某公司;如到期不能偿还借款,某公司以抵押物抵顶借款。还款期限届满后,某公司未能还款。故朱某诉至法院请求确认双方签订的14份《商品房买卖合同》有效,判令某公司履行商品房买卖合同。

一、二审法院支持了原告的诉讼请求。某省高级人民法院再审认为:本案属于民间借贷合同关系而非商品房买卖合同纠纷,并认为《借款协议》中"到期不能还款用抵押物抵顶借款,双方之间互不再支付对方任何款项"的约定违反法律的强制性规定,应属无效,判决撤销一、二审判决,驳回朱某诉讼请求。最高人民法院再审并作出判决认为:本案双方当事人实际上就同一笔款项先后设立商品房买卖和民间借贷两个法律关系。案涉14份《商品房买卖合同》和《借款协议》属并立又有联系的两个合同,均为依法成立并已生效的合同。同时《借款协议》为案涉《商品房买卖合同》的履行附设了解除条件,即借款到期,某公司还清借款,案涉《商品房买卖合同》不再履行;借款到期,某公司不能偿还借款,则履行案涉《商品房买卖合同》。关于《借款协议》中"如到期不能偿还,或已无力偿还,乙方(某公司)将用以上抵押物来抵顶借款,双方互不再支付对方任何款项"的约定并非法律上禁止的流押条款,判决撤销省高级人民法院再审判决,维持二审判决。[1]

---

[1] 该案例刊登于《最高人民法院公报》2014年第12期。

对于本案，虽然最高人民法院的再审判决认为房屋买卖合同有效，但是依据《九民纪要》第45、71条的规定，该判决是不妥当的。

依照《九民纪要》第45条规定，当事人在债务履行期届满前达成以物抵债协议，抵债物尚未交付债权人，债权人请求债务人交付的，因此种情况不同于本纪要第71条规定的让与担保，人民法院应当向其释明，其应当根据原债权债务关系提起诉讼。经释明后当事人仍拒绝变更诉讼请求的，应当驳回其诉讼请求，但不影响其根据原债权债务关系另行提起诉讼。《九民纪要》第71条第1款规定，债务人或者第三人与债权人订立合同，约定将财产形式上转让至债权人名下，债务人到期清偿债务，债权人将该财产返还给债务人或第三人，债务人到期没有清偿债务，债权人可以对财产拍卖、变卖、折价偿还债权的，人民法院应当认定合同有效。合同如果约定债务人到期没有清偿债务，财产归债权人所有的，人民法院应当认定该部分约定无效，但不影响合同其他部分的效力。2020年《民间借贷司法解释》第23条第1款规定，当事人以订立买卖合同作为民间借贷合同的担保，借款到期后借款人不能还款，出借人请求履行买卖合同的，人民法院应当按照民间借贷法律关系审理。当事人根据法庭审理情况变更诉讼请求的，人民法院应当准许。

依据上述规定，本案虽然双方当事人约定债务履行期限届满房产归债权人，但该约定无效，更不产生物权效力，法院应当向原告释明，应当按照借贷关系主张权利，如果原告仍不变更诉讼请求，法院应当是驳回原告诉讼请求，但原告仍享有债权，仍可就原借贷关系主张权利，并可以主张对合同之下的财产拍卖、变卖、折价偿还债权。

(二) 债务履行期限届满，借款转为购房款，有效，但只产生债的法律效力

案例50

陈某向廖某借款4.5万元，约定5日后偿还。到期后因债务无法清偿，双方达成房屋买卖合同，约定借款转为购房款，但只有陈某在《存量房屋买卖合同》上签字，陈某向廖某出具收到5万元购房款的收条。后陈某将房屋产权证及钥匙交予廖某，但未办理房产过户登记。2011年，廖某诉至法院，要求办理过户手续。

一审法院认为：双方间的房屋买卖合同关系已经成立。该合同关系系双方真实合意，双方均应自觉履行，判决陈某应协助廖某办理房产交

易手续。二审法院经审理认为：双方之间存在的是借贷关系，廖某就诉争房屋主张的房屋买卖合同关系，因物权尚未转移，故不成立，判决撤销原判，驳回廖某的诉讼请求。[1]

上述案例发布于 2014 年，但最高人民法院于 2016 年发布的 72 号指导案例否定了上述案例的裁判思路。下面来看 72 号指导案例。

案例 51

汤龙、刘新龙、马忠太、王洪刚与彦海公司于 2013 年先后签订多份借款合同，通过实际出借并接受他人债权转让，取得对彦海公司合计 2.6 亿元借款的债权。为担保该借款合同履行，四人与彦海公司分别签订多份商品房预售合同，并向当地房屋产权交易管理中心办理了备案登记。该债权陆续到期后，因彦海公司未偿还借款本息，双方经对账，确认彦海公司尚欠四人借款本息 361 398 017.78 元。双方随后重新签订商品房买卖合同，约定彦海公司将其名下房屋出售给四人，上述欠款本息转为已付购房款，剩余购房款 38 601 982.22 元，待办理完毕全部标的物产权转移登记后一次性支付给彦海公司。汤龙等四人提交与彦海公司对账表显示，双方之间的借款利息系分别按照月利率 3%和 4%、逾期利率 10%计算，并计算复利。

本案上诉到最高人民法院后，最高人民法院认为：本案争议的商品房买卖合同签订前，彦海公司与汤龙等四人之间确实存在借款合同关系，且为履行借款合同，双方签订了相应的商品房预售合同，并办理了预购商品房预告登记。但双方系争商品房买卖合同是在彦海公司未偿还借款本息的情况下，经重新协商并对账，将借款合同关系转变为商品房买卖合同关系，将借款本息转为已付购房款，并对房屋交付、尾款支付、违约责任等权利义务作出了约定。民事法律关系的产生、变更、消灭，除基于法律特别规定，需要通过法律关系参与主体的意思表示一致形成。民事交易活动中，当事人意思表示发生变化并不鲜见，该意思表示的变

---

[1] 最高人民法院民一庭：《债务清偿期届满后当事人间达成以物抵债协议但未履行物权转移手续，该协议效力如何确定》，载《民事审判指导与参考》（2014 年第 2 辑·总第 58 辑），人民法院出版社 2014 年版，第 121 页。

化，除为法律特别规定所禁止外，均应予以准许。本案双方经协商一致终止借款合同关系，建立商品房买卖合同关系，并非为双方之间的借款合同履行提供担保，而是借款合同到期彦海公司难以清偿债务时，通过将彦海公司所有的商品房出售给汤龙等四位债权人的方式，实现双方权利义务平衡的一种交易安排。该交易安排并未违反法律、行政法规的强制性规定，不属于《中华人民共和国物权法》第一百八十六条规定禁止的情形，亦不适用《最高人民法院关于审理民间借贷案件适用法律若干问题的规定》第二十四条规定。尊重当事人嗣后形成的变更法律关系性质的一致意思表示，是贯彻合同自由原则的题中应有之意。彦海公司所持本案商品房买卖合同无效的主张，不予采信。[1]

对于双方当事人原先为借贷民事法律关系，在债务履行期限届满后又将借款转化为购房款的，依据72号指导案例，人民法院应当认定转化后的房屋买卖法律关系成立，但是仍不能产生物权效力，当事人仍然应按照合同约定，向被告主张履行合同义务，即交付房屋，办理过户登记等。

同时《九民纪要》第44条规定进一步肯定该种情形下的债权行为效力，即当事人在债务履行期限届满后达成以物抵债协议，抵债物尚未交付债权人，债权人请求债务人交付的，人民法院要着重审查以物抵债协议是否存在恶意损害第三人合法权益等情形，避免虚假诉讼的发生。经审查，不存在以上情况，且无其他无效事由的，人民法院依法予以支持。

(三) 名为商品房买卖合同，实为民间借贷，按借贷法律关系认定

案例 52

某开发公司与吴某签订《商品房买卖合同》，约定吴某以4960万元总房款购买开发公司的预售房屋。同日，双方签署《回购协议》，约定开发公司"欲将回购"吴某所购商品房，回购款须在原购房款之外，按每1个月增加100万元的标准计算。随后，双方办理了《商品房买卖合同》的备案登记手续，吴某向开发公司汇款，开发公司出具收到4960万元的借条，并为吴某开具部分发票。后吴某诉请开发公司履行回购协议，偿

---

[1] 该案例摘选自最高人民法院72号指导案例部分内容。

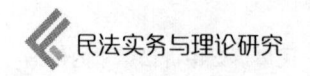

还本金 4960 万元及利息。

一、二审法院均认为：开发公司与吴某签订《商品房买卖合同》与《回购协议》，并非以取得案涉房屋所有权为目的，而是为了实现资金融通。《商品房买卖合同》不过是为了担保吴某债权的实现。双方之间真实的法律关系是民间借贷。判决开发公司偿还吴某 4960 万元本金及利息，利息按同期中国人民银行贷款基准利率的 4 倍计算。〔1〕

本案中，原被告双方之间名为房屋回购，实际为民间借贷，因此应当按照债的法律关系处理。

（四）让与担保不产生物权效力

案例 53

某开发公司为偿还严某等 5 人的 340 万元到期借款，与杨某签订商品房买卖合同，约定杨某购买开发公司 1400 余平方米的 53 间商铺。在杨某付全款后，开发公司撤销了与严某等 5 人的购房备案登记，而办理了与杨某的购房合同备案登记。同时，开发公司向杨某账户汇入 61.1 万元，其称系借贷利息，另向杨某开具购房发票，但未将发票原件交付杨某，后又在税务部门做了缴销。2008 年，杨某诉请开发公司交付房屋。

一、二审法院均认为：商品房买卖合同有效，被告应当履行交付商品房义务。最高人民法院再审认为：开发公司与杨某之间应为借贷关系，书面借款合同并非认定债权债务关系不可缺少的要件。双方签订商品房买卖合同并办理备案登记行为，足以认定双方之间成立了一种非典型的担保关系。杨某作为债权人，可以适当方式就合同项下商铺主张权利，以担保其债权的实现。但其请求直接取得案涉商铺所有权的主张，违反了《物权法》关于禁止流质的规定，不予支持，判决驳回杨某诉讼请求。〔2〕

---

〔1〕 最高人民法院民一庭：《是民间借贷还是商品房买卖》，载《民事审判指导与参考》（2014 年第 2 辑·总第 58 辑），人民法院出版社 2014 年版，第 96 页。

〔2〕《裁判文书选登：广西嘉美房地产开发有限责任公司与杨伟鹏商品房买卖合同纠纷案》，载《民事审判指导与参考》（2014 年第 2 辑·总第 58 辑），人民法院出版社 2014 年版，第 192 页；另见《意思与表示不一致时，对法律关系性质的司法认定——广西嘉美房地产开发有限责任公司与杨伟鹏商品房买卖合同纠纷申请再审案》，载《立案工作指导》（2013 年第 4 辑·总第 39 辑），人民法院出版社 2014 年版，第 55 页。

从该判决中我们可以看出，最高人民法院首先认定原告杨某与被告开发商之间的房屋买卖不是其真实意思表示，该合同的真实的意思表示是为借款提供担保；其次，该合同中所约定交付房屋属于被法律禁止的流押故而无效，原告不能依据该约定要求被告交付房产，因此原告的诉讼请求不能支持；最后，最高人民法院认为，双方当事人约定的该种担保方式为非典型担保，可以适当方式就合同项下商铺主张权利，以担保其债权的实现。这里的"适当方式"指的是《九民纪要》第71条所规定的让与担保，即虽然交付房产的约定无效，但是其他部分仍然有效，原告可以请求对合同项下的财产进行拍卖、变卖、折价，偿还债权。

上述案例均发生在《民法典》和《担保制度的解释》实施之前。《民法典》第388条和《担保制度的解释》第68条进一步统一并细化了让与担保制度的内容。

《民法典》第388条第1款规定，设立担保物权，应当依照本法和其他法律的规定订立担保合同。担保合同包括抵押合同、质押合同和其他具有担保功能的合同。担保合同是主债权债务合同的从合同。主债权债务合同无效的，担保合同无效，但是法律另有规定的除外。其中的"其他具有担保功能的合同"指的就是包括让与担保在内的非典型性担保合同。

《担保制度的解释》第68条是关于让与担保制度的详细规定，其共有三款。第1款规定，债务人或者第三人与债权人约定将财产形式上转移至债权人名下，债务人不履行到期债务，债权人有权对财产折价或者以拍卖、变卖该财产所得价款偿还债务的，人民法院应当认定该约定有效。当事人已经完成财产权利变动的公示，债务人不履行到期债务，债权人请求参照《民法典》关于担保物权的有关规定就该财产优先受偿的，人民法院应予支持。第2款规定，债务人或者第三人与债权人约定将财产形式上转移至债权人名下，债务人不履行到期债务，财产归债权人所有的，人民法院应当认定该约定无效，但是不影响当事人有关提供担保的意思表示的效力。当事人已经完成财产权利变动的公示，债务人不履行到期债务，债权人请求对该财产享有所有权的，人民法院不予支持；债权人请求参照《民法典》关于担保物权的规定对财产折价或者以拍卖、变卖该财产所得的价款优先受偿的，人民法院应予支持；债务人履行债务后请求返还财产，或者请求对财产折价或者以拍卖、变卖所得的价款清偿债务的，人民法院应予支持。第3款规定，债务人与债权人约

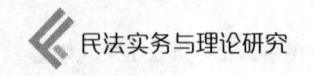

定将财产转移至债权人名下,在一定期间后再由债务人或者其指定的第三人以交易本金加上溢价款回购,债务人到期不履行回购义务,财产归债权人所有的,人民法院应当参照第 2 款规定处理。回购对象自始不存在的,人民法院应当依照《民法典》第 146 条第 2 款的规定,按照其实际构成的法律关系处理。

依照《民法典》第 388 条及《担保制度的解释》第 68 条的上述规定,在以物抵债合同中约定将财产转移至债权人名下的可以被认定为让与担保,该合同有效,但不发生物权变动效力,债权人可以参照《民法典》关于担保物权的规定,财产折价或者以拍卖、变卖该财产所得的价款优先受偿。

第十章
代 理

案例 1

张女口头委托其弟张男代其在某农村信用社存款，先后 10 笔共 17 万元人民币，张男系该信用社储蓄部副主任，每次存款时在存款人栏填写张女，在经办人栏还是填写张女。其后，张男伙同该信用社会计李某以张女的名义从该信用社贷款 10 万元人民币，以张女在该基金会所存 17 万元存单质押，借款人栏、经办人栏和出质人栏都是填写的张女。张男将上述 10 万元打入甲公司的账号，但甲公司一直未归还张男。因未按时向信用社还本付息，信用社行使质权，从 17 万元存款中扣下 10 万元及其利息。张女知道后，以其未借款和未设立质押，张男的借款和质押均非其同意而擅自行为为由，向该信用社主张 17 万元的存款及其利息。信用社则认为张男的行为构成表见代理，张女应当承受法律后果。

本案争议的核心焦点问题是张男以张女名义贷款 10 万元及以张女的存单质押给信用社的行为是否为表见代理。

首先，张男受张女委托，以张女名义在信用社存款，其行为得到张女授权，委托和接受委托是双方的真实意思表示，且不违反法律规定，代理行为当属合法有效，张女与信用社建立了储蓄合同关系。

其次，张男以张女名义贷款 10 万元、以张女所有的 17 万元存单出质的行为属于无权代理，且从本案事后情况看张女明确拒绝追认，因此该贷款和出质行为对张女均不发生效力，全部责任均应由张男自行承担。

最后，张男的代理行为是否构成表见代理是本案关键所在。张男是否构成表见代理主要是看本案情况是否足以使相对人信用社认为张男对张女贷款及质押一事享有代理权。

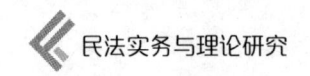

从金融机构从事发放贷款业务的实际操作程序角度而言，我国相关法律、行政法规、规章乃至于各金融机构本身都有相应的明确规定，作为发放贷款的信用社负有对借款人身份、资信、贷款意思等情况谨慎的调查义务。在没有借款人本人书面授权的前提下，显然不能以张男曾代理张女存过款的事实就推定张男对张女贷款也必然享有代理权，因此张男以张女名义贷款的行为对信用社不构成表见代理。对于张男以张女名义办理的存单出质行为，同样如此，存单上已载明权利人为张女，显然张男在无明确授权的前提下对该存单无处分权，信用社在明知的情况下仍与张男订立存单质押合同，主观上当然不是善意，不能适用善意取得制度，不能基于善意取得行使其所谓的"权利质权"。因此，根据我国相关法律规定，信用社其10万元及利息损失只能向无权代理人张男主张，存单权利人张女基于合法有效的储蓄合同当然地享有对基金会17万元存款及利息的债权。

一、代理的内涵

所谓代理，在法律上是指代理人以本人（被代理人）的名义，在被代理人授权范围内所为的民事法律行为对被代理人直接发生法律效力的法律行为。

从本质而言，民事代理也是一种民事法律行为，它是由被代理人的授权行为和代理人的代理行为共同构成的。代理人在实施代理行为时只能以被代理人的名义为之，代理行为所产生的法律后果直接归属于被代理人。

二、代理权的产生与消灭

代理分为法定代理和委托代理。

（一）法定代理权

法定代理人基于法律的规定而享有代理权，并依照法律的规定行使代理权。如监护人是无民事行为能力人和限制民事行为能力人当然的法定代理人。

当无民事行为能力人和限制民事行为能力人的监护人死亡且没有法定代理人的时候，依照我国《民法典》规定，人民法院或者法律规定的单位有权指定特定的人或单位作为无民事行为能力人和限制民事行为能力人的代理人，行使法定代理权。

依照《民法典》第175条规定，有下列情形之一的，法定代理终止：

①被代理人取得或者恢复完全民事行为能力；②代理人丧失民事行为能力；③代理人或者被代理人死亡；④法律规定的其他情形。

(二) 委托代理权

委托代理权来源于被代理人的授权行为。虽然授权行为往往因基础关系而发生，但是，授权行为也可以脱离基础关系而存在，授权行为是产生委托代理权的唯一根据，委托代理权的产生与基础关系不具有直接的关联，基础法律关系是确定委托人和代理人相互之间权利义务关系的内部关系，仅具对内效力，不具有对外设立代理权的效力。授权行为则是产生对外设权效力的行为，具有对外效力。一般来讲委托代理的基础法律关系主要包括委托合同、雇佣关系、合伙关系、夫妻关系等。例如，某饭店分配给其员工甲的工作岗位是为就餐客人点菜，员工乙的工作是洗菜、洗碗、打扫卫生。员工甲在客人点餐时就是该酒店的代理人，他是基于雇佣合同产生的代理权；而员工乙不享有为客人点餐的代理权，雇佣合同中明确排除了其代理权。如果甲员工是一个十三岁的未成年人，虽然其与该饭店的雇佣合同无效，但是其代理该饭店与客人签订的就餐合同仍然是有效的，对内的基础合同不影响对外代理权的效力。

(三) 委托代理权的授予方式

委托代理权的授予方式包括明示授权和默示授权。

1. 明示授权

委托代理既可以采用书面形式进行授权也可以采用口头形式进行授权，属非要式民事法律行为。已明确表示授权的方式进行授权的为明示授权。

2. 默示授权

指根据本人的行为，在特殊情况下推定本人具有授权的意思，即为默示授权。包括:《民法通则》第 66 条第 1 款规定，"本人知道他人以本人名义实施民事行为而不作否认表示的，视为同意"。该规定其实就是一种默示授权。但是《民法典》第 171 条第 1 款删除了"本人知道他人以本人名义实施民事行为而不作否认表示的，视为同意"这段话。我们认为，根据《民法典》的规定，有学者认为可以将"本人知道他人以本人名义实施民事行为而不作否认表示的"理解为表见代理。[1]

---

[1] 冉克平:《民法典视野下"本人沉默视为同意"规则的再造》，载《当代法学》2019 年第 4 期，第 4 页。

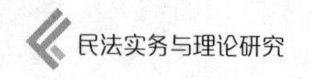

3. 职务代理

根据代理人所担任的职务而产生的代理权,即法人或者其他组织指派其工作人员(不包括法定代表人,其为代表行为)执行某一工作任务的,除有相反的意思表示外,视为授予与执行工作任务相关的代理权。《民法典》第170条规定,执行法人或者非法人组织工作任务的人员,就其职权范围内的事项,以法人或者非法人组织的名义实施民事法律行为,对法人或者非法人组织发生效力。法人或者非法人组织对执行其工作任务的人员职权范围的限制,不得对抗善意相对人。该种情形就属于职务代理。

(四)委托代理权的消灭

《民法典》第173条规定,有下列情形之一的,委托代理终止:①代理期间届满或者代理事务完成;②被代理人取消委托或者代理人辞去委托;③代理人丧失民事行为能力;④代理人或者被代理人死亡;⑤作为代理人或者被代理人的法人、非法人组织终止。

但"被代理人"死亡并不是委托代理权消灭的当然原因。《民法典》第174条规定,被代理人死亡后,有下列情形之一的,委托代理人实施的代理行为有效:①代理人不知道并且不应当知道被代理人死亡;②被代理人的继承人予以承认;③授权中明确代理权在代理事务完成时终止;④被代理人死亡前已经实施,为了被代理人的继承人的利益继续代理。作为被代理人的法人、非法人组织终止的,参照适用前款规定。

三、代理权的滥用

代理权滥用的情形有三:

1. 自己代理

指代理人以被代理人的名义与自己为法律行为。《民法典》第168条第1款规定,代理人不得以被代理人的名义与自己实施民事法律行为,但是被代理人同意或者追认的除外。自己代理原则上效力待定,经被代理人追认后有效。但有两个例外:一是仅限于对被代理人履行债务的自己代理;二是使被代理人纯获利益的自己代理有效。例如:父母将自己的房屋赠与给未成年子女儿子,并作为其未成年子女的法定代理人订立赠与合同。

2. 双方代理

指同时代理本人和相对人为同一法律行为。《民法典》第168条第2款规定，代理人不得以被代理人的名义与自己同时代理的其他人实施民事法律行为，但是被代理的双方同意或者追认的除外。通过双方代理订立的合同属于效力待定的合同，经双方被代理人追认后生效。

3. 恶意串通，损害被代理人利益的代理

代理人与相对人恶意串通，损害被代理人的利益的代理属于无效民事法律行为。《民法典》第164条第2款规定，代理人和相对人恶意串通，损害被代理人合法权益的，代理人和相对人应当承担连带责任。

四、代理的法律特征

(一) 代理权居于核心地位

民事代理行为的效力来源于代理人的代理权。如前所述，代理权的产生有两种途径：一是法律的规定，即法定代理权，也可以视为是法律授予了代理人的代理权（如未成年子女的父母对未成年子女的代理权）；二是约定代理权，也可称为意定代理，其代理人的代理权来自于被代理人的授权，被代理人在法律允许的范围内可以根据个人意志自主决定是否授权、授权范围、被授权主体等。

(二) 代理人须以被代理人名义为民事法律行为

代理人必须以被代理人名义在授权范围内实施的民事法律行为才可称为代理，才能成立代理法律关系。如代理人未以被代理人名义实施民事法律行为，则不产生代理民事法律关系，该后果亦不应由被代理人承担。

(三) 被代理人与相对人直接建立法律关系

在代理法律关系中，大多数存在对方当事人，其被称为相对人或第三人。代理行为的实质就是通过代理人的代理行为，在被代理人与相对人之间建立了直接的法律关系，而非代理人与相对人或第三人建立了法律关系。

(四) 代理行为的法律后果由被代理人承担

在代理法律关系中，由于是在被代理人与相对人之间建立了直接的法律关系，故而代理人代理的行为所产生的法律后果直接归属于被代理人，由被代理人享有由此代理行为所产生的权利，承担义务。如公司采购员以公司名义购买的机器设备，由公司接收该机器设备，并向卖方支付货款。

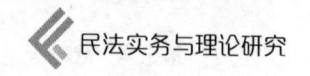

五、代理的适用范围

（一）民事代理只适用于民事法律行为，非民事法律行为不适用民事代理

虽然社会生活中的"代理"一词使用极其广泛。在社会生活中，凡是代替他人实施某种行为的情形，都可以被称之为"代理"。但民法上的代理是专指代理人代理被代理人"为意思表示"的法律行为。因此，只有设立、变更或终止被代理人与相对人之间的民事法律关系的行为，才是民法上的代理行为。非以设立、变更或终止被代理人与相对人之间的民事法律关系的行为不属于民法上的代理。

1. 事务性代理

事务性行为指不具有法律意义的行为，如抄写稿件、校阅资料等。事务性行为的"代理"没有产生与相对人之间的法律关系的设立、变更、终止，不产生法律效果，因此其不属于民事代理。

2. 民事诉讼中的代理

民事诉讼中，律师或其他诉讼代理人依照民事诉讼法的规定，与被代理人建立委托代理关系。但是其代理的内容是帮助被代理人进行诉讼，虽然该代理的后果也由被代理人承担，但是并非以设立、变更或终止被代理人与相对人之间的民事法律关系为其代理内容。因此，诉讼代理不是民事代理。但在司法实践中，诉讼代理在某些方面，可以参照适用民事代理的某些规定进行处理。

3. 行政、财政及其他行政法律活动中的代理

在社会生活中经常看到的代理进行工商登记、代理进行专利申请、商标注册、税务登记及税务事项办理等，这些属于行政、财政活动的代理。虽然上述活动中双方当事人也经常会签订委托代理合同，但上述代理行为所发生的关系不是平等主体之间的民事关系，不属民法调整的范围，因而不属于民法上的代理。但上述活动中的某些方面也可以参照民法有关代理制度的规定予以处理。

（二）民事代理只适用于可代理的民事法律行为

民法调整两大类民事法律关系，一类是涉及人身的法律关系，另一类是涉及财产的法律关系。

一般而言，涉及财产民事法律关系的可以通过他人代理，除非法律有特

别规定,或者当事人双方约定不能由代理人代理的,或属于特殊客观情况不适宜由代理人代理的。

但对于以当事人特定的人身、特定的身份、特定的法律资格密不可分的民事法律行为不适用民事代理。民事法律行为中的身份行为,因其有专属性,不得代理,如结婚、离婚、收养等身份行为,不得代理。《民通意见》第78条规定,凡是依法或者依双方的约定必须由本人亲自实施的民事行为,本人未亲自实施的,应当认定行为无效。《民法典》基本吸收了这一规定,其第161条第2款规定,依照法律规定、当事人约定或者民事法律行为的性质,应当由本人亲自实施的民事法律行为,不得代理。

另外违法行为不能代理。《民法通则》第67条规定,代理人知道被委托代理的事项违法仍然进行代理活动的,或者被代理人知道代理人的代理行为违法不表示反对的,由被代理人和代理人负连带责任。《民法典》也基本吸收了这一规定,其第167条规定,代理人知道或者应当知道代理事项违法仍然实施代理行为,或者被代理人知道或者应当知道代理人的代理行为违法未作反对表示的,被代理人和代理人应当承担连带责任。

六、无权代理

(一)无权代理的概念

无权代理是没有代理权而以本人名义实施的旨在将效果归属于本人(被代理人)的代理。委托代理以本人授予代理权为要件,无权代理与有权代理的区别就是欠缺代理权。

《民法典》第171条第1款规定,行为人没有代理权、超越代理权或者代理权终止后,仍然实施代理行为,未经被代理人追认的,对被代理人不发生效力。

但是在法律上对于无权代理并非一概否定其对被代理人的法律效力,无权代理能否对被代理人产生法律效力,法律不仅要考虑本人的利益,还要考虑善意相对人的利益。所以,法律对无权代理区别对待:对于表见代理,趋向于保护相对人,法律规定由被代理人承受代理行为产生的法律后果;对表见代理以外的狭义无权代理,赋予本人追认权,故狭义无权代理属于效力未定之行为。

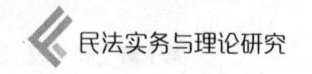

(二)狭义的无权代理

1. 狭义无权代理的类型

(1) 未授权之无权代理。指既没有经委托授权,又没有法律上的根据,也没有人民法院或者主管机关的指定,而以他人名义实施民事法律行为之代理。如某公司员工看到市场上销售某种机械设备,而本公司正需要该设备,未向公司法定代表人请示就以该公司名义与设备销售商签订了购买合同。

(2) 越权之无权代理。指代理人超越被代理人授予的代理权限范围而进行代理行为。如某甲委托某乙代其租赁房屋,某乙看到某丙房屋出售,价格低于市场价,便以某甲名义与某丙签订了房屋买卖合同。

(3) 代理权消灭后之无权代理。指代理人因代理期限届满或者约定的代理事务完成甚至被解除代理权后,仍以被代理人的名义进行的代理活动。如甲公司委托乙自然人作为其产品销售代理人,并与其签订委托代理合同,授权期限为一年。一年期满后甲公司未再与乙签订销售代理合同,但乙仍以甲公司名义与丙公司签订产品销售合同。

2. 狭义无权代理的法律后果

(1) 本人有追认权和拒绝权。追认是本人接受无权代理行为之法律效果的意思表示。拒绝是本人不接受无权代理行为之法律效果的意思表示。对于无权代理,法律授权给本人(被代理人)可以接受也可以拒绝,由本人视情况自由决定。但对于本人知道他人无权代理而不作出明确的意思表示的情形,《民法通则》和《民法典》的规定有所不同。

《民法通则》第66条第1款规定,没有代理权、超越代理权或者代理权终止后的行为,只有经过被代理人的追认,被代理人才承担民事责任。未经追认的行为,由行为人承担民事责任。本人知道他人以本人名义实施民事行为而不作否认表示的,视为同意。该条法律规定授予了本人的追认权和拒绝权,且在被代理人明知的情况下,拒绝权须以明示方式表示,默示则视为追认。无权代理经追认溯及行为开始对本人生效,本人拒绝承认的,无权代理效果由行为人自己承受。

但《民法典》第171条第1款规定,行为人没有代理权、超越代理权或者代理权终止后,仍然实施代理行为,未经被代理人追认的,对被代理人不发生效力。《民法典》第140条规定,行为人可以明示或者默示作出意思表示。沉默只有在有法律规定、当事人约定或者符合当事人之间的交易习惯时,才可以视为意思表示。

依据《民法典》第 140 条规定,被代理人单纯的沉默只有在有法律规定、当事人约定或者符合当事人之间的交易习惯时,才可以视为追认意思表示。在代理行为被作出且相对人行使催告权后,被代理人单纯的沉默按照本条第 2 款规定,应视为拒绝追认的意思表示。

《合同法》的规定与《民法通则》的规定不同。《合同法》第 48 条第 2 款规定,相对人可以催告被代理人在 1 个月内予以追认。被代理人未作表示的,视为拒绝追认。合同被追认之前,善意相对人有撤销的权利。撤销应当以通知的方式作出。第 47 条第 2 款对法定代理也做了相同的规定。

《合同法》规定的特点,一是规定了追认权或拒绝权经催告后行使的期间;二是本人未作表示的,视为拒绝,这一点与《民法通则》规定的"不作否认表示的,视为同意"正好相反,而《民法总则》的规定与《合同法》的规定基本相同,因此在《民法典》中,删除了第 48 条的规定,统一适用《民法典》第 171 条、第 140 条规定。

另外,《合同法解释(二)》第 12 条规定,无权代理人以被代理人的名义订立合同,被代理人已经开始履行合同义务的,视为对合同的追认。这即为默示的追认意思表示,默示的意思表示还可以从被代理人请求相对人履行义务、被代理人提供担保等行为中推断出来。该司法解释虽已被废止,但在司法实践中对此种情形应视为是对合同的追认。

因追认权与拒绝权只需本人一方意思表示即生效,故该两项权利属于形成权,应受除斥期间限制,但不受诉讼时效限制。

(2) 相对人享有催告权和撤销权。催告是相对人请求本人于确定的期限内作出追认或拒绝的意思表示;撤销是相对人自己确认无权代理为无效的意思表示。催告权是一种请求权,即相对人向本人作出意思表示,请求相对人作出认可或拒绝的意思表示。而撤销权只需相对人一方意思表示即生效,故属于形成权。《民法典》对法定代理和委托代理都规定,民事法律行为(包括合同)在被追认之前,善意相对人有撤销的权利。撤销应当以通知的方式作出。因此,对于无权代理行为,在其效力未定期间,本人有权利作出决定,相对人也应有权利作出决定,二者的权利基本相当。否则,本人未作出任何表示,在相对人认为本人默认并以此为基础进行了相关民事法律行为时,本人又拒绝,此种后果对相对人极为不利。但应当特别注意一点,法律设定撤

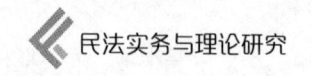

销权的目的在于保护善意相对人利益，因此相对人主观上须为善意时才享有撤销权。反之，如相对人主观上具有恶意，就有与代理人"恶意串通"之嫌，适用恶意串通行使代理权的法律规定。

(三) 无效代理

案例 2

某甲与某乙系好朋友，某乙特别喜欢各种枪支，某甲知道某乙这一爱好。某天，某乙回老家时了解到其老家某丙出售各种枪支，未与某甲协商，遂以某甲名义与某丙签订了枪支定制合同。

上述案例中，某乙未经某甲授权，以某甲名义与丙签订了合同，表面看似乎符合狭义无权代理条件，属于无权代理，但是仔细分析，无权代理的法律效果是效力待定，但是上述案例中由于某乙与丙签订的合同违反法律禁止性规定，属于无效合同，其法律效果与无权代理完全不同。故此情形属于无效代理，而非狭义无权代理。

案例 3

王某喜好淫秽书画，但其不会网购，遂委托会网购的张某与某网店订立了购买淫秽书画的合同，并向张某支付了购买淫秽书画的款项及代理费。

在上述案例中，虽然张某有王某授权，但是由于所实施的代理行为本身违反法律规定，张某与王某之间的代理关系也是无效的，张某代理王某与网店签订的合同同样是无效合同。

上述两个案例中，无论"代理人"是否得到被代理人授权，如果代理人所实施的代理行为本身违法，该代理法律关系就是无效的，代理人所实施的代理行为本身也因违法而无效。因此，所谓无效代理是指代理人的代理行为本身违法，导致代理人与被代理人之间的代理法律关系自始无效，所实施的代理行为本身也无效。而无权代理的法律效力是效力待定，无效代理不等于无权代理。

当然对于代理人所实施的违法行为"被代理人"是否授权，责任主体不同。在上述案例 2 中，某甲未授权，也不知情，因此某甲对该违法行为不承担任何法律责任；而在上述案例 3 中，王某明确授权张某，因此对该违法行为，王某、张某、网店均应承担法律责任。

（四）冒名顶替与无权代理

案例 4

甲特别崇拜明星乙，在网上公开声称自己愿意以很低廉的价格将自己的豪宅出租给乙。丙与明星乙长得很像，看到甲的网上留言后，冒充乙与甲签订了房屋租赁合同，并自己居住。

上述案例 4 中，丙虽然以乙的名义与甲签订了房屋租赁合同，但是丙的内心真实意思是为自己的事务行为，而非为乙的事务行为，其所订立的合同不具有代理的核心构成要素，故而不属于代理行为，而属于冒名顶替。冒名顶替与无权代理最本质的区别在于：无权代理中代理人仍是为被代理人的利益进行民事法律行为，而冒名顶替则是冒名顶替者为自己的利益为民事法律行为。因此，冒名顶替不是无权代理。冒名顶替行为的法律效力要看第三人的意思表示，如第三人不在意冒名顶替者的身份，则该合同对于双方当事人仍然有效；如果第三人有以特别对象为缔结合同的特别要求，冒名顶替者构成欺诈，属于可撤销合同。

七、表见代理

案例 5

张某系某村会计，多次以村委会名义在朱某经营的饭店招待他人吃饭，饭后并不结账，而是签单记账。至 2018 年 12 月累计拖欠朱某饭费 20 000 元。当年年底朱某找张某结账，张某以村委会名义写了一张欠 20 000 元的条子给朱某，但该欠条上没有加盖村委会公章，只有张某的签名。朱某持该欠条多次向村委会和张某索要欠款，但村委会以没有委托张某某招待他人为由，拒绝支付欠款；张某则坚持是受原村委领导安排就餐的，应由村委会支付欠款，双方相互推诿。

无奈，朱某于 2019 年 3 月将村委会和张某起诉到法院，请求法院判

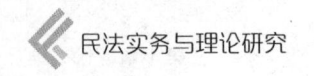

决二被告共同给付欠款。法院经审理认为,张某虽然没有提出自己是受村委会委托的证据,但因该村长期存在由会计安排村委会招待的习惯,张某作为村会计,具有被授权安排招待他人的表象。朱某知道张某系村委会会计,有理由相信其有村委会的授权,并且其主观上是善意的,因此张某行为构成表见代理,该欠款由村委会承担清偿。

(一)表见代理的涵义

表见代理是指虽无代理权但表面上有足以使相对人(第三人)信为有代理权,代理行为的法律后果由本人承担的代理。就本质而言,表见代理欠缺代理权,本应属于无权代理,但因本人行为造成表面上使他人相信有代理权存在,因此法律在善意相对人的信赖利益和本人利益之间进行平衡。而信赖利益涉及交易安全,较本人利益更应保护,所以大多数法律规定,表见代理发生有权代理的法律效果,即由本人承担该代理行为的法律后果。

(二)表见代理的法律依据及类型

《民法典》第172条规定,行为人没有代理权、超越代理权或者代理权终止后,仍然实施代理行为,相对人有理由相信行为人有代理权的,代理行为有效。

按上述法律规定,表见代理可分为三种类型,即未予授权之表见代理、超越权限之表见代理和代理权终止之表见代理。

(三)表见代理法律要件

表见代理要发生有效代理的效果,自然要符合代理的一般要件,如须有三方当事人、代理为合法行为等。这里主要说明作为表见代理的特别法律要件。

1. 以本人名义为民事法律行为

以本人名义为民事法律行为,既包括以本人名义实施意思表示,也包括以本人名义受领意思表示。如果不是以本人名义为民事法律行为,即便有为本人计算的内心意思,也只能适用无因管理或隐名代理的规定,表见代理只是适用于显名代理。

2. 行为人无代理权

表见代理是广义无权代理,其本质是代理人没有代理权,若行为人有代理权,就是有权代理,不属于表见代理。

第十章 代 理

3. 有使相对人信其有代理权的表面特征

这是表见代理与狭义无权代理最大的区别，也是表见代理之所以发生有权代理法律效果的根本理由。所谓"信其有代理权"，是本人的作为或者不作为，使得相对人足以相信行为人有代理权。如本人将其印章交付于"代理人"使用、"代理人"持有盖有印章的空白合同等。"代理人"持有本人上述"信物"以本人名义与第三人订立合同时，第三人根据行为人持有本人信物的表征，相信"代理人"有代理权。

4. 相对人主观上为善意

即相对人在与"代理人"为民事法律行为时，并不知其无代理权，且无从得知。如果相对人知道或者应当知道"代理人"没有代理权，则主观上有过错，不能适用表见代理，而应按《民法典》第171条第4款规定，相对人和行为人按照各自的过错承担责任。

（四）表见代理之法律效果

表见代理中，因本人原因使得相对人相信代理人的行为为有权代理，因此该代理行为发生与有权代理同样的法律效果，该代理行为的法律后果由本人承担。

（五）相对人是否享有撤销权

案例 6

张某原系甲公司采购员，在其任职期间因业务需要经常拿着甲公司的空白合同和介绍信与他人签订钢材购销合同。后张某辞职，但手里仍保留数份甲公司空白合同和介绍信。张某利用手中空白合同和介绍信与乙公司签订了一份价值100万元的购销合同，然后自己倒卖。合同约定货到后十五天付款。张某将价值100万元钢材拉走后，乙公司发现甲公司已经濒临破产，无法支付该100万元，且知道了张某已经辞职，未经甲公司授权签订该购销合同，甲公司亦不认可该合同，表示不会承担责任。乙公司向张某主张，张某称钢材未卖掉，只要一卖掉钢材，他就立即将款项付给乙公司，但并没有明确给出付款时间。为了维护自身合法权益，乙公司将甲公司和张某列为被告向法院提起诉讼，要求行使撤销权，解除该钢材购销合同，返还钢材。

法院受理该案后，对本案处理有两种意见，一种意见认为，表见代理实质上是无权代理，无权代理中的相对人享有撤销权，表见代理的相对人也应该享有撤销权，故应当支持原告的诉请；另一种意见认为，《合同法》第四十八条规定的是狭义的无权代理，其效力待定，相对人享有撤销权，但第四十九条规定的表见代理属于无权代理但合同有效，被代理人需承担表见代理的后果，法律也没有规定相对人有撤销合同的权利，相对人不应享有撤销权，故应驳回原告的诉请。

从法律规定的角度而言，《合同法》第 48 条规定的狭义无权代理基于其法律效力待定，因而赋予相对人在本人追认之前享有撤销权，立法目的在于保护善意相对人的利益。

同时，根据本条规定的"合同被追认之前，善意相对人有撤销的权利"这一条件，本人追认之后，相对人的撤销权即消灭，不再享有撤销权。这一条件的设定是基于相对人在签订合同时内心真实意思就是与本人签订合同，法律要维护交易的稳定和安全。

而对于表见代理，法律直接将其规定为有效合同，而非效力待定，且不考虑本人是否追认或是否认可，这就使得相对人的撤销权没有存在的法理基础。同时法律规定表见代理为有效，也是基于相对人签订合同时内心真实意思就是要与本人签订合同，为保护相对人的信赖利益，保护交易安全故而将其规定为有效。故而就我国现行法律而言，表见代理中相对人不享有撤销权。

但是，社会现实生活是丰富多彩的，法律制度的设立带有浓厚的理想色彩，无法满足社会生活的全部需要。上文案例中，依照现行法律规定，乙公司不享有撤销权，无法撤销合同，但甲公司已经濒临破产，客观上无法偿还该笔款项；而张某占有该钢材，但无法及时给付货款，如果允许乙公司撤销该合同，则可要求张某返还该钢材，保护乙公司利益；如果严格按照现行法律规定，合同有效，不能行使撤销权，无权要求张某返还钢材，可能会造成乙公司利益严重损失。因此，有学者认为，表见代理旨在保护相对人利益，相对人对于表见代理也应比照狭义无权代理规定享有选择权，既可以按狭义无权代理，享有撤销权，亦可按表见代理，接受与本人的民事法律行为，与本人之间发生权利义务关系，这才符合立法精神。按照这一观点，我们认为上述案例中法院应当支持乙公司诉请，判决解除合同，张某返还钢材，以保护乙公司的利益。

（六）司法实践中的表见代理的认定

在司法实践中，法院对于表见代理遵循以下几方面的规则：

第一，一般情况下，被代理人自身的行为使相对人足以相信无权代理人有代理权的，法院倾向认定构成表见代理。其一，代理人在被代理人以书面或者其他形式直接或者间接地向第三人表示以他人为自己的代理人，而事实上他并没有对该他人进行授权；其二，被代理人对代理人的委托授权不成立、无效或者被撤销，但尚未收回委托授权书，相对人基于对该代理证书的信赖，与代理人实施民事法律行为的情形；其三，代理关系终止后被代理人未采取合理措施公示代理关系终止的事实并收回委托授权书，导致相对人不知道代理关系终止而仍与代理人实施民事法律行为的情形。其四，行为人的外观表象足以使第三人认为其是有代理权并与之实施民事法律行为的其他情形。

第二，相对人有过错法院一般不认定构成表见代理。在相对人有过错，且无论过错是故意还是过失，法院一般都不认定构成表见代理

第三，无效民事法律行为中法院一般不认定构成表见代理。理由就是代理行为本身因违法导致民事法律行为无效，不存在由被代理人承担代理法律后果的基础，故而不认定构成表见代理。

根据最高人民法院相关法官的著述，《中华人民共和国民法总则（草案）》[以下简称《民法总则（草案）》]曾对不适用表见代理的情形作了列举，包括：①伪造他人的公章、营业执照、合同书或者授权委托书等，假冒他人的名义实施法律行为的；②被代理人的公章、营业执照、合同书或者授权委托书等遗失、被盗，或者与行为人特定的职务关系已经终止，并且已经以合理方式公告或者通知，相对人应当知悉的；③法律规定的其他情形。[1]上述列举对审判实践如何认定或排除表见代理认定具有一定参考意义。

八、狭义无权代理与无因管理

所谓无因管理是指没有法定的和约定的义务，为避免他人利益受损失而进行管理或服务的行为。在实践中，常常会发生此种情况，即某人发现他人的事务迫切需要管理，为了维护他人的利益，在未取得他人委托授权的情况

---

[1] 沈德咏主编：《〈中华人民共和国民法总则〉条文理解与适用（下）》，人民法院出版社2017年版，第1141页。

下，而主动帮助他人代为管理某些事务或从事一定的法律行为。这些行为既像无因管理，又似乎是无权代理。两者有时候很难区分。但是无权代理行为不可混同于无因管理行为，因为无权代理人实施的是涉及他人的民事法律行为；而无因管理人所实施的，是一种涉及他人的事实行为；而且无因管理是一种助人为乐的合法行为，而狭义的无权代理行为则是一种不合法的代理行为，它在很多情况下都会给他人造成损害。下面我们看一则案例。

案例7

患者甲患重病，住进乙医院，治疗未果，转至丙医院治疗，并指派乙医院的主治大夫丁陪同。丙医院诊断后认为情况紧急，必须立即对甲进行手术。术前，因患者甲无亲属陪同，丙医院主治医生便要求丁在术前谈话记录上签字，并说明患者体虚，且术后可能发生炎症扩散，有导致败血症死亡的可能。丁考虑情况紧急，且无法通知患者亲属立即到场，认为治病要紧，便代表患者家属在术前谈话记录上签了字。甲术后因败血症医治无效死亡。为此甲之父以丁超越权限，签字同意手术，致甲死亡为由，向法院起诉，要求丁承担民事赔偿责任。

对于上述纠纷，法院在审理中有两种意见。

第一种意见认为：丁在面对甲紧急需要手术但又无家属在场的情况下，为了尽快治疗患者之病才代为签字的，这属于无因管理，且符合医生的救死扶伤的医疗职业道德，不应承担民事责任。

第二种意见认为：面对重症患者，通过术前谈话患者家属有权选择是否手术。在本案中，患者家属并没有将该选择权委托给丁，因此丁的行为是无权代理，应对这一无权代理行为所发生的法律后果承担民事责任。

要认定上述两种意见哪一种正确，我们就必须对无因管理和无权代理进行区别。两者的区别主要有以下几方面：

第一，无权代理行为是代理人以本人名义实施的行为，若行为人以自己名义实施民事行为则不存在"代理"的可能性（我们这里不涉及间接代理问题）。而无因管理是以行为人自己的名义进行，而不是以被管理人的名义进行管理为要件。

第二，相关法律均明确规定，无因管理须有为本人谋利益的意思；而无权代理则无该要件。我国《民法通则》《民法总则》及《民法典》中均明确规定，管理人须为避免他人利益受损失进行管理或者服务，即法律明确规定，管理人有为本人谋取利益的管理意思。行为人有管理意思，是构成无因管理的基本要件，是无因管理之所以阻却违法的根本原因，也是无因管理与无权代理的基本区别。法律之所以承认无因管理为合法行为，鼓励无因管理行为，也正是因为无因管理从其实质上说是一种利他的而不是利己的行为。当然，无因管理之后果是否必然有利于被管理人不影响无因管理的成立。

第三，无权代理与无因管理法律效果不同。无权代理行为原则上对本人不发生法律效力，除经本人追认者外，无权代理的行为人应自行承担其所实施的行为后果，而本人并不承担该行为的法律后果。而无因管理的管理人是将管理的利益归于本人的，管理行为的最终的法律后果须由本人承担。就其本质而言，无权代理是不合法的干预他人事务的行为，而无因管理是合法的"干预"他人事务的行为。

第四，无权代理与无因管理在特殊情况下也可能发生竞合。无权代理的行为人与无因管理的管理人对于本人的事务处理都是没有法定义务也没有约定义务，因此就某一行为来说，可能既构成无权代理，也构成无因管理，两者发生竞合。例如，行为人为避免本人的利益受损失，而就本人的事务处理以本人的名义与第三人实施民事法律行为时，就其与第三人之间的行为而言，属于无权代理；就其对本人事务的处理说，属于无因管理。

但即便竞合，无权代理与无因管理法律制度解决的问题也不同。如第三人要求本人承担行为后果，而本人不承担时可以主张行为人的行为属于无权代理进行抗辩，此时第三人可以行为人的行为为无权代理为由，要求行为人承担行为的后果，但第三人不能主张行为人的行为属于无因管理而要求本人承担民事责任。因此第三人不能直接主张无因管理而直接要求本人承担责任。

如果行为人在管理本人事物过程中支出了必要的费用，要求本人承担其管理事务已支出的必要费用时，则行为人可以依据无因管理法律制度向本人主张，但不能以其行为为有权代理（表见代理）为由，要求其承担责任。

如行为人的行为给本人造成损害，本人要求赔偿的，本人应以行为人的行为构成侵权行为为由，而不能以行为人的行为属于无权代理为由。侵权与无因管理的区别，通说认为，无因管理人为他人管理事务，虽有时不免侵害他人之权利，但因有利于整个社会良好道德风尚的发扬及本人受益，因而成为违法阻却事由，转为适法行为。只有在行为人在管理他人事务过程中主观上有重大过失而给本人造成损害时才承担责任。当行为人主观上故意或重大过失的情况下，即行为人明知其行为会给本人利益带来严重损害，却故意为之，或在行为过程中严重不负责任，放任不利后果的发生，此种情形已经与无因管理中的"为避免他人利益受损"之立法精神相悖，因而构成侵权。

我们认为，从本案的实际情况看，丁没有法定义务也没有约定的义务为病人甲处理手术治疗事宜，但丁是在为避免病人的利益有更大的损失而管理甲的事务。虽进行手术有导致甲死亡的危险，但也唯有尽快进行手术才有可能抢救甲，虽然甲死亡，但是丁在此过程中主观上没有过错。即丁为了甲的利益，管理了甲的事务，该行为符合无因管理的构成要件。同时，因为丁是以自己的名义在谈话记录上签字的，其所处理的事务属于事实行为而不属于民事法律行为，所以其行为不属于无权代理行为。

九、狭义无权代理与无权处分

案例 8

甲委托乙出售其名下一辆豪车，并向乙出具了授权书，该授权书上载明授权期限为一个月，并将该豪车交付给乙。一个月内乙并未将该豪车售出，但甲未收回该授权书。第 35 天，乙将该车出售予丙，丙看到了授权书上的授权期限，但乙自称甲将授权期限又延长了一个月，丙并未向甲核实，便与乙成交。随后，丙又将该车授予丁。试问甲是否可以向丁请求返还该车？

上述案例中，甲授予乙的代理权一个月后终止，但乙仍以甲的名义将该车出售予丙，明显系属无权代理。对于无权代理，其法律效力未定，有待于本人追认。对于无权代理，通常情况下第三人不受善意信赖的保护，因此即便丙是善意的，也不能获得该画的所有权，只有在表见代理的情况下，代理行为才有效。但本案中，丙因过失未向甲核实自认为乙超期后又获得授权，明显有过失，不适用表见代理。

表见代理和无权处分中的善意第三人适用的法律要件都要求相对人（第三人）在主观上均为善意，如果相对人（第三人）在主观上有过失，则表见代理和善意第三人均不能适用。

在无权处分情况之下，法律之所以保护善意第三人，原因在于无权处分中有一个公示的外观的存在，第三人对此公示外观可以信赖，如不动产的登记行为、动产占有人的交付行为，相对人都可以从外观上去信赖该公示行为，为保护交易安全，法律允许善意第三人取得无权处分之物的所有权。但是在代理法律制度中，法律侧重于保护被代理人的利益，只有在表见代理中才将其视为有权代理，由被代理人承担法律后果。除此之外，由行为人承担法律后果。因此在狭义的无权代理中没有善意第三人保护的途径。如果第三人主观上确为善意，则只能通过表见代理实现主张。

本案中，因丙不能主张适用表见代理，故而乙虽是无权处分，但丙不是善意，故仍不能取得该车所有权，其处分给丁的行为也是无权处分，但丁是善意的，故而丁取得该车所有权。因此，甲不能向丁主张返还该车。

十、隐名代理、间接代理、行纪

案例9

甲公司有煤炭发运资质，乙公司与丙公司商定进行煤炭购销业务，乙公司拟给丙公司发运煤炭，但乙公司没有煤炭销售资质。因此，甲公司与乙公司签订合同，约定由甲公司与丙公司签订煤炭购销合同，由乙公司组织煤炭货源以甲公司名义发给丙公司，丙公司将款项打入甲公司账户，甲公司留存10%手续费后支付乙公司。丙公司在与甲公司签订合同后，将1000万元打入甲公司账户，甲公司扣除100万元后将900万元打入乙公司账户。但乙公司只向丙公司发运了500万元煤炭，剩余煤炭由于种种原因未向丙公司发运。丙公司拟主张权利，但应当向谁主张发生争议。

我国《民法典》第925条规定，受托人以自己的名义，在委托人的授权范围内与第三人订立的合同，第三人在订立合同时知道受托人与委托人之间的代理关系的，该合同直接约束委托人和第三人；但是，有确切证据证明该合同只约束受托人和第三人的除外。上述案例中丙公司知道甲公司实际上是代乙公司与自己签订合同，依据《民法典》第925条规定，丙公司应当直接

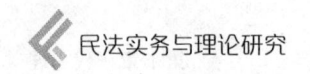

向乙公司主张权利。但《民法典》第 925 条规定的代理是属于何种代理？有学者认为是隐名代理，有学者认为是间接代理。同时《民法典》第 926 条又规定了第三人不知道委托人存在的情形，第 926 条规定的代理又是何种代理？另外《民法典》第 951 条又规定行纪合同的定义，即行纪人以自己的名义为委托人从事贸易活动，委托人支付报酬的合同为行纪合同。行纪合同与隐名代理、间接代理是何种关系？

(一) 相关概念

1. 隐名代理

隐名代理与显名代理相对，是英美法系的制度。其内涵是隐名代理人经被代理人授权以自己的名义为民事行为，不向第三人公开自己的代理人身份，但行为的后果仍由被代理人直接承担的法律制度。

2. 间接代理

所谓间接代理，是指代理人在进行代理活动时以自己的名义进行代理活动，其法律效果间接由被代理人所承受的代理制度。

在间接代理中间接代理人以自己的名义为法律行为，而不是以被代理人名义为民事法律行为，这是间接代理与直接代理最重要的区别。受托人接受委托后进行民事法律行为，不将其代理身份告知第三人。第三人直接与受托人为民事法律行为，而与委托人没有直接的法律关系。因此在间接代理中，第三人在与受托人发生法律关系时，第三人与受托人为法律关系主体，委托人并非该法律关系主体。

同时，由于委托人非受托人与第三人建立的法律关系主体，因此间接代理的法律效果并不直接归属于被代理人，而是先直接归属于代理人，再由代理人转给被代理人。

3. 行纪

所谓行纪是指行纪人受委托人委托，以自己的名义为委托人从事民商事活动，法律后果由行纪人自己直接承担的法律制度。

从上述概念中我们可以看出，行纪和间接代理制度本质区别不大，但隐名代理与间接代理和行纪有着本质区别，即隐名代理的法律后果由被代理人直接承担。

(二) 我国《民法典》相关条款的分析

《民法典》第 925 条规定，受托人以自己的名义，在委托人的授权范围内与第三人订立的合同，第三人在订立合同时知道受托人与委托人之间的代理关系的，该合同直接约束委托人和第三人；但是，确切证据证明该合同只约束受托人和第三人的除外。

《民法典》第926条规定，受托人以自己的名义与第三人订立合同时，第三人不知道受托人与委托人之间的代理关系的，受托人因第三人的原因对委托人不履行义务，受托人应当向委托人披露第三人，委托人因此可以行使受托人对第三人的权利。但是，第三人与受托人订立合同时如果知道该委托人就不会订立合同的除外。

受托人因委托人的原因对第三人不履行义务，受托人应当向第三人披露委托人，第三人因此可以选择受托人或者委托人作为相对人主张其权利，但是第三人不得变更选定的相对人。

委托人行使受托人对第三人的权利的，第三人可以向委托人主张其对受托人的抗辩。第三人选定委托人作为其相对人的，委托人可以向第三人主张其对受托人的抗辩以及受托人对第三人的抗辩。

《民法典》第951条规定，行纪合同是行纪人以自己的名义为委托人从事贸易活动，委托人支付报酬的合同。

《民法典》第958条规定，行纪人与第三人订立合同的，行纪人对该合同直接享有权利、承担义务。第三人不履行义务致使委托人受到损害的，行纪人应当承担损害赔偿责任，但是行纪人与委托人另有约定的除外。

《民法典》第960条规定，本章没有规定的，参照适用委托合同的有关规定。

从上述立法内容看，《民法典》第925条和第926条均不是严格意义上的隐名代理和间接代理。

首先，隐名代理中，第三人不知道被代理人存在，而第925条规定的情形是第三人知道被代理人存在，但第925条规定的法律后果直接归属于被代理人又与隐名代理相符。第926条规定的第三人不知道被代理人存在，代理人以被代理人名义为民事法律行为，这与隐名代理相符，但是法律后果的归属上却与隐名代理不完全相同。第926条第1款规定，当第三人不履行义务时，受托人应当向委托人披露第三人，委托人因此可以行使受托人对第三人的权利。该情形符合隐名代理中法律效果直接归属于被代理人这一法律特征；该情形基本属于隐名代理。第926条第2款规定因委托人的原因导致受托人对第三人不履行义务，受托人应当向第三人披露委托人。但是第三人并不必须接受委托人作为直接相对人，该条款赋予了第三人有选择权，既可以选择受托人作为相对人，又可以选择委托人作为相对人，且一旦选定不得变更。依照该第2款规定，如果第三人选择委托人的，其法律效果与第1款相同，属于隐名代理；而如果第三人选择受托人作为相对人的，其法律后果又与隐名代理的法律特征不符，不属于隐名代理。至于行纪，其法律后果直接由行纪人承受，这与隐名代理明显不同。

其次，间接代理的最基本法律特征是：①代理人在进行代理活动时以自己的名义进行代理活动；②其法律效果直接由代理人承受，代理人承受后转归被代理人，被代理人是间接承受代理的法律后果。《民法典》第925条中规定的代理人以自己的名义为民事法律行为，这一点符合间接代理的法律特征；但是该条明确规定，其法律后果归属于被代理人，明显与间接代理的第二个法律特征不符，故其不属于间接代理。第926条规定的代理人以自己的名义为民事法律行为，这一点也符合间接代理的法律特征，但是第1款和第2款中所规定的第三人选择委托人为相对人的情形法律后果直接归属于委托人这一点与间接代理的第二个法律特征不符，也不属于间接代理；但是其第2款中所规定的第三人选择受托人为相对人的情形与间接代理的法律特征相符。至于行纪，依据《民法典》第951条和第958条的规定，代理人以被代理人名义为民事法律行为，法律后果直接归属于行纪人，间接归属于委托人，这与间接代理的法律特征完全符合。

最后，综合上述分析，我们认为，《民法典》第925条规定的情形，既非严格意义上的隐名代理，也非严格意义上的间接代理，但从法律效果的归属上看，更接近于隐名代理；第926条第1款规定的情形属于隐名代理，第2款规定的第三人选择委托人为相对人情形也属于隐名代理，但第2款规定的第三人选择受托人为相对人的情形属于间接代理；至于行纪依照《民法典》第951条规定和第958条规定，明显属于间接代理。

我国《民法典》第925条、第926条的规定之所以如此混乱是源于《合同法》立法时主要是针对外贸代理而制定，借鉴了《联合国国际货物销售代理公约》第12条和第13条的规定，而该公约又是融合了大陆法系和英美法系两种法律体系而形成的。

十一、复代理

案例 10

甲地张某某委托运输个体户王某某运输一批海鲜到千里之外的乙地客户李某某。同时张某某给王某某拟定了一个价格范围,并授权王某某根据到达时乙地当地海鲜价格状况自由决定。双方还约定了张某某支付王某某运输费 5000 元,另抽取卖海鲜所得的 5% 作为给王某某的报酬。在王某某开车运输途中高速服务区休息吃饭时食物中毒,被送往医院紧急抢救。待其清醒时便与张某某联系,但联系不上,通过联系张某某朋友才得知张某某已出国,十天后才能回来。无奈之下,王某某委托同样是个体工商户的赵某某将该海鲜运往乙地交付给李某某。王某某向赵某某支付运费 2500 元,并约定抽取海鲜销售款总额 2% 作为报酬。由于耽误两天,海鲜已经出现问题,李某某只同意按照原先约定的价格的一半付款,远低于张某某授权给王某某的价格范围的最低价格。赵某某请示王某某,王某某考虑到如果不同意损失更大,遂同意李某某的价格。赵某某拿到款项后扣除了 2% 交给王某某,王某某又扣除 3% 将剩余款项交付给张某某。但张某某认为自己没有委托赵某某,赵某某与李某某成交的价格自己不认可,而且虽然王某某同意赵某某的请示,但是王某某又超越了自己的授权范围,因此要求王某某按照自己指示的最低售价支付款项,王某某不同意。张某某便将王某某和赵某某起诉至法院,要求二人退还所拿的报酬,并按照自己授权给王某某的最低价格的赔偿自己的损失。

对本案的处理,法院有两种不同意见。第一种意见认为,张某某与王某某之间形成两种法律关系,一是运输合同法律关系,二是委托代理法律关系。关于运输合同关系,因王某某没有按照约定期限将海鲜运至乙地李某某手中,导致海鲜价格大幅降低,为此王某某应当按照合同约定赔偿张某某损失;关于委托关系张某某只委托了王某某,并未同意其再委托赵某某,故对赵某某的行为的法律后果应当由王某某自己承担,而且王某某超越张某某的授权范围,张某某未予追认,故而王某某应当按照王某某授权的最低价格赔偿张某

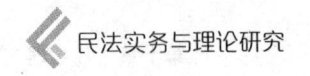

某损失。

第二种意见也认为,张某某与王某某之间形成两种法律关系,一是运输合同法律关系,二是委托代理法律关系。但是在运输合同关系中,由于第三人的加害给付造成王某某生病,导致王某某运输迟延。根据《合同法》规定,即便一方不履行合同或履行合同不符合法律规定是由于第三人原因造成,但合同一方当时应当承担无过错责任,除非有法定的免责事由。在本案中,王某某没有法定的免责事由,因此应当就造成的损失先承担赔偿责任。王某某承担赔偿责任后,有权向导致其食物中毒的饭店提起侵权之诉要求赔偿;至于委托代理关系,我国《民法通则》及相关司法解释、《合同法》、《民法总则》均明确规定,一般情况下,委托代理人为被代理人的利益需要转托他人代理的,应当事先取得被代理人的同意,事先没有取得被代理人同意的,应当在事后及时告诉被代理人,如果被代理人不同意,由代理人对自己所转委托的人的行为负民事责任;但在紧急情况下,为了保护被代理人的利益而转托他人代理的除外。所谓的情况紧急根据相关司法解释的规定是指由于急病、通信联络中断等特殊原因,委托代理人自己不能办理代理事项,又不能与被代理人及时取得联系,如不及时转托他人代理,会给被代理人的利益造成损失或者扩大损失。本案中由于王某某生病住院无法完成运输合同义务,而且又无法联系到张某某,故而王某某在中途委托赵某某处理海鲜,并没有超越代理权。因此张某某不能以赵某某不是其委托代理人,王某某越权代理为由请求其赔偿损失。

我们同意第二种意见。关于运输合同关系不是本部分讨论的问题,我们将其忽略,我们只就张某某与王某某之间的委托代理关系进行讨论。

(一) 复代理的概念

《民法通则》第 68 条规定,委托代理人为被代理人的利益需要转托他人代理的,应当事先取得被代理人的同意。事先没有取得被代理人同意的,应当在事后及时告诉被代理人,如果被代理人不同意,由代理人对自己所转托的人的行为负民事责任,但在紧急情况下,为了保护被代理人的利益而转托他人代理的除外。

《合同法》第 400 条规定,受托人应当亲自处理委托事务。经委托人同意,受托人可以转委托。转委托经同意的,委托人可以就委托事务直接指示转委托的第三人,受托人仅就第三人的选任及其对第三人的指示承担责任。

转委托未经同意的，受托人应当对转委托的第三人的行为承担责任，但在紧急情况下受托人为维护委托人的利益需要转委托的除外。

《民法总则》及《民法典》第169条规定，代理人需要转委托第三人代理的，应当取得被代理人的同意或者追认。

转委托代理经被代理人同意或者追认的，被代理人可以就代理事务直接指示转委托的第三人，代理人仅就第三人的选任以及对第三人的指示承担责任。

转委托代理未经被代理人同意或者追认的，代理人应当对转委托的第三人的行为承担责任；但是，在紧急情况下代理人为了维护被代理人的利益需要转委托第三人代理的除外。

根据上述法律规定，我们可以看出，所谓复代理是指代理人为被代理人的利益将其所享有的代理权转托他人而产生的代理，故称复代理，又称再代理。

（二）复代理产生的基础

代理人须有代理权。在本人与代理人存在代理法律关系时，方可能产生复代理，否则没有复代理存在的基础。该代理既可是基于委托而产生的代理，也可是基于监护产生的法定代理人。

（三）代理人须有复任权

若代理人为法定代理人，代理人始终有复任权。若代理人为委托代理人，在下列三种情况下，代理人享有复任权：①被代理人在委托授权中事先明确授予被代理人复任权，或事先以口头其他方式授予被代理人复任权的；②被代理人事先未授予代理人复任权，但在代理人转委托后事后追认的；③在紧急情况下，代理人为了保护被代理人利益而转托他人代理的。例如《民通意见》第80条的规定，由于急病、通讯联络中断等特殊原因，委托代理人自己不能办理代理事项，又不能与被代理人及时取得联系，如不及时转托他人代理，会给被代理人的利益造成损失或者扩大损失的，属于《民法通则》第86条中的"紧急情况"。《合同法》《民法总则》及《民法典》也有类似规定。

（四）复代理人代理行为法律效果的归属

在有复代理的情形下，复代理人是被代理人的代理人，而不是代理人的代理人。因此复代理人以被代理人的名义与相对人订立的合同，法律效果由被代理人承担，但代理人并不退出代理关系，复代理人的代理权范围受代理人之代理权范围的限制，代理人仍为被代理人的代理人，复代理人有义务接受被代理人、代理人的双重指示。

（五）复代理法律关系中的损害承担

复代理行为可能会给被代理人造成损失，也有可能给相对人造成损失。复代理行为如果给相对人造成损害，在复代理法律关系成立时应当由被代理人承担责任，复代理关系不成立，则由代理人或代理人与复代理人承担连带责任。具体而言，该损害的责任承担分以下几种情况：

1. 复代理人只因自身过错责任而对被代理人承担责任

我国《民法典》第929条规定，有偿的委托合同，因受托人的过错造成委托人损失的，委托人可以请求赔偿损失。无偿的委托合同，因受托人的故意或者重大过失造成委托人损失的，委托人可以请求赔偿损失。受托人超越权限造成委托人损失的，应当赔偿损失。

依据上述法律规定，一般委托法律关系中，实行的是过错责任。因转委托中委托人与复代理人也是委托法律关系，故转委托中同样适用过错责任原则。即复代理人只有在有过错情形下才对复代理行为产生的损失承担赔偿责任，复代理人无过错则无须承担责任。在无偿委托中，复代理人只有在故意或者重大过失情形下才承担责任，一般过失不承担责任。

2. 代理人选任指示过错责任

《民法典》第923条规定，受托人仅就第三人的选任及其对第三人的指示承担责任。转委托未经同意或追认的，受托人应当对转委托的第三人的行为承担责任。

依照上述法律规定，代理人对复代理人的选任或者指示具有过错，代理人应当对被代理人承担与其过错相应的责任。

3. 代理人转委托不明时责任

《民通意见》第81条规定，委托代理人转托他人代理的，应当比照《民法通则》第65条规定的条件办理转托手续。因委托代理人转托不明，给第三人造成损失的，第三人可以直接要求被代理人赔偿损失；被代理人承担民事责任后，可以要求委托代理人赔偿损失，转托代理人有过错的，应当负连带责任。

虽然上述司法解释已经废止，但依据民法理论，转委托不明而给相对人造成的损失，此时，代理人一定具有过错，应承担责任。如果复代理人无过错的,无责任,如果复代理人对转委托不明也有过错,复代理人与代理人承担连带责任。

在前述案例 10 中,王某某作为受托人虽然事先未得到委托人张某某的转委托授权,但是由于张某某身患重疾无法履行义务,而运送的是海鲜,如果不及时处理将会造成更大损失,而且张某某恰巧出国,联系不上,为了张某某的利益,王某某将该事项委托给赵某某。虽然张某某事先没有同意,事后也不追认,但是依据法律规定,此种情形下赵某某是张某某的复代理人,享有代理权,其行为对张某某具有法律效力。而且就整个案件过程看,王某某的选任及指示没有过错,赵某某的代理中也没有过错,故二人不需要对代理法律关系所产生的损失承担赔偿责任。但该损失是由于王某某生病住院导致运输迟延所致,依据合同法规定,其应当先承担责任,王某某承担责任后可以向导致王某某生病的高速服务区追偿。

第十一章
诉讼时效与除斥期间

第一节 时 效

案例 1

甲、乙两公司分别购买了一栋二层楼上下各一层,甲公司在一层,乙公司在二层。后乙公司将其购买的二层楼房产卖给丙公司,丙公司在二层开了一家餐馆。丙公司为避免麻烦在楼外侧建了一个楼梯,甲公司将一层和二层相通的楼梯堵住。过了几年,消防部门认定该楼梯为违章建筑,要求拆除,丙于是就要求甲公司重新开放公用楼梯。甲公司称,已经过了两年的诉讼时效了,丧失胜诉权了,丙公司无权要求重新开放公共楼梯。

问题:这种说法对不对?

甲公司的答复是不对的。本案属于物权纠纷中的相邻权纠纷。对于物权纠纷是否适用诉讼时效问题,理论与司法实务中虽存在争议,但基于相邻权而产生的停止侵害、排除妨碍、消除危险请求权不应适用诉讼时效的观点比较统一。理由是侵害事实总是处于持续状态,危险的存在是一种状态,该危险可能对相邻权人的人身、财产权利造成严重损害。如果本案适用时效规定,将不利于社会稳定和难以彰显法律对人文的关怀。因此本案中楼下甲公司必须给楼上丙公司以出路。

一、时效的概念及种类

时效是指法律规定的某种事实状态经过法定时间而产生一定法律后果的法律制度。换言之,所谓时效是指权利行使或不行使状态持续经过一定期间即发生权利的取得或请求权消灭的原因的法律要件。它是民事法律关系产生、变更、消灭的根据,并且时效属于法律事实中的事件,它是基于一定事实状态在法律规定的一定期间内的持续存在而当然发生的,不为当事人的意志所决定。理论上将时效分为两种,即:取得时效与消灭时效。

二、取得时效与消灭时效

取得时效是指一定的事实状态持续地经过法定期间即发生取得某种民事权利的制度。取得时效一经成立,即发生权利取得的法律后果,且不问当事人的主观愿望如何。取得时效的法律后果是使得原先没有实体权利的主体在一定条件下取得实体权利。关于以取得实效取得权利的条件理论上一般认为包括三个方面:一是无权占有人对他人财产取得占有;二是该占有须为自主、和平、公开占有;三是该占有须为持续不间断占有并使法定期间届满。取得时效主要针对的是物权等绝对性财产权利。我国现行法律目前尚未规定取得时效。

消灭失效是相对于"取得时效"而言,是指权利人在法定期间内不行使请求权依法将丧失权利的制度。理论上及域外法上既有"消灭时效"之称,也有"诉讼时效"之称。两者的相同之处在于都包括特定事实状态存在、时间经过和法律效果三个因素,而且有两个因素基本相同,只是"时间经过"这一要素长短不同;其本质区别在于时效制度的法律效果上的不同。在采用"消灭时效"这一概念的理论和立法中时效期间经过的法律效果有两种模式,一种是请求权被认定为完全消灭;另一种是债务人仅获得实体法上的抗辩权,即拒绝履行债务的权利,而不是完全消灭请求权。而采"诉讼时效"这一概念的理论和立法中,时效期间经过的法律效果也有两种模式,一种是时效期间的经过导致胜诉权的消灭;另一种是时效期间的届满诉权被消灭,即不得提起诉讼。虽然"消灭时效"和"诉讼时效"在法律效果上存在差异,"消灭时效"产生的是实体法上的效果,"诉讼时效"产生的是程序法上的效果,但从本质上看,二者并无实质上的不同,"诉讼时效"中的消灭诉权效果与"消灭时效"中的消灭请求权效果实质相同,获得拒绝履行的抗辩权和消灭胜诉权实质也是相同的。在我国理论界通说认为诉讼时效属于消灭时效。

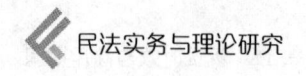

三、诉讼时效

（一）概念

所谓诉讼时效，是指权利人在法定的期间内，没有行使自己的权利，法院即不再依诉讼程序强制债务人履行其民事义务的一种法律制度。由于诉讼时效完成以后，将造成权利不受法律强制力保护的法律后果，故丧失诉讼时效的权利被称为自然权利或"裸露的权利"，但其实体上的权利并未丧失。这里的法定期间指提起诉讼的期间，亦即诉讼时效期间。权利人在诉讼时效期间内有权请求人民法院保护其权利，诉讼时效期间届满以后，权利人虽可请求法院保护其权利，但如果不存在中断、中止、延长等法定事由的，人民法院不支持以法律强制力保护其权利。

（二）诉讼时效的法律特征

首先，诉讼时效是法定期间。诉讼时效区别于约定期间，是法律的强行规定，当事人不能通过协议对其加以延长或缩短。《民法典》第197条规定，诉讼时效的期间、计算方法以及中止、中断的事由由法律规定，当事人约定无效。当事人对诉讼时效利益的预先放弃无效。

其次，诉讼时效是可变期间。诉讼时效遇有法定事由时，可以中止、中断和延长。

再次，法院对诉讼时效抗辩不主动审查。《民法典》第193条规定，人民法院不得主动适用诉讼时效的规定。该条款是关于诉讼时效援引的当事人主义的规定。依据该条法律规定，如果在诉讼中当事人未提出诉讼时效抗辩，人民法院不仅不能主动适用诉讼时效的规定，也不能对诉讼时效问题进行释明，如果当事人在一审期间未提出诉讼时效抗辩，其在二审程序及再审程序中也不能再提出该抗辩事由。

最后，它是法院通过强制力保护民事权利的法定期间。诉讼时效期间届满以后，法院即不再通过强制力对权利人的民事权利予以保护，虽然权利人依然享有起诉权，但法律不再赋予其胜诉的权利。

四、诉讼时效适用的对象

《最高人民法院关于审理民事案件适用诉讼时效制度若干问题的规定》第

1条规定，当事人可以对债权请求权提出诉讼时效抗辩。但对四类债权请求权提出诉讼时效抗辩的，人民法院不予支持。由此可以看出，债权请求权原则上是适用诉讼时效的；不适用诉讼时效的债权是特殊情况。

但《民法典》第188条规定，向人民法院请求保护民事权利的诉讼时效期间为三年。法律另有规定的，依照其规定。诉讼时效期间自权利人知道或者应当知道权利受到损害以及义务人之日起计算。法律另有规定的，依照其规定。但是自权利受到损害之日起超过20年的，人民法院不予保护，有特殊情况的，人民法院可以根据权利人的申请决定延长。

从《民法典》的上述规定看，诉讼时效针对的对象似乎是所有的请求权，但是在第196条又规定了四种请求权不适用诉讼时效的规定。

将《民法典》和《最高人民法院关于审理民事案件适用诉讼时效制度若干问题的规定》结合起来看，我们可以得出债权请求权原则上适用诉讼时效规定，其他请求权即物上请求权、人格权、身份权等请求权是否适用诉讼时效我们还需要进一步研究。

（一）不适用诉讼时效的请求权的法律规定

1.《民法典》规定

《民法典》第196条规定，下列请求权不适用诉讼时效的规定，①请求停止侵害、排除妨碍、消除危险；②不动产物权和登记的动产物权的权利人请求返还财产；③请求支付抚养费、赡养费或者扶养费；④依法不适用诉讼时效的其他请求权。

2.司法解释规定

《最高人民法院关于审理民事案件适用诉讼时效制度若干问题的规定》第1条规定，当事人可以对债权请求权提出诉讼时效抗辩，但对下列债权请求权提出诉讼时效抗辩的，人民法院不予支持：①支付存款本金及利息请求权；②兑付国债、金融债券以及向不特定对象发行的企业债券本息请求权；③基于投资关系产生的缴付出资请求权；④其他依法不适用诉讼时效规定的债权请求权。

另外，《民通意见》第170条规定，未授权给公民、法人经营、管理的国家财产受到侵害的，不受诉讼时效期间的限制。但《最高人民法院关于审理民事案件适用诉讼时效制度若干问题的规定》及《民法典》对此都没有规定，因此《民法典》实施后，该情形应当适用诉讼时效。

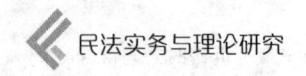

3. 其他不适用诉讼时效的请求权或权利

在我国理论与司法实务中除上述法律、司法解释明确规定不适用诉讼时效的请求权外，其他不适用诉讼时效的请求权或权利比较统一的观点有两方面。

第一，基于纯粹身份关系的请求权不能适用诉讼时效。基于身份关系而产生的请求权有两大类：基于纯粹的身份关系产生的请求权，如离婚请求权；基于非纯粹的身份关系产生的请求权，如给付抚养费请求权。对于前者，其请求权内容并非诉讼时效调整的对象，所以不属于诉讼时效适用范围；对于后者，因侵权的行为和事实处于持续状态，起算点无法计算，所以也没有适用诉讼时效的必要。值得注意的一点是，身份关系解除以后产生的财产分割请求权的问题，这种财产请求权应归属于债权请求权，所以适用诉讼时效的规定。

第二，支配权、抗辩权、形成权不受诉讼时效限制。但形成权可能会受到除斥期间的限制。关于除斥期间我们下文详述，这里不再赘述。

（二）物权、知识产权等财产权上的物权性请求权是否适用诉讼时效

1. 物权请求权类型

人格身份权不适用诉讼时效，诉讼时效主要适用的对象是财产权。而财产权中的债权原则上适用诉讼时效这一点没有争议。但是对于物权请求权是否适用诉讼时效争议较大。

我国《民法典》中规定的物权请求权不止一种，具体而言包括以下几类：①物权确认请求权。第234条规定，因物权的归属内容，发生争议的，利害关系人可以请求确认权利。②返还原物请求权。第235条规定，无权占有不动产或者动产的，权利人可以请求返还原物。③排除妨害请求权。④消除危险请求权。第三、四类请求权规定在《民法典》第236条，即妨害物权，或者可能妨害物权的，权利人可以请求排除妨害，或者消除危险。⑤恢复原状请求权。第237条规定，造成不动产或者动产毁损的，权利人可以依法请求修理、重作、更换或者恢复原状。⑥损害赔偿请求权。第238条规定，侵害物权，造成权利人损害的，权利人可以依法请求损害赔偿，也可以依法请求承担其他民事责任。对第六类请求权即损害赔偿请求权，通说认为，损害赔偿是物权的保护手段之一，属于债权的请求权。

2. 物权请求权适用诉讼时效的分析

民事权利以其作用方式为标准可分为支配权、请求权、抗辩权、形成权。支配权、抗辩权、形成权不适用诉讼时效，只有请求权（实体法上而非诉讼法意义）适用诉讼时效规定。请求权又分为债权请求权、物权请求权、人格权请求权、知识产权请求权等。通说认为债权请求权一般适用诉讼时效，特殊情况例外。

根据《民法典》第196条第1、2款规定，下列请求权不适用诉讼时效的规定，请求停止侵害、排除妨碍、消除危险；不动产物权和登记的动产物权的权利人请求返还财产。除上述明确规定不适用诉讼时效情况外，没有明确规定的是否就适用诉讼时效呢？我们不能作出笼统的判断，需要进一步认真研究和分析。

（1）停止侵害请求权。在《民法典》物权编中没有规定停止侵害请求权，而是规定在《民法典》总则编中，因此，依我国现行法，止侵害不是一种物权请求权，而是作为侵权责任的承担方式之一。停止侵害适用的范围是比较广泛的，不仅包括物权、人身权，还包括知识产权。所以简单地将停止侵害请求权作为物权请求权没有现行法律的依据。这在司法实务和学术界很多人都有这样的误区。只要侵害行为继续存在，就不存在诉讼时效适用问题，侵害只要停止同样也不存在请求权存在的基础，更谈不上诉讼时效问题。

（2）排除妨碍，消除危险请求权。排除妨碍，消除危险，是物权请求权，《民法典》明确规定不适用诉讼时效，无需再进行讨论。

（3）恢复原状请求权。恢复原状请求权是指物权受到侵害时，有权请求侵害人恢复物的原有形状和品质的权利。如果转化成要求赔偿损失，就要受诉讼时效的限制。这一点没争议。有争议的是如果权利人仅仅只要求恢复原状是否适用诉讼时效？《民法典》总则编中未规定其不受诉讼时效限制。有学者认为其作为保持物权之圆满效力，不适用诉讼时效。但是更多的学者认为，恢复原状和赔偿损失请求权一样属于债权请求权，长期不行使会影响不特定第三人的利益，应适用诉讼时效。

从实践角度看，恢复原状请求权分为两种请求权，一是手段性恢复原状请求权，即不要求侵权人赔偿，也不要求其支付费用，只请求侵权人修理、修复、更换、重作等；二是替代性恢复原状请求权，即权利人请求侵权人支付修复费用。恢复原状请求权发生的基础是侵权行为，因此其手段性请求权

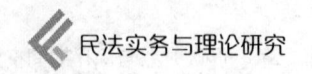

本质也是侵权请求权，性质上实质为债权请求权，替代性恢复原状请求权其债权性质更为明显。故恢复原状请求权实质为债权请求权，应适用诉讼时效。

（4）返还原物请求权。《民法典》第 196 条第 2 项规定，不动产物权和登记的动产物权的权利人，请求返还财产，不适用诉讼时效规定。

这里有一个问题需要注意：即没有登记的不动产物权返还请求权是否适用诉讼时效问题。因为在实践中，我国很多不动产物权是不需要登记的。如，农村的房屋，还有农村土地承包经营权和地役权。《民法总则（草案）》一次审议稿至三次审议稿均规定为"登记的物权人请求返还财产"，在《民法总则（草案）》提请第十二届全国人民代表大会第五次会议审议时，有的代表提出，目前，不少农村地区的房屋，尚未办理不动产登记，为更好地保护农民的房屋产权，建议将不适用诉讼时效的范围，扩大至所有不动产物权的返还请求权。法律委员会经研究，对这一项作出修改，明确不动产物权的权利人，请求返还财产不适用诉讼时效。另外登记的动产含义是比较明确的。从这条规定来看，没有登记的动产返还财产，是要受到诉讼时效的约束的。但是返还原物请求权与确认物权请求权紧密联系在一起，如果简单认为其应受诉讼时效约束，将会导致确认物权请求权的行使归于无意义，对此问题，我们在下面详述。

（5）确认物权请求权。物权请求权还包括一项很重要的基础性权利，确认物权请求权。在司法实践中的很多案件中，确认物权的归属往往是行使物权行为的基础，物权确认之诉是给付之诉的前提。权利人行使返还财产的请求权，前提就是享有物权，确认物权请求权，是否适用诉讼时效？《民法典》没有规定。这是一个很大的法律漏洞。

我们认为，理论上讲，确认物权请求权原则上不应当适用诉讼时效。《民法典》第 234 条规定，因物权的归属、内容发生争议的，利害关系人可以请求确认权利。由此可见，当就物权归属或物权是否成立以及物权的内容发生争议时，自认为是物权主体或主张物权成立的任何一方当事人都可以向人民法院提起民事诉讼，请求人民法院确认其物权。"确认物权请求权"的目的和作用，在于采用诉的方法解决物权争议，维护正常的物权法律秩序。

人民法院出版社出版的《〈中华人民共和国物权法〉条文理解与适用》第 137 页有专门针对这一问题的探讨。此处显示，最高人民法院在对各家法理意见与《民法通则》第 135 条、第 137 条以及《最高人民法院关于审理民事案件适用诉讼时效制度若干问题的规定》第 1 条等规定进行研究后给予的指导意见为:"鉴于我国所有权制度沿革过程中存在的历史遗留问题,以及产权制度转型阶段的部分待定因素,不可能在本法得到全部解决,有关物权的归属和内容的确认是否适用消灭时效的规定,有待于在实践中根据不同情况进一步探讨。"[1]

但从诉讼时效适用的法律效果来看,即便采用诉权消灭说,自然债务的裸体权利是虚无缥缈的,得不到法律保护的权利不能算是真正的权利。诉讼时效届满导致权利实质上归于消灭。假如确认物权请求权因诉讼时效期间届满而消灭,那么,标的物将长期处于归属不清或者权利真空之状态。这种状态导致未实际占有的权利人丧失实体胜诉权,而实际占有不动产的人因得不到法院对其物权的确认也不能进行产权登记因而不能真正成为该不动产物权法律上所保护的产权人。因此,如果诉讼时效届满,该物权的归属出现权利的真空状态。权利真空之状态导致各方当事人继续争夺标的物,将影响该物的正常使用和流转,不利于社会经济秩序的稳定和效率提高,背离诉讼时效制度的立法本旨。因此"确认物权请求权"不应适用诉讼时效,只要物权争议存在,"确认物权请求权"就存在,原则上不受诉讼时效的限制。

但是还有一个问题需要考虑,既然《民法典》规定不动产物权和登记的动产返还财产不适用诉讼时效,那么是否可以这样理解为不动产物权和登记的动产确认物权请求权也是不适用诉讼时效的,而不登记的动产确认物权请求权,是适用诉讼时效的?

有人认为适用诉讼时效,理由是因作为动产以占有为公示方式,所有权人长期怠于行使自己的权利,将导致第三方合理认为该动产为占有人所有,基于信赖利益可能产生新的交易关系,为保护新的交易秩序和社会关系,促进社会发展,占有人超过诉讼时效为由提出抗辩时,应当得到法院的支持。我们认为这一观点不妥。

《民法典》第 312 条规定,所有权人或者其他权利人有权追回遗失物。该遗失物通过转让被他人占有的,权利人有权向无处分权人请求损害赔偿,或者自知道或者应当知道受让人之日起二年内向受让人请求返还原物;但是,

---

[1] 黄松有主编:《〈中华人民共和国物权法〉条文理解与适用》,人民法院出版社 2007 年版,第 137 页。

受让人通过拍卖或者向具有经营资格的经营者购得该遗失物的,权利人请求返还原物时应当支付受让人所付的费用。权利人向受让人支付所付费用后,有权向无处分权人追偿。第462条第2款规定,占有人返还原物的请求权,自侵占发生之日起一年内未行使的,该请求权消灭。

从上述规定看,遗失物的所有权人向受让人主张返还原物的请求权受两年期限限制,但是遗失物的拾得人却没有这样的限制。该两年是诉讼时效还是除斥期间?我们认为是除斥期间,与《民法典》第462条第2款规定的一年性质相同。

另外,《最高人民法院关于审理民事案件适用诉讼时效制度若干问题的规定》第5条规定,享有撤销权的当事人一方请求撤销合同的,应适用《民法典》关于除斥期间的规定。对方当事人对撤销合同请求权提出诉讼时效抗辩的,人民法院不予支持。合同被撤销,返还财产、赔偿损失请求权的诉讼时效期间从合同被撤销之日起计算。但依据最高人民法院的解释,该条规定的返还财产请求权仅指不能返还原物的情形下的"折价补偿"请求权。《民法总则》颁布后,最高人民法院法官主编的《〈中华人民共和国民法总则〉条文理解与适用》中的观点是因为确认物权请求权不属于实体法上的请求权,故不适用诉讼时效的规定。[1]

综上,我们认为,在我国现行不承认物权取得时效的法律体制之下,如果未登记物权确认请求权适用诉讼时效,则会造成法律上的难题,即原物所有权人无法取回原物,但占有人却无法取得该物所有权,当然善意取得除外。对于前文提出的未登记动产返还请求权是否受诉讼时效问题,基于以上分析,我们认为未登记动产返还请求权亦不受诉讼时效限制。

五、诉讼时效的法律效力

所谓诉讼时效的效力,实际上就是指诉讼时效的法律后果问题,亦即权利人在诉讼时效届满以后,究竟其丧失的是什么权利。

《民法典》第192条规定,诉讼时效期间届满的,义务人可以提出不履行义务的抗辩。诉讼时效期间届满后,义务人同意履行的,不得以诉讼时效期

---

[1] 沈德咏主编:《〈中华人民共和国民法总则〉条文理解与适用(下)》,人民法院出版社2018年版,第1297~1298页。

间届满为由抗辩；义务人已自愿履行的，不得请求返还。我国民法实际上主张诉讼时效届满以后，权利人仅丧失请求法院通过强制力来使自己的权利得以实现的权利。

（一）债务人可以拒绝履行债务

权利人在法律规定的期间内不行使其权利，债务人即可以认为其放弃了自己的权利。诉讼时效届满，虽然债务并未免除，但即使债务人不履行债务，他也无须承担任何民事责任。而其主债的诉讼时效期满以后，相应的从债也因此而诉讼时效期间届满。不过诉讼时效的效力不及于起诉权。

（二）法院对债务人即不再使用强制履行的办法

虽然诉讼时效届满以后，法院就不能再依诉讼程序强制义务人履行债务。但由于债务人仍然可以向法院提起诉讼，要求法院对影响时效开始计算的中止、中断等原因进行了解。故可见，诉讼时效期满丧失的既不是实体权利，也不是起诉权，而仅仅是"胜诉权"，即请求权。

（三）受领权不受诉讼时效的限制

诉讼时效届满以后，胜诉权消灭，但实体权利本身并没有消灭，仅仅是此种权利丧失了国家强制力的保护。所以，如果债务人仍然履行债务的，不但债权人依然有权受领，而且，义务人在自愿履行以后，不得以自己不知时效届满为理由而请求返还。诉讼时效届满以后，债务人的债务即变成了所谓的"自然债务"。我国《民法通则》第138条规定，超过诉讼时效期间，当事人自愿履行的，不受诉讼时效的限制。《民法典》第192条第2款规定，诉讼时效期间届满后，义务人同意履行的，不得以诉讼时效期间届满为由抗辩；义务人已经自愿履行的，不得请求返还。同时，超过时效的债务，依然可以用来抵销债务。故可见，其抵销权亦并未消灭。

六、诉讼时效期间的种类

（一）普通诉讼时效

向人民法院请求保护民事权利的诉讼时效期间原来《民法通则》规定为2年，现在《民法典》规定为3年。法律另有规定的除外。

（二）特别诉讼时效

《民法通则》第136条规定，下列的诉讼时效期间为一年：①身体受到伤害要求赔偿的；②出售质量不合格的商品未声明的；③延付或者拒付租金的；

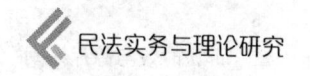

④寄存财物被丢失或者损毁的。《民法通则》上述规定现在均已不适用。

(三) 最长诉讼时效期间

《民法典》第188条第2款规定，诉讼时效期间自权利人知道或者应当知道权利受到损害以及义务人之日起计算。法律另有规定的，依照其规定。但是自权利受到损害之日起超过20年的，人民法院不予保护，有特殊情况的，人民法院可以根据权利人的申请决定延长。

七、诉讼时效期间的计算

诉讼时效的期间从知道或应当知道权利被侵害时开始计算。《民法典》第188条第2款，诉讼时效期间自权利人知道或者应当知道权利受到损害以及义务人之日起计算。法律另有规定的，依照其规定。

《民法典》及相关法律、司法解释分别规定了几种特殊情况下的诉讼时效起算：

（1）约定有履行期限的债权，从履行期限届满之时开始计算；当事人约定同一债务分期履行的，诉讼时效期间自最后一期履行期限届满之日起计算。

（2）无民事行为能力人或者限制民事行为能力人对其法定代理人的请求权的诉讼时效期间，自该法定代理终止之日起计算。

（3）未成年人遭受性侵害的损害赔偿请求权的诉讼时效期间，自受害人年满18周岁之日起计算。

（4）附延缓条件的债权，从条件成就之时开始计算，但如果还定有履行期间，则从履行期限届满之时开始计算；附始期的债权，从始期到来之时开始计算，但如果还定有履行期限，则从履行期限届满之时开始计算。

（5）人身损害赔偿的诉讼时效，伤害明显的，从受伤害之日起计算，伤害当时未曾发现，后经检查确诊并能证明是由侵害引起的，从伤势确诊之日起算。

八、未约定或不能确定履行期限的债权诉讼时效

《最高人民法院关于审理民事案件适用诉讼时效若干问题的规定》第4条规定，未约定履行期限的合同，依照《民法典》第510条、第511条的规定，可以确定履行期限的，诉讼时效期间从履行期限届满之日计算；不能确定履

行期限的,诉讼时效期间从债权人要求债务人履行义务的宽限期届满之日起计算,但债务人在债权人第一次向其主张权利之时明确表示不履行义务的,诉讼时效期间从债务人明确表示不履行义务之日起计算。

但是,对未约定履行期限,且履行期限不能明确的合同,除了债权人催告以及债权人第一次催告后债务人明确拒绝履行两种情况外,实践中至少还存在以下四种典型情形:

第一,债权人长期不进行催告,且债务人长期不履行债务的。《民法典》第511条第4项规定,履行期限不明确的,债权人可以随时请求履行。反推之,债权人也可以选择暂时不要求履行。根据私法自治原则,除非法律有特别规定,否则应以当事人之间的意思决定其间的权利义务关系,所以,对当事人未约定债务履行期限之意思表示应予以必要的尊重,以保护债权人的利益。另外,在此情形下,也根本无从确定一个相对合理的时效起算点。因此,对于此种情形应认定为诉讼时效未起算为宜。

第二,债务人部分履行非分期债务,长期不履行剩余债务的。《民法典》第511条第4项规定,债务履行期限不明确的,债务人可以随时履行。但并未要求债务人一次性履行,债务人分次履行债务是允许的。在经济生活中,分次履行未约定履行期限的债务也常为债权人所认可。而且,并不能认为债务人的部分履行行为使未约定履行期的债务受到了侵害,相反,部分履行行为促进了债务的及时清结,有利于债权的最终实现。因此,在未约定履行期时,债务人履行部分债务并不应导致诉讼时效的起算。

第三,债务人非经债权人催告而直接明确表示不履行债务的。债务人经催告后明确拒绝履行债务与直接明确拒绝履行债务有相同的法律效果,都使得债权处于被侵害的状态。两者的区别在于:前者中债权人在积极实现债权,且后者中债务人拒绝履行的意思表示更为直接。诉讼时效制度要求积极对待权利,对消极债权人更应该及时起算诉讼时效。而且,债务人非经催告明确拒绝履行债务,对债权的侵害更直接。举轻以明重,对直接明确拒绝履行债务的情形,则更应当起算诉讼时效,以债务人明确表示不履行债务之日作为时效起算点。

第四,双方当事人对部分债权债务产生明确的实质性争议的。实践中,债务人明确表示不履行债务的情况较少,多数情况是债权人与债务人就部分债权债务产生了争议。显然,在双方当事人对部分债权债务产生明确的实质

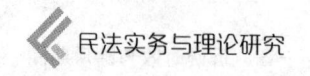

性争议的情况下,债权已经受到了侵害。虽然,对比债务人明确表示不履行债务而言,此种侵害相对较轻。但是,债权毕竟已经受到了侵害,而且债权受到的侵害不可分割,诉讼时效也具有不可分割性,故应当认定此情形构成诉讼时效的起算事由,以双方当事人对部分债权债务产生明确的实质性争议之日作为时效起算点。

九、诉讼时效期间的中止

在诉讼时效期间的最后6个月内,因不可抗力或其他障碍不能行使请求权的,诉讼时效中止。从中止时效的原因消除之日起,诉讼时效期间继续计算。

《民法典》第194条规定,在诉讼时效期间的最后6个月内,因下列障碍,不能行使请求权的,诉讼时效中止:①不可抗力;②无民事行为能力人或者限制民事行为能力人没有法定代理人,或者法定代理人死亡、丧失民事行为能力、丧失代理权;③继承开始后未确定继承人或者遗产管理人;④权利人被义务人或者其他人控制;⑤其他导致权利人不能行使请求权的障碍。自中止时效的原因消除之日起满6个月,诉讼时效期间届满。

十、诉讼时效期间的中断

诉讼时效因提起诉讼,当事人一方提出要求或同意履行义务时中断。从中断时起,诉讼时效期间重新计算。诉讼时效中断可以数次发生,但要受到20年最长诉讼时效的限制。

《民法典》第195条规定,有下列情形之一的,诉讼时效中断,从中断、有关程序终结时起,诉讼时效期间重新计算:①权利人向义务人提出履行请求;②义务人同意履行义务;③权利人提起诉讼或者申请仲裁;④与提起诉讼或者申请仲裁具有同等效力的其他情形。

十一、诉讼时效期间的延长

诉讼时效的延长,指在诉讼时效期间届满以后,权利人因有正当理由,向人民法院提出请求的,人民法院可以把法定时效期间予以延长。普通诉讼时效、特别诉讼时效和20年的最长诉讼时效都适用关于延长的规定。

十二、司法实务中诉讼时效适用中的一些问题

(一) 继承权与诉讼时效

案例 2

王氏于 2008 年 1 月 10 日去世。王氏有一女二子,其所遗房产一直由其大儿子张某使用,至 2018 年 6 月底王氏的三个子女均无人提出过遗产继承要求。2018 年 7 月,姐姐、弟弟在法院起诉要求母亲遗产的继承权,大儿子以超过诉讼时效为由提出抗辩,法官回答说:继承权案件一般不适用诉讼时效的规定。

问题:法官的说法有无法律根据?

1. 关于继承权诉讼时效的法律规定

《继承法》第 8 条规定,继承权纠纷提起诉讼的期限为 2 年,自继承人知道或者应当知道其权利被侵犯之日起计算。但是,自继承开始之日起超过 20 年的,不得再提起诉讼。

《民通意见》第 177 条规定,继承的诉讼时效按《继承法》的规定执行。但继承开始后,继承人未明确表示放弃继承的,视为接受继承,遗产未分割的,视为共同共有。诉讼时效的中止、中断、延长,均适用《民法通则》的有关规定。根据《最高人民法院关于废止 2007 年底以前发布的有关司法解释(第七批)的决定》,第 177 条已经废止,理由是与物权法有关规定冲突。

《最高人民法院关于贯彻执行〈中华人民共和国继承法〉若干问题的意见》第 15 条规定,在诉讼时效期间内,因不可抗拒的事由致继承人无法主张继承权利的,人民法院可按中止诉讼时效处理。

第 16 条规定,继承人在知道自己的权利受到侵犯之日起的 2 年之内,其遗产继承权纠纷确在人民调解委员会进行调解期间,可按中止诉讼时效处理。

第 17 条规定,继承人因遗产继承纠纷向人民法院提起诉讼,诉讼时效即为中断。

第 18 条规定,自继承开始之日起的第 18 年至第 20 年期间内,继承人才知道自己的权利被侵犯的,其提起诉讼的权利,应当在继承开始之日起的 20 年之内行使,超过 20 年的,不得再行提起诉讼。

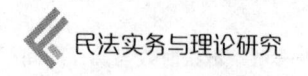

2. 法理分析

上述法律、司法解释现已全部废止，但同时《民法典》及新的相关司法解释中对该问题并没有明确规定，因此对这一问题需要深入研究。

首先，必须明确"继承权纠纷"的含义。我们认为：在实践中"继承权纠纷"的范围不宜扩大。

我国司法实践中所称的"继承权纠纷"应当限定在享有继承权的自然人身份有争议，或者继承人中是否享有、丧失继承权，是否存在继承人以外的可分得遗产的自然人，无继承权利的人侵害继承人继承权等情形。如《继承法》第7条规定的丧失继承权的情形，第14条规定的可以分给适当遗产的人，以独立的诉讼主体资格向人民法院提起诉讼等。不能将全部与继承权相关的继承纠纷案件全部纳入继承权纠纷之内，这样不仅不利于真正权利人主张权利，还导致物的归属处于模糊状态。

其次，依据《民法典》第1124条规定，被继承人死亡后，只要继承人（为方便讨论，本文不涉及遗嘱继承与遗赠，本文所述的继承人系指法定继承人，以下同）未明确表示放弃继承的，则视为接受继承，且如果遗产未分割的，即为共同共有。此时继承纠纷转化为确认物权归属与分割物的纠纷，即确认各继承人份额进而对遗产进行分割。确认物权请求权属于我国诉讼法上的请求权的一种，不受诉讼时效限制。这个问题我们前文已经详述，不再赘述。

继承开始后，法律赋予继承人默示的行为具有继承的意思表示，被继承人的遗产转变为各继承人的共同共有财产，此时，继承人起诉要求继承遗产的诉讼请求实质上是确认各继承人继承份额的确认物权请求权的确认之诉。此外，最高人民法院关于继承开始时，继承人未表示放弃继承遗产，又未分割的，可按析产案件处理的批复对此亦予以明确。《最高人民法院关于继承开始时继承人未表示放弃继承遗产又未分割的可按析产案件处理的批复》（［1987］民他字第12号）：我们研究认为，双方当事人诉争的房屋，原为费宝珍与费翼臣的夫妻共有财产，1958年私房改造所留自住房，仍属于原产权人共有。费翼臣病故后，对属于费翼臣所有的那一份遗产，各继承人都没有表示过放弃继承，根据《继承法》第25条第1款的规定，应视为均已接受继承。诉争的房屋应属各继承人共同共有，他们之间为此发生之诉讼，可按析产案件处理，并参照财产来源、管理使用及实际需要等情况，进行具体分割。

因此，继承开始后，遗产未被分割的，无人明确放弃继承权，则被继承人的遗产即处于继承人共同共有的状态，此时所涉法律关系为关于物权确认及共有物分割。依据以上通知的精神，因此时涉及物权保护项下的两种物权请求权，则案由应当采用所有权纠纷中的共有权确认纠纷及共有物分割纠纷。从［1987］民他字第 12 号批复中可以看出，一方于 1985 年 12 月起诉，距被继承人费翼臣死亡已有 25 年，已经超过《继承法》与《民法通则》规定的 20 年最长保护期限，仍建议按照析产案件给予处理而不是驳回诉讼请求可以看出最高人民法院对此类案件的态度。

还有，《最高人民法院关于父母的房屋遗产由兄弟姐妹中一人领取了房屋产权证并视为己有产生纠纷应如何处理的批复》（［1987］民他字第 16 号），即根据该房产的来源及使用等情况，以认定该屋为钟和源、王细的遗产，属钟秋香、钟玉妹、钟寿祥、钟妙、钟秋胜 5 人共有为宜。钟寿祥以个人名义领取的产权证，可视为代表共有人登记取得的产权证明。钟妙、钟秋胜已故，其应得部分由其合法继承人继承。由此可以推知，所有有损共有权的行为应当被认定为无效，未被分割的遗产仍然属于各继承人共同所有，因此，将此类纠纷作为侵权纠纷就无法确定侵权行为的起诉点。

（二）连带责任的诉讼时效

案例 3

甲乙二人合伙从事服装零售业务。二人合伙期间甲从丙处赊欠 10 万元服装，甲给丙出具欠条一份，上写："今从丙处赊欠服装 10 万元整，六个月内付清该赊欠款。"落款处有甲的签名，落款时间为 2014 年 8 月 5 日。但六个月后甲未支付该货款。2017 年 1 月 15 日，丙向甲要该货款，甲以生意亏本为由要求再延缓六个月，并再次给丙出具了欠条，写明"原欠丙货款于 2017 年 7 月 14 日前保证付清。"但到期后甲仍未付该货款。丙于 2017 年 10 月 12 日将甲乙二人诉至法院，要求其连带承担支付货款责任，并承担违约责任。诉讼中，甲对欠款事实及书写的两份欠条真实性认可，但仍以生意亏本为由要求丙延长期限。乙则以欠条是甲出具，丙在诉讼时效期限内未向其主张为由，要求法院驳回对其的诉讼请求。

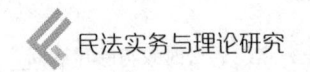

本案的争议焦点是债权人丙在诉讼时效期限内仅向甲主张了债权，而未向乙主张。乙的超过诉讼时效的抗辩能否成立？

我们认为，乙的抗辩不能成立。理由如下：

第一，甲乙二人合伙从事服装零售业务，在此期间甲向乙赊欠10万元服装属于合伙期间债务，甲乙二人对该债务承担连带清偿责任。

第二，对于连带债务，《最高人民法院关于审理民事案件适用诉讼时效制度若干问题的规定》第15条规定，对于连带债权人中的一人发生诉讼时效中断效力的事由，应当认定对其他连带债权人也发生诉讼时效中断的效力。对于连带债务人中的一人发生诉讼时效中断效力的事由，应当认定对其他连带债务人也发生诉讼时效中断的效力。因此本案中，虽然丙在诉讼时效期限内只向甲一人主张过债权，但就法律性质而言，连带债务为一个不可分割的整体。依据上述司法解释的规定，该主张的效力也及于合伙人乙。因此乙以诉讼时效抗辩不应得到法院的支持。

（三）房屋过户与诉讼时效

案例4

甲方于2002年将一套自有住房转让给乙方，合同约定于付款当日交房并到有关部门办理过户手续。之后，乙方付了房款并实际入住，但没有及时办理过户手续，且拖延至今。如果乙方现在向法院起诉，要求办理过户手续，按照《中华人民共和国物权法》的规定，是否受两年诉讼时效的限制？

关于买受人在合同约定过户期限届满之日起，超过3年才请求出售方办理过户登记，是否超过诉讼时效期间的问题，有两种意见：一是认为房屋产权过户系产权交付，是出售方的主要合同义务之一。出售方在合同规定的期限届满时，未办理房屋所有权证的，系没有完成产权交付的合同义务，构成违约。诉讼时效期间应该自合同约定期限届满之次日起计算，因此，买受人未在出卖人违约之日起两年内请求办理房屋所有权证的，因超过诉讼时效期间而丧失胜诉权。二是认为房屋已经交付的，买受人在约定办理房屋所有权证期限届满之日起，超过两年请求出卖人为其办理房屋所有权证的，应予支持。

《物权法》在我国民事立法中首次确立了物权保护制度，这是我国民事立法的一大进步。但是，对于物权保护和诉讼时效规定的关系问题，在《物权法》修订中最终没有涉及。有资料显示，在《物权法》的讨论稿中，曾出现过物权请求权和诉讼时效的有关规定，但最终被删除。《民法典》编撰中最终也没有解决这个问题。

在目前的司法实践中，这个问题是如何处理的呢？最高人民法院于2005年编撰的有关法律著作，其中对这个问题给出了以下观点，成为司法实践中的指导性意见：

第一，出卖人已经将房屋交付于买受人，买受人亦已实现对房屋的占有，买受人请求出卖人转移房屋所有权、办理房屋所有权登记的请求权具有物权性质，不适用诉讼时效的规定。

第二，商品房买卖合同约定的出卖人交付房屋的期限届满，买受人根据合同约定可以请求出卖人交付房屋。其请求权属于债权请求权，应当适用有关诉讼时效的规定。但在诉讼时效期间的起算上，应当区分具体情况：即房屋具备法定交付条件，诉讼时效期间自合同约定的交付期限届满之日起计算；如果房屋尚不具备法定的交付条件，诉讼时效期间应从房屋具备法定的交付条件之日起计算。因此，乙方向法院起诉，要求办理过户手续，应当不受两年诉讼时效的规定。

（四）请求确认合同无效与诉讼时效

案例5

原告某村民小组诉称，2006年，被告肖某、陈某（村民小组成员）将其承包集体的责任山非法卖给第三人雷某等人办砖厂。对此，原告曾多次提出异议，多次向上级党委、政府反映，上级领导也做了很多工作，但被告和第三人置之不理。特诉至法院，请求判令：确认被告和第三人的土地买卖合同无效。

被告肖某、陈某辩称：①组长雷某起诉没有召开村民会议，组长雷某滥用权利起诉；②被告转让土地给雷某，村委会是支持的，组长雷某也卖了土地；③本案已经超过诉讼时效。请求驳回原告的诉讼请求。

第三人雷某述称：2006年签订转让协议，合同已履行多年，第三人已做大量投入，原告2012年6月才起诉，其诉讼请求已经超过诉讼时

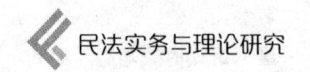

效，请求驳回原告的诉讼请求。

法院经审理查明：2006年6月11日，经协商，第三人雷某与被告陈某签订了《山权转让协议》，约定陈某将自己承包的山场的使用权转让给第三人雷某开办砖厂。合同签订后，第三人雷某将转让费于2006年6月16日支付给被告。第三人雷某在开办砖厂过程中，蓝山县国土部门、该村村委会收取了有关费用，但没有办理合法用地手续，第三人雷某于2013年4月因犯非法占用农用地罪被判处缓刑。

一审法院以本案原告的诉讼请求已经超过诉讼时效为由，于2013年7月24日作出（2012）蓝法林民初字第10号民事判决：驳回原告某村民小组的诉讼请求。

宣判后，某村民小组提起上诉，认为一审判决认定诉讼请求超过诉讼时效属认定事实不清，适用法律不当。被告肖某、陈某及第三人雷某答辩请求维持一审判决。

某市中级人民法院于2013年10月17日作出终审民事判决：发回一审法院重新审理。

二审法院裁判认为，针对上诉范围，二审争议焦点为是否超过诉讼时效。

本案肖某、陈某的承包地，属于某村民小组农民集体所有。《中华人民共和国土地管理法》第二条第三款规定，"任何单位和个人不得侵占、买卖或者以其他形式非法转让土地。"《中华人民共和国合同法》第五十二条第五项规定，违反法律、行政法规的强制性规定的合同无效。肖某、陈某与雷某签订的《山林权转让协议》，内容实为山权买卖并用于非农业用途，雷某也因非法占用农用地获刑，该行为违反了土地管理法的强制性规定，是无效的民事行为，无效的合同自始没有法律约束力。因诉讼时效的标的限于请求权，本案某村民小组请求确认合同无效是属于形成权，不受《民法通则》第一百三十五条的诉讼时效的限制，但受《民法通则》第一百三十七条最长诉讼时效20年的限制。一审以超过诉讼时效为由，驳回原告的起诉明显不当。

1. 对本案二审判决理由的分析

本案中一审法院认为该案已超过二年才起诉，故驳回原告诉请。但二审

法院认为,确认合同无效的请求不应受诉讼时效的限制,主要理由是:

(1)从诉讼时效制度的立法目的看,对确认合同无效适用诉讼时效,有违诉讼时效制度的设立目的。法律设立诉讼时效制度是为了督促权利人积极行使权利,以保持交易秩序的稳定。但合同无效则因其具有违法性,不需要当事人积极主张无效,法院可以依职权主动确认合同无效。

(2)从合同无效制度的立法目的来看,合同无效的确认是对客观事实的确认,不属于时效制度对权利限制的范畴,对其适用诉讼时效制度则与合同无效制度的立法目的相悖。合同无效是法律规范对合同的否定性评价,其本质在于合同的违法性,是国家为维护社会公共利益的需要而运用公权力对民事行为所进行的主动介入和干预。只要相应的强制性法律规范没有发生变化,该类合同的违法状态将会一直持续,不会因时间的经过而改变。若规定合同无效需受诉讼时效制度限制,将会使违法的合同因时间的经过而取得合法性。

(3)从权利性质来看,当事人要求确认合同无效,应属于实体法的形成权。而诉讼时效的客体应为请求权,所以要求确认合同无效的诉讼请求,不属于诉讼时效的客体。

(4)从类推适用的角度来看,合同被确认无效与被撤销具有一定相似性,即二者会产生相同的法律效果,均会导致合同自始没有法律约束力。《最高人民法院关于审理民事案件适用诉讼时效制度若干问题的规定》第5条对可撤销合同的诉讼时效问题作出了明确的规定,即当事人对撤销合同请求权提出诉讼时效抗辩的,人民法院不予支持。因此,从类推适用的角度出发,合同无效也不应适用诉讼时效制度。

本案中将承包山非法流转且用于非农业用途,已违反国家强制性法律规定,第三人也因此获刑。一审以诉讼时效为由,对原告请求确认合同无效之诉予以驳回,明显不妥,故二审法院依法将该案发回重审。

2. 本案相关问题的进一步思考

根据合同法理论,合同无效的法律后果为:①产生缔约过失损害赔偿请求权;②产生不当得利返还请求权;③产生原物返还请求权。上述三种请求权是否受诉讼时效限制?如有,何时开始算?

(1)损害赔偿、不当得利返还及应当返还的物灭失转化为金钱返还,都属于债的请求权,应当适用诉讼时效,时效期间应自损害赔偿、不当得利返还义务、金钱返还义务产生之时的次日起算,也就是权利人知道或应该知道其请求损害赔偿、不当得利返还的债权受到侵害之时的次日起算。问题在于，如何认定不当得利返还义务产生的时间？

有观点认为，当事人签订合同、受领给付之时，合同就是无效的。签订合同、受领给付从一开始就无法律根据，构成不当得利，返还义务立即产生。因此，诉讼时效期间应自合同签订或受领给付之时的次日起算。我们认为该观点值得商榷。此种情形下的诉讼时效应从判决或裁决确定的无效之日或确定返还之时的次日起算。理由是，从法理上讲，虽然合同无效应当是自始无效，但是在实践中特别是在发生纠纷诉至法院后，只有人民法院以判决或裁定的方式才能最终确定合同无效。在此之前，当事人可能还在依照合同内容履行合同义务，一方或双方并不知道该合同无效，因此不应当开始计算损害赔偿、不当得利返还等的诉讼时效。只有在人民法院以判决或裁定方式明确了合同无效，才产生损害赔偿、不当得利返还等义务，此时才应该开始计算诉讼时效。另外《最高人民法院关于审理民事案件适用诉讼时效制度若干问题的规定》第5条第2款规定，合同被撤销，返还财产、赔偿损失请求权的诉讼时效期间从合同被撤销之日起计算。第6条规定，返还不当得利请求权的诉讼时效期间，从当事人一方知道或者应当知道不当得利事实及对方当事人之日起计算。因此在合同被确认无效之后，损害赔偿、不当得利返还等请求权的诉讼时效应当从当事人一方知道或者应当知道不当得利、损害事实及对方当事人之日起计算。

（2）判决或裁决返还原物是否适用诉讼时效？我们认为，我国现行法律不承认物权行为独立性与无因性理论，故合同被确认为无效时，财产受领人没有合法依据，该财产所有权（无论是动产还是不动产）并未发生转移，因此合同无效时的返还财产请求权在性质上为所有物的返还请求权，属于物上请求权，其效力为物权的效力，而非不当得利返还。同时，在我国现行法未承认取得时效制度的背景下，如果原物返还请求权适用诉讼时效，就会出现原所有权人因超过诉讼时效其返还原物的请求不能得到法院的支持，而原财产受领人虽占有该物但不享有所有权，故而不能行使物之使用、收益、处分之权利。如此则该物实际上处于无主状态，当然不利于物的利用，也与法理明显相悖。因此合同无效被法院或仲裁机构认定无效后的返还财产不适用诉讼时效。

第二节　除斥期间

一、除斥期间的概念

我国《民法典》第 199 条规定，法律规定或者当事人约定的撤销权、解除权等权利的存续期间，除法律另有规定外，自权利人知道或者应当知道权利产生之日起计算，不适用有关诉讼时效中止、中断和延长的规定。存续期间届满，撤销权、解除权等权利消灭。上述规定即是我国法律关于除斥期间的法律规定。

所谓除斥期间也叫预定期间，它是指法律规定的某种权利预定存在的法定期间。权利人如果在此期间内没有行使其权利，当预定期间届满，即产生权利消灭的法律后果。

二、与诉讼时效的区别

在司法实务中诉讼时效与除斥期间经常被混淆，所以将二者区分清楚在司法实践中是非常重要的。

（1）适用对象不同。前文已述，诉讼时效适用于各种请求权；而除斥期间一般只适用于各种形成权，如合同解除权、撤销权、保证期间等。

（2）法律效力不同。诉讼时效届满后，其法律效力是消灭了当事人的胜诉权，但其享有的实体权利并没有被消灭。所以超过诉讼时效期间以后，当事人自愿履行的，不受时效限制。但除斥期间届满后，消灭的就是实体权利本身。如超过保证期限后，保证人不再承担保证责任；超过撤销权期限的，当事人不得再行使撤销权等。

（3）期间的弹性和起算不同。诉讼时效期间是可变期间，其有中断、中止和延长的规定；除斥期间是不变期间，不适用中断、中止和延长的规定。而且，诉讼时效一般是从权利人能够行使请求权时起算，即既知道或应当知道其权利被侵害，还要知道义务人，两者缺一不可；而除斥期间一般是从权利产生或行为成立时起，特殊情况下从知道或者应当知道之日算起。

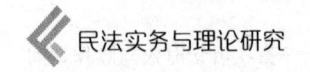

三、我国现行法律规定的除斥期间

我国法律明确规定了若干除斥期间，现大致整理如下：

（一）法律行为的撤销权

依据《民法典》第152条的规定，下列民事法律行为的撤销权除斥期间分别是：

（1）一般情况下，当事人自知道或者应当知道撤销事由之日起1年内。

（2）重大误解是当事人自知道或者应当知道撤销事由之日起90日内。

（3）当事人受胁迫，自胁迫行为终止之日起1年内。

（4）当事人知道撤销事由后明确表示或者以自己的行为表明放弃撤销权。

（5）当事人自民事法律行为发生之日起5年内没有行使撤销权的，撤销权消灭。

（二）法定代理人的追认权

《民法典》第145条第2款规定，相对人催告后法定代理人追认权行使的期限为30日。

（三）被代理人追认权

《民法典》第171条第2款规定，相对人催告后被代理人追认权行使的期限为30日。

（四）债权人撤销权

《民法典》第541条规定，债权人对侵害债权行为行使撤销权的期限为自知道或者应当知道之日起1年；5年内没有行使的，撤销权消灭。

（五）合同解除权

《民法典》第564条规定，法律规定或者当事人约定解除权行使期限，期限届满当事人不行使的，该权利消灭。法律没有规定或者当事人没有约定解除权行使期限，自解除权人知道或者应当知道解除事由之日起1年内不行使，或者经对方催告后在合理期限内不行使的，该权利消灭。其中，法律规定的期限，为法定除斥期间，当事人约定的期限，为约定除斥期间。

（六）提存物领取权

《民法典》第574条第2款规定，债权人领取提存物权利的5年期限。

（七）标的物异议权

《民法典》第621条第2款规定，买受人对买卖标的物异议权行使的2年期限。

（八）赠与人撤销权

《民法典》第 663 条第 2 款规定，赠与人撤销权行使的 1 年期限。

（九）赠与人的继承人或法定代理人撤销权

《民法典》第 664 条第 2 款规定，赠与人的继承人或法定代理人撤销权行使的 6 个月期限。

（十）受遗赠人接受遗赠权

《民法典》第 1124 条第 2 款规定，受遗赠人接受遗赠权利行使的期限为 60 日。

（十一）保险利益请求权

《保险法》第 26 条规定，人寿保险以外的其他保险的被保险人或者受益人，向保险人请求赔偿或者给付保险金的诉讼时效期间为 2 年，自其知道或者应当知道保险事故发生之日起计算。人寿保险的被保险人或者受益人向保险人请求给付保险金的诉讼时效期间为 5 年，自其知道或者应当知道保险事故发生之日起计算。

（十二）预告登记

《民法典》第 221 条规定，当事人签订买卖房屋的协议或者签订其他不动产物权的协议，为保障将来实现物权，按照约定可以向登记机构申请预告登记。预告登记后，未经预告登记的权利人同意，处分该不动产的，不发生物权效力。预告登记后，债权消灭或者自能够进行不动产登记之日起 90 日内未申请登记的，预告登记失效。

（十三）遗失物领取权

《民法典》第 318 条规定，遗失物自发布招领公告之日起 1 年内无人认领的，归国家所有。

（十四）占有返还请求权

《民法典》第 462 条第 2 款规定，占有人返还原物的请求权，自侵占发生之日起 1 年内未行使的，该请求权消灭。

（十五）瑕疵婚姻撤销权

《民法典》第 1052 条规定，因胁迫结婚的，受胁迫的一方可以向人民法院请求撤销婚姻。请求撤销婚姻的，应当自胁迫行为终止之日起 1 年内提出。被非法限制人身自由的当事人请求撤销婚姻的，应当自恢复人身自由之日起 1

年内提出。

四、司法实践中关于除斥期间认定相关问题

（一）合同解除权的除斥期间认定

案例 6

2007 年 4 月 28 日，印染公司与锅炉销售公司签订了《锅炉设备买卖合同》一份，合同约定，印染公司在锅炉销售公司处购买锅炉设备若干，合同总价款为人民币 2 600 000 元，双方签字盖章一周内，印染公司支付本合同款价的 20%作为本合同定金，锅炉销售公司收到印染公司定金之日起 90 日内交货。合同签订后，印染公司按照合同约定向锅炉销售公司交付了合同总价款的 20%即 520 000 元定金。但锅炉销售公司一直没有履行交货义务。2010 年 6 月 23 日，印染公司诉至法院，要求解除《锅炉设备买卖合同》，并要求锅炉销售公司返还定金 52 万元及承担诉讼费用。

被告锅炉销售公司辩称：合同签订后，被告已在合同约定的时间内准备好全部货物，且多次发函催促原告确定发货时间，因原告没有履行合同义务，导致被告的货物低价转卖，造成重大损失。合同约定的交货时间为 2007 年 12 月底，原告在合同约定的交货期满第二天起，应当知道自己的合同权利受到了侵害，然直到原告提起诉讼为止，原告一直未向锅炉销售公司主张过权利。按照《民法通则》第一百三十五条之规定，原告提起诉讼均已超过二年的诉讼时效。从《合同法》第一百一十五条规定来看，返还定金，并不以解除合同为前提条件，且也需在诉讼时效内提出。

一审法院认为，原告印染公司与被告锅炉销售公司之间的锅炉设备买卖合同，双方当事人意思表示真实，且未违反国家法律、法规的强制性规定，依法认定有效。合同签订后，原告印染公司依约向被告锅炉销售公司支付定金 52 万元，被告锅炉销售公司未能按约在原告支付定金后 90 天内交货。在履行合同过程中，原告、被告双方对交货方式的具体细节存在不同的理解，致使被告锅炉销售公司至今仍未履行交货义务，属迟延履行。原告印染公司要求解除合同并返还定金，符合《合同法》第九十四条的相关规定，本院予以支持。合同法没有规定提出解除合同应

受诉讼时效的限制,因此,被告锅炉销售公司认为原告提起诉讼超过诉讼时效缺乏依据,其主张不予采纳。判决:解除原被告2007年4月28日签订的《锅炉设备买卖合同》,被告锅炉销售公司返还原告印染公司定金52万元。

1. 相关法律规定

上述案件争议的焦点问题是解除合同请求权是否受诉讼时效限制。对此问题,我们先了解一下我国关于合同解除的相关规定。

《民法典》第563条第1款规定,有下列情形之一的,当事人可以解除合同:①因不可抗力致使不能实现合同目的;②在履行期限届满前,当事人一方明确表示或者以自己的行为表明不履行主要债务;③当事人一方迟延履行主要债务,经催告后在合理期限内仍未履行;④当事人一方迟延履行债务或者有其他违约行为致使不能实现合同目的;⑤法律规定的其他情形。

第564条规定,法律规定或者当事人约定解除权行使期限,期限届满当事人不行使的,该权利消灭。法律没有规定或者当事人没有约定解除权行使期限,自解除权人知道或者应当知道解除事由之日起一年内不行使,或者经对方催告后在合理期限内不行使的,该权利消灭。

第566条第1款规定,合同解除后,尚未履行的,终止履行;已经履行的,根据履行情况和合同性质,当事人可以请求恢复原状或者采取其他补救措施,并有权请求赔偿损失。

2. 法理分析

根据《民法典》第564条规定,合同解除属于形成权,形成权不受诉讼时效限制,但应受除斥期间限制。对合同解除的行使时间,我国合同法规定了三类形式:一是法定期间;二是约定期间;三是既无法定又无约定的,经对方当事人催告后,解除权行使的期限为合理期间。

对于既无法定又无双方约定的合同解除权期限,我国《民法典》之前没有明确法律规定,只在2003年《最高人民法院关于审理商品房买卖合同纠纷案件适用法律若干问题的解释》(已被修改)第15条中对于商品房买卖合同的解除权有明确的期限限制。该条第1款规定,根据《合同法》第94条的规定,出卖人迟延交付房屋或者买受人迟延支付购房款,经催告后在3个月的合理期限内仍未履行,当事人一方请求解除合同的,应予支持,但当事人另有约定的除外。该条第 2 款规定，法律没有规定或者当事人没有约定，经对方当事人催告后，解除权行使的合理期限为 3 个月。对方当事人没有催告的，解除权应当在解除权发生之日起 1 年内行使，逾期不行使的，解除权消灭。2020 年修正后的该司法解释第 11 条基本沿用了上述规定，将原司法解释中的"根据《合同法》第 94 条"修改为"根据《民法典》第 563 条"。该司法解释只针对商品房买卖合同适用，对于其他合同应当不具有效力。但是该司法解释的内涵的法理应当具有通用性。

根据上述司法解释规定，法律没有规定或者当事人没有约定，经对方当事人催告后，合同解除权行使的合理期限为 3 个月；如果对方当事人没有进行催告，合同解除权行使的期限是自合同解除事由发生之日起 1 年内应当行使，也不能无期限限制。

上述案件中的情形属于既无法定又无约定合同解除权行使期间，被告只能通过催告要求原告行使合同解除权。如果原告在被告催告后合理期限未行使合同解除权，原告即丧失解除合同的权利。如果按照 2020 年修正的该司法解释第 11 条第 2 款规定的法理精神，虽然被告没有进行催告，原告也应当在合同解除事由发生之日起 1 年内行使合同解除权。但是原告显然没有在此期限内行使，因此其解除合同的权利已经消灭。但是本案是普通的货物买卖，而非商品房买卖，因此法院不能适用《最高人民法院关于审理商品房买卖合同纠纷案件适用法律若干问题的解释》第 11 条的规定，而只能认定本案情形下如果被告没有催告，原告可以随时行使合同解除权。显然该判决结果与前述司法解释精神相悖，出现同质不同判的问题。为了解决这一问题，《民法典》在第 564 条第 2 款中明确规定：法律没有规定或者当事人没有约定解除权行使期限，自解除权人知道或者应当知道解除事由之日起 1 年内不行使，或者经对方催告后在合理期限内不行使的，该权利消灭。

但是可以确定一点的是，合同解除权的行使不适用诉讼时效，因此该案中被告提出的诉讼时效抗辩显然不能成立。

（二）保证期间与诉讼时效的转化

案例 7

甲公司与某银行签订了借款合同，共借款 300 万元。借款期限为 1 年，自 2013 年 8 月 12 日至 2014 年 8 月 11 日。乙公司为上述借款合同提供连带责任保证，保证期限主合同履行期限届满之日起 2 年。2015 年 3 月 21 日，某银行向乙公司公证送达的《催收逾期贷款通知书》。2017 年 2 月 15 日某银行向法院起诉甲乙二公司，要求该二公司对所借款本息承担连带清偿责任。甲公司在诉讼中抗辩称，某银行未在保证期限内向其主张过权利，其在诉讼时效期限内未向其主张过权利，故而超过诉讼时效，请求人民法院驳回原告对其的诉讼请求。

本案的争议焦点是对于连带责任债务人，债权人在保证期限内仅向保证人主张过权利，未被直接主张权利的其他连带债务人以超过诉讼时效抗辩能否成立？

1. 一般保证保证期间与诉讼时效

《民法典》第 692 条第 2 款规定，保证人与债权人未约定保证期间或约定不明的，保证期间为主债务履行期限届满之日起六个月。《民法典》第 693 条第 1 款规定，一般保证的债权人未在保证期间对债务人提起诉讼或者申请仲裁的，保证人不再承担保证责任。第 694 条第 1 款规定，一般保证的债权人在保证期间届满前对债务人提起诉讼或者申请仲裁的，从保证人拒绝承担保证责任的权利消灭之日起，开始计算保证债务的诉讼时效。

根据上述法律规定，在合同约定的保证期间和前款规定的保证期间，债权人未对债务人提起诉讼或者申请仲裁的，保证人免除保证责任；债权人已提起诉讼或者申请仲裁的，从保证人拒绝承担保证责任的权利消灭之日起，开始计算保证债务的诉讼时效。

根据上述法律规定，一般保证中，在保证期限内如果债权人未对债务人提起诉讼或者申请仲裁，保证期间届满后，保证人免除保证责任。保证人免除保证责任后即不存在起算诉讼时效问题。如果债权人在保证期间内对债务人提起诉讼或仲裁，且人民法院或仲裁机构作出生效的判决或裁决，保证人的保证期间即宣告结束，保证人拒绝承担保证责任的权利消灭，从判决或裁决生效之日起开始计算保证合同的诉讼时效。

2. 连带保证保证期间与诉讼时效

《民法典》第 692 条第 2 款规定，保证人与债权人未约定保证期间或约定不明的，保证期间为主债务履行期限届满之日起 6 个月。第 693 条第 2 款规定，连带责任保证的债权人未在保证期间请求保证人承担保证责任的，保证

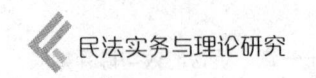

人不再承担保证责任。第 694 条第 2 款规定，连带责任保证的债权人在保证期间届满前请求保证人承担保证责任的，从债权人请求保证人承担保证责任之日起，开始计算保证债务的诉讼时效。

根据上述法律规定，连带保证情形下，如果债权人在保证期间内未向保证人主张债权，即便其已经向债务人主张债权，保证人也不应当承担保证责任。保证人免除保证责任后，无论债权人对债务人的诉讼时效是否存在，保证人均不承担保证责任。如果在保证期间内，债权人向连带保证人主张了权利，此时保证期间宣告消灭，开始计算保证合同的诉讼时效。

3. 对本案分析

本案中债权人某银行在保证期间内向保证人乙公司主张了权利，即 2015 年 3 月 21 日，某银行向乙公司公证送达的《催收逾期贷款通知书》。这一行为产生了两个法律效力，一是乙公司的保证期间宣告结束，开始起算诉讼时效；二是对于债务人甲公司而言，其诉讼时效中断。2008 年《最高人民法院关于审理民事案件适用诉讼时效制度若干问题的规定》第 17 条第 2 款规定，对于连带债务人中的一人发生诉讼时效中断效力的事由，应当认定对其他连带债务人也发生诉讼时效中断的效力。2017 年 2 月 15 日某银行向法院起诉甲乙二公司，仍在诉讼时效之内，故甲公司的抗辩理由不能成立，其仍应承担责任。

（三）法院是否应该主动对保证期间届满进行释明

案例 8

2014 年 4 月 25 日甲向乙出具借条，向乙借款 20 万元用于企业经营，约定年利率为 24%，期限为 1 年，丙为一般保证人。借款到期后，甲某无力还款。乙于 2015 年 11 月 20 日向人民法院起诉，要求法院依法判令甲、丙二人归还本金 20 万元以及支付相应利息。庭审中，保证人丙未就保证期间届满提出抗辩。

法院在审理该案时就是否应该向保证人丙释明可以就保证期间届满提出抗辩存在两种不同意见。一种认为法院不应该主动就保证期间是否届满进行释明。另一种意见认为，法院应该主动就保证期间是否届满进行释明。因为保证期间应该属于除斥期间的范畴。除斥期间届满，债权人对保证人的债权实体权利当然消灭。

我们认为，法院应对保证期间届满的保证人进行释明。2008年《最高人民法院关于民事诉讼证据的若干规定》（已被修改）第35条第1款规定，法院经审理对法律关系的性质和民事行为的效力的认定与当事人主张不一致的，应当告知当事人有权变更诉讼请求。2019年《最高人民法院关于民事诉讼证据的若干规定》第53条第1款规定，诉讼过程中，当事人主张的法律关系性质或者民事行为效力与人民法院根据案件事实作出的认定不一致的，人民法院应当将法律关系性质或者民事行为效力作为焦点问题进行审理。但法律关系性质对裁判理由及结果没有影响，或者有关问题已经当事人充分辩论的除外。根据《民法典》第693条规定，在一般保证的保证期间内，债权人未向人民法院或仲裁机构提起诉讼或仲裁申请，保证人免除保证责任。因此本案中保证人丙与债权人乙之间已经不存在保证与被保证的法律关系，属于法院对法律关系的性质和民事行为的效力的认定与当事人主张不一致的情形，应当作为焦点问题进行审理，实质上也就是应当释明。